미래산업 전략 보고서

중국을 뛰어넘고 4차산업혁명을 이끄는

미래산업
전략 보고서

이근 · 김호원
김부용, 김욱, 김준연, 노성호, 노수연, 박태영, 송원진, 오철, 임지선, 최준용 지음

21세기북스

대한민국 산업의 미래 전략

2016년 1월, 스위스 다보스에서 열린 세계경제포럼에서 슈밥 회장은 20세기 말과 21세기에 들어서 IoT, 빅데이터, AI 및 고급 로봇, 3D프린팅 등 이른바 5대 핵심기술 및 그 외 다양한 새로운 기술이 등장하면서, 4차산업혁명이라고 부를 만한 커다란 변화가 다가오고 있다고 하였다. 이후 이 4차산업혁명은 세계 각국의 경제 및 산업 정책, 기업 전략을 수립하는 데 중요한 도전과 화두를 제시했다.

4차산업혁명과 같은 새로운 기술경제 패러다임의 등장이 후발자에게 '기회의 창'이 된다는 측면을 제일 잘 활용하는 나라는 중국이다. 즉, 중국은 단순히 기존 제조업에서 한국을 추격하던 것에서 나아가 4차산업혁명의 핵심 산업에서 한국과 선진국을 앞서 나가는 비약leapfrogging을 주도하고 있다. 이에 따라, 중국의 도전에 대응해야 하는 한국산업의 방정식이 더욱 복잡하게 전개되고 있다.

이 방정식을 푸는 시작은 한국의 기업을 대기업과 중소기업으로 나누어보는 것이다. 즉, 한국의 대기업이나 신생 중소기업이나 비슷한 출발점에서 시작한다는 점에서 중소기업에게 중요한 기회의 창이 될 수 있다. 실제로, 4차산업혁명은 맞춤형 생산, 공유경제, 기존 사업 영역과 시장의 경계의 파괴, 융합기술의 등장, 기존 가치사슬의 파괴나 단순화 등을 가져오고 있다는 점에서, 다양한 형태의 새 비즈니스 모델에 착안한 창업이 가능해져 신생기업에게 기회요인으로 작용하는 측면이 많다. 이 책은 한국산업의 미래 전략을 구상하되 주로 신생 중소기업 차원의 기회의 창과 가능성을 모색하려고 한다.

구체적으로는 신재생에너지 산업, 바이오 산업, 스마트농업, 게임 산업, 스마트시티 산업, 헬스케어 산업, 공유경제, 온라인유통 및 온라인 결제 산업을 분석하였다. 분석의 기본틀은 우선 한국과 중국 간의 기술의 상대적 우위나 격차를 확인하고, 양국 시장의 개방 정도와 성장속도에 대한 검토를 기반으로 한국기업이 중국기업과 어떻게 경쟁할 것인가, 협력할 것인가, 제휴할 것인가 등 다양한 대응방식을 4차산업혁명이 열어주는 가능성 면에서 찾는 것이다.

이상의 9개 산업 분야는 어떤 분야는 한국이 중국보다 기술 우위가 있는 반면, 어떤 분야는 그 반대인 등 다양하지만, 우리의 관심사인 중소 벤처 기업의 기회성 면에서는, 모든 분야가 어느 정도 틈새를 활용한 중소기업형 비즈니스 모델이 가능하다는 점이 공통적 발견사항이다. 기본적으로 이는 4차산업혁명이 가진 의미 자체가 많은 새로운 비즈니스 모델의 기회를 준다는 큰 전제와도 일치하는 발견이고, 이 점이 중국기업의 급격한 부상을 고려하여서도 여전히 유효하다는 점이라 재미있다. 가령 바이오 산업의 경우, 오픈 이노베이션 추세가 급속히 확대됨에 따라서 공동연구, CRO, CMO 모델 등 다양한 비즈니스 모델이 중소 벤처 기업에게 열리고 있다. 스마트 헬스케어의 경우에도 틈새 지향적인 각종 앱 개발 및 웨어러블 및 모바일 기기 등 방면에서 중소벤처의 사업 기회는 높아 보인다. 스마트농업의 경우에도 최근 성공을 거두고 있는 만나CEA기업처럼 디지털기술을 활용한 틈새형 농작물의 생산 및 유통 면에서 다양한 기회가 존재하고 있다. 온라인 결제시장의 경우에도 'TOSS' 사례처럼 일반적 분야의 결제가 아니라 환전, 선물하기, 더치페이, 축의금 보내기 등 틈새 분야의 결제시장을 공략하는 다양한 중소 벤처 창업이 가능해 보인다.

이와 같이 중소기업에게 다양한 기회가 존재하긴 하나, 그 기회가 실제로 비즈니스 모델로 구현되기에는 많은 미스매치miss-match, 즉 각종 법령과 규제가 이를 저해하고 있다. 예를 들어 신재생에너지 산업의 경우, 에너지 데이터가 공개되어 있지 않아서 중소 벤처 기업이 활용할 수가 없고, 각종 분산형 신재생에너지 발전 설비 설치에 대한 규제가 심하다. 바이오 산업의 경우에는 줄기세포 및 유전자 조작 기술에 대한 규제가 과도하게 높다. 온라인 결제시장에서는 근본적으로 한국의 금산분리 규제 및 개인정보보호법이 장애로 작용하고 있다. 즉, 이 책에서 논하는 정부정책 차원의 정책과 기업 전략 도출은 슘페터학파 경제학의 주요 개념인 시스템 실패와 미스매치라는 개념에 입각하여 있다(이근 2014). 즉, 새로운 기술, 시장 및 비즈니스 모델이 요구하는 것들과 현 한국사회의 법령 규제, 제도 간에 어떤 미스매치가 존재하고 있어 적절한 대응을 어렵게 하고 있는지 분석하고, 그 대안을 제시해본다.

한편, 한국경제의 중장기적 문제는 잠재성장률의 추세적 저하로 나타나는 공급 측의 붕괴이고, 따라서 현 정부가 중점을 두어야 할 정책은 혁신성장이다. 그런 측면에서, 2017년 11월 이후 혁신 창업 생태계 조성방안 등 여러 혁신주도 성장정책들이 계속 나오고 있는 것은 바람직하다. 다만, 주의할 점은 이 생태계 조성 방안에서 몇 조에 달하는 많은 예산을 투입하겠다고 하는데, 혁신형 신생기업들은 돈이 없어서 활성화가 되지 않는 것이 아니라 자유로운 창업과 성장을 막는 각종 규제 때문이다. 대신 정부의 지원자금은 지금 한계 상황에 처해 있는 기존 중소제조업에게 가야 한다. 현재 한국의 많은 중소기업들이 곧 문 닫을 지경인 한계기업들이 많으며, 이러한 기업들이 계속 문을 닫는다면 한쪽에서 정부가 아무리 공공 부문 일자리를 창출하여도 비슷한 수의 일자리가 한계기업의 몰락으로 날아가는 상황을 낳을 것이다.

장기적으로, 4차산업혁명의 스마트 패러다임은 고령화와 인구성장 정체라는 도전에 직면하고 있는 한국의 노동력 부족을 해결하고 동시에 중소기업을 스마트화하여 고부가가치화로 전환시킬 수 있는 파워를 가지고 있다. 즉, 대·중·소 간의 이중구조를 중소기업의 고급화를 통해서 해결할 필요가 있다. 적절한 인구 규모 및 대중소기업 균형, 고부가가치, 일자리가 공존하는 한국 경제와 사회의 새로운 균형이 가능하다. 과거의 균형이 고인구성장, 고경제성장, 많은 일자리 창출이었다면, 이제는 낮은 인구성장, 낮은 경제성장률 및 고부가가치 일자리라는 새로운 균형이 이론적으로 가능해지고, 이러한 선순환형 균형만 달성된다면 굳이 성장률에 집착할 필요가 없게 된다.

다시 말해 인구가 줄어도 노동의 고급화와 산업의 고부가가치화로 저성장형 균형 유지가 가능해진다. 여기에 추가한다면, 도·농 간의 공간적 균형도 가능해질 것이고, 그렇다면 세 가지 측면의 균형,

즉 인구균형, 공간균형, 대중소기업 간 균형이라는 새로운 균형 상태로의 정착이 가능하다.

이러한 새로운 균형 속의 경제의 비전은 소득주도도 아니고 혁신주도도 아니고, 그보다 높은 차원인 '인간(사람)중심의 경제'이다. 2017년 11월의 세계경제포럼의 두바이 회의는 2030년의 비전을 기술이 아닌 '인간중심human-centered'의 사회라고 하였다. 신기술들은 인간을 대체하는 것이 아니라 인간의 지적·물적 능력을 보완해서 인간이 보다 포용적인 시스템에서 살 수 있도록 한다는 것이다.

이 책은 두 대표 저자인 이근 교수와 김호원 교수를 중심으로 총 12명의 공동 작업으로 세상에 나오게 되었다. 이 책은 한샘DBEW연구재단의 지원으로 2017년 초에 시작되어 연말까지 약 10개월 동안 천착한 작업의 결과물이다. 매월 세미나를 가졌고, 중간에 제주도에서 워크숍도 개최했다. 이와 더불어 두 대표저자의 각 장에 대한 논평과 피드백을 통해 원고가 수정되는 과정을 거쳐 오늘에 이르렀다. 그럼에도 불구하고 상황은 끊임없이 변하고 있고, 부족한 점도 속속 발견된다. 하지만 후속 연구가 진행되고 있기에 여기서 일단락하고, 현 시점에서 출간하기로 하였다.

연구의 내용과 방향에 대해서 직접 피드백을 주시고, 재정 지원을 해주신 한샘의 조창걸 회장님께 깊은 감사를 드린다. 책의 시장성을 크게 괘념하지 않고 과감하게 출판을 결정하고 진행해준 21세기북스의 김영곤 사장님, 이남경 님, 김은찬 님에게 깊은 감사를 드린다.

2018년 3월
12명의 저자를 대표하여 이근·김호원

:차례:

제1부

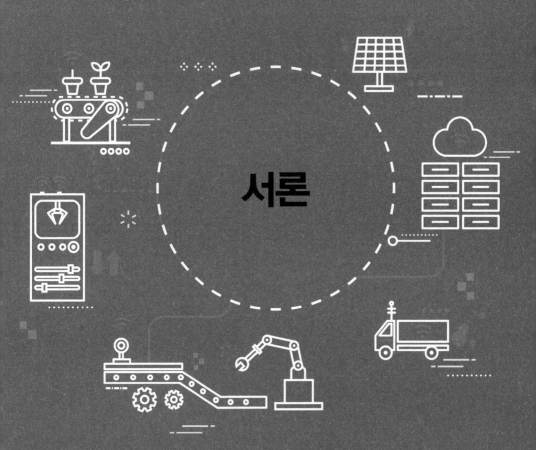

서론

제1장

중국과 4차산업혁명

1. 배경

한국산업이 당면한 두 가지 도전은 바로 중국의 약진과 4차산업혁명
이다. 이제 어떤 산업 분야라도 미래를 논하는 자리에서는 반드시 이
두 요소를 고려해야 한다. 이 책에서는 이런 전제하에서 한국산업의
미래를 생각해보고자 한다. 재미있는 점은 두 가지 요소 모두 우리에
게는 위기요인이자 동시에 기회요인이라는 점이다.

'새로운 기술경제 패러다임의 등장이 후발자에게 기회의 창이 된
다'는 슘페터학파 명제의 전제는, 선발자가 기존 기술에 고착되는 함
정에 빠지거나, 아니면 후발자나 선발자나 똑같은 출발선에서 시작
한다는 점을 고려한 것이다(Perez and Soete 1988; Lee 2013). 그런데
이번 4차산업혁명은 선진국이 주도하고 있다는 점에서, 후발자에게

기회의 창이라기보다는, 그동안의 후발자의 추격을 따돌리는 선진국의 복수라고 볼 수 있다.

그러나 이를 국내에 한정해보면, 한국의 대기업이나 신생 중소기업이나 비슷한 출발점에서 시작한다는 점에서 중소기업에게 기회의 창이 될 수 있다. 실제로 4차산업혁명은 맞춤형 생산, 공유경제, 기존 사업 영역과 시장의 경계의 파괴, 융합기술의 등장, 기존 가치사슬의 파괴나 단순화 등을 가져오고 있다는 점에서, 다양한 형태의 새 비즈니스 모델에 착안한 창업이 가능해져 신생기업에게 기회요인으로 작용하는 측면이 많다. 이처럼 4차산업혁명은 한국경제의 대기업 주도성을 탈피할 수 있는 마지막 기회이다. 이러한 인식 아래, 이 책에서는 한국산업의 미래 전략을 생각해보고, 주로 신생 중소기업들의 기회의 창을 모색하는 데 좀더 중점을 둘 것이다.

대 중국 전략 모색에서는, 중국기업과 정면 대결할 것인가, 가치사슬상의 분업(예를 들어, 생산과 판매의 분업 혹은 기술제공 등)이라는 수직적 협력을 추구할 것인가, 아니면 지분교환과 제휴 및 공동 사업이라는 수평적 협업을 할 것인가 하는 의사결정이 핵심이 될 것이다.

마지막으로, 정부 차원의 정책과 기업 전략에 대한 논의에서는 슘페터학파 경제학의 주요 개념인 시스템 실패와 미스매치라는 개념에 입각하여(Lundvall 2012; 이근 2014), 새로운 기술, 시장 및 비즈니스 모델이 요구하는 것들과 현 한국사회의 법령 규제, 제도 간에 어떤 미스매치가 존재하고 있어 적절한 대응을 어렵게 하고 있는지 분석하고, 그 대안을 제시한다.

2. 4차산업혁명의 내용과 범위

4차산업혁명은 세계경제포럼의 클라우스 슈밥 회장이 2016년 1월 에 스위스의 다보스 포럼에서 처음으로 제시했다. 이후 세계 각국의 경제 및 산업 정책, 기업 전략을 수립하는 데에 있어 중요한 도전 과제이자 화두가 되었다(Schwab 2017). 슈밥은 20세기 말과 21세기에 들어서 IoT, 빅데이터, AI 및 고급 로봇, 3D프린팅 등 이른바 5대 핵심기술 및 그 외 다양한 새로운 기술이 등장하면서(World Economic Forum 2017a), 산업혁명이라고 부를 만한 커다란 변화가 다가오고 있다고 했다.

　4차산업혁명은 기계가 가진 암묵지에 센서를 붙여서 데이터를 형식지화하고 이를 IoT를 통해 취합·통합하고 빅데이터화하여 최종적으로 이를 인공지능, AI가 처리하는 방식으로 인간의 행동을 대체하거나 의사결정을 보완하게 되는 구조이다. 즉, 기계에 의한 인간 대체라는 측면이 존재하는 동시에, 인간이 웨어러블을 통해서 기계화, 로봇화하는 측면도 있다. 4차산업혁명은 개인의 수요에 부응하는 맞춤형 생산, 기존 사업영역과 시장의 파괴, 공유경제의 등장, 기존 가치사슬의 파괴나 단순화 등을 가져온다는 면에서, 그리고 다양한 형태의 새로운 비즈니스를 가능케 한다는 면에서 새로운 기회요인으로 인식되고 있다(Choudary 2015).

　4차산업혁명이라는 말은 다양한 기술 변화를 포함하지만 이와 비슷하면서도 약간 좁은 개념으로는, 독일의 인더스트리 4.0Industry 4.0 이 있다. 인더스트리 4.0은 기존의 공장을 디지털화한 스마트공장을 주로 칭한다. 인더스트리 1.0은 기계화, 인더스트리 2.0은 대량생산,

인더스트리 3.0이 자동화 생산이라면, 그 마지막 단계로서 인더스트리 4.0은 디지털 팩토리를 의미한다.

스마트공장의 선두 사례로 독일 '지멘스'사의 암베르크 공장을 들 수 있다.[1] 암베르크 공장은 모든 시설을 디지털화하여, 사람에 의한 실수를 최소화하고 문제가 발생하면 실시간 대응 및 처리함으로써 생산성을 획기적으로 증대시켰다. 공장이 하루에 처리하는 데이터 수가 급증했고 이에 따라 불량률도 대폭 감소했다. 1995년에는 공장이 하루 처리하는 데이터의 종류의 수가 5,000개였으나, 2000년에는 5만 개로 증가하고, 디지털화가 완성된 2015년에는 50만 개로 증가했다. 이로 인해 생산성은 9배 증대했다.

한편 이 공장에서 일하는 직공의 수는 27년 전부터 최근까지 1,300여 명 정도를 유지했으나, 변화 이후 직공의 수는 줄어들고 직공당 관리하는 기계의 수가 급증했다. 이것이 의미하는 바는 디지털 공장이란 기계가 가진 암묵지를 데이터화하여 형식지로 바꾸고, 이를 통해서 기존의 사후대응·리액티브 방식에서 실시간 및 사전대응·프로액티브 방식으로 바뀌었다는 것이다. 그리고 실제 피지컬한 팩토리에 대응하여 디지털 트윈을 만들어서 공장의 유연성 및 효율성을 증가시키고 시장에서 유통시장까지의 시간과 가치사슬을 단축했다. 즉, 효율성과 유연화·주문화된 생산이 그 양축인 셈이다.

다만 재미있는 점은, 이 암베르크 공장 안에는, 두 개의 공장이 나란히 위치하고 있었는데, 그중 하나의 공장(EWA 공장)만 디지털화하고, 다른 하나의 공장(GWA 공장)은 디지털화하지 않았다. 이처럼 디지털화는 비용과 편익을 계산하여 진행하는 것이 옳다. 아직도 독일의 많은 공장들은 인더스트리 3.0인 자동화 생산단계에 있고, 4.0인

디지털 공장화는 아직 선도 사례에 머물고 있다. 반면 한국 등 신흥국들의 사정을 보면, 많은 공장들이 인더스트리 2.0인 대량생산 단계에 머무르고 있다. 그래서 3.0이라는 자동화 단계와 4.0이라는 디지털화를 동시에 결합하여 수행하는 비약leapfrogging이 이론적으로는 가능하다. 다만, 개별 기업의 경우에는 비약의 실행을 결정함에 있어서 투자의 필요성에 대한 검토와 상당한 투자 및 기술이 필요하다는 점도 고려해야 할 것이다.

4차산업혁명 개념을 처음 제시한 세계경제포럼은 향후 4차산업혁명이 가져올 자본주의체제 및 사회에 대한 4가지 미래 시나리오를 제시했다(World Economic Forum 2017b). 그 첫 번째 시나리오는 파괴Disrupted Scenario이다. 4차산업혁명이 긍정적 의미의 파괴적 혁신으로서 기존의 자본주의의 침체성을 극복하는 긍정적 계기가 된다는 것이다. 두 번째 시나리오는 파편화Damaged Scenario이다. 4차산업혁명의 영향과 그 파급이 불균등하여, 수요와 공급 간의 괴리가 오히려 커지고, 선진국과 후진국 간의 생산과 경제 방식이 파편화되어 세계경제가 불황으로 갈 수 있다는 것이다. 세 번째 시나리오는 경로이탈Devolved Scenario이다. 이는 4차산업혁명이 기술과 생산의 증대로만 이어져서 현재 자본주의 체제가 안정적인 경로를 이탈하여 과도한 환경파괴와 기후변화를 초래하여 전반적으로 부정적 영향을 미치는 내용이다. 네 번째 시나리오는 부작용Deterred Scenario, loss of security and privacy이다. 이는 4차산업혁명이 진행되긴 하지만, 개인의 안전성과 프라이버시를 침해하는 부작용 쪽에 무게가 커지는, 역시 그다지 바람직하지 못하는 시나리오이다.

가장 낙관적인 입장은, 첫 번째 시나리오인 파괴적 혁신 시나리오이다. 이 시나리오는 4차산업혁명이 주는 여러 가지 새로운 비즈니스 모델과 창업 확대의 가능성에 따라서, 과거 대기업 주도 경제가 아니라, 세계적으로 소규모 기업들이 많이 창업되고 활발히 활동하는, 기술적·경제적 환경이 도래한다는 시나리오이다.

예를 들면, 3D프린팅이 확대보급되어, 낮은 비용으로 시제품을 만들거나, 개인별 맞춤형 소량생산이 가능해지는 것들을 말한다. 단기적으로는 인공지능에 의한 인간 노동력의 대체로 해고가 발생할 것이다. 그러나 혁신이 가지는 비용하락 효과, 제품혁신 그리고 새로운 비즈니스 모델에서 새로운 일자리 창출 효과가 발생한다. 따라서 장기적으로는 세계적 차원의 고용도 긍정적인 방향으로 전개될 것이다. 또한, 유연한 근로시간, 공간적 해방에 따른 노동시간 절약과 노동참가율 확대, 그에 따른 여가시간 증가와 출산 증가도 기대할 수 있다. 이처럼 수요와 공급 양측에서 발생하는 상승작용으로, 자본주의 체제가 장기 호황으로 가는 새로운 장기 파동이 만들어진다.

3. 4차산업혁명, 중국 그리고 한국 산업

새로운 기술경제 패러다임의 등장이 후발자에게 기회의 창이 된다는 슘페터학파의 명제의 전제는, 선발자가 기존 기술에 고착되는 함정에 빠지거나 아니면 후발자나 선발자나 똑같은 출발점에서 시작한다는 점을 고려한 것이다. 그런데 이번 4차산업혁명은 선진국이 주도하고 있다는 점에서, 후발자에게 기회의 창이라기보다는, 그동안의 후발자의 추격을 따돌리는 선진국의 복수로 보는 성격이 강하다. 과거 한국 가전산업의 대일본 추격에 있어서, 디지털 가전제품의 출현이라는 3차산업혁명이 기회의 창이었다면(Lee et al 2015), 4차산업혁명은 디지털기술이 가전뿐만 아니라 모든 다양한 산업 분야에 활용되어 융복합화하는 측면이 있다. 현재로 봐서는 이것은 4차산업혁명 기술을 가장 적극적으로 채택하고 있는 중국의 산업들에게 기회의 창이 될 가능성이 높다. 다만 이를 국내 시각으로 한정해보면, 한국의 대기업이나 신생 중소기업이나 비슷한 출발점에서 시작한다는 점에서 중소기업에게 기회의 창이 될 수 있다.

기회의 창으로서의 4차산업혁명이 기업에게는 수단인가, 목적인가? 이것이 첫 번째 문제다. 수단으로 본다는 것은, 가령 공정혁신을 통한 생산성을 향상하는 수단으로 접근한다는 뜻이고, 목적으로 본다는 것은, 맞춤 생산을 포함한 제품혁신 및 새로운 비즈니스 모델창출의 핵심이라고 보는 것이다. 그래서 공정혁신에서 제품혁신 그리고 조직혁신, 나아가서 비즈니스 모델 창조, 최종적으로 새로운 가치 창조라는 일련의 과정을 전제로 생각해보면, 현재 한국기업들의 4차산업혁명 수용은(특히 정부의 스마트팩토리 지원 사업) 공정혁신 및 생산성 향상에 치우친 면이 있다.

반면에, 새로운 비즈니스 모델 창조나 새로운 가치 창조에 대한 활동은 상대적으로 약해 보인다. 이것을 대기업과 중소벤처로 나눠 생각해보자. 대기업은 공정혁신으로 4차산업혁명을 활용하여 비용을 줄이고 생산성을 높여서 중국과의 경쟁에서 우위를 확보할 수 있다. 반면, 중소벤처나 신생기업의 입장에서 보면, 새로운 비즈니스 모델 및 새로운 가치 창조라는 쪽이 좀 더 맞을 수 있고 그런 면에서 기회의 창이 될 수 있다. 다시 말해 많은 데이터를 IoT로 연결한 다음에 이런 빅데이터를 이용해 비용을 절감하고 생산성을 높일 수 있고, 한편으로는 새로운 솔루션, 즉 새로운 디지털 서비스를 창출할 수 있다.

이렇게 4차산업혁명이 신생기업에게는 새로운 비즈니스 모델을 제공하고, 기존 중소기업들에게는 비용절감과 신제품 개발로 중국의 등장에 따른 경쟁력 압박, 비용 압박에 대한 적절한 해결책을 제시할 것이다.

일례로, 청테이프를 만드는 중소기업인 '위더스코리아'의 경우를 보자.2 이 회사는 2012년부터 중국기업과의 경쟁악화로 매출이 220억 원에서 계속 감소하여서 2015년에는 180억 원으로, 역대 최저치를 기록했다. 회사 수뇌부는 당시 회사를 포기하고 문을 닫을 생각을 했으나, 삼성전자의 지원을 받게 되었고, 스마트공장 전환을 시도했다.

특히 중소기업진흥공단의 시설개선자금 50억 원에 대하여 자체자금 15억 원을 추가하여 자동화시설을 개발 도입했다. 이를 기반으로 경쟁력이 다시 향상되었고 비용이 절감되어, 중국보다 3% 더 싸게 제품을 생산해냈다. 구체적으로는 생산성은 10% 향상, 불량율은 75% 감소, 수출은 45% 증가했다.

이에 따라 매출이 2017년 250억 원으로 증가했고 2018년에는 300억 원이 예상되는 턴어라운드 경영의 계기가 되었다. 비용절감으로 저가시장에서 점유율을 회복했고, 고가 제품도 개발 가능해졌다. 새로운 자동화 시스템 도입으로 로우엔드, 하이엔드 제품을 하나의 기업에서 동시에 생산하는 유연생산이 가능해졌기 때문이다. 스마트공장 도입 이후 회사 매출이 증대됨에 따라 신규 고용도 증가했다.

이상은 미시적 변화일 뿐이고, 한국경제, 나아가 동아시아 발전 모델 차원에서도 변화를 논할 수 있다. 수출지향적·노동집약적 공업화를 추구했던 기존의 동아시아의 모델은, 4차산업혁명이 가져온 기존 선진국의 리쇼어링re-shoring(해외 진출 기업의 생산시설 자국 회귀) 현상으로 인해 도전을 받고 있다.

아직 노동집약적인 대량생산 단계에 머무르고 있는 동남아에는 이런 분석이 적절하다. 하지만 이미 임금 상승으로, 기술집약적 산업에 진입하고 노동부족에 직면하고 있는 한국산업에는 기회의 측면이 분명히 존재한다. 특히 현장 인력의 부족 현상을 겪는 중소기업에게는 자동화 및 스마트화가, 부족한 인력을 대체할 수 있는 중요한 기회가 될 것이다.

4차산업혁명은 대기업보다도 유연성과 기동성 측면에서 유리한 중소기업에게 새로운 비즈니스 모델 및 기존의 노동력 부족 문제를 타계할 수 있는 수단을 제공한다는 점에서, 한국경제의 대기업 주도성을 해소할 수 있는 마지막 기회이기도 하다. 이러한 예로서, 스마트농업, 스마트팜의 경우, 새만금지역에 대규모 스마트농업을 계획했던 대기업 LG는 농민들의 반대로 사업이 좌초된 반면에, 카이스트 학생들이 창업한 '만나CEA'는 디지털기술을 이용한 수경법으로 특수 농작물을 재배하여 유통까지 하는 신생기업으로 성장하고 있다.

이러한 가능성에도 불구하고 아직 한국사회를 들여다보면, 기술의 변화와 기존 사회체제, 규제 간의 미스매치가 심각하다. 이러한 미스매치는 더 크게 보면 시스템 실패를 낳아서 혁신의 성과를 저하시키는 요인이 된다. 그래서 이 책에서는 4차산업혁명이 가지는 기회성과 그의 실현을 저해하는 미스매치를 파악하여, 산업 분야별로 한국산업의 미래 전략을 제시하고자 한다.

새로운 시스템을 움직이는 두 가지 축은 개방과 수용이다. 이 관점에서 보면 한국사회의 규제와 기존 이익집단의 밥그릇 지키기는 시장의 작용이나 새로운 수익창출에 장애가 되고 있다. 예를 들어, 자율주행 자동차의 운행과 관련된 가장 중요한 장벽은 기술이 아닌 법적 책임 소재이다. 사실 모든 주행을 기계의 자율 운행에 맡기면 사람이 운전할 때보다 사고발생률이 낮다고 한다. 기술적 결함이 발생할 확률보다 인간이 실수할 확률이 더 높기 때문이다. 또 전 세계적으로 노령인구 비율이 높아지면 인간에 의한 사고 확률은 더 높아질 것이다. 교육에서도 시스템의 문제는 쉽게 발견된다. 소프트웨어 활용 교육에서 중요한 것은, 과정을 창의적으로 구성하고 개발하는 알고리즘인데, 창의성보다는 기계어 번역 작업에 불과한 코딩 교육이 소프트웨어 교육이라는 명분으로 필수과목로 지정되어, 오히려 어린 학생들의 창의력을 죽이는 결과를 낳지 않을까 우려된다.

추가로 고려할 사항은 이웃나라 중국산업의 급격한 부상과 경쟁력 강화이다. 이에 중국기업과 정면대결을 할 것인지, 수평적으로 분업 방식의 협업을 할 것인지, 지분 참여를 통한 제휴를 할 것인지 등 다양한 대응방식을 같이 고려해야 한다. 이 경우 시장은 한국이 될 수도 있고, 중국이 될 수도 있고, 제3국 시장이 될 수도 있다.

이 책에서는, 중국을 보되 그냥 중국 상황을 한국과 병렬적으로 보는 것이 아니라, 그 상호작용, 즉 한국이 중국과 경쟁할 것인가, 수직적 계열화 방향으로 협력할 것인가, 아니면 수평적으로 협력할 것인가 하는 관점을 가능한 한 고려했다.

구체적 전략 제시를 위해서는 중국과 한국시장이 각각 상대방에 대해서 얼마나 개방되어 있는지, 그리고 어떤 규제가 존재하는지에 대한 검토가 필요하다. 지급결제시장을 예로 들면, 중국기업이 한국에 들어와서 똑같은 영업을 할 수 있는지에 따라(즉, 개방여부에 따라, 혹은 그 반대로 한국기업이 중국에 가서 할 수 있는지) 전략이 매우 달라질 것이다.

이런 면에서 게임 산업은, 아직도 중국시장이 외국에 대한 규제가 많아서, 한국기업의 중국시장 영업에 한계가 있는 것 같다. 한편 온라인 유통시장은 양국 시장 모두 상호 개방적이나 수용성이 낮아 보이는데 이러한 측면에 대한 고려가 필요하다.

요컨대 이제 중국과 4차산업혁명이라는 두 가지 요소를 고려하지 않고서는 한국산업의 미래 전략을 세울 수 없다. 이런 입장에서 한국산업의 미래 전략을 구상해볼 것이다.

한국이 4차산업혁명이 가지는 기회를 잘 활용하고 중국산업의 도전을 잘 극복해가면, 다음과 같은 희망적 시나리오도 가능하다.

즉, 4차산업혁명이 가지는 자동화 및 스마트공장 패러다임은 고령화와 인구성장 정체라는 도전에 직면하고 있는 한국경제에 노동력 부족 문제를 해결하고 동시에 중소기업을 스마트화하여 고부가가치화로 전환시키는 변화를 가져올 수 있다. 그를 통해, 경쟁력 저하도 해결하고 대기업, 중소기업 간의 이중구조를 중소기업의 고급화를 통해서 해결해간다는 방향 설정이 가능하다.

이 논리를 연장하면 인구성장이 정체되더라도 저성장에 빠지지 않는 경로를 만들 수 있다는 얘기이다. 적절한 경제활동 인구 규모 및 적절한 대중소기업 균형, 적절한 부가가치, 일자리가 공존하는 한국경제와 사회의 새로운 균형이 가능하다.

과거의 균형이 고인구성장, 고경제성장, 많은 일자리 창출이었다면, 이제는 낮은 인구성장, 낮은 경제성장률 및 고부가가치 일자리라는 새로운 균형이 이론적으로 가능해지고, 이러한 선순환형 균형만 달성된다면 굳이, 고성장률에 집착할 필요가 없게 된다. 즉, 인구가 적어져도 노동의 고급화와 산업의 고부가가치화로 선진국 모델인 저성장형 균형 유지가 가능해진다.

여기에 추가한다면, 도농 간의 공간적 균형도 가능하다. 그렇다면 세 가지 측면의 균형, 즉 인구균형, 공간균형, 대중소기업 간 균형이라는 새로운 균형상태로의 정착이 가능하다.

4. 9가지 산업 분야 분석

우리나라 입장에서 보면 4차산업혁명은, 슈밥이 그의 책에서 언급하지 않는 기술 분야, 즉 바이오, 스마트 헬스케어, 부품 소재 등 한국의 우위 가능성이 있는 분야까지를 포함하는 4+알파차산업혁명으로 보는 것이 적절하다. 그러지 않고, 슈밥이 정하고 기존 선진국들이 이미 앞서가고 있는 분야에만 자원을 투입하는 것은 과거식 추종follower 전략에 불과하며, 뒷북치기에 그칠 위험이 있다. 이런 추종 전략은 기존에 성과가 보이는 분야를 하다가 말고, 다른 새 분야에 자원을 추종 투입하는 낭비와 비효율을 낳기 마련이다.

그러나 이러한 산업별 미스매치 사례 및 시스템 실패 파악 그리고 수술 방안 제시는 그 성격상 통계적 연구 방법에 어려움이 있어서, 최대한 사례 연구를 분석하였다.

그래서 각 장의 산업 분석은 우선 1) 4차산업혁명을 고려·반영한,

그 분야 기술의 특성(기술체제) 및 시장체제(경쟁) 상황을 분석한 후, 2) 중국시장 및 산업을 분석하고, 3) 한국 시장 및 산업 상황을 조사하고, 4) 마지막으로 한국산업의 미래 전략을 제시하는 방식으로 진행했다.

이 같은 구성으로, 이 책에서는, 태양광 등 신재생에너지 산업, 바이오 시밀러 등 바이오 제약산업, 스마트시티와 산업, 스마트농업, 게임 산업, 스마트 헬스케어 산업, 공유경제, 스마트 유통산업 및 모바일 결제 등 총 아홉 가지 산업을 다룬다.

그리고 이어서 이런 여러 산업 분야의 공통된 사항인 4차산업혁명에 대비하는 인력육성과 교육체제 개편 및 새로운 산업정책을 다룰 것이다.

(이근)

제2부

산업별 분석

제2장

한국 게임 산업의 미래 전략

1. 게임 산업의 혁신체제

1990년대 말에 등장한 온라인 게임은 2D에서 3D 그리고 MMORPG
Massive Multiplayer Online Role Playing Game, 캐주얼게임, FPSFirst Person Shooter
등 다양한 장르를 탄생시켰고, 최근에는 스마트폰과 결합하고,
ARAugmented Reality(증강현실)이나 VRVertual Reality(가상현실)과 같은 혁
신적 기술도 빠르게 도입하면서 점점 더 폭이 넓어지고 있다.

정보통신기술(IT)과 문화기술(CT)의 복합지이며, 문화감성지적인
특성을 가지고 있는 디지털 게임은 플랫폼 별로 비디오게임, PC게임,
아케이드게임, 온라인 게임, 모바일 게임, VR게임 등으로 나눌 수 있
다.[1] 디지털 게임의 혁신체제는 다음과 같다.

기술진보의 의존성은 낮으며 신규 서비스 개발의 기회성이 높다.

기술을 도구로 삼아 콘텐트를 구현하는 것이 게임의 본질이라고 볼 때, 궁극적으로 기술은 콘텐트 구현의 수단이며, 고객에게 어필하는 핵심 요소는 기술과 성능이라기보다 문화적·감성적·지적인 게임성(유희성)이다. 따라서 디지털 게임 산업에서 신기술에 기반한 고기술·고사양의 게임이 반드시 모든 구식 기술기반의 디지털 게임을 대체하는 것이 아니며, 오히려 구식 기술이라도 이를 활용해서 다양한 콘텐트를 재조합하고 고객에게 어필하는 게임성을 제대로 발현한다면, 새로운 게임장르를 얼마든지 창작할 수 있다는 점에서 신규 서비스 개발의 기회는 높다.

완제품 출시를 기본으로 하는 제조업과 달리 디지털 게임은 통상 시장에 출시되는 시기의 완성도는 20~50% 정도이다. 출시 후, 서비스 기간을 거쳐 완전히 새로운 제품으로 성장하는데, 이때 현지 게임유저의 요구사항, 성향파악 등이 중요한 혁신의 원천이 된다. 이를 게임에 적절히 반영하여 고객만족도(게임성, 유희성)를 높이는 것이 매우 중요하다.

사실 이러한 혁신은 선발기업에게도 쉬운 일이 아닌데, 이를 잘 나타내주는 것이 디지털 게임의 낮은 시장생존율이다. 부분 유료화로 설치된 모바일 게임이 24시간 이상 생존하는 비율은 34%에 불과하고, 이 생존률은 시간이 지날수록 낮아져 한 달을 기준으로 했을 때는 5.5%까지 하락한다.[2]

게임은 지식의 암묵성과 혁신의 전유성이 모두 낮은 산업이다. 디지털 게임은 기술적 측면에서 크게 게임엔진, 콘텐트(예: 게임아이템), 그래픽 그리고 게임성과 연관된 게임스토리 기획으로 나눌 수 있다. 우선 게임엔진은 언리얼 엔진Unreal Engine과 같이 시장에서 이미 상용화되어 손쉽게 구입할 수 있으며, 그래픽은 게임사용자가 게임을 해 보면서 파악할 수 있다. 설령 획기적인 콘텐트 기획을 통해 만들어진 고기술·고사양의 디지털 게임이라도 게임의 기본적인 유희성은 외부에서 자유롭게 체험할 수 있기 때문에, 결국 외부의 모방으로부터 매우 취약하다고 할 수 있다.

전 세계 게임시장 규모[3]는 996억 달러(2016년 기준)로 음악시장 규모(397억 달러, 2016년[4])의 약 2.5배, 글로벌 박스오피스 매출(500억 달러, 2016년)[5]의 약 2배에 달할 정도로 문화산업에서 비중이 가장 크다. 특히 모바일 게임의 시장 규모는 중국-일본-미국-한국 순으로 크다. 2015년 기준 중국이 전 세계 모바일시장의 21.7%를 차지하고 있고, 일본은 20.60%, 미국은 20.00%, 한국은 6.20%이다. 그다음으로는 순서가 매년 조금씩 바뀌지만 영국, 독일, 프랑스가 뒤따르고 있다.

2. 중국정부의 역할

(1) 배타적 허가제

중국정부는 2000년을 전후하여 게임기 금지령(국무원, 2000.6.)을 통해 중국 내 콘솔 게임기(하드웨어)의 판매를 금지했고, 중국시장에서 온라인 게임을 서비스하려는 모든 기업은 반드시 영업 허가증, 서버 접속 허가증(ISP), 상업용 서버 허가증(ICP), 전자공고 허가증, 모바일 부가서비스 허가증, 인터넷출판 허가증(IPP) 등 복잡한 승인과 허가절차를 거쳐야 한다고 규정했다.[6] 나아가, 중국정부는 서버접속 허

가증(ISP), 상업용 서버 허가증, 인터넷출판 허가증[7]을 국내기업에게
만 발행하고, 전자공고 허가, 인터넷문화 경영 허가 등은 외국기업에
게 발행을 제한하고 있어 해외기업은 사실상 중국 내에서 독자적으
로 게임을 유통하는 것이 불가능했다.[8]

(2) 게임 출판물의 판호를 통한 시장보호

중국에서 유통되는 게임은 출판물에 부여하는 고유번호인 ISBN(版
号)을 발급받아야 정식으로 유통을 할 수 있는데, 특히 외자업체와
합자, 합작기업의 경우 사전에 국무원 정보산업 주관 부문의 심사와
동의를 거쳐야 판호 발급이 가능하다. 온라인 게임에서는 1998년 1
월부터 판호 발급 심사가 엄격하게 적용되었고, 모바일 게임에서는
2016년 7월부터 권고에서 의무사항으로 변경되었다.

　2016년 중국에서 허가를 받은 게임 수는 총 3,851개로 중국을 제
외한 해외 게임은 228개, 이 중 한국 게임은 13개로 전체의 0.3%에
불과한데 이는 매년 한국에서 500개가 넘는 게임이 신규 출시되는
것을 감안하면 극소수의 게임만이 중국시장에 진출하는 셈이다.[9]

(3) 느슨한 지식재산권 보호

온라인 게임이 중국에 등장하기 시작한 2000년 초반, 중국정부는 지
식재산권 보호에 대한 규제를 느슨하게 적용했으며 심지어 개발사로
부터 소송이 제기되어도 모호한 해석과 입장을 견지해왔다. 대표적
인 사례가 바로 중국 샨다Shanda와 한국 위메이드 간의 분쟁이다.

　샨다는 2003년 〈미르의 전설〉을 그대로 모방한 〈전기세계Mir-
World〉를 서비스하기 시작했고, 이로 인해 제작사인 위메이드로부터

중국법원에 고소를 당했다. 그러나 소송이 진행되는 중에도 샨다는 모작 게임을 계속 시장에 서비스했고, 심지어 2004년 3월에는 나스닥에 상장되기까지 하면서 막대한 자금을 확보했다. 이 소송은 결국 중국정부의 모호한 입장 해석으로 장기화되었고, 오히려 패소할 경우 중국시장에서의 악영향 등을 고려하지 않을 수 없었던 위메이드가 2007년 샨다와 합의하는 것으로 마무리되고 말았다.

중국정부의 느슨한 지식재산권 정책은 토착기업에게 해외 게임 복제를 암묵적으로 용인하는 결과가 되어버렸고, 토착기업들은 다수의 복제 게임을 개발하며 역량을 제고해나갔다. 한편 2008년 이후에는 중국기업이 오히려 원고가 되어 외국기업을 상대로 특허침해소송을 제기하는 사례가 증가하고 있어 중국정부도 2008년 '국가지재권 전략강요(국무원)'를 발표하며 지식재산권 보호를 강하게 주문하고 있다.

3. 중국의 기술학습과 추격

(1) 온라인 게임의 추격 : 퍼블리싱→모방→자체개발

해외 게임의 퍼블리싱을 통한 시장 진입

온라인 게임이 본격적으로 도입된 2000년 초반을 전후하여 중국정부가 자국 시장보호를 위한 배타적 허가제를 실시하자, 해외기업은 중국 내 게임의 직접 유통이 불가능해지고, 그 대신 중국 현지 기업들과 퍼블리싱(유통) 계약을 맺는 형태로 현지 시장에 진출할 수밖에 없었다. 당시에 해외 온라인 게임을 유통했던 토착기업들은 게임 개발 역량은 없어도 퍼블리싱에 필요한 서버 네트워크의 운영역량만 있으면 가능했기 때문에, 소프트웨어와 인터넷 관련 영역에 종사하던 기업들이 대거 진입하기 시작했다.

〈표 2-1〉은 2000년부터 2003년까지 중국 온라인 게임의 퍼블리싱 현황이다. 당시 중국정부의 허가제도와 규제로 인해, 온라인 게임의 개발은 한국, 대만, 일본 등 기업에서, 퍼블리싱은 샨다, 더나인The 9 등 중국 토착기업이 진행했다.

외국 개발사와의 개발-퍼블리싱 계약은 중국기업에게 일종의 학습기회를 제공했다.[10] 즉 중국기업들은 외산 게임을 자국 시장에 퍼블리싱하는 과정에서 게임 운영에 필요한 과금시스템의 운영 노하우, 대용량 네트워크의 안정적 관리, 홍보 등 온라인 게임의 운영에 관련된 다양한 경험을 체득했다. 게다가 신규 게임콘텐트의 기획과 개발에 필수적인 현지 게임유저들의 성향, 수요 및 요구사항 등 게임성 분석의 기초데이터를 축적할 수 있는 기회를 확보했다.

예를 들어, 넷이즈Netease의 〈몽환서유〉는 2010년 단일 게임으로 최대 동시접속자인 260만 명을 기록했으며, 텐센트Tencent는 게임 합산 동시접속자 수가 800만 명에 육박하는데, 이들이 서비스하는 한국게임 〈던전앤파이터〉는 최고 동시접속자 수가 2011년 7월 첫째 주 기준 250만 명에 달했다. 한국에서 최대 동시접속자를 기록한 〈바람의 나라〉(넥슨)는 2011년 기준 41만 명이었고, 리니지의 경우, 2011년 10만~14만 명 정도인 점을 감안하면, 중국의 동시접속자수 규모는 실로 대단한 것이다. 중국기업들은 서버 및 네트워크 관리능력, 현지 게임 이용자와의 긴밀한 커뮤니케이션을 통한 유저 정보, 게임

〈표 2-1〉 2001~2003년 중국 해외 온라인게임 퍼블리싱 현황

진출 시기	온라인 게임	해외 개발사		현지 퍼블리셔 (유통사)
		기업명	국가	
2000	Three Kingdoms online	Bookmark	Korea	Sanya
2001	Mir	Wemade	Korea	Shanda
2001	Stone Age	Digi Park	Japan	Waei
2001	Red Moon	JC Entertainment	Korea	Asiagame
2001	Tombstone in heaven	Synopex	Korea	Asiagame
2001	Millenium	Actoz Soft	Korea	Asiagame
2002	MU	Webzen	Korea	The 9
2002	Heros of Jin Yong	Soft-World	Taiwan	Soft-World
2002	King of Kings	Soft China	Taiwan	Asiagame
2002	Cross Gate	Square-Enix	Japan	Square-Enix(China)
2002	Helbreath	Soft Family	Korea	Asiagame
2002	Dragon Raja	esofnet	Korea	Asiagame
2002	Shining Lore	Pantagram	Korea	Jing He
2002	Laghaim	Barunson	Korea	Gamania
2003	Mir 3	Wemade	Korea	Optisp
2003	Lineage	NCSoft	Korea	Sina

출처: KOCCA(2002), 대한민국게임백서, KIPA(2004~2005), 디지털콘텐츠산업백서, KIPA, 2006년 해외디지털콘텐츠 시장조사 : 게임편을 참조해서 재구성

성향, 트렌드 등 고급정보를 이미 확보하고, 각종 예기치 못한 돌발 사태에 대한 대응력 등 상당한 수준의 서비스 운영 노하우를 축적하고 있다고 할 수 있다.

해외 게임의 모방을 통한 추격

중국 온라인 게임시장은 몇몇 성공적인 외산 게임에 힘입어 2001년 3,700만 달러(약 430억 원)에서 2002년 1억 1,000만 달러(약 1,280억 원), 2005년도 7억 800만 달러(약 8,200억 원)로 빠르게 성장했다.[11] 국내시장이 급성장함에 따라 중국 퍼블리셔(유통사)들 간에는 경쟁이 더욱 심화되었고, 이는 성공적인 외산 게임의 퍼블리싱에 대한 대가, 즉 계약금과 로열티 상승으로 이어졌다.

중국 퍼블리셔의 입장에서는, 시장 성공의 불확실성을 감수하면서 막대한 초기 계약금을 지불해야 하고, 설령 서비스 운영에 성공하더라도 수익의 30~50% 정도의 로열티를 지속적으로 게임개발사에게 지급해야 하는 부담이 있었다. 게다가 게임의 현지 운영에 있어서, 현지 유저의 수요변화에 따라 캐릭터 변경 및 교체, 스토리 추가, 아이템 개발 등에서 여전히 개발사에게 의존해야 하는 문제가 있었다.[12]

온라인 게임의 개발 측면에서, 우선 게임의 엔진은 시장에서 이미 상용화되어 시장에서 손쉽게 구입할 수 있으며, 또한 그래픽 부분은 게임을 한번 해보면 바로 파악되므로 후발자가 카피하기가 쉽다. 선발자도 이러한 외부 복제를 막기가 어렵다는 것은 알고 있다.

그러나 게임성과 밀접한 관련이 있는 게임스토리 기획은, 실제 게임유저의 게임 선호 및 성향 분석, 통찰력 등과 매우 밀접한 관계가 있다. 향후 개발될 게임의 성공을 결정하는 핵심 노하우인데, 낮은

〈표 2-2〉 중국 복제 온라인게임 현황(2003~2008년)

복제 게임		원작 게임	
게임명	복제기업(중국)	게임명	개발사
크레이지 카트	shanda	카트 라이더	넥슨
카트 레이서	88Joy		
큐큐탕	Tencent	크레이지 아케이드	넥슨
수퍼음악가	나인유	o2jam	나우콤
댄싱스타	나인유	오디션	T3
열무파티	완미시공		
동유기	중국 BL테크	엘소드	KOG
크레이지 기타	중국음유향사	기타히어로	엑티비전
패트릭스	상해매직그리드	페이퍼맨	사이칸 엔터테인먼트
오로라블레이드	IGG	라그나로크	그라비티
몽환국도	shanda	크럼프	위메이드
전기세계	shanda	미르의 전설	엑토즈
던전앤드래곤	shanda	던전앤파이터	네오플
명장삼국 WOF	The 9		
귀취등 온라인	shanda		
쾌락서유	The 9	메이플스토리	넥슨
뮤X	The 9	뮤	웹젠
익스트림바스켓볼	나인유	프리스타일	JC엔터테인먼트

출처 : 2009년 중국 온라인게임 저작권 침해 현황 보고, KOOCA, 2009, pp. 2~10,

상용화율 통계에서 보았듯이, 이는 후발자는 물론 이 분야의 선도기업에게도 가장 어려운 부분이다. 게다가 사이버공간 속에서 함께 즐긴다는 특성 때문에 더 많은 유저가 몰리는 온라인 게임의 네트워크 외부성까지 감안한다면, 신규 개발한 온라인 게임이 기존에 이미 성공한 게임과 경쟁하여 이길 가능성은 더욱 낮다.

중국 토착기업의 입장에서 보면, 불법복제와 같은 지식재산권 문제에 대해 중국정부가 별도의 제제를 하지 않는 상황에서, 이미 검증받은 해외 인기게임을 복제하는 것은, 로열티의 부담을 없애면서 독자개발했을 때 발생하는 시장실패의 위험을 최소화하는 최선의 대안이었다. 반면 해외 게임개발사는, 중국시장에 진출하려면 중국정부로부터 먼저 판호(ISBN)를 받아야 했고, 현지 유통사의 도움 없이는 진출 자체가 불가능했다. 게다가 중국시장에 모작 게임이 등장하더라도, 적극적인 소송을 전개할 수 없었다.

〈표 2-2〉는 2003년부터 2008년 사이 중국기업에 의해 복제된 게임을 나타내는데, 이들 모두 시장점유율 상위를 기록하는 인기 온라인 게임들이다. 이들 대부분이 샨다, 텐센트, 더나인 등 현지 주력 퍼블리셔들을 중심으로 전략적이고 경쟁적으로 복제 개발되어 시장에서 유통되었다.

자체 기술력 제고를 위한 인하우스 R&D, M&A

해외 게임의 퍼블리싱과 모작 게임의 제작을 통해 기술역량을 제고한 중국 게임 기업들은 강도 높은 인하우스 in-house R&D 투자를 진행하면서도 과감한 M&A를 통해 외부 개발역량을 지속적으로 확보해 나갔다.

먼저 중국은 자국산 게임개발을 위해 자체 R&D에 투자를 아끼지 않았는데, 2016년 한국 넥슨, NC소프트, 넷마블의 R&D 총액이 약 2억 달러였다면, 텐센트와 넷이즈, 이 두 기업의 R&D 총합은 24.2억 달러에 달했다(〈표 2-3〉 참조).

또한 중국 게임 기업들은 외부 게임개발사에의 지분투자나 M&A를 추진했다. 온라인 게임은, 게임개발 성공보다는 시장검증이 게임성을 확인하는 가장 확실한 경로이다. 이러한 특성으로 보았을 때, 다수의 게임개발사에게 지분투자나 M&A를 추진하는 전략은, 자체 개발하는 것보다 단기간에 다양한 게임콘텐트를 확보하여 시장검증을 해볼 수 있다는 장점이 있다.

특히 텐센트가 M&A에 적극적이었는데, 이 기업은 한국의 넷마블, 파티게임즈의 지분을 확보하고 있으며, 미국 엑티비전 블리자드의

〈표 2-3〉 주요 게임기업의 연도별 R&D 투자액 (단위: 백만 달러)

		2011년	2012년	2013년	2014년	2015년	2016년
중국	텐센트	415.5	661.9	828.8	1230.5	1467.1	1922.6
	넷이즈	5.5	8.8	12.1	17.0	350.4	494.6
	샨다	116.9	112.9	116.2	106.7	-	
	전체 규모	537.9	783.6	957.1	1354.2	1817.5	2417.2
한국	넥슨		-	34.7	50.0	65.7	66.8
	엔씨소프트	72.1	78.1	59.2	65.4	88.7	106
	넷마블	0.3	8.6	47.1	47.8	47.8	26.8
	전체 규모	72.4	86.7	141.0	166.2	202.2	199.6

출처 : 각사 IR자료, 블룸버그 재무자료, 톰슨로이터 재무자료 참조

<표 2-4> 연도별 중국산 게임의 비중 변화 추이(단위 : 억 RMB, %)

구분	2008년	2009년	2010년	2011년	2012년	2013년	2014년	2015년
중국산 게임	110.1	165.3	193	271.5	368.1	476.6	726.6	986.7
수입 게임	75.5	97.5	140	174.6	234.7	355.1	418.2	420.3
중국산 비중	59.3%	62.9%	58%	60.9%	61.1%	57.3%	69.3%	70.1%

출처 : China Audio-video & Digital Publishing Association (2016)

지분도 24.9%를 확보하여 최대주주가 됐다. 뿐만 아니라 〈클래시오
브클랜〉 개발사 슈퍼셀을 인수해 모바일 게임의 강자로 부상했다. 이
같은 기업 차원의 개발역량 제고에 힘입어 토착기업의 자체 게임개
발역량은 지속적으로 제고되었는데, 2004년만 해도 중국 게임의 온
라인 게임 시장점유율은 28%에 불과하던 것이 2015년에는 70%를
넘었다. 2007년 중국에서 100만 명 사용자를 확보한 온라인 게임 16
개 중 10개가 중국 자체개발 게임이었다. 반면 한때 중국시장을 휩
쓸던 한국 온라인 게임업체들은 시장점유율이 지속적으로 하락해서
2007년에는 중국시장점유율이 20%까지 내려갔다.[13]

〈표 2-4〉는 연도별 중국산 게임의 비중 변화를 나타낸다.

(2) 모바일 게임의 추격

중국의 스마트폰 시장 특성과 모바일앱 생태계

샤오미의 미우이MIUI, 화웨이의 EMUI, 메이주의 플라이미Flyme UI, 비

보의 펀터치Funtouch OS 등 중국 스마트폰 제조사들은 2010년 이후 본격적으로 저가격·저사양의 스마트폰을 생산하기 시작하면서 구글에 로열티를 낼 필요가 없는 안드로이드 오픈소스를 사용한 자체OS를 개발했다. 2010년 구글이 철수하고, 아이폰과 같은 하이엔드high-end 상품의 보급은 더딘 상황에서, 텐센트(마이앱), 치후360(360마켓), 바이두(바이두마켓) 등 토착기업은 모바일앱을 유통할 수 있는 자국의 모바일앱마켓을 선점해가기 시작했다.

〈표 2-5〉에서 보듯, 2016년 현재 중국은, 구글과 애플이 양분하고 있는 세계시장과 달리, 약 300개가 넘는 토착 안드로이드 마켓이 있고, 6개 이상의 iOS 마켓이 존재하는 독특한 구조를 갖고 있다. 토착기업인 텐센트, 치후360, 바이두, 완도우짜 등이 안드로이드 앱마켓의 약 84%를 차지하고 있으며, iOS의 경우 애플의 앱스토어가 iOS 마켓의 83.7%를 차지하고 있다.

〈표 2-5〉 2016년 중국 모바일게임플랫폼 점유율

순위	앱스토어	기업	점유율
1	마이앱	텐센트	24%
2	360마켓	치후360	21%
3	바이두마켓	바이두	19%
4	미유아이	샤오미	13%
5	완도우짜	완도우짜	7%
기타		16%	
총계		100%	

출처 : STATISTA, 키움증권

<표 2-6> 연도별 중국 디지털게임의 매출 비중(2011-2016)

연도	모바일게임	온라인게임	웹게임
2011	11.6%	76.0%	12.4%
2012	13.1%	72.3%	14.6%
2013	16.6%	65.7%	17.7%
2014	25.0%	56.3%	18.7%
2015	39.2%	45.8%	15.1%
2016	56.3%	34.3%	9.4%

출처 : iResearch consulting group(2017.01.10.)

이러한 중국 특색의 앱마켓의 형성으로 중국 게임 기업들은 전 세계 모바일앱마켓을 장악한 구글과 애플에 약 30%에 달하는 중개수수료를 지불하는 대신 자국 앱마켓에 수수료를 지불하게 되었는데, 특히 텐센트의 경우 게임개발 역량과 모바일앱마켓을 동시에 보유하게 되면서 시장을 빠르게 장악해나갈 수 있는 기반을 마련했다고 할 수 있다. 모바일앱마켓 1위를 차지하고 있는 텐센트는 구글과 애플보다 높은 50%의 수수료를 부과하고 있다.

〈표 2-6〉은 연도별 중국 디지털 게임의 매출비중이다. 2011년 온라인 게임이 76%를 차지했으나 2016년에는 모바일 게임의 비중이 56%를 넘었다.[14] 한편 게임과 유통플랫폼을 장악한 중국 모바일 게임 산업은 급성장했는데, 2015년 일본 모바일 게임의 성장률은 5.8%, 미국은 15.2%를 보인 반면, 중국 모바일 게임시장은 이 시기 무려 46.5%나 성장했다.

해외 인기 게임 IP를 활용한 모바일 게임 개발

화면의 크기가 작아 데이터 처리 성능이 낮은 모바일 게임은, 개발비용이 낮고 디자인이 보다 용이하기 때문에 게임 자체의 구현가능성은 온라인 게임에 비해 높다. 다만 게임성에 대한 시장검증이 문제인데, 중국기업들이 해외 온라인 게임을 규제 없이 모방했던 2000년 초반과 달리, 모바일 게임이 등장한 2008년 이후에는 중국정부도 지식재산권 보호를 강조했으므로 무단복제가 용이하지 않았다.

게임성의 검증에 대한 중국기업의 해결방안은 해외 인기게임의 IP(즉 게임의 브랜드)를 구매해서 이를 모바일 게임으로 재개발하는 전략이었다. 이를 통해 중국기업들은 기존 게임의 사용자 기반을 그대로 유지할 수 있었고, 해외기업들은, 중국 게임시장으로 독자 진출이 불가능한 상황에서, IP를 판매함으로써 별도의 비용 투입 없이 추가 수익을 낼 수 있게 되었다.

일례로 한국의 웹젠이 개발한 〈뮤 온라인〉을 소재로 중국의 킹넷 King Net은 모바일 게임 〈뮤 오리진〉을 제작했고 이는 중국에서 서비스 되자마자 1위를 차지했다. 이후 이 게임은 한국에도 다시 수입되어 한국 모바일 게임시장에서도 1위를 차지했다. 이로 인해 코스닥 증권 시장에 상장되어 있던 웹젠은 중국개발업체가 개발한 모바일 게임에 힘입어 단숨에 시가총액이 1조 원을 넘었다.

〈표 2-7〉은 중국 게임 기업의 해외 IP 확보 현황을 정리한 표인데, 중국 토착기업들은 인기 온라인 게임을 다수 출시한 한국의 게임 IP를 주로 확보했다.

<표 2-7> 중국 주요 게임기업의 해외 IP 확보 현황

중국기업	시기	게임 IP	출시 게임	원작 개발사
텐센트	2015.09	크로스파이어	크로스파이어 모바일	스마일게이트(한)
	2016.03	블레이드 앤 소울	전투비검령	NC소프트(한)
	2016.03	나루토	화영닌자	
	2016.03	드래곤볼	용주격투	
	2016.05	정도 온라인	정도	
	2016.05	앙상블스타즈	우환몽환제	
	2016.06	검협정연	검협정연	킹소프트(중)
넷이즈	2016.05	참혼	참혼	
	2016.05	천녀유혼	천녀유혼	
	2016.05	몽환서유	몽환서유무쌍	
롱투	2015.09	크로스파이어		스마일게이트(한)
	2015.06	열혈강호		타이곤모바일(한)
	2016.01	뮤(MU)	기적패업	웹젠(한)
킹넷	2014.07	뮤(MU)	전민기적	웹젠(한)
창유	2014.11	카발온라인		이스트소프트(한)
상하이링위	2014.11	카발온라인	경천동지	이스트소프트(한)
로코조이	2015.09	드래고라자		이영도(한)
ATME	2015.10	썰온라인		플레이위드(한)
치후360	2015.12	썬(SUN)	기적세계	웹젠(한)
샨다	2015.01	미르의 전설2	열혈전기	위메이드(한)
드림스퀘어	2015.01	라그나로크1,2	라그나로크 모바일	그라비티(한)

출처: App Annie, 2016.6. 기준

토착 콘텐트와의 결합을 통한 자국산 게임 개발

해외 게임의 퍼블리싱, 복제개발, M&A와 인하우스 R&D를 통해 확보한 기술역량을 기반으로 최근 중국 게임 기업들은 〈삼국지〉, 〈수호지〉, 〈서유기〉, 〈영웅문〉 등 자국의 문화적 콘텐트와 융합해서 자국산 온라인·모바일 게임을 대거 시장에 출시하기 시작했다. 자국 게임으로 출시된 인기게임으로는 〈대화서유〉, 〈몽환서유〉, 〈심선〉, 역전〉, 〈무림외전〉, 〈천존협객전〉, 〈주선〉, 〈적벽〉, 〈구대서유〉, 〈대삼국지〉, 〈몽삼국〉, 〈천룡팔부〉, 〈정도 온라인〉, 〈영웅도〉, 〈화하 온라인〉, 〈문정〉, 〈문도〉, 〈천하〉, 〈대당무쌍〉, 〈천녀유혼〉, 〈광영사명〉 등이 있

〈표 2-8〉 중국의 모바일게임 순위(2017년 6월 기준)

순위	중국명	개발사	국적
1	몽환서유(夢幻西游)	넷이즈	중국
2	왕자영요(王者榮耀)	텐센트	중국
3	주선(誅仙)	완미세계	중국
4	대화서유(大話西游)	넷이즈	중국
5	천녀유혼(倩女幽魂)	넷이즈	중국
6	검협정연(劍俠情緣)	텐센트	중국
7	선검기협전(仙劍奇俠傳)	가이아모바일	홍콩
8	리니지2: 혈맹 (현지명 天堂II : 血盟)	스네일 게임스	중국
9	어룡재천(御龙在天)	텐센트	중국
10	화영닌자 (火影忍者, 나루토 온라인)	텐센트	중국

출처: App Annie, 2016.6. 기준

는데, 이는 중국 게임 기업들이 온라인 게임의 퍼블리싱과 자체개발을 통해 확보한 역량을 기반으로 자국의 역사, 신화 및 전쟁 등에 등장한 캐릭터를 활용해서 보다 중국풍 게임의 장르를 개척하고 있다는 것을 보여주는 사례이다.

〈표 2-8〉은 2017년 6월 중국 모바일 게임의 순위를 나타내는데, 홍콩 가이아모바일을 포함해서 모두 중국 토착기업의 자체개발 게임이 1위부터 10위까지를 모두 차지하고 있다.

(3) 추격의 성과

국가별 상위 기업의 매출액

지난 17년간 중국 게임 산업은 주로 한국, 일본의 온라인 게임을 주로 수입해서 퍼블리싱하며 성장했지만, 2016년 매출액 측면에서, 중국은 미국 219억 달러와 일본 123억 달러보다 더 큰 222억 달러를 달성했다.

게임개발사 측면에서는, 2016년 중국은 무려 1만 3,000여 개 게임개발사가 있는데, 이는 전 세계 모바일 게임개발사의 1/3에 해당하는 규모이다. 〈표 2-9〉는 2017년 6월 기준 전 세계 상위 100대 게임기업의 매출 현황을 나타낸다. 중국기업들은 미국의 250억 달러보다 큰 275억 달러를 기록했다.

기업별로는 텐센트가 대표적인 성공사례인데, 텐센트는 2016년 게임사업 매출이 523억 위안에 달했고 이 중 모바일 게임의 매출은 270억 위안으로 약 52%의 비중을 차지하고 있다. 〈그림 2-1〉은 전 세계 게임 기업의 연도별 매출액 비교인데, 2013년 이후부터 2017년

<표 2-9> 2017년 6월 전 세계 상위 100대 게임기업 매출현황

순위	국가	총 매출(US$)	순위	국가	총 매출(US$)
1	중국	27,547,038,245	6	한국	4,187,710,343
2	미국	25,059,882,690	7	프랑스	2,967,051,801
3	일본	12,545,658,648	8	캐나다	1,947,370,765
4	독일	4,378,065,542	9	스페인	1,913,049,387
5	영국	4,217,714,650	10	이탈리아	1,874,607,316

출처: newzoo(2017.6.)

<그림 2-1> 글로벌 게임기업의 연도별 매출액 변화(2011-2016)

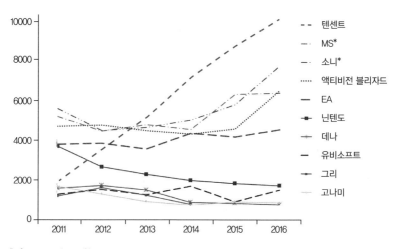

출처: newzoo(2017.6.)

현재까지 텐센트가 MS, 소니Sony, 액티비전 블리자드, EA, 닌텐도 등
을 누르고 1위를 기록하고 있다.

4. 한국 게임 산업의 부상과 발전

1990년대 초반 해외 PC게임을 유통시키면서 성장한 한국 게임은, 곧 온라인 게임을 개척하면서 본격적으로 성장했다. 당시 국내 온라인 게임의 부상에는 PC방의 확산, 〈스타크래프트〉라는 킬러 애플리케이션의 등장, 그리고 초고속통신망의 3박자가 맞아들어간 결과였다. 여기에 넥슨의 〈바람의 나라〉와 엔씨소프트의 〈리니지〉라는 걸출한 역작이 국내 게임 산업의 발전을 견인했다.

PC방과 초고속인터넷의 발전도 국내 게임발전에 중요한 기반이 되었는데, 1998년 초 PC방은 100여 개에 불과했지만 1998년 말 3,500개로 급증했고, 1999년 8월 1만 개, 1999년 말 1만 5,000개로 늘어났다. 초고속인터넷 가입자 수는 1999년 37만 명에서, 2000년 400만 명, 2002년에는 1,000만 명을 넘었다. 〈리니지〉는 1998년 9월 200명이던 사용자가 1999년 11월 1만 명 돌파, 2000년 12월 10만 명을 돌파하며 성공신화를 쓰기 시작했다.

1999년 당시 넥슨과 엔씨소프트 두 회사의 온라인 게임 시장점유율은 80%를 넘어 사실상 온라인 게임 산업 자체였다고 보아도 틀린 말이 아니다. 〈바람의 나라〉와 〈리니지〉에 이어 〈뮤〉, 〈라그나로크〉, 〈포트리스〉, 〈카트라이더〉 등 성공한 인기 온라인 게임의 약진에 힘입어 2004년 이후 국내 게임시장은 빠르게 성장해나갔다.[15]

〈그림 2-2〉는 연도별 국내 게임시장의 규모이다. 2005년은 전년 대비 무려 2배 수준으로 성장했으나, 이어 2006년에 터진 〈바다이야기〉 사건으로 인해 아케이드게임장과 아케이드게임 자체가 국내에서 붕괴되면서 어려움을 겪기도 했다. 그러나 2007년 이후 온라인

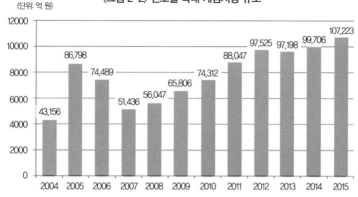

〈그림 2–2〉 연도별 국내 게임시장 규모

(단위: 억 원)

출처: 대한민국 게임 산업백서(2015, 2017)를 재구성

게임이 꾸준히 성장한 결과 2015년 국내시장 규모는 10조 7,000억 원을 넘어섰다. 이는 세계 게임시장에서 6.1%를 차지하는 규모이다. 한편 장르별 국내시장 규모는 2015년 기준 온라인 게임이 5조 2,804억 원 규모(49.2%), 모바일 게임이 3조 4,800억 원 규모(32.5%)를 차지하는 구조로 2014년에 이어 여전히 온라인 게임이 시장의 과반을 차지하는 상황이다.

국내 게임의 해외시장 개척은, 2000년 대만에 진출한 엔씨소프트의 〈리니지〉로 시작되었다. 대만 현지 퍼블리셔인 감마니아와 제휴해 상용화를 시작했는데, 당시 〈리니지〉의 인기가 폭발적이어서 대만 국가전산망이 마비될 정도였다. 이에 게임업계 최초로 별도의 데이터센터를 구축하기도 했다.

한편 위메이드가 개발한 〈미르의 전설〉은 중국시장에 진출해서 1년 만에 동시접속자수 35만 명을 기록하며 동시접속자 수 세계 신기록을 달성하기도 했다. 이 게임은 2004년 중국 게임시장 점유율

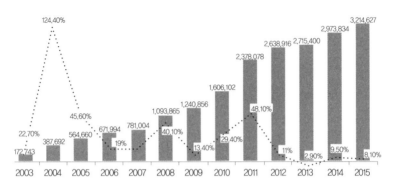

〈그림 2-3〉 연도별 국내 게임의 수출액과 증가률(단위: 천 달러)

출처: 대한민국 게임백서(2011, 2012, 2017)를 재구성

64%, 2005년 동시접속자 수 70만 명, 2008년 누적회원 2억 명을 달성했다. 〈미르의 전설〉의 현지 퍼블리셔인 상해성대는 이 게임의 유통에 성공해서 중국 온라인 게임업계 최초로 나스닥에 상장됐다.

　〈그림 2-3〉은 연도별 국내 게임의 수출 규모이다. 우리나라는 2003년 이후 2015년 현재까지 꾸준한 성장세를 지속하고 있으며, 특히 온라인 게임은 중국에 이어 2위로, 세계시장의 16%를 차지한다. 또한 플랫폼별 수출 규모(2015년 기준)로는 온라인 게임이 19억 7,981만 달러로 62%를 차지하고 있으며, 다음으로 모바일 게임이 12억 2,030만 달러로 33%를 차지해 역시 국내 게임시장은 온라인 게임이 수출을 주도하고 있다. 국내 게임의 주요 수출 국가는 2015년 기준으로 중화권이 32.9%로 가장 높은 비율을 나타냈고, 일본(21.5%), 북미(17.2%), 동남아(11.2%), 유럽(10.8%) 순이다. 특히 중국시장의 경우, 중국 토착기업들의 개발역량이 제고되면서 2004년 70%에 육박하던 국내 게임이 2007년 이후 20~30% 수준으로 하락했다.

5. AR · VR의 등장

(1) AR · VR게임의 등장과 생태계 특성

최근 게임 산업은 온라인 게임에서 모바일 게임을 거쳐 AR · VR게임 등과 같이 새로운 패러다임으로 진화하고 있는데 이는 중국기업과 경쟁하는 한국 게임 산업에 기회이자 위기이다. 이러한 기회와 위기 요인에 어떻게 대응하는가에 따라 한국 게임 산업의 미래가 결정될 것이다.

AR게임의 대표적 사례는 2016년 7월 출시되어 전 세계를 AR게임의 열풍으로 몰아넣은 〈포켓몬고〉이다. 전 세계 최대 2,850만 명의 일일 접속자를 기록했고, 국내에서는 '제한된 접속'이 가능한 속초로 게임 원정을 가는 사용자가 몰리면서 한때 기차표가 매진되기도 했다. 하지만 게임개발사(나이언틱)의 늦은 업데이트와 콘텐트 부족, 그리고 인공위성위치정보(GPS) 조작 앱을 이용하면 어디서든 포켓몬을 얻을 수 있는 허점이 알려지면서 최근 〈포켓몬고〉의 국내 이용자는 〈포켓몬고〉 인기가 정점이었던 올해 1월의 10%에도 못 미치고 있으며, 전 세계적으로도 500만 명 정도의 일일 접속자를 기록하며 추락했다. 이 사례는 AR게임도 다른 장르의 게임과 마찬가지로 콘텐트의 개발과 출시 후에도 지속적인 업데이트와 운영관리가 중요하다 점을 시사한다.

VR게임은 사용자가 직접 가상세계에 들어가 인체의 오감(시각, 청각, 후각, 미각, 촉각)을 통해 유희성을 체험하는 게임이다. 〈리니지〉, 〈월드오브워크래프트〉 같은 온라인 게임도 인공적으로 만들어진 가상세계를 즐기는 게임이지만, 온라인 게임은 시각적 체험에만 그치는 한계가 있다. AR은 현실에 실제 시각으로는 보이지 않는 부분(정보)을 덧붙여 현실세계의 정보량을 늘리는 수준의 개념이라면, VR게임은 '내가 직접 그 세계에 들어간 것 같은 경험'을 제공한다는 측면에서 서로 구분된다. 최근 소프트웨어기술의 진보와 대형 게임사들의 투자로 빠르게 성장하고 있는 VR게임은 유저에게 3차원 공간성, 실시간 상호작용, 자기투사성 등 3가지 요소를 갖춰 현장감 있는 게임성과 몰입성을 제공한다.

VR게임은 VR게임콘텐트Contents, 유통플랫폼Platform, 인터넷 인프라Network와 VR하드웨어 기기Device로 구성되어 있다.

첫째, VR게임의 구현을 위해서는 '헤드마운트 디스플레이Head mounted Display, HMD'라 부르는 VR 기기에 정보 취득 및 표현 시스템, 분산처리 시스템, 사람과 물체를 트래킹하기 위한 시스템, 지각처리 시스템, 인터렉션 작업, 시뮬레이터, 확장현실, 복합현실, 내비게이션 등 다양한 기술을 담아야 한다. 최근 소프트웨어 기업의 발전으로 이런 기능들을 작은 기기에 담을 수 있게 되었지만, 여전히 HMD의 무게와 착용감, 실사감, 어지럼증 등은 개선해야 할 과제로 남아 있다.

대표적인 제품은 페이스북 자회사인 오큘러스의 '오큘러스 리프트Oculus Rift', 대만의 스마트폰업체 HTC의 '바이브Vive', 소니의 '플레이스테이션 VR', 그리고 삼성전자의 '기어 VR', 중국의 '폭풍 마경', 구글의 '카드보드' 등이 시장에서 경합하고 있다.16

둘째, VR콘텐트는 대용량 인터넷 트래픽이 요구되기 때문에 고도화된 네트워크 인프라가 필요하다. VR게임이나 영상을 볼 때 '모션 블러motion blur' 현상을 최소화하기 위해서는 초당 60~120프레임이 처리되어야 하며, 360도 영상을 촬영한 멀티 카메라 시스템 관련 데이터 처리뿐만 아니라 수많은 영상들을 유튜브와 인터넷을 통해 공유하고 있기 때문에 시간이 지날수록 관련 인터넷 트래픽은 기하급수적으로 증가할 것이다. 이 점에서 국내 유선 인터넷 인프라는 다른 국가에 비해 속도가 빠른 편으로 이미 기가 인터넷이 도입되어 대용량, 초고화질의 VR콘텐트 확산에 더 유리하다.[17]

셋째, VR은 플랫폼이 중요하다. VR플랫폼 중 우선 VR제품과 서비스 개발을 지원해주는 소프트웨어 플랫폼은 구글과 페이스북이 플랫폼 선점 경쟁 중이다. 페이스북은 사용자들이 직접 콘텐트를 만들 수 있는 UCC 기능이 포함된 가상화 소프트웨어를 개발하고 있으며, 구글의 '탱고' 플랫폼은 각종 센서, 가속도계, 자이로스코프, 기압계 등의 기술을 활용해서 스마트폰에 공간 지각력 기능을 제공해주고 있고, '점프' 플랫폼을 통해 360도 카메라의 촬영, 편집, 업로드, 재생이 가능한 기능을 제공하고 있다.

VR서비스 플랫폼으로는 구글이 구글플레이에서 VR용 앱을 제공하고 있고, 유튜브에서는 360도 동영상 콘텐트 서비스를 제공하고 있다. 페이스북도 2015년 9월부터 360도 동영상 콘텐트 서비스를 제공하고 있다. 페이스북 자회사인 오큘러스는 '오큘러스 앱스토어'를 운영하면서 액션, 뮤직, 스포츠, 라이프스타일 등 주제별 채널에서 다양한 VR콘텐트를 제공하고 있다. 국내에서는 네이버와 같은 인터넷 포털, 이동통신 3사 모두 360도 VR 콘텐트를 제공하거나 제공할 계획에 있다.[18]

넷째, VR은 현재 게임, 테마파크, 스포츠, 미디어 영상, 교육, 부동산 등 다양한 분야로 확산되어 있다. HMD 디바이스의 출시와 함께 가장 활발한 VR콘텐트 영역은 게임이다. 아직까지 슈팅, 퍼즐, 액선 등의 단순 게임이 주류를 이루고 있으나 소니의 '플레이 스테이션 VR'이 나오고 나면 캐릭터와 상호작용을 할 수 있는 고차원적 게임이 다수 출시될 것이다.

(2) 한국 게임 산업의 기회요인과 위협요인

최근 등장한 VR게임과 같은 새로운 게임의 패러다임과 중국의 상황 변화는 국내 게임 산업의 미래를 결정하는 중요한 변수이다. 이는 국내 게임 산업이 어떻게 대응하는가에 따라 기회이기도 하고 동시에 위기이기도 하다.

우선 VR게임의 등장에 따라 중국에는 'VR방'이 대도시를 중심으로 빠르게 증가하고 있다. 2016년 6월 기준 전국 VR게임방 수는 약 3,000개 이상[19]이며, 지역별로는 베이징, 광저우, 장쑤(江蘇)성, 하이난(海南)성, 푸젠(福建)성 등 주로 연해지역을 중심으로 VR방이 집중되어 있다. 고가의 하이엔드급 VR하드웨어를 선뜻 구매하기 힘든 젊은 층의 VR 체험 욕구가 이 같은 VR방 증가를 추동하고 있다.

이처럼 새롭게 등장한 VR·AR게임은 아직까지는 비교적 자유로운 편이라 역량을 갖춘 국내 게임 기업에게는 기회요인이 될 수 있다. 온라인, 모바일, 콘솔의 경우, 중국 신문출판광전총국은 판호를 발급받은 게임에 대해서만 자국에서 서비스 허가를 내주고 있는데, VR게임은 새롭게 등장한 게임의 형태라서 아직 판호 신청이 필요하지 않은 상태이다. 광전총국이 공개하는 판호 목록에서도 온라인 게임, 모바일 게임, 콘솔 게임에만 해당할 뿐, VR게임은 별도의 판호 발급이 없어도 중국 내 서비스가 가능하다. 실제 엠게임의 '열혈강호VR', 스코넥엔터테인먼트의 '모탈블리츠 VR' 등 한국 개발사들의 VR게임이 중국 출시를 앞두고 있는데 이 회사들은 VR게임을 중국에 출시하면 서 관련 규제가 없어 별도의 판호 신청을 하지 않고 있다.

또한 국내 게임의 최대 수출 시장인 중국의 규제변화가 예상된다. 최근 중국정부는 국내에서 청소년 인터넷 게임 중독을 예방하기 위해 시행 중인 '셧다운제도'와 같은 제도를 도입하려 하고 있다. 사실 중국 은 2008년 유사 법안을 도입했다가 폐지한 적이 있는데 최근 '미성 년자 인터넷 보호 조례' 심의안을 다시 준비 중이다. 조례안은 만 18 세 미만 미성년자의 인터넷 접속을 제한할 수 있도록 보호장치 설치, 콘텐트 규범, 온라인 게임 사용 시간 규제 등의 내용을 담고 있다.

특히 중국 당국은 인터넷 게임 중독 문제에 대해 주목하고 있다. 게임 제공업체의 사전 조치를 의무화해 미성년자가 부적절한 게임이 나 기능에 접속하는 행위를 봉쇄하고, 미성년자의 연속 게임시간과 하루 누계 게임시간을 집계해 제한하도록 할 수 있다. 이러한 규제가 시행되면 미성년자는 자정부터 오전 8시까지 인터넷 게임을 할 수 없다.

중국에서 게임에 대한 규제가 강화되면, 중국 게임 산업에 어느 정 도 타격이 불가피하고, 이러한 시기를 활용해서 한국기업이 보다 기 술력을 제고할 수 있는 기회요인이 될 수 있지만, 중국정부가 온라인 게임에 대한 규제를 높이는 상황이 전개되더라도 국내 게임 기업이 현재의 온라인 게임 주도형에서 규제가 상대적으로 덜한 VR과 같은 분야로 전환하면서 규제의 칼날을 피할 수 있다면 기회요인이 될 수 있다.

한편 VR, AR과 같은 새로운 기술 패러다임의 등장과 중국의 상황 변화가 기회요인이 아닌 위기로 작동할 수 있는 조건은 다음과 같은 것들이 있다.

첫째, 신기술의 패러다임을 외면하고 기존 온라인 게임에만 고착되는 위협이다. 사실 한국은 스마트폰과 같은 모바일 패러다임에 늘 장 대응했다. 국내시장에 애플의 아이폰으로 대변되는 모바일 패러다임이 경쟁국에 비해 2~3년 늦게 도입됐지만, 국내 게임개발기업들도 마찬가지로 이에 대한 대응이 빠르지 않았다.

중국은 물론 세계 게임시장도 스마트폰 기반의 모바일 게임으로 급속하게 변화하고 있었는데, 2000년 초반부터 줄곧 전 세계 온라인 게임을 선도하던 한국 게임 기업들은 흥행에 성공한 리니지 풍의 게임콘텐트를 벗어나지 못하고 있었다. 특히, 보다 가벼운 게임내용, 신속한 기획과 개발을 특징으로 하는 모바일 게임의 트렌드와는 정반대로 〈아이온〉(엔씨소프트), 〈제라〉(넥슨), 〈그라나도 에스파다〉(한빛), 〈썬 온라인〉(웹젠) 등 국내 주력 게임개발사들은 개발기간이 길고 수백억 원이 소요되는 대작 MMORPG의 개발에만 몰두해 있었다.

이렇게 국내기업들이 온라인 게임에만 매몰되어 있는 상황에서 중국의 규제가 강도 높게 진행되어 중국 게임시장이 위축된다면 중국 의존도가 높은 국내 게임 기업들에게는 최악의 시나리오가 실행될 수 있다.

실제로 넥슨은 온라인 게임 〈던전앤파이터〉를 중심으로 중국 사업을 하고 있고, 회사 매출(약 1조 8,000억 원, 2015년 기준)의 40%(7,200억 원)가 중국에서 발생하고 있다. 스마일게이트는 연 매출 1조 5,000억 원, 회원 6억 5,000만 명(2015년 기준)을 둔 온라인 게임 〈크로스파이어〉를 중국에 서비스 중인데 이 게임의 매출 대부분이 중국에서 발생하고 있다. 결국 국내 게임 산업이 온라인 게임에만 집중하고 있다가 중국이 온라인 게임에 규제를 강하게 걸면, 국내 게임 산업도 피해를 받을 수 있다는 것이다.

둘째, 새로운 게임이 등장하고 최대 수출 시장인 중국의 상황이 변화함에도 국내 게임 산업에 대한 정부 규제가 강하게 작동하면 기회 요인이 반감되고 오히려 위기가 극대화될 수 있다. 과거 2006년 '게임 산업진흥에 관한 법률' 제정 당시 정부가 '게임 산업의 자율성 제고를 통한 활성화'라는 철학을 담으려 했으나, 같은 해 터진 〈바다 이야기〉 사건과 함께 게임에 대한 중독성과 사행성 논란이 불거지자 전면적으로 방향을 전환해서, 중독의 원인이자 사행산업으로 국가 통제 및 규제대상으로 인식하기 시작했다.

이후 시행된 일련의 정부의 게임정책에는 중독성과 사행성이라는 게임에 대한 인식이 제대로된 산업적 평가 없이 그대로 반영되었는데, 예를 들어 강제적 셧다운제는 태국(2003년 도입, 2005년 폐지), 중국(2007년 도입, 2008년 폐지)에서도 실효성이 없어 폐지되는 추세였으나 국내에는 2011년 도입되었고, 선택적 셧다운제도 이듬해인 2012년 도입되었다. 그리고 게임에 대한 가장 직접적인 규제인 게임 등급 분류의 경우, 미국은 민간협회인 ESRB, 유럽은 유럽권역 민간 심의기구인 PEGI, 일본은 게임 기업협회인 CERO를 통해 자율적으로 평가한다. 게임 등급 역시 게임에 대한 등급 정보의 제공이지 반드시 등급을 받아야 하는 법적 의무가 있는 것도 아니다. 그러나 국내 게임등급 분류는 반드시 법적 등급 기준을 통화해야 하는 유통허가적 성격이 여전히 강하다.

현재 VR게임에 대해서는 구체적인 규제법령이 마련되지 않은 상태인데 VR게임의 등급 심의, VR게임의 결제, VR게임 제공장소에 대한 안전 등 시설 기준 등에 대한 제도적 기반이 보다 창의적 게임 기업의 과감한 도전이 가능한 방향으로 마련되어야 할 것이다. 사실 게임에 대한 규제는 게임의 유통으로만 끝나는 것이 아니고 게임 산업에 대한 사회 전반의 인식에 부정적인 영향을 줘서 문화산업의 성장 자체를 저해할 수 있으며 이러한 규제의 패러다임이 존재하면 게임 산업에 보다 양질의 인재유입이 어렵고, 이는 결국 자국산 게임의 콘텐트 경쟁력 저하로 연결될 수 있다.

(3) 한국 게임 산업의 미래 전략

최근 게임 산업은 온라인 게임에서 모바일 게임을 거쳐 AR·VR게임 등과 같이 새로운 패러다임으로 진화를 하고 있는데 이러한 변화는 게임 산업에서 중국기업과 경쟁하는 한국에게는 기회이자 위기인 측면이 동시에 있고, 이러한 기회와 위기요인에 어떻게 대응하는가에 따라 한국 게임 산업의 운명이 결정된다고 할 것이다.

앞서 설명한 것처럼, 중국도 게임 산업에 대한 규제가 강화될 가능성이 있고, 또한 VR게임은 새로운 분야라서 아직까지 중국의 정책적 보호조치가 작동하고 있지 않기 때문에 국내 게임 기업에게는 중국 시장을 선점할 수 있는 기회요인이 될 수 있다. 그러나 국내 기업들이 기존 온라인 게임에만 매몰되어 모바일 게임이나 VR과 같은 신기술에 신속하게 대응하지 않고, 또한 정부도 VR게임에 대해 사행성, 중독성 등의 이유로 새로운 규제를 강하게 적용하게 되면 국내 게임 산업은 오히려 위기에 봉착할 수 있다는 것이다.

이에 대해 총론적인 대응은 온라인 게임과 모바일 게임에서의 주도권과 경쟁력은 유지하면서도 VR과 같은 새로운 게임의 등장에 적극적으로 대응한다는 것이다. 즉, 중국정부의 규제가 작동하기 때문에 단기적으로는 한국은 온라인 게임 개발, 중국은 퍼블리싱하는 모델과 모바일 게임에서 중국기업에게 인기 온라인 게임의 IP를 판매하는 한중 양국 간 협업모델을 당분간 유지하는 것이 유리할 것이다. 그러나 중·장기적으로는 중국의 배타적인 허가제도와 현지 기업의 게임개발역량이 빠르게 제고됨에 따라 현재의 개발-퍼블리싱 모델이나 IP수출모델로는 한계가 있기 때문에 AR·VR게임과 같이 새롭게 등장하는 기술과 콘텐트 및 유통플랫폼을 장악하고자 하는 투자가 필요하다고 하겠다.

사실 최근 중국의 인기 게임들이 국내로 수입되어 성공한 사례가 속속 나오면서 한국 게임 산업은 실로 위기가 아닐 수 없다. 〈쿵푸펜더3 포 카카오〉는 중국 넷이즈가 개발한 작품으로, 카카오가 수입해 한글 자막 등의 과정을 거쳐 내놨다. 출시 후 구글 앱마켓 1위(2016.10)를 기록했고, 웹젠이 들여온 중국 킹넷의 〈뮤 오리진〉은 2위에 올랐다. 또 〈아이러브 니키〉(니키게임즈 · 15위), 〈해전1942〉(신스타임즈 · 16위), 〈가디스〉(쿤룬 · 21위), 〈검과마법〉(룽투 · 22위), 〈천명〉(이펀컴퍼니 · 34위) 등 중국계 게임 모두가 상위권에 올랐다.

상황이 이렇다 보니 현재 한국에 지사를 낸 중국 게임 업체들도 30여 곳이 넘고 국내 주요 게임 기업은 중국 인기 게임 모니터링 반을 운영하고 있다. 최근 넷이지가 선보인 음양사의 경우, 넥슨, 넷마블, 네시삼십삼분, 카카오 등 국내 게임 기업이 대부분이 모두 국내 판권 확보전에 뛰어들었을 정도이다.

그럼 중국과의 경쟁에서 우위를 유지하며 VR과 같은 새로운 패러다임을 지속적으로 개척하기 위해 해결해야 할 과제들은 무엇인가?

기업의 전략

첫째, 새로운 시장을 개척하는 것이다. 시장개척은 크게 두 가지가 있다. 첫째는, 콘솔 게임과 같은 기존 게임영역에서 미국, 유럽과 같은 미진출 시장을 공략하는 것, 두 번째는 VR과 같이 새롭게 등장한 게임 영역을 개척하는 것이다. 먼저 콘솔 게임[20]은 전 세계 게임시장에서 약 35%로 가장 큰 규모의 시장이며, 국가별로도 미국(59%), 유럽(48%), 일본(18%)이 주도하고 있으며, 중국은 2015년 콘솔 게임의 규제를 풀면서 시장 기회가 크다고 할 수 있다.

또한 그간 콘솔 게임은 개발 언어와 방법이 달라 개발자들이 관련 기술을 새롭게 배워야 하기 때문에, 기존 콘솔 기기는 기간과 비용적인 측면에서 접근하기 어려웠다. 반면 PS4와 X박스 One 등 신형 게임 기기가 인터넷과 결합하면서 온라인 게임과 개발 환경이 비슷해졌고 온라인 게임에 특화된 국내 기업들이 상대적으로 접근이 용이해졌다는 점은 기회요인이라고 할 수 있다. 다만, 인기 콘솔 게임 개발에 풍부한 경험을 축적하고 글로벌 시장에서 규모를 키워온 일본, 미국, 유럽의 주요 콘솔 게임사와 경쟁이 불가피하다는 점은 위협요인이라 할 수 있다.[21]

둘째, 인하우스 R&D와 IP판매도 중요하지만 매번 히트 게임을 개발하기 어려운 산업적 특성상, 자체개발과 병행해서 국내외 신생 게임 기업의 지분 확보나 M&A와 같은 전략으로 콘텐트 다양화 체계를 갖추는 것이 필요하다. 이러한 맥락에서 중국 텐센트는 2006년에서 2015년까지 총 투자액 178억 위안(한화 약 3조 1,413억 원)으로 34개의 게임 기업 M&A를 통해 다양한 장르에서 텐센트 주도형 게임 생태계를 확보하고 있다.

셋째, 게임의 유통구조 개선이다. 과거 온라인 게임에서는 엔씨소프트나 넥슨처럼 성공한 게임개발사가 퍼블리셔로 성장하는 모델이 가능했다. 그러나 국내 모바일 게임은 애플, 구글과 같은 앱스토어에 30%, 카카오, 라인(LINE)과 같은 플랫폼 사업자에게 21%, 홍보, 마케팅, 서비스 운영을 담당하는 퍼블리셔에게 20~30%, 카드 결제수수료 10~16%를 지불하고 남은 20% 남짓의 수익을 개발사가 가져가는 구조이다. 여기에다 게임개발엔진(1~2억), 결제솔루션 수수료(1~5%), 콘텐트발전기금(5%) 등은 개발사가 부담해야 하는 몫이다.

자국기업중심의 앱 시장(모바일 게임유통 플랫폼)이 형성되어 있는 중국과는 반대의 경우이다. 모바일 게임 분야에서 콘텐트 개발만큼 중요한 부분이 유통인데 이를 외국기업들에게 모두 내주고 나니 국내 게임개발사의 입장에서는 국내 유통구조의 불리함을 극복해야 하며, 구글, 애플의 30%보다 비싼 50% 수준으로 유통 수수료를 챙기는 중국 게임 기업들과 경쟁하기가 만만치 않다.

한편 VR플랫폼 경쟁은 구글과 애플의 양자 구조인 모바일 게임에서 보다 더욱 치열하고 복잡하게 전개될 가능성이 높다. 우선 구글과 페이스북이 이미 플랫폼 선점을 위해 노력하고 있으며, 게임마켓은 밸브Valve, 소니, HTC가 선도하고 있고, 모바일 VR 분야에서 삼성전자와 구글이 경쟁하고 있으며, 콘텐트 분야에서 넷플릭스와 드림웍스도 진입해 있다. 〈표 2-10〉은 글로벌 기업들의 VR 플랫폼 경쟁을 요약한 표이다.

사실 우리가 제품 개발과 생산에만 치중하다가 플랫폼의 중요성을 간과한 사례는 게임뿐만이 아니다. 스마트폰의 경우도, 삼성은 구글 OS에 로열티를 주고 자신은 스마트폰 제조에만 집중했지만 샤오미와 화웨이 등 중국 스마트폰 제조기업들은 공개된 안드로이드 OS를 로열티 없이 사용하면서 자국의 모바일앱 시장을 장악하고 있다. 2016년 현재 삼성의 기어VR은 451만 대를 판매하면서 전 세계에서 VR 기기 630만 대의 71.6%를 차지하며 점유율 1위를 기록한 것은 매우 희망적인 소식인데, 이러한 성공이 하드웨어 제조에만 머물기보다 다양한 게임콘텐트가 유통되는 플랫폼 경쟁력으로도 고도화되어야 할 것이다.

〈표 2-10〉 다양한 글로벌기업의 VR 플랫폼 경쟁

분류	플랫폼 전략	기업(플랫폼명)
기술	수직통합	페이스북(오큘러스), Sony(PS4 VR), HTC(Vive)
	오픈소스	Razer(OSVR), 인텔(Project Alloy)
	게임엔진	Unity3D(유니티), Epic Games(Unreal)
시장	모바일 VR	삼성전자(기어VR), 구글(데이드림)
콘텐츠	게임마켓	Valve(Steam), Sony(PS4), HTC(VivePortM)
	360비디오	페이스북, 구글(Youtube), 각종 미디어 기업(넷플릭스, 드림웍스 등)
서비스	버티컬 서비스	페이스북(소셜VR), 구글(익스페디언트), 알리바바(Buy+), HTC(Viveland)

출처: SW정책연구소 산업동향(가상현실(VR)시장을 둘러싼 글로벌 기업의 플랫폼)

제도와 정책

첫째, VR게임을 공략하기 위해서는 하드웨어와 게임콘텐트 간 융합과 협력이 중요하다. 먼저 기존 온라인 게임과 모바일 게임에서는 게임 기업들 간에 협력이 중요했다면, 최근 등장한 VR게임에서는 하드웨어 제조와 게임콘텐트 개발 기업 그리고 유통을 담당하는 퍼블리셔 간의 협력이 중요하다. 미국의 오큘러스 리프트와 페이스북, 구글 데이드림, 밸브의 스팀과 HTC 바이브와 같은 메이저 퍼블리셔들은 VR HW와 온라인 플랫폼을 결합하여 VR게임 플랫폼을 만들어가고 있으며, 이 과정에서 다양한 VR게임개발사들이 새로 만들어지는 VR 게임 하드웨어의 프로토타입을 먼저 받아보고 이를 바탕으로 새로운 콘텐트를 개발하며 협력하고 있다.

이러한 협력에서 국내 게임개발사들이 뒤처지면 추격이 어려워진다. 다행히 국내에는 경쟁력 있는 하드웨어 제조기업들이 다수 포진해 있다. 정부의 역할은 게임개발기업과 VR하드웨어 기업 간 협업을 조건하는 R&D와 같은 인센티브를 제공하는 것에 있을 것이다. 사실 게임은 창의산업이다. 다양한 아이디어로 새로운 시도와 실패를 허용하는 창의벤처형 기업문화를 조성해주어야 한다.

둘째, 혁신의 출현과 결과를 사전에 예측하기 어려운 창의산업에서는 셧다운제, 확률형 아이템규제와 같은 사전규제보다는 기업이 다양한 신기술 영역을 과감하게 개척하게 하고, 그 결과에 따라 정부 개입의 수위를 조절하는 사후규제나 기업의 자정능력을 인정하는 자율규제를 유지하는 것이 기업의 창의적 도전을 독려하는 측면에서 유리하다.

일례로, 셧다운제는 2011년 11월 여성가족부가 온라인 게임에 지나치게 몰입하는 청소년들을 게임 중독으로부터 보호하기 위해 밤 12시가 넘으면 온라인 게임 화면에 경고문이 뜨면서 성인 인증을 받지 않은 계정의 접속이 오전 6시까지 차단되게 만든 제도이다.

이 제도는 등장 시부터 지금까지 실효성과 산업적 효과에 대한 논란이 끊이지 않고 있는데, 한국콘텐츠진흥원에 따르면 이 제도의 시행이 시작된 2011년에 18.5%이던 게임 산업 성장률은 2013년 0.3%로 곤두박질쳤고, 2009년 3만 개에 달하던 게임 기업도 2014년에는 1만 4,000개로 절반 이상 줄었다고 발표했다. 게임업계는 셧다운제 이전 200개에 육박했던 국내 대학의 게임 관련학과가 현재 절반 수준으로 줄어들었다고 추산하고 있다.

한편 국제적인 e스포츠대회에서 한국 선수가 '강제적 셧다운제'로 인해 한국 대표로 선발되지 못하는 촌극도 빚어졌다. '스타크래프트 아이언스퀴드Ⅱ 한국대표 선발전'에 나선 스타테일 팀 소속의 이승현 선수에게 벌어진 일인데, 당시 중학교 3학년이던 이 선수는 강제적 셧다운제 대상임을 깜박하고 대회에 참가했다가 자정을 알리는 종소리와 함께 청소년의 게임 접속이 차단되어 탈락의 불운을 맛보았다.

기존 셧다운제가 청소년보호법에 근거한 강제 차단이었다면 이 제도의 보완으로 2012년 등장한 제도가 게임 산업진흥법에 근거한 '선택적 셧다운제'이다. 18세 미만 청소년들이 본인 혹은 보호자의 요청에 따라 특정 시간대를 선택하여 이용 차단 조치를 취할 수 있도록 한 것이다. 청소년보호와 게임 산업진흥의 두 가지 사회적 가치가 대립하며 등장한 선택적 셧다운제는 우선 절차가 복잡한데, '셧다운제' 제외 요청을 하는 과정에서 자녀와 부모의 본인인증 등을 거치는 것은 사실상 부모의 적극적인 참여를 기대하기 힘들게 하며, 친권자가 '허락한 게임'만 할 수 있어 모든 게임을 해제하지 않는 한 국한된 게임만 즐겨야 한다. 자녀가 새로운 게임을 할 때마다 게임사에 셧다운 해제 신청을 다시 할 만큼 게임에 호의적인 부모는 많을 것 같지 않다.

사실 우리 사회는 2010년 이후 사행성·중독성의 잣대로 국내 게임 산업에 불어닥친 게임 산업의 규제 패러다임으로 인해 창의적 게임콘텐트 개발과 도전에 투자해야 할 산업계의 에너지를 혁신을 위해 투자하지 못하고, 규제 제거를 위한 토론에만 허비한 측면이 있다.

(김준연)

제3장

스마트 헬스케어 산업

1. 패러다임의 변화와 스마트 헬스케어의 등장

(1) 고령화와 스마트 헬스케어

유엔의 '2015년 세계인구전망'에 따르면[1] 2015년 9억 100만 명이었던 60세 이상 인구는 2030년 약 14억 명으로 증가할 것이며, 2050년엔 2015년의 2배 수준인 21억 명에 이른다고 한다. 2030년에는 60세 이상 인구가 0~9세 유년층 규모를 넘어설 것이며, 2050년에는 10~24세 청년 인구를 넘어설 것이다.

이처럼 고령화가 전 세계적으로 지속된다면 노인의료비의 지출 역시 엄청나게 증대될 것이다. 특히 노인들은 만성질환의 발명이 많고 신체 및 인지적 기능이 저하되기 때문에 1인당 의료지출 비용이 상대적으로 높다. 국내 65세 이상 1인당 의료비는 총인구1인당 의

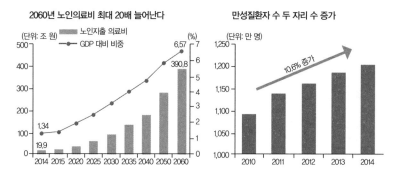

<그림 3-1> 노인의료비 및 만성질환자수의 증가

2060년 노인의료비 최대 20배 늘어난다

만성질환자 수 두 자리 수 증가

출처: 이지현, 김주용(2015)

료비보다 2.8배가 높고 생애 절반의 의료비를 이때 지출한다. 〈그림 3-1〉의 좌측 그래프를 보면, 2060년 국내 노인의료비는 최대 20배까지 늘어날 것으로 전망된다.[2] 만성질환의 증대는 인구의 고령화뿐만 아니라 과다 영양섭취, 불규칙한 식생활, 육식 위주의 식습관과 운동부족, 흡연, 음주 같은 생활습관의 영향 또한 크다.

전 세계 15억 명 이상의 인구가 만성질환을 앓고 있고, 우리나라 또한 2014년 기준 1,209만 명의 만성질환 환자가 있다(〈그림 3-1〉 우측 그래프 참조). 만성질환 진료비 역시 2010년부터 5년간 급속히 증가하고 있는데, 이는 약물 투여 기간의 장기화와 합병증으로 인한 복용 약물 증가 때문이다.

만성질환은 식습관 및 생활습관의 관리가 절실한데 이 부분에서 스마트 헬스케어가 매우 큰 역할을 할 것으로 기대된다. 한편 이미 만성질환에 걸린 환자들은 상태 체크와 약 처방을 위해 규칙적인 병원 방문이 요구된다. 이 방문은 의사의 문진과 처방으로 매우 단순하지만 반드시 필요한 과정이다. 이 과정을 환자의 직접방문이 아닌 원격으로 진행할 수 있다면 환자의 불편함뿐만 아니라 의료 업무 및 비용도 대폭 줄일 수 있을 것이다.

특히 오지나 시골과 같이 병원이 가깝지 않은 지역의 원격의료 필요성은 더욱 더 크다. 최근 한국보건산업진흥원의 조사에 따르면 원격의료 시범사업 결과 1인당 연평균 건강보험 급여 절감액은 2만 177원~3만 2,039원이고, 2030년 보험 급여비 감소분은 6,226억 원에서 1조 476억 원까지 가능하다.[3]

(2) 치료중심에서 예방중심으로

18세기에서 20세기 초까지 의료 서비스의 핵심 목표는 전염병의 확산 방지였다. 그래서 이 시대의 대표적 의료적 발명으로 인두접종을 손꼽는다. 20세기 말에는 질병의 치료와 기대수명을 연장시키는 것이 의료 서비스의 주요 목표였기 때문에, 페니실린의 발견과 각종 신약 및 치료법의 개발이 왕성하게 일어났다. 21세기 현재 의료 서비스는 질병의 치료가 아니라 질병의 예방을 통한 건강수명 시대를 실현시키는 것이 가장 큰 목표가 되었다.

⟨표 3-1⟩ 주요국의 기대수명과 건강수명 격차

구분	미국	영국	한국	일본	중국	인도
기대수명	79	81	82	84	75	66
건강수명	69	71	73	75	68	58
격차	10	10	9	9	7	8

출처: 이지현, 김주용(2015)

왜냐하면 20세기 동안 질병의 치료를 통해 기대수명을 연장하는 데 어느 정도 성공했으나, 기대수명과 건강수명 간의 격차가 〈표 3-1〉에서 보듯이 평균 9년에 달해 유병장수가 길어지는 문제가 생겼기 때문이다. 이러한 이유로 21세기 의료는 예방을 강조하여 건강수명을 늘리는 방법으로 나가고 있다. 그래서 유전체 분석기술을 기반으로 한 개인 맞춤형 치료나 식습관 및 생활습관을 관리해주는 앱을 이용한 스마트 헬스케어가 크게 주목받고 있는 것이다.

(3) 100만 원이면 개인 유전자 분석한다

이 책의 독자들이라면 한번쯤 '인간게놈프로젝트Human Genom Project, HGP'에 대해서 들어 보았을 것이다. 인간의 유전자 배열을 규명하고 유전자 지도를 작성할 목적으로 1990년부터 미국, 영국, 일본, 독일, 프랑스, 캐나다, 중국이 참여한 국제 프로젝트이다. 시작 후 13년 만인 2003년에 인간의 유전자 전체를 해독하는 데 성공했으며, 이를 위해 소요된 비용은 27억 달러에 달했다. 그런데 2014년 미국 일루미나Illumina가 출시한 분석 장비를 사용하면 1,000달러로 단 30시간 정도면 한 사람의 게놈 전체를 해독할 수 있다.[4] 바이오테크놀로지의 발전은 〈그림 3-2〉에서 보듯이 상상을 초월할 정도로 유전체 분석비용을 감소시켰다. 녹색 선에 해당되는 유전체 하나당 분석비용은 보라색 선인 무어의 법칙Moore's law에 따른 반도체 집적회로 발전 속도보다 훨씬 빠르게 감소하고 있다.

유전체 분석비용의 감소는 지금도 진행 중으로 2016년 일루미나는 다른 플랫폼을 선보이면서 머지않아 100달러 선까지 떨어질 것이라고 했으며, 2015년 유전체학회에서 중국의 BGIBeijing Genom Institute

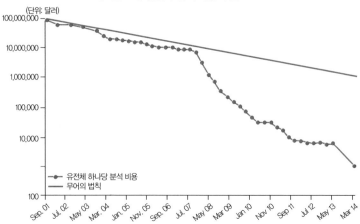

〈그림 3-2〉 유전자 분석 비용의 감소

(단위: 달러)

* 출처: Eric Topol[5]

는 2019년까지 분석비용을 1달러까지 끌어내리는 것을 목표로 기술 개발을 진행 중이라고 발표했다. 왜 이렇게 유전체 분석비용을 떨어 뜨리려고 노력하는 것일까? 그 이유는 검사 비용이 싸야 혈액 검사처 럼 모든 사람의 유전체 분석이 가능하고, 분석 결과에 맞춰 의료 행위 가 이루어졌을 때 더욱 스마트해지기 때문이다. 여기서 '스마트해진 다'는 것은 의료 행위의 '개인별 맞춤화'가 가능해진다는 뜻이다.

이와 관련된 대표적 사례로 2013년, 2015년 두 차례에 걸쳐 유방 과 난소난관 절제술을 받은 할리우드 영화배우 안젤리나 졸리를 들 수 있다. 그녀는 유전체 분석을 통해 'BRCA1'이라는 유전자에 돌연 변이가 있고, 그로 인해 자신이 유방암과 난소암에 걸릴 확률이 87% 에 이른다는 것을 알게 되었다. 결국 그녀는 암 발병을 예방할 목적 으로 절제술이라는 어려운 결정을 내리게 된다. 이처럼 유전체 분석 은 개인에게 질병을 피할 수 있는 선택권을 부여해줄 뿐만 아니라 특

정 유전자 변이를 표적으로 하는 항암제 개발과 치료를 위한 처방에
도움을 준다.

(4) 초연결 및 초지능화 구현 시대

헬스케어 산업 역시 4차산업혁명의 영향 아래 초연결 및 초지능화의
형태로 제품 및 서비스가 스마트화되고 있다. 특히 IoT, 빅데이터, AI
같은 디지털기술의 역할이 매우 크다. 먼저 모든 사물에 센서와 통신
기능을 내장하여 인터넷에 연결시키는 IoT의 경우 환자와 의사, 의
사와 의사(사람-사람), 환자와 모니터링 기기(사람-사물), 모니터링 기
기와 로컬컴퓨터(사물-사물) 등 모든 대상을 24시간 내내 연결시켜
준다. 그 덕택에 원격의료가 가능하고, 다양한 웨어러블 기기를 통
해 심장박동, 뇌파, 근전도, 혈압, 수면, 스트레스, 체중, 비만 등을 지
속적으로 모니터링할 수 있다. 뿐만 아니라 의사들은 구글 글래스를
통해 기초적인 환자의 생체정보뿐만 아니라 CT, MRI 등 수술과 밀
접한 의료 영상을 참조할 수 있고, 다른 외과 의사들과도 실시간으로
의견을 교환할 수 있다.[6]

　시간이 흐를수록 IoT를 통해 얻어지는 모니터링 데이터와 앞서 살
펴본 유전체 분석에서 얻어지는 데이터는 상상을 초월할 정도로 방
대한 양이 될 것이다. 빅데이터기술 덕택에 이 거대한 데이터를 저
장, 처리, 분석하여 헬스케어 고객에게 맞춤화된 최적의 서비스를 제
공하는 것이 가능해진다. 여기에 AI기술이 더해지면 헬스케어 서비
스는 더욱 스마트해진다.

　IBM의 왓슨Watson을 보면 알 수 있다. 왓슨이 최초로 대중들에게
이름을 알리게 된 것은 2011년 〈제퍼디!〉라는 미국의 유명 퀴즈쇼

프로그램 때문이었다. 왓슨은 그 퀴즈쇼 역사상 최고의 챔피언이었던 켄 제닝스Ken Jennings와 브래드 루터Brad Rutte라는 2명의 인간 챔피언을 제치고 압도적으로 승리함으로써 인간처럼 아니 더 뛰어나게 사고할 수 있음을 보여주었다. 그리고 2013년 왓슨은 메모리얼 슬론 케터링 암센터에 투입되어 암 환자를 위한 최적의 치료법을 의사들에게 추천해주고 있다. MD 앤더슨 암센터에 따르면 왓슨의 치료법 권고에 관한 종합적인 정확도는 82.6%로 아직 완벽한 수준은 아니다.[7] 그러나 일반 컴퓨터 2,880대에 해당하는 성능을 가진 왓슨은 정보를 흡수하고 분석하는 양적 차원에서 인간의 능력을 훨씬 뛰어넘기 때문에 방대한 데이터가 이미 존재하는 질병의 경우 왓슨의 역할은 매우 클 것으로 기대된다.

(5) 스마트 헬스케어의 진화와 생태계

고령화와 만성질환의 증가, 예방중심의 의료 서비스, 유전자 분석비용의 획기적 감소, IoT, 빅데이터, AI와 같은 4차산업혁명의 영향이 복합적으로 상호작용하여 의료비 절감, 1인 맞춤화 의료 서비스, 건강수명시대 실현이 가능한 스마트 헬스케어를 등장시켰다.

사실, 스마트 헬스케어의 큰 축을 담당하는 ICT기술은 오래 전부터 의료산업과 융합되어 헬스케어 산업을 진화시켜왔다. 그래서 진화과정마다 새로운 용어들이 등장했는데, e-헬스케어, u-헬스케어가 대표적인 예이다.

진화 순으로 보면 e-헬스케어가 먼저이다. e-헬스케어는 초고속 인터넷기술을 기반으로 병원에 국한하여 병원운영 및 의료정보의 디지털화를 구현하는 것이었다. 따라서 주요 고객은 의료인이 된다. 그

다음으로 등장한 것은 u-헬스케어인데, 이것은 무선인터넷기술의 발전에 힘입어 헬스케어의 디지털화를 병원 밖 환자에게까지 확장한 것이다. 즉, u-헬스케어는 e-헬스케어가 제공하는 모든 서비스를 제공하며, 동시에 이용자 대상을 환자까지 확장하여 원격의료 및 만성질환자 관리가 가능하다.

진화의 최전선에는 스마트 헬스케어가 있다. 스마트 헬스케어는 가장 폭넓은 개념으로 다양한 웨어러블 및 모바일 기기와 앱기술 덕택에 이용자 대상을 의료인과 환자뿐만 아니라 일반인까지 확장하여 건강생활관리 서비스까지 제공하는 것이다. 또한, 스마트 헬스케어와 혼용하여 쓰는 용어로 '디지털 헬스케어'와 '모바일 헬스케어'가 있다. 디지털 헬스케어는 서비스의 범위가 스마트 헬스케어와 유사하고 모바일 헬스케어는 모바일 기기만을 통해서 이루어지는 헬스케어 서비스로 스마트 헬스케어에 비해 좁은 개념이다.

스마트 헬스케어가 완벽하게 구현되기 위해서는 〈그림 3-3〉과 같은 생태계가 조성되어야 한다. 현재 가장 빠른 발전을 보이는 것은 다양한 디지털 기기와 앱을 통해 일상생활 속에서 개인의 건강 상태, 생체 신호, 활력 징후 등을 측정하는 것이다. 그러나 이것만으로는 예방이 가능한 의료 서비스를 제공할 수가 없다.

생활 속에서 측정된 개인의 건강정보가 의료기관, 보험사, 학계, 공공 연구기관의 데이터와 통합되어야 한다. 그래야만 개인의 건강 및 의학적 상태를 완벽하게 그려낼 수 있다. 이를 위해서는 기기와 센서에서 도출된 데이터가 축적되고, 통합될 수 있는 플랫폼이 필요하고, 커넥티드 기기들이 클라우드에 연동되어 실시간으로 데이터가 업로드되어야 한다.[8]

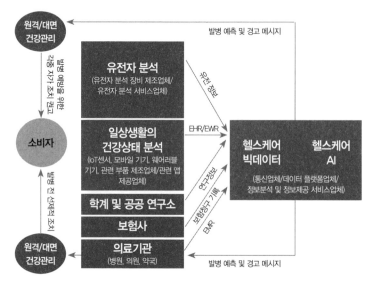

〈그림 3-3〉 스마트 헬스케어의 생태계

EMR : Electronic Health Record
EWR : Electronic Wellness Record
EWR : Electronic Medical Record

출처: 경희대학교[9]

이렇게 얻어진 것은 그야말로 빅데이터가 된다. 이 데이터는 AI기술을 통해 분석되어 유용한 정보를 의료기관과 소비자들에게 제공할 수 있어야 한다. 예를 들면 발병예측 및 경고 메시지를 병원에 보내 의사가 환자에게 선제적 조치를 취할 수 있도록 하거나, 발병예방을 위한 각종 자가 조치를 권고하는 것이다.

2. 한국 스마트 헬스케어 어디까지 왔나?

(1) 낙관적 시장전망

세계적 고령화 및 만성질환의 증가는 더 많은 의료 서비스를 요구할 것이고, 이로 인해 의료비 부담이 가중될 것이다. 이를 해결하기 위해 원격의료 및 재택의료와 같은 스마트 헬스케어 서비스의 활용이 대폭 증대될 전망이다. 웰빙에 대한 추구 역시 전 세계적으로 퍼지면서 IoT와 빅데이터기술을 활용한 개인 맞춤형 건강관리에 대한 수요도 엄청나게 증가할 것이다. 이러한 전망을 고려했을 때 2020년 스마트 헬스케어 시장 규모는 2,255억 달러(약 253조 원[10])까지 성장할 것이다.[11]

한국 역시 이 같은 세계적 추세에 있고 한국의 고령화 속도는 세계 최고 수준으로 2026년이면 65세 이상 인구가 전체 인구의 20.8%에 이르는 초고령사회가 된다. 또한, 전체 인구의 14% 이상을 차지하는 한국의 베이비붐 세대가[12] 2020년이 되면 65세 이상인 노인대열에 합류하게 된다. 이 세대는 경제성장기의 주력 세대로 기존 고령층과 달리 경제적 여건이 탄탄하여, 왕성한 소비활동을 유지할 수 있는 신고령층으로 분류되고 있다. 따라서 이들은 스마트 헬스케어의 탄탄한 수요기반을 형성하는 데 중요한 역할을 할 것이다. 이 같은 이유로 한국의 스마트 헬스케어 시장의 규모는 매우 낙관적으로 전망되어, 2018년 1조 9,000억 원까지 성장할 것으로 예측된다.[13]

(2) 법률 및 제도 마련의 미흡

스마트 헬스케어 산업의 활성화에 브레이크를 걸고 있는 주요 법ㆍ

제도는 원격의료 도입에 관한 것이다. 원격의료는 의료 서비스의 불평등을 줄여주고, 의료비의 절감뿐만 아니라 연관 산업의 성장효과까지 기대할 수 있다. 이러한 이유로 의료 선진국인 일본, 영국, 독일뿐만 아니라 미국, 인도, 싱가포르, 중국까지도 원격의료사업에 뛰어들고 있다. 미국은 1993년 미국원격의료협회American Telemedicine Association, ATA가 설립되면서 본격적으로 원격의료가 시행되었다. 2014년 미국에서는 6건의 진료 중에 1건이 원격으로 이루어지고 있고, 2020년까지 원격진료 건수는 2배에 이를 것이라 한다.[14] 가장 보수적인 일본조차도 1997년 낙도와 산간벽지 주민을 대상으로 제한적인 원격의료를 시작한 이후 3차례 고시 개정을 통해 마침내 2015년 원격의료를 전면 허용했다.[15]

한편, 한국은 2010년부터 단계적으로 원격의료 시범사업이 진행되었고, 그 효과성이 입증된 바 있으나, 다음과 같은 우려들로 원격의료 도입을 위한 의료법 개정안은 국회에 여전히 계류되어 있다.

첫째, 대형통신사 및 재벌기업의 진입으로 의료민영화가 시행되어 국민의 편익을 도모하지 못할 수 있다. 둘째, 사고 발생 시 책임소재가 불확실하다., 셋째, 고가 장비의 필요성 때문에 대형병원보다 자본이 부족한 동네병원의 폐업이 늘어날 수 있다. 넷째, 의료보험 적용 여부가 확실치 않으므로 오히려 국민들의 의료비 부담이 증가할 수 있다. 이 같은 걱정과 두려움 때문에 국내 현행 의료법상 의료인-의료인 간에 디지털 기기를 활용한 원격 상담, 원격 협진, 환자 의료정보 전송 등은 허용하고 있으나, 환자-의료인 간의 상담, 모니터링, 진단 및 처방을 포함하는 원격의료(이 부분만을 따로 떼어서 '원격진료'라고 부르기도 함)는 불법으로 간주된다.

다른 법·제도적 이슈는 질병의 사전예방 및 다양한 형태의 건강관리를 위한 '건강관리서비스법(안)'이다. 이 법(안)은 질병의 치료인 의료영역과 구분하여 질병의 예방과 건강관리인 비의료영역 서비스의 활성화를 위한 기준 마련이라 할 수 있다. 이미 시장에 출시된 스마트 헬스케어의 제품 및 서비스는 상당수가 이 영역에 속하며, 주로 비의료기관인 중소기업 및 스타트업체들이 관련되어 있다.

예를 들면, 건강측정 기기를 통해 혈압, 심박수, 스트레스 정도 등 건강상태를 실시간으로 측정하여 이상이 생기는 경우 스마트폰으로 알람을 울리거나 관련 정보를 보내는 서비스들이다. 이 법안의 최대 쟁점은 '누가 이 서비스를 제공할 것이냐'이다. '비의료영역이니 누구든 참여할 수 있다'라는 주장과 의료인들의 주장처럼 '예방과 건강관리는 의료 활동의 연속선상에 있기 때문에 의료전문기관이 관련해야 한다'는 주장이 첨예하게 대립되고 있다. 이 같은 대립이 빨리 해소되지 않으면 시장 참여자들은 생존의 불확실성 때문에 연구개발 투자에 주저하게 되고 그 결과 기업의 경쟁력을 상실하게 될지도 모른다.

마지막으로 '의료기기법'의 논란이다. 헬스케어 산업에 디지털기술이 융합되면서 기존 의료기기와 사뭇 다른 형태의 제품 및 서비스들이 출시되다 보니 의료기기법의 저촉을 받아야 할 것과 그렇지 않은 것에 대한 기준이 명확할 필요가 있게 되었다. 그러나 현실은 그렇지 못하다. 모호한 법적 기준으로 갈팡질팡했던 사례가 바로 삼성전자였다.

2014년 3월 삼성전자는 세계 최초로 갤럭시 S5에 심박수 센서를 탑재했으나 국내 '모바일 의료용 앱 안전관리 지침'에 따르면 의료기기로 인정될 소지가 있어 센서를 비활성화해서 판매를 했었다. 그러나 2014년 4월 식품의약품안전처는 '의료기기 품목 및 품목별 등급에 관한 규정'을 개정해 운동 및 레저용을 위한 스마트 기기 등은 의료기기 허가 대상에서 제외된다고 발표했다. 결국 삼성전자는 갤럭시 S5의 소프트웨어 업그레이드를 통해 해당 센서를 사후활성화시켰다.

이 해프닝의 중심에 있었던 한국의 '모바일 의료용 앱 안전관리 지침'은 2013년 말에 마련된 후 감감무소식인데, 미국의 유사한 지침인 '모바일 의료용 앱에 대한 가이드라인'과 비교해볼 필요가 있다. 미국은 2013년 최초 발표 후 기술발전 및 상황들을 고려하여 2015년에 개정했고, 계속해서 법안개선을 위해 노력하고 있다. 더 중요한 것은 미국의 개정안은 규제대상 리스트만을 제시하고, 규제대상에 포함되지 않는 것은 전부 비규제 대상으로 간주하고 있다.[16] 이는 규제 대상을 최소화하여 불필요한 규제는 축소하겠다는 방침으로 해석된다.

반면, 한국은 의료기기에 해당되는 모바일앱과 의료기기에 해당되지 않는 모바일앱 목록을 구분 제시하고 있어, 기술 및 사회 환경 변화에 따른 규제의 유연성을 발휘하기 힘들다.[17] 따라서 중간지대로 여겨지거나 목록에 없는 모바일앱은 삼성사례처럼 건별로 '의료기기 품목 및 품목별 등급에 관한 규정'을 통해 규제를 할지 말지를 결정하고 있다. 이 같은 방식은 국내사업의 불확실성을 높여 참여기업, 특히 중소기업의 어려움을 가중시킨다.

결국 국내 기업들이 뛰어난 원격의료 제품 및 서비스를 개발했다 하더라도 법적·제도적 뒷받침이 없기 때문에 사업을 포기하거나 보류해야 하는 상황인 것이다.

　그나마 최근의 3가지 법·제도 개선 덕택에 사업의 불확실성을 조금이나마 덜 수 있을 것 같다.

　첫째, 2016년 6월 이전까지 막혔던 비의료기관의 DTCDirect-To-Consumer(소비자에게 직접 유전자 검사 서비스를 제공하는 것) 서비스를 12가지 대상(혈당, 혈압, 피부노화, 체질량 지수, 색소침착, 탈모, 카페인대사, 콜레스테롤 등)에 한해 허용한 것이다. 이로 인해 국내 유전체 분석사업에 파란불이 켜졌다. 그러나 특정질병 발병 가능성을 알기 위해서는 여전히 의료기관을 거쳐야 하는데, 분석 가능한 대상 질병도 매우 제한적이다.

　둘째, 2018년까지 모든 병원의 진료정보를 '국제진료정보 교류 표준'을 활용하여 교류 및 통합한다는 것이다. 이는 스마트 헬스케어의 생태계에서 꼭 필요한 의료 데이터 통합 관리와 관련 솔루션 및 서비스 시장이 개방될 수 있다는 점에서 매우 긍정적이라 하겠다.

　마지막으로 2016년 6월 '개인정보 비식별 조치 가이드라인'의 마련은 개인정보 보호법에 의해 가로막혔던 빅데이터를 활용한 스마트 헬스케어 서비스 창출 기회를 높여줄 것으로 기대된다. 그러나 이 새로운 조치는 비식별정보의 양도인에게 양수인의 정보처리에 대한 사후관리를 의무화하고 양수인이 문제를 일으킬 시 양도인도 법적조치를 받도록 되어 있다. 이는 빅데이터 분석 결과의 교류 자체를 위축시킬 우려가 있어 향후 개선이 필요해 보인다.

(3) 국내 스마트 헬스케어 산업의 유형

스마트 헬스케어 산업에 종사하는 기업 유형은 크게 하드웨어, 소프트웨어, 플랫폼, 서비스 기업으로 분류될 수 있다. 〈표 3-2〉는 국내 스마트 헬스케어의 4가지 기업유형에 대한 소분류와 각 분류별 정의, 제품 및 서비스의 예시, 그리고 관련 기업에 대한 설명이다.

〈표 3-2〉 국내 스마트 헬스케어 산업의 분류체계, 정의, 관련 기업

대분류	소분류	정의	제품 및 서비스(예)	관련 기업
하드웨어	개인용 건강관리 (웰니스) 기기	건강상태 또는 건강한 활동의 유지·향상을 위하거나, 건강한 생활방식·습관을 유도하여 만성질환의 위험이나 영향을 유지 및 줄이기 위해 사용되는 것으로 사용자의 안전에 미치는 위해도가 낮아 의료기기로 보지 않는 기기	체지방, 심박수, 수면패턴, 호흡량 등의 자가 측정계, 스트레스 관리 및 집중력 향상을 위한 기기, 운동 및 레저용 산소포화도 또는 심박수 측정계	• 아이센스 • 자원메디칼 • 휴비딕 • 인바디 • 삼성전자 • LG전자 • 직토 등
	통신 기기	개인용 건강관리(웰니스) 기기의 정보전송과 원격의료 서비스를 제공하기 위한 기기	게이트웨어, AP, 셋톱, 서버 등	• H3 System • 씨어스테크놀로지 • 인성정보 등
소프트 웨어	건강정보 앱	의학정보, 영양정보, 웰니스 등 건강 정보 안내 앱	웰니스앱(휴식방법, 영양관리, 뷰티팁 등), 의학정보앱(약품, 질병, 복약, 등) 등	• 인바디 • Seven Elec • 나나요 등

		개인건강 기기 등으로 수집된 개인의 건강측정 정보를 관리할 수 있는 앱	개인건강기록앱, 병원기록 관리 전용 앱, 피트니스 또는 운동 관리 앱, 등	• 삼성전자 • 눔코리아 • ㈜블루와이즈 • 와이유헬스 등
	개인 맞춤형 건강관리 앱	개인건강 기기 등으로 수집된 개인의 건강측정 정보를 관리할 수 있는 앱	개인건강기록앱, 병원기록 관리 전용 앱, 피트니스 또는 운동 관리 앱, 등	• 삼성전자 • 눔코리아 • ㈜블루와이즈 • 와이유헬스 등
플랫폼	의료정보 플랫폼	의료기관 의료정보 통합 저장, 관리 시스템	의료정보 플랫폼	• 비트컴퓨터 • 이지케어텍 • 소프트넷 등
	개인건강 정보관리 플랫폼	개인이 취득한 건강정보를 통합 저장, 관리 시스템	개인건강정보관리 플랫폼	• 유라클 • 라이프시맨틱스 • 소프트넷 등
서비스	건강관리 서비스	신체적·정신적 장애를 치료, 예방, 발견하고 신체적, 심리적 안녕을 도모하는 서비스	개인건강 관리 서비스, 건강검진 사후관리 서비스, 의료용 기능성 게임 서비스, 유전자 분석 서비스, 피트니스 서비스 등	• 마크로젠 • DNA링크 • 망고앱스 • 디게이트 등
	원격의료 서비스	정보통신기술을 이용해 서로 떨어져 있는 의사와 환자 사이에 의료정보 및 의료 서비스를 전달하는 모든 서비스	원격상담 서비스, 원격모니터링 서비스, 원격진료 시스템 및 솔루션 등	• 가천길병원 • H3System • 에임메드 • 유신씨엔씨 • 오픈잇 등

출처: 산업통상자원부(2015)[18], 최윤희, 황원식(2016), 식품의약품안전처(2015)[19] 참조.

(4) 스마트 헬스케어 산업의 주요 기술

스마트 헬스케어 산업의 주요 기술은 크게 세 가지로 구분된다.

첫째, 생체신호를 측정 및 모니터링하는 의료기기와 모바일 및 웨어러블 기기를 제조하는 하드웨어기술, 둘째, 전자의료 및 건강정보(EMR, EHR), 개인건강정보(PHR) 시스템을 구축하는 플랫폼을 포함한 소프트웨어기술, 셋째, 예방 및 진단 서비스와 개인 맞춤형 건강관리 서비스를 제공하는 서비스기술이다.

이 중에서 하드웨어기술은 미국을 100으로 놓았을 때 한국의 기술 수준은 85로, 1.5년의 기술 격차로 볼 수 있으며 비교적 양호한 편이다. 그러나 소프트웨어(플랫폼)기술은 미국과 비교했을 때 전반적으로 2년 이상의 격차를, 서비스기술은 3.9년의 격차로 미흡한 편이다(〈표 3-3〉 참조).[20] 이 산업은 하드웨어기술도 중요하지만 생태계의

〈표 3-3〉 스마트 헬스케어의 기술 수준 및 격차

구분	분야	국가				미국 대비 한국기술 격차
		미국	유럽	일본	한국	
하드웨어기술	의료기기, 모바일 및 웨어러블 기기	100	90	90	85	1.5년
소프트웨어 (플랫폼) 기술	생체신호 플랫폼	100	90	90	90	1.0년
	운동량 플랫폼	100	90	80	80	2.0년
	바이오피드백 플랫폼	100	85	80	70	3.0년
서비스 기술	예방·진단 서비스, 건강관리 서비스	100	90.6	90	79.2	3.9년

출처: 중소기업청 외(2016).

고른 발전과 높은 경제적 부가가치를 산출하기 위해서는 반드시 소프트웨어기술과 혁신적인 서비스기술이 요구된다.

(5) 주요 매출과 특허는 중소기업에서 발생

산업통상자원부의 통계조사(2015)에 따르면 스마트 헬스케어 국내 매출은 2014년 기준 총 2,298억 원을 일으켰으며, 이 매출의 약 83%에 해당되는 1,902억 원은 중소기업에서 발생되었다. 대기업의 매출은 약 4%에 해당되는 91억 원, 중견기업은 약 11%인 252억 원, 벤처기업은 약 2%인 53억 정도의 매출을 올리고 있다(〈그림 3-4〉 좌측 참조).

또한, 기업 규모별 기술 보유 현황을 살펴보면 2014년 기준 중소기업은 954개의 특허를 등록함으로써 83%에 이르는 높은 비율을 차

〈그림 3-4〉 스마트 헬스케어 매출액 및 특허등록 비중

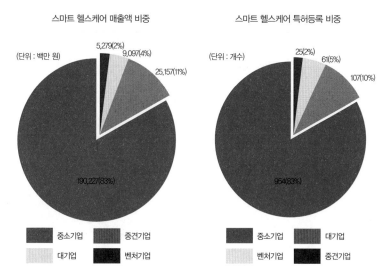

스마트 헬스케어 매출액 비중

(단위 : 백만 원)
5,279(2%)
9,097(4%)
25,157(11%)
190,227(83%)

중소기업　중견기업
대기업　벤처기업

스마트 헬스케어 특허등록 비중

(단위 : 개수)
25(2%)
61(5%)
107(10%)
954(83%)

중소기업　대기업
벤처기업　중견기업

자료: 산업통상자원부(2015)

지하고 있다. 그리고 대기업이 약 10%에 해당되는 107개의 특허를, 벤처 기업은 약 5%로 61개의 특허를 등록했다. 중견기업이 가장 낮은 특허등록율을 가지고 있는데, 25개로 2%에 해당된다(〈그림 3-4〉 우측 참조). 이처럼 중소기업과 벤처 기업 중심으로 스마트 헬스케어 산업이 성장하고 있는 이유는 이 산업이 성장의 초기 단계로서 지배적 표준이나 지배적 사업자가 형성되지 않아 산업이 매우 유동적이기 때문이다. 또한, 소프트웨어기술의 필요성으로 중소기업 중심으로 형성된 소프트웨어와 산업의 특성이 반영되었고, 전통 의료기기 제조가 중소업체를 중심으로 이루어졌기 때문이기도 하다.

(6) 글로벌 유망창업 분야이나 국내는 자금부족과 전문성 부재

스마트 헬스케어는 의료기기로 구분되지 않는 웰니스 기기, 모바일 앱, 정보관리 및 정보제공 서비스의 경우 창의적인 아이디어만 있으면 적은 자본으로 손쉽게 창업할 수 있는 '가벼운 창업'의 대표적인 분야이다. 이러한 이유로 미국 벤처캐피탈(VC)은 이 분야에 2015년 기준 45억 달러를 투자했으며, 이 금액은 2011년에 비해 4배 이상 증가한 것이다. 그리고 스마트 헬스케어 벤처투자자금은 전체자금의 7%로 향후 더욱 증가될 전망이다.[21]

또한, 미국은 헬스케어 창업을 전문으로 육성하고 투자를 유치하는 헬스케어 전문 엑셀러레이터가 존재한다. 2011년 6월에 설립된 락헬스Rock Health 이후 헬스박스Healthbox, 블루프린트헬스Blueprint Health, 뉴욕디지털헬스NewYork Digital Health, 테크스타스TechStars, 스타트업헬스Startup Health 등 수많은 후속업체들이 등장하여 헬스케어 창업기업의 투자 및 육성을 주도하고 있다. 현재 전 세계 115개 헬스케어

엑셀러레이터업체 가운데 76.5%에 달하는 87개 업체가 미국에 위치하고 있다.[22]

한편, 창업국가라고 불리는 이스라엘은 2012년 기준 전역에 26개의 인큐베이터가 운영 중인데, 그중 '헬스케어 분야 특화기술 인큐베이터'가 16곳에 해당된다. 이 인큐베이터들의 기본 운영방식은 일반 인큐베이터와 동일하나 헬스케어 특성을 고려하여 지원자금과 지원기간에 차등을 두고 있다.[23]

한국 스마트 헬스케어의 창업환경을 VC 투자 규모, 전문화된 엑셀러레이터의 규모 및 정부지원정책 및 시스템 측면에서 미국 및 이스라엘과 비교해보았을 때, 하나같이 부족하거나 부재한 상황이다. 먼저, VC 투자 규모 면에서 한국은 2015년 기준 전체 VC투자금의 15.2%인 약 2억 8,000만 달러가 바이오 및 의료 분야에 투자된[24] 반면 미국은 전체 투자금의 26.4%인 121억 달러가 투자되었다.[25] 전체 VC자금에

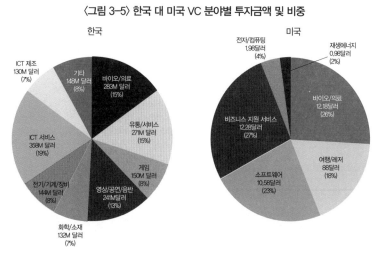

〈그림 3-5〉 한국 대 미국 VC 분야별 투자금액 및 비중

출처: EY(2015); 한국벤처캐피탈협회(2015)를 참조하여 구성

서 바이오 및 의료 분야가 차지하는 비율뿐만 아니라 총량에 있어서
도 한국과 미국은 엄청난 차이를 나타내고 있다(〈그림 3-5〉 참조).

또한, 한국은 282개에 달하는 창업보육센터가 전국에 설치되어 있
고, 이중 24개는 헬스케어 특화센터로 운영 중이긴 하나 주로 저렴한
사무 공간 및 시설 제공에 초점을 두었을 뿐, 이스라엘과 같이 헬스
케어 특성을 고려한 차별화된 지원시스템은 부재한 실정이다.[26]

3. 중국의 스마트 헬스케어는 무엇이 다른가?

(1) 상상 그 이상의 잠재적 시장 규모

중국 민정부(民政部)가 발표한 '2015년 사회 서비스 발전 통계 공
보'에 따르면, 2015년 말 기준 중국의 60세 이상 노인인구는 중국 인
구의 16.1%인 2억 2,200만 명으로[27] 전 세계 인구(약 73억 명)의 약
2.7%에 해당된다. 또한, 65세 이상 노인인구는 10.5%인 1억 4,386만
명으로 세계 총 인구의 약 2%에 달한다.

같은 해 한국의 65세 이상 노인인구는 약 660만 명으로 중국의 4%
밖에 되지 않는다. 스마트 헬스케어의 주요 타깃 중 하나가 만성질
환을 보유한 노인인구라는 점을 주목했을 때 중국의 시장 잠재력은
엄청나다. 또한, 중국은 7억 명의 인구가 인터넷을 이용하는데 이중
86%가 스마트폰을 사용하며,[28] 길거리 음식까지도 QR코드를 통해
스마트폰 결제를 할 정도로 활용도가 높다.

중국 인구의 높은 스마트폰 활용률이 중요한 이유는 스마트 헬스
케어에 있어서 의사-환자 간, 서비스업체-고객 간 주요 의사소통 매

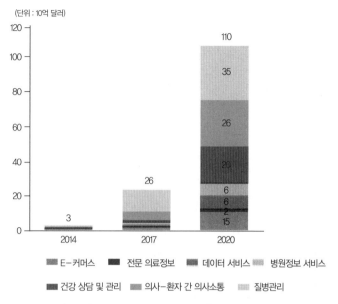

〈그림 3-6〉 중국 디지털 헬스케어 시장 전망

(단위 : 10억 달러)

범례:
■ E-커머스 ■ 전문 의료정보 ■ 데이터 서비스 ▨ 병원정보 서비스
■ 건강 상담 및 관리 ■ 의사-환자 간 의사소통 ▨ 질병관리

출처: BCG. perspective, "China' digital health-care revolution"

체가 스마트폰인 경우가 많기 때문이다. 이 같은 이유로 중국의 디지
털헬스케어 시장 규모는 2014년 30억 달러에서 2020년 1,100억 달
러 규모로 급격히 성장할 것이다(〈그림 3-6〉 참조).[29]

(2) 의료뿐만 아니라 처방의약품까지 원격으로 처리

한국과 달리 중국이 의사-환자 간 원격의료에 적극적인 데는 상대적
으로 의료 인프라가 열악하여, 높아져가는 국민의 의료 수요를 제대
로 충족시키지 못하고 있기 때문이다. 〈표 3-4〉에서 보듯이 중국의
보건의료 수준은 OECD 평균 및 주요국에 비해 한참 떨어진다. 또한,
중국은 세계 3위의 넓은 국토면적을 보유한 데다 대도시 중심으로

〈표 3-4〉 중국과 OECD 주요국 보건의료 지표

국가	GDP대비 경상 의료비(%)	1인당 진료 횟수(회)	의사 수 (인구 천 명당)	간호사 수 (인구 천 명당)	병상 수 (인구 천 명당)
중국	5.41	5.4	2.04	2.04	4.55
한국	6.9	14.6	2.2	5.4	11.0
일본	10.2	12.9	2.3	10.5	2.9
미국	16.4	4.0	2.6	-	13.3
OECD평균	8.9	6.8	3.3	9.8	4.8

출처: 한국보건산업진흥원(2015)[30]

의료기관이 분포되어 의료 서비스의 지역 불균형이 훨씬 높을 것으로 예상된다.

중국은 이 같은 문제를 해결하기 위한 수단으로 2014년 '의료기관의 원격의료 서비스 추진에 관한 의견' 공표를 통해 의사-의사 간은 물론 의사-환자 간 원격의료 서비스뿐만 아니라 처방의약품의 원격 조제, 판매, 배송까지도 허용했다. 한국은 의약품의 인터넷 판매가 불법이나 중국은 2005년 '인터넷 의약품거래서비스 심사비준에 관한 임시시행규정'을 통해 비처방의약품에 한해 이미 인터넷 판매가 허가되었다. 게다가 2014년 중국은 처방의약품 판매를 골자로 '온라인 식약품 경영감독관리방법'을 발표했으나 최종시행은 확정되지 않고 있었는데, 의사-환자 간의 원격의료 시행을 발표하면서 처방의약품의 원격 조제, 판매, 배송까지도 허용한 것이다.

중국 원격의료 규제는 한국과 달리 일단 실행하고 사후에 보완하는 방식을 취하고 있는 것으로 여겨진다. 왜냐하면 비의료인에 의한

구분	한국	중국
허용 주체	의사-의사 원격의료 (의료법 34조 1항)	의사-의사 + 의사-환자 원격의료
허용 내용	의료지식 및 기술을 지원 (의료법 34조 1항)	원격병리진단, 원격영상진단, 원격모니터링, 원격외래, 원격사례토론 등
의료시설	보건복지부령으로 정하는 시설과 장비 (의료법 34조 2항)	의료 및 건강관리 서비스 제공이 가능한 인력, 기술, 장비, 시설을 갖춘 의료기관 + 원격의료장비 운영을 전담하는 부서 및 인력 보유
원격처방 및 의약품 판매	모든 의약품은 약국에서만 조제 및 판매가 가능 (약사법 44조)	비처방 및 처방의약품 모두 원격 조제, 판매, 배송 가능
의료사고 책임	원격지 의사와 현지 의사 간 책임 소재 구분 (의료법 34조 3, 4항)	규정 미비

출처: 국가법령정보센터(의료법, 약사법)[31]; 중국 국가위생계획생육위원회(2014)[32]; 이찬우(2017)[33]

원격의료 금지, 지방 보건·위생부문의 원격의료에 대한 관리·감독 강화와 같은 기본 원칙만 규정하고, 원격의료시설기준, 원격의료 표준수가 등 세부적인 내용은 각 지방정부 관련기관이 자율적으로 결정할 수 있기 때문이다.[34] 〈표 3-5〉는 원격의료 규제에 대한 한국과 중국 양국의 차이를 요약한 것이다.

(3) 비의료기관까지 원격의료산업 진출 쇄도[35]

중국의 적극적인 원격의료 도입은 의료 서비스의 지역 불균형 해소가 주요 원인이기 때문에 지방정부는 원격의료 도입 프로젝트를 성공적으로 달성하기 위해 재정 및 정책적 지원에 심혈을 기울이고 있다. 이 같은 지방정부의 지원은 공공의료기관에게 큰 인센티브로 작용했으며, 그 결과 2014년 광둥성 제2인민병원이 중국 최초로 환자-의사 간 원격의료 서비스 기관으로 비준되었다. 현재 광둥성 내 20여 개의 보건소와 약국이 원격의료 서비스기51관으로 지정되었고, 광둥성 내에 거주하는 환자는 이들 보건소 또는 약국에 설치된 장비를 통해 광둥성 제2인민병원에 있는 의사들의 원격진료 및 원격처방을 받을 수 있다. 2016년에는 허난성 지방정부의 주도로 원격의료센터를 설립하여 11개 원격센터 지부와 19개 원격의료 보건소 네트워크를 구축했다.

중국 최대 의약품, 의료기기 제조·개발 및 유통기업인 지우저통 의약품 그룹은 2015년 원격의료 플랫폼을 개설했다. 이 플랫폼은 의료기기 및 의약품 전자상거래뿐만 아니라 온라인으로 약사, 의사와의 원격상담, 원격진료 서비스를 제공하고 있으며, 궁극적으로 의료종합정보망으로 발전시키려 하고 있다. 또한, 종합건강검진 전문의료센터인 츠밍 건강검진 그룹은 2014년부터 O2O 형태의 원격의료 서비스를 제공하고 있다. 츠밍 건강검진 그룹은 중국 전역에 위치한 80개의 의료검진센터와 4,000명의 의료진을 활용하여 원격진료 및 상담을 진행하고 있다.

또한, 중국의 3대 인터넷 관련 기업인 바이두, 알리바바, 텐센트도 원격의료 산업에 진출했다. 현재 알리바바는 '티몰Tmall'을 통해 중국 전역 400여 개의 중·대형 병원과 의약품 체인점이 참여한 종합원격의료 서비스 플랫폼을 구축했다. 즉, 환자는 티몰에 접속해서 등록된 의사와 원격진료 후 전자처방전을 발급받아 의약품 구매, 온라인 결제, 의료보험청구까지 원스탑 서비스가 가능하다고 한다. 알리바바와 달리 텐센트는 의료기관, 보험회사와 공동출자하여 원격의료 서비스 법인을 독립적으로 설립했다.

대도시보다는 지방 중소도시와 농촌지역을 타깃으로 하고 있으며, 점차 전국으로 확대할 예정이다. 마지막으로 바이두는 북경바이두 통신과학기술 유한회사를 설립하고 '바이두 건강'이라는 병원예약, 원격자문, 원격교육 등을 제공하는 의료정보 종합정보망을 개설했다. 이외에 2015년 보험회사인 중국평안그룹이 의료전문가와 연계하여 원격의료 플랫폼을 설립했다.

(4) 실리콘 밸리에 맞먹는 중국 창업 환경

스마트 헬스케어는 '가벼운 창업'의 대표적인 분야로 창업의 잠재적 기회가 무궁무진하다. 기회들을 현실화시키기 위해서는 창업환경이 받쳐주어야 한다. 이런 점에서 중국의 스타트업 기업들은 매우 유리하다고 볼 수 있다. 우선 중국정부의 강력한 창업 활성화 정책이 한몫을 하고 있다. 리커창 총리의 '대중창업, 만중창신(수많은 사람의 무리가 창업을 하고 창조와 혁신에 임하자)' 정책으로 인해 대학생을 중심으로 스타트업에 많은 투자를 하고 있다. 2015년 기준 중국의 창업 투자 규모는 82.6조 원으로 미국(63.3조 원), 한국(0.8조 원)에 비해 압도적인 수준을 기록했다. 게다가 2016년 기준 회사가치 10억 달러 이상인 스타트업을 일컫는 '유니콘 기업' 수가 한국은 쿠팡, 옐로모바일, CJ게임즈 3개사에 불과한 반면, 중국은 153개에 이른다.[36] 한편, 스타트업 활성화를 위해서는 벤처 투자자의 투자도 중요하지만

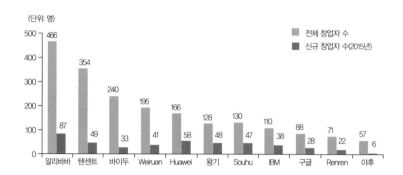

〈그림 3-7〉 엑셀러레이터별 스타트업 창업자 수

(단위: 명)

- 전체 창업자 수
- 신규 창업자 수(2015년)

출처: 전종규 외 3인(2016) 재인용.

〈그림 3-8〉 중국 바이오/헬스케어 세부 분야별 투자율

출처: 전종규 외 3인(2016) 재인용

인재를 발굴하고 육성하는 엑셀러레이터 역시 매우 중요하다. 그런데 스타트업으로 성공한 알리바바, 텐센트, 바이두 등의 중국기업들이 엑셀레이터로서 역할을 하면서 IBM, 구글, 야후보다도 압도적으로 높은 수의 스타트업을 양성해내고 있다(〈그림 3-7〉 참조)

　마지막으로 중국은 바이오·헬스케어 분야에서 2016년 1분기 기준 스타트업 기업에만 6억 2,900만 달러를 투자했다. 한국 벤처 투자자들이 동일 분야에서 스타트업을 포함한 모든 기업을 대상으로 투자한 금액 총액이 2억 8,300만 달러인 것과 비교하면 얼마나 큰지 알 수 있다. 바이오·헬스케어 분야 중에서도 가장 많이 투자된 분야는 전문의료 서비스(21%), 건강보건(17%), 진료예약(15%), 의료데이터(15%), 의약 전자상거래(11%) 등의 순이다(〈그림 3-8〉 참조).

4. 스마트 헬스케어 기업 사례: 성공 및 실패 요인

(1) 23앤드미[37]

구글의 세르게이 브린의 전 부인인 앤 워츠츠키가 공동창업한 회사로 유명한 23앤드미23andMe는 2006년 실리콘밸리의 엄청난 주목을 받으면서 출발했다. 23앤드미는 의사를 거치지 않고 개인 유전 정보 분석 결과를 직접 소비자에게 제공하는 DTC 서비스를 제공하는 개인 유전정보 분석Personal Genome Service, PGS업체이다. 즉, 소비자는 23앤드미의 웹사이트에서 분석키트를 주문하면(요즘은 아마존과 같은 전자상거래 사이트에서도 주문이 가능) 집으로 키트가 도착하고 타액을 담아서 우편으로 보내면 몇 주 후에 웹사이트를 통해 자신의 유전정보를 확인할 수 있다.

게다가 창업초기 1,000달러에 달하던 가격을 2013년 99달러로 인하하고 질병에 대한 위험도, 약물에 대한 민감도, 유전적 특성, 조상분석 등 250여 종이 넘는 분석을 제공하자 수요가 폭발적으로 증가했다. 어느 정도였냐면 2011년 6월 첫 출시 후 3년도 안 된 2013년 말 50만 명에 이르렀고, 2016년 100만 명이 넘었다고 한다.

그러나 2013년 11월, 23앤드미의 승승장구는 미국 FDA의 일부 서비스에 대한 판매중지명령으로 일시정지되었다. 판매중지명령 사유는 질병에 대한 위험도, 약물에 대한 민감도 등으로 이는 건강관리용이 아니라 의료용으로 사용될 가능성이 높다는 이유였다. FDA는 이러한 명령을 내리기 전 23앤드미와의 협력과정에서 상당한 시간과 노력을 기울였을 뿐만 아니라 통계적 조언이나 잠재적 위험을 줄일 수 있는 방안까지 알려주었음에도 불구하고 23앤드미는 기한 내에 충분한 근거 자료나 검증결과를 내놓지 않았다고 불만을 토로했다. 이에 대해 앤 워치츠키도 FDA와의 소통에 실수가 있었음을 인정했다.

이후 23앤드미는 FDA규제 프로세스에 더 효과적으로 협력하기 위해 20년 이상 의료기기 규제 분야에 경험이 있는 캐시 힙스를 최고 법률·규제 담당자로 영입했다. 뿐만 아니라 희귀유전질환의 하나인 '블룸증후군' 테스트의 정확도 및 사용자 편의성을 증명하기 위한 신뢰성 높은 연구데이터를 제공했다. 그 결과 2015년 2월 FDA는 23앤드미에게 '블룸증후군'에 한해서 분석할 수 있도록 허가했다.

이는 23앤드미에서 제공하는 키트만 있다면 의사 없이도 블룸증후군에 걸릴 가능성을 알 수 있게 된 것이다. 즉, 23앤드미 키트는 가

정용 임신 테스트, 콜레스테롤 테스트, HIV테스트 키트와 동일한 취급을 받게 되었다. 결과적으로 23앤드미의 엄청난 노력 덕택에 나머지 PGS경쟁자 역시 동일한 제도적 혜택을 받게 되었다. 23앤드미와 같은 성공적인 선례가 경쟁기업에 동기부여가 되어 새로운 질병에 대한 테스트를 FDA에 등록하기 위해 노력하다 보면 PGS-DTC 파이는 더욱더 커질 것이다.

(2) 수면매니저 제오[38]

제오Zeo는 2003년 12월, 3명의 브라운 대학 학생들에 의해 설립된 벤처회사였다. 제오가 출시한 수면코치는 머리밴드 형태의 웨어러블 디바이스로 취침 시 머리에 착용하면 블루투스를 통해 스마트폰과 연동하여 수면의 양과 질을 측정해주는 것이다. 한때 제오는 퀀티파이드 셀프quantified self 운동 지지자들에게 가장 사랑받는 기기 중 하나였으며, 스마트 헬스케어 전도사 에릭 토폴Eric Topol 박사의 발표에 빠지지 않는 기기이기도 했다.

제오의 수면매니저는 전문 수면 측정기에 못지않은 정확도, 상대적으로 저렴한 가격, 기존 측정기에 비해 편리한 사용법으로 유명해졌다. 그러나 2012년 말부터 재정난을 겪기 시작하고, CEO인 데이브 디킨슨마저 회사를 떠나자 결국 폐업하는 상황이 되었다. 한때 잠재력을 인정받던 웨어러블 헬스케어 디바이스 회사가 하루아침에 사라진 이유가 무엇일까?

첫 번째 이유는 제오의 궁극적 목표였던 수면의 질을 높여주는 효용을 제공하지 못했다는 것이다. 제오는 개인의 수면을 측정해서 시간별로 얕은 수면, REM수면, 깊은 수면으로 구분해줄 수 있지만, 수면의 질을 높이는 방안은 구체적으로 제시하지 못했다. 기껏해야 알람시간을 특정 시간(예, 6시 또는 7시)에 고정하지 않고 6시와 7시 사이에 사용자가 가장 얕은 잠을 자고 있을 때 알려주는 식이다.

사실, 제오의 기기로 군이 측정하지 않아도 잘 잤는지, 잠을 설쳤는지는 일어나는 순간 우리는 알 수 있다. 다른 예로, 몸무게를 잴 때, 우리는 측정만으로도 몸무게가 늘었으니 '좀 덜 먹어야겠군' 또는 '운동을 더 해야겠군' 하는 대안을 만들면서 사용자들이 스스로 몸무게 변화를 측정하게 된다. 그러나 수면의 질 측정은 그 결과로 개인이 해볼 수 있는 대안이 뾰족이 없기 때문에 기기를 계속 사용할 동기가 매우 적다.

두 번째 이유는 불편한 사용자 인터페이스User Interface, UI와 사용자 경험User experience, UX이다. 제오의 수면 매니저 기기의 구성은 센서가 달린 머리 밴드, 수면의 질을 기록 및 표시하는 디스플레이 기기, 스마트폰 앱, 웹페이지 기반의 온라인 수면일지로 되어 있다. 사용자에게 가장 큰 불편한 점은 이마에 밴드를 착용하고 취침을 해야 된다는 것이다. 예민한 사람은 오히려 밴드 때문에 불편함을 느껴서 수면을 방해받을 수 있다.

게다가 온라인 수면 코칭 시스템을 사용하려면 사용자가 웹사이트에 로그인한 후 디스플레이 기기에 꽂혀 있는 SD메모리 카드를 컴퓨터로 이동해서 직접 데이터를 올려야만 한다. 이건 여간 귀찮은 일이 아니다. 만약 사용자가 매일같이 디스플레이 SD메모리 카드를 개인 컴퓨터로 옮길 필요 없이 자동으로 클라우드에 저장되어 제오의 웹사이트나 스마트폰 앱에서 필요할 때마다 불러들일 수 있었다면 제오가 좀 더 오래 존속되지 않았을까? 또한, 제오의 웨어러블 기기를 착용한 모습이 '매력적으로' 보여야 하는데, 이마에 밴드를 두른 모습이 매우 우스꽝스러워 사용자에게 좋은 경험을 제공하지 못했다는 것도 주요 실패 원인이다.

(3) 애플의 헬스킷[39]

과거 애플은 아이튠즈라는 플랫폼을 통해 음악 산업의 구조를 완전히 바꾸어놓았었다. 2014년 6월 애플은 iOS8을 발표하면서 '헬스킷Healthkit(헬스케어 플랫폼)'과 '헬스Health(대쉬보드)'가 기본적으로 탑재된다고 했다. 바로 이 헬스킷이 바로 의료산업의 아이튠즈이다.

즉, 제3자 개발사들이 개발한 다양한 스마트 헬스케어 애플리케이션들이 헬스킷으로 모두 집결되도록 하는 것이다. 지금까지는 운동량, 심박수, 몸무게, 혈압, 혈당 등이 관련 디바이스에 의해 따로 따로 측정되고 측정 데이터 역시 개별 애플리케이션별로 관리되어 왔었다. 그런데, 이제 애플의 헬스킷을 통해 모든 웨어러블 디바이스와 애플리케이션 데이터를 통합관리할 수 있게 된 것이다.

여기에 더 나아가 애플은 메이오 클리닉Mayo Clinic과의 협력을 통해 기존 병원의 의료시스템까지 통합하려 하고 있으며, 미국 최대 전자의료기록Electronic Medical Record, EMR회사인 에픽Epic과의 제휴를 통해 의료 서비스까지 연계하려 시도하고 있다. 그리고 헬스킷을 통해 연동된 개인의 건강 및 의료 정보의 요약이 '헬스'라는 대쉬보드에 디스플레이 되고 이를 모니터링 할 수 있게 만들었다. 한마디로 헬스킷 플랫폼은 고객들이 모든 종류의 스마트 헬스케어 서비스에 접근할 수 있는 가능성을 제공한 것이다.

한편, 애플은 이용자 기반이 탄탄하기 때문에 헬스킷 플랫폼에 유입되는 제3자 개발자들이 많을 것이다. 이는 앱의 품질이나 내용을 좋게 만들 것이고 그로 인해 더 많은 이용자가 유입되고, 다시 더 많은 개발자를 끌어들일 것이다. EMR회사의 경우도 헬스킷과의 제휴가 자사의 EMR에 대한 매력도를 증가시키는 방안이 될 것이다. 왜냐하면 아이폰에 헬스가 디폴트로 설치되면 대부분의 아이폰 유저들이 사용할 것이고 헬스킷 플랫폼에 가입된 EMR회사를 채택한 병원을 더욱 선호할 수 있기 때문에 헬스킷에 등록된 EMR을 사용토록 병원에 압력을 넣을 수 있다.

마찬가지로 많은 환자들이 헬스를 사용하고 병원들이 헬스킷에 연동하기를 요구한다면 병원들 스스로 헬스킷 플랫폼에 등록하려 할 것이다. 따라서 제3자 개발자들은 개별적으로 의료기관과 제휴 노력을 하기보다 애플의 헬스킷에 연동되도록 개발하려 할 것이다. 여전히 제도 및 규제, 소비자 반응과 같은 외부환경의 불확실성이 크지만 스마트 헬스케어 종합플랫폼 구축에 가장 앞서 있는 애플의 헬스킷은 의료산업의 '아마존'이 될 가능성이 높아 보인다.

5. 한국 스마트 헬스케어 산업 성장을 위한 제언

지금까지 살펴본 스마트 헬스케어 산업의 특성과 한국과 중국 간의 차이 등을 정리해보면 다음과 같다.

첫째, 기술역량면에서 한국이 중국보다 앞서지만 중국정부의 적극적 지원과 제도의 유연성으로 중국의 기술 확산 속도가 더 빠를 것으로 기대된다.

둘째, 한국과 중국 모두 고령화에 따른 시장의 성장잠재력은 높으나, 두 정부의 제도 및 시장개방 정도의 차이로 성장속도는 다를 것으로 예측된다. 즉, 중국은 한국보다 제도가 엄격하지 않고 외국기업 유치에도 적극적이기 때문에 시장 성장속도가 훨씬 빠를 것이다. 또한, 중국은 시장개방 정도가 높아 한국기업의 진출 가능성이 높다. 그 예로 '서울마케팅리서치' 보고서에 따르면,[40] 2013년 기준 중국에 38개의 한국 의료기관이 진출해 있다고 한다.

셋째, 한국 스마트 헬스케어 산업 성장을 저해하는 가장 큰 미스매치 요인은 원격의료 관련법, 건강관리 서비스법, 의료기기법 등 제도의 경직성으로 나타났다.

넷째, 스마트 헬스케어 산업은 웨어러블 및 모바일 기기, 앱 개발 등을 중심으로 중소벤처의 사업 기회성이 매우 높기 때문에 창업 유망 분야로 알려져 있다.

마지막으로 중국시장 진출을 위해 국내기업이 취할 수 있는 잠재적 전략을 살펴보면 국내시장이 상대적으로 덜 개방되었기 때문에 국내시장 발달 정도에 따라 중국의 경험을 한국에 적용하는 모방전략이 유용할 수 있다. 그러나 이미 선진 시장에서 인정받는 기술력과 브랜드력을 확보한 국내기업이라면 독립적 경쟁전략이나 독립적 분업전략이 가능하겠으나, 그렇지 않다면 중국기업과의 파트너십(예, 지분참여, 조인트벤처, 라이선싱 등)을 형성하는 것이 가장 좋을 것이다. 하지만 중국이 상대적으로 개방적이고 유연한 제도를 보유하고 있다 하더라도 스마트 헬스케어 산업은 국민건강과 직결되어 있어 규제의 강도가 매우 높다.

따라서 중국시장에서의 원만한 사업을 위해서는 기술력과 브랜드력을 떠나서 효율적인 중국파트너 기업을 찾는 것이 필수적이다.

(1) 정부를 위한 제언1: 안전성과 성장성을 모두 잡는 법과 제도 마련

헬스케어 산업은 국민의 건강에 직접적인 영향을 주기 때문에 안전성에 우선을 둠으로써 다른 산업에 비해 법·제도의 개선이 느리고 보수적인 경향이 강하다. 그리고 최근까지 헬스케어 산업의 기술 및 시장 변화 속도가 빠르지 않았기 때문에 변화에 저항이 큰 기존의 법·제도를 유지하는 것이 가능했다. 그러나 새롭게 등장한 스마트 헬스케어 산업은 기술 및 시장 변화 속도가 매우 빠르고, 다양한 유형의 기업 참여로 기존 산업 구조를 파괴하고 있으며, 신규 진입과 퇴출이 빈번하게 발생하여 불확실성이 매우 높은 유동기 단계의 산업이다. 하지만 이 산업의 성장잠재력은 상당히 높아 미국, 중국, 일본 등 다수 선진국은 이 산업의 성장을 위해 적극적으로 규제를 완화하는 조치를 취하고 있다. 정부는 국민의 건강을 안전하게 지키는 것도 중요하지만 성장잠재력이 높은 초기산업의 육성을 위해 합리적이고 능동적인 법·제도 개선을 통해 산업의 불확실성을 줄여줄 필요가 있다.

즉, 안전성과 성장성이라는 두 마리 토끼를 잡는 법·제도의 마련이 절실하다. 이를 위해서는 수요자(환자 및 일반국민)와 공급자 간의 협의 네트워크 체계를 구축하여 국가 사회적 합의의 장을 마련하여 한시라도 빨리 산업질서를 잡을 필요가 있다. 의료인-환자 간의 원격의료 허가와 관련된 구체적 의료수가 제시, 의료기구와 건강관리기구 간의 명확한 구분, 개인의 의료 및 건강관리정보의 제3자 활용 및 범위의 명확성, 원격의료로 발생되는 전자처방전 및 의약품 전자상거래 허가, 사업화 촉진을 위한 조세 혜택 및 기업 인센티브 정책 등이 신속하게 추진되어야 한다. 또한, 원칙적으로 금지하되 예외적으로 허용하는 포지티브 규제에서 원칙적으로 허용하되 예외적으로 금지하는 네거티브 규제로의 변화가 요구된다.

(2) 정부를 위한 제언 2: 소프트웨어·서비스기술 경쟁력 제고를 위한 인재 양성

한국은 IT제조 강국으로써 모바일 및 웨어러블 기기인 하드웨어 기술은 선도국인 미국에 비해 크게 떨어지지 않으나, EMR, EHR, PHR과 같은 의료 및 건강정보 관리 시스템 및 플랫폼 구축과 같은 소프트웨어, AI, 빅데이터 분석, 혁신적인 비즈니스 모델 구축 능력을 필요로 하는 서비스기술은 미국에 비해 상당히 떨어지는 것으로 나타났다. 사실 한국정부는 1996년 '소프트웨어산업진흥법'을 시작으로 소프트웨어기술 경쟁력 제고를 위해 다각도로 지속적인 노력을 해왔고, 최근에는 AI와 빅데이터 분석 기술을 위한 연구개발에도 상당한 투자를 하고 있다. 그러나 한국전쟁 이후 반세기 넘게 하드웨어(제조업) 중심의 발전과 성공을 경험한 한국이 20년 투자로 소프트웨어(서비스) 중심으로 전환한다는 것은 과도한 기대일 수 있다.

왜냐하면 하드웨어와 소프트웨어, 제조업과 서비스업은 성공요인이 판이하게 다르기 때문이다. 생산공정기술의 혁신, 효율적인 부품업체 및 재고관리, 대규모 자본투자를 통한 대량생산시스템의 선제적 구축 등이 하드웨어와 제조업의 성공공식이었다. 이 같은 성공공식은 소프트웨어와 서비스업에는 작용하지 않는다. 하드웨어와 제조업 기반의 사회에서 개인의 성공은 성실하게 주어진 문제를 최선을 다해서 풀면 되었다. 그러나 소프트웨어와 서비스업 기반의 사회에서는 문제를 스스로 인식할 줄 알아야 하고, 다양한 시각을 융합하여 새로운 것을 만들어내며, 논리적이면서도 역발상적이어야 한다.

우버와 AirB&B를 보면 문제인식과 역발상적 사고가 얼마나 중요한지 알 수 있다. 개인의 재산권을 철저히 인정하는 '경영'이라는 환경에 '공유'라는 역발상적 개념을 도입하여 전 세계를 숙박시설화함으로써 숙박설비 공급의 부족 또는 다양성 부족 문제를 해결했다. 이는 소프트웨어와 서비스업 기반 사회에서 요구되는 인재의 유형은 매우 다르며, 이러한 인재들이 육성되지 않고서는 하드웨어와 제조업에서 맛보았던 한국의 성공은 절대 재현되지 않을 것임을 의미한다.

물론 단기적으로 지금 당장 필요로 하는 소프트웨어, AI, 빅데이터 분석 기술을 가진 인력의 공급을 위해 정부는 관련 인력양성 프로그램을 적극적으로 지원할 필요가 있다. 그러나 이는 근본적인 문제해결이 아니다. 정부는 새로운 인재 양성을 위해 초등교육부터 대학교육과 평생교육까지 장기적이고 일관성 있는 교육 청사진을 만드는 데 노력해야 한다.

(3) 정부를 위한 제언3: 중소기업의 기술력 제고를 위한 R&D투자

과거 대기업 중심의 지원을 통한 낙수효과가 줄어들면서 중소기업 중심의 지원을 통한 기술력 제고가 살길이라는 것은 이미 다 아는 바이다. 게다가 앞서 살펴보았듯이 스마트 헬스케어의 매출과 특허등록 비중의 80% 이상이 중소기업을 통해서 나오고 있다. 또한, 스마트 헬스케어는 기기, 통신, 소프트웨어, 비즈니스 모델, AI, 빅데이터 분석, 의료기관, 보험회사 등 매우 다양한 분야의 지식 연계 및 융합이 요구되고 한 기업의 R&D만으로 역부족일 수 있다. 따라서 정부는 이종 분야의 2개 이상의 중소기업 간 공동 R&D에 재원을 투자할 필요가 있다. 더욱이 중소기업을 대상으로 한 국가 R&D 전 사업이 2020년까지 순차적으로 사라질 예정에 있는 지금 중소기업의 스마트 헬스케어 기술력 제고를 위한 R&D 투자사업계획은 매우 중요하다.

(4) 정부를 위한 제언4: 스타트업 재정 지원 및 전문 엑셀러레이터 육성

전 세계가 '창업'을 외치고 있는 이유는 창업이 저성장과 실업을 해결할 수 있는 핵심 대안이라고 믿기 때문이다. 그런데 스마트 헬스케어는 의료기기로 구분되지 않는 경우 창의적인 아이디어만 있으면 적은 자본으로 쉽게 창업할 수 있는 특징이 있다. 다른 어느 산업보다 창업의 기회가 넘쳐나는 스마트 헬스케어 산업의 창업 육성을 정부가 간과하면 되겠는가? 정부는 이 기회를 효율적으로 활용할 필요가 있다. 스타트업에게 가장 필요한 것은 두 가지로, 재원과 창업 및 운영에 필요한 전문지식과 물리적 인프라이다. 지금까지 미국이나 중국에 비해 두 가지 모두 부족했다.

　최근 발표한 미래부의 '스타트업 투자 시장 활성화 방안[41]'은 모태펀드 등 정책펀드의 투자 대상과 인정 범위를 확대하고, 크라우드 펀딩, 엔젤투자 등 초기단계 투자 기능을 강화하여 스타트업의 투자 자금에 대한 접근성을 개선하기로 한 점은 매우 긍정적이다. 또한, 사업화 소요기간에 따라 초기 투자 대상기업을 창업 3년 이내에서 7년 이내로 확대하고, 1,000억 원에 달하는 4차산업혁명 선도 펀드 마련

은 스타트업 생태계를 개선하는 데 큰 도움이 될 것이다. 여기에 진일보하여 스마트 헬스케어 스타트업을 위한 독립된 펀드 마련, 헬스케어에 전문화된 창업보육센터 운영과 벤처 투자자 및 엑셀러레이터의 양성, 국내 펀드 규모의 한계 극복을 위한 해외 공동 펀드 마련 등의 노력이 있어야 할 것이다.

(5) 정부를 위한 제언5: 중국 및 해외로 진출하는 국내기업 지원

중국은 자국의 의료 서비스의 불평등 및 사각지대를 해결하기 위해 스마트 헬스케어 산업 육성에 매우 적극적이고 이 같은 이유로 해외 기업 진출에 관대하고 산업의 규제도 매우 약한 편이다. 게다가 중국은 한국의 최대 수출국으로써 우호적인 파트너 관계를 구축할 필요가 있다. 한편, 스마트 헬스케어는 디지털기술이 상당부분 차지하기 때문에 잠금효과lock-in effect와 네트워크효과network effect가 크게 작용할 가능성이 높다. 따라서 선점하는 기업이 더 많은 혜택을 획득할 수 있으므로 국내기업의 중국 진출에 대한 정부 지원은 매우 당연해 보인다.

또한, 중국은 국내 스마트 헬스케어의 테스트베드가 될 수 있다. 국내에 비하면 전면적으로 규제가 완화된 중국의 스마트 헬스케어 시장은 많은 것들을 가능하게 할 것이고 이로 인한 기업의 다양한 시행착오는 국내 스마트 헬스케어 시장을 빠르게 안정화시키고, 더 질 좋은 제품 및 서비스를 제공할 수 있을 것이다.

국내 이해관계자 간의 상충으로 시장의 안정화가 한동안 어려워질 것으로 예견된다면 정부의 중국 및 해외 진출 기업의 적극적 지원은 국내 기업의 경쟁력을 지속시키면서 국내시장 환경을 조성하는

데 시간을 벌 수 있는 좋은 수단이라고 본다. 지원의 형태는 해외 진출 기업의 사전탐사를 위한 정보제공, 재원 및 인프라 지원, 세제혜택, 중국 지방 및 중앙정부와의 원만한 관계를 위한 외교적 지원, 문제 발생 시 중재 및 협상 역할 등이 있을 수 있다.

(6) 기업을 위한 제언1: 규제기관과의 능동적 소통

23앤드미 사례에서 알 수 있듯이 스마트 헬스케어 사업의 불확실성을 높이는 핵심 요소는 규제이다. 산업이 초기인데다 관련 기술 또한 빠르게 변하고 있어 규제기관이 선제적으로 명확히 관련 기업을 가이드 할 수 있는 법·제도를 만들기는 쉽지 않다. 따라서 기업은 규제기관이 알아서 사업의 불확실성을 감소시켜줄 규제를 만들 것을 기대하기보다 능동적으로 개별기업의 입장을 알리고, 입장이 상이한 이해집단들과도 포럼을 만들어 의견을 교환하며, 그 결과를 규제기관에게 전달하고 협력하는 태도를 보일 필요가 있다. 규제기관은 현장을 알 수 없고 개별 기업은 각자의 이해관계에만 매몰되어 있어 참여자들의 적극적인 의사소통 없이는 사업의 불확실성을 줄일 수 있는 명확한 산업의 가이드라인을 만들어 낼 수 없다. 23앤드미는 미국 식약청에 적극적으로 협력함으로써 '블룸증후군'의 질병 가능성 분석을 소비자에게 제공할 수 있었고, 이는 다른 유전체 분석 기업을 더 많이 끌어들여 시장 파이를 증대하는 효과를 낳았다. 이처럼 국내 기업도 규제기관과의 긴밀히 협력하는 태도가 필요하다.

(7) 기업을 위한 제언2: 국내시장을 벗어나 중국과 해외로 진출

건강관리 애플리케이션으로 미국, 독일, 한국 등 14개국에서 4,600만 가입자를 가진 글로벌 서비스 눔Noom의 정세주 대표는 한국 토종 청년으로 미국에서 창업을 했다.[42] 물론 정세주 대표가 전략적으로 의도한 것은 아니었지만, 만약 높은 규제의 벽과, 작은 시장 규모, 제한된 소프트웨어 인재를 가진 한국에서 창업했다면 지금과 같은 성공을 거둘 수 있었을까 하는 의문이 든다. 국내시장을 대상으로 출발한 스타트업 및 중소기업은 결국 성장의 한계에 부딪힐 수밖에 없고, 더 큰 도약(기업 규모 확대)을 위해서는 반드시 세계시장으로 뛰어들어야만 한다. 즉, 지속적인 성장을 목표로 하는 기업이라면 글로벌화는 옵션이 아니라 반드시 풀어야 할 숙제인 것이다.

더욱이 한국의 스마트 헬스케어는 법·제도, 시장 규모, 인재풀 측면에서 중국과 미국에 비해 상대적으로 열세이다. 그리고 스마트 헬스케어는 신생 산업이기 때문에 전 세계 기업이 유사한 출발선성에 있다고 볼 수 있어 더 나은 사업 환경을 찾아 일찍 글로벌화를 전개하는 것이 합리적인 선택일 수 있다. 한국의 시장 환경이 나아지길 기다리는 동안 오늘 경쟁력 있다고 판단되는 기술이 내일 구식이 될 수 도 있는 것이다. 그리고 해외 진출 기업에 대한 정부의 적극적인 지원이 수반된다면 더욱 더 실현해볼 만하다. 창업하자마자 해외로 진출하는 '본 글로벌born global' 기업의 증가와 그들의 성공이 이를 뒷받침해준다. 벤처 기업 1세대인 휴맥스 역시 본 글로벌 기업의 하나로써 성공한 사례라 할 수 있다.

(8) 기업을 위한 제언3: 효용의 지속성, 편리한 인터페이스, 긍정적 경험 제공

제오의 수면매니저 사례에서 보았듯이 이용자 개인의 수면상태를 측정해볼 수 있다는 일시적인 호기심을 만족시키는 데서 그치면 실패가 따라오게 되어 있다. 이용자에게 제품 및 서비스를 지속적으로 사용할 동기(효용)를 부여하지 못한다면 이용자들은 자동적으로 떠나게 되어 있다. 그러나 지속적으로 효용을 부여했다고 성공이 보장되는 것도 아니다. 유저인터페이스 또는 이용자의 경험이 소비자들에게 긍정적으로 받아들여지고 더 나아가 환호할 정도가 되어야 성공에 도달할 수 있는 것이다.

따라서 모바일 웨어러블 디바이스 및 애플리케이션을 창업 아이템으로 하는 기업들은 적은 자본으로 창업을 할 수 있다 보니 지나치게 가볍게 생각하는 경향이 있다. 그렇다고 변화가 빠르고 지배적 표준 및 참여자가 드러나지 않은 스마트 헬스케어 산업에서 철저한 시장 분석, 정교한 전략 및 기획에 시간을 많이 할애할 수는 없는 일이다. 따라서 만들고build, 측정하고measure, 배우는learn 피드백 순환을 빠르게 돌리는 '린 스타트업lean startup'[43] 방식을 취할 필요가 있다. 시제품을 만들어 즉각적으로 이용자의 반응을 보고, 이를 반영하여 시제품을 수정하고, 바로 이용자의 반응을 보는 이 피드백 과정을 빠르게 한다면 지속적인 효용 창출뿐만 아니라 이용자가 열광하는 인터페이스와 경험을 제공할 수 있을 것이다.

(9) 기업을 위한 제언4: 니치마켓을 중심으로 탄탄한 이용자 기반 확보

현재 스마트 헬스케어 시장은 매우 세분화되어 있다. 장기적으로는 소비자 유형별로 통합되겠지만 현재는 그렇지 못한 상태이다. 그 이유는 이용자들의 관심정도와 관심 대상이 천차만별이기 때문이다. 만성질환에 걸린 환자는 질환의 관리와 질환 개선을 위한 생활 및 식

습관 관리에 관심이 많다. 암에 걸린 환자 역시 만성질환 환자와 유사한 관심을 보유할 것이다.

반면 일반인들은 질환 예방에 관심이 더 많고, 어떤 이는 질환 예방보다는 다이어트, 몸매 만들기, 운동량 관리에 관심이 더 크다. 한편, 일반인이 아닌 기업 시장을 살펴보면 의료기관은 병원 예약 앱을 통한 일정관리, 환자정보시스템 구축 및 관리를 필요로 하고, 보험사나 국민건강관리공단은 지출되는 의료보험을 줄일 수 있는 제품 및 서비스에 관심이 있다. 더 나아가 기업들은 직원의 업무능력 개선을 위한 건강관리 프로그램을 원할 수도 있다.

언젠가는 환자, 일반인, 의료기관, 보험사, 국민건강관리공단, 기업 등 소비자 유형별로 제공되는 다양한 서비스가 통합되어 소비자별 한 계좌에서 모든 것이 해결될 수 있을 것이다. 그러나 지금은 관심 정도가 높고 집중적인 노력으로 비교적 높은 만족을 끌어낼 수 있는 니치마켓을 찾아 전력 질주할 필요가 있다. 왜냐하면 스마트 헬스케어는 높은 네트워크 효과로 어느 시장에서건 광범위한 이용자 기반이 확보되어야 시장에서 살아남을 가능성이 높기 때문이다.

의사와 환자를 연결시켜주는 플랫폼인 미국의 작닥ZocDoc이 성공한 이유도 다른 서비스로 확장하기보다 오로지 의사와 환자 간의 일정관리에 도움을 주는 니즈에만 집중함으로써 더 많은 환자 더 많은 의사들을 끌어들여 많은 이용자 기반을 확보할 수 있었기 때문이다.

(10) 기업을 위한 제언5: M&A 및 제휴를 통한 종합플랫폼 구축

애플의 헬스킷 사례에서 보았듯이 스마트 헬스케어의 성공의 주요 요인 중 하나는 다양한 형태의 공급 및 수요자를 하나의 플랫폼에 얼마나 많이 끌어들일 수 있는가에 달려 있다. 따라서 자사가 보유하지 못한 역량 및 도메인 지식domain knowledge을 손쉽게 얻기 위해 공격적인 M&A가 필요하고, 애플처럼 병원과 전자의료기록 회사 등 관련 기관과의 제휴가 절실히 요구된다.

향후 스마트 헬스케어 산업의 지배는 미국의 아마존이나 중국의 바이두와 같이 종합플랫폼을 구축한 기업이 될 가능성이 높다. 우리가 예상해볼 수 있는 미래의 스마트 헬스케어 종합플랫폼은 아마존처럼 사이트 왼쪽 메뉴에 서적, 영화, 음악, 의류, 생활가전, 가구 대신 유전체 분석, 원격의료, 개인건강관리, 개인질병관리, 비처방의약품, 처방의약품, 병원예약, 의료보험 수가정보 등 다양한 B2C 서비스가 자리를 잡게 될 것이다. 또한, 의료기관, 보험사, 정부 관련기관을 상대로 한 B2B서비스도 제공될 것이다. 과연 누가 스마트 헬스케어 산업의 아마존이 될 것인지, 5~10년 후 한국기업이 글로벌 스마트 헬스케어 종합 플랫폼 시장에서 성공했다는 소식을 접할 수 있기를 바랄 뿐이다.

(박태영)

제4장

중국의 스마트농업혁명과
한국의 기회

1. 6차+알파 산업으로 진화하는 스마트농업

4차산업혁명이 경제성장의 새로운 패러다임으로 부상하면서 농업도 새로운 혁명을 맞이하고 있다. 이른바 스마트농업이다. 스마트농업이 등장하게 된 밑바탕에는 인구증가와 기후변화에 대한 우려가 깔려 있다. 2009년 국제연합식량농업기구(FAO)는 2050년 전 세계 인구는 91억 명으로 34% 증가하고, 반면 경지면적은 5%만 증가할 것으로 예측했다.[1]

여기에 최근 급격한 기후변화로 기상이변이 잦아지면서 단위면적당 생산성을 획기적으로 높이지 않으면 세계는 식량위기에 직면할 수밖에 없는 상황이 되었다. 이런 가운데 최근 ICT와 같은 첨단기술과 융복합기술의 발달은 각국이 스마트농업의 도입을 촉진하는 배경이 되었다. 특히 중국과 한국의 경우, 농촌 노동력이 부족하고 농촌 인구의 고령화마저 진행되고 있어 스마트농업은 더욱 절실해지고 있다.

그렇다면 스마트농업이란 무엇일까? 바로 농업에 IoT, 빅데이터, 인공지능 등 ICT기술을 접목시킴으로써 생산-유통-소비 등 농업의 전 가치사슬에 걸쳐 생산성과 품질을 향상시키고 고부가가치를 창출하는 농업이다. 기술적 관점에서 바라본다면 농업은 1차 및 2차 산업혁명으로 자동화를 이루고, 3차산업혁명으로는 정보화를 통해 생산성을 높였다. 그에 비해 4차산업혁명은 인공지능의 출현과 빅데이터의 결합으로 농업의 제한인자였던 경지면적의 한계를 극복하고 생산성의 대폭적인 향상을 초래했다. 즉 기존 산업혁명의 연장선상에 있으면서도, 여기에 빅데이터와 인공지능이 결합되었다는 측면에서 기존의 산업혁명과는 또 크게 다르며, 전통 농업이 스마트농업으로 비약하는 혁명이라 볼 수 있다.

이러한 스마트농업은 앞서 언급했듯 단순히 농업 생산뿐만 아니라 농산물 유통 및 소비 영역으로 확대되고 있는 추세이나, 아직까지는 개별 농장의 생산성을 높이는 스마트팜이 주도하고 있다. 최근 한국에도 열풍이 불고 있는 스마트팜은 농장에 ICT를 접목해 원격 및 자동으로 농산물과 가축의 생육환경을 적정하게 유지하고 관리할 수 있는 농장을 말한다. 현재까지는 주로 온실, 과수원, 축사 등 시설농업에 적용되고 있으나, 미국의 경우 노지농업에도 시도하고 있다.

스마트농업 관련 또 다른 이슈는 ICT에서 더 나아가, GT, BT, ET 등 첨단기술과 융합해 녹색농업으로 발전하는 것이다. 스마트농업은 비료, 농약, 물 등 투입 자원의 낭비를 줄여 정밀 농업을 가능하게 한다는 점에서는 환경친화적이나 역으로 에너지 소비는 늘린다. 따라서 당면 과제 중 하나는 점점 늘어나는 에너지 소비량을 어떻게 충당할 것인가 하는 문제이며, 이 때문에 신재생에너지 이용이 관심을 받고 있다.

아울러 스마트농업은 기존 농축수산물 생산 위주의 1차산업에서 벗어나 2차산업 및 3차산업과 결합된 농업의 6차산업화를 가속화할 것이다. 농업 생산에 투입되는 인력이 줄어들고 생산부터 가공, 유통, 판매까지 전 과정에 ICT 기술이 접목됨으로써 농산물을 생산만 하던 농가가 고부가가치 상품을 제조·가공하고 이를 유통, 문화, 체험, 관광 등의 서비스에 연계함으로써 새로운 부가가치를 창출하게 된다.

이렇듯 스마트농업은 농업이 6차+알파 산업으로 육성하는 데 중요한 역할을 담당한다. 4차산업혁명 시대, 스마트농업은 이제 선택 아닌 필수이며 농업은 전통 산업에서 미래 산업으로 바뀌고 있다.

'투자의 귀재' 짐 로저스는 농업을 마지막 남은 블루오션으로 꼽았으며, 세계 각국은 혁신적인 농업기술개발에 적극 투자하고 있다. 농업 선진국들은 이미 2000년대 중후반부터 발 빠르게 대응해왔으며, 중국은 늦게 시작하긴 했지만 최근 스마트농업을 크게 강조하며 이를 통해 3농(농업, 농촌, 농민) 문제를 해결하고 전통 농업에서 현대 농업으로 탈바꿈하고자 노력 중이다.

이에 반해 한국은 농업기술 개발에 대한 투자가 저조하며, 아직도 농업을 단순한 1차산업으로 인식하는 시각이 많다. 스마트농업은 농촌 노동력의 부족과 농민의 고령화, 농산물시장 개방 확대에 따른 농업여건 악화 등 여러 가지 문제점을 안고 있는 한국 농업에 새로운 기회를 가져다줄 수 있지만 위협요인도 분명 존재한다.

한국이 위협요인을 극복하고 스마트농업을 농업과 농촌 발전의

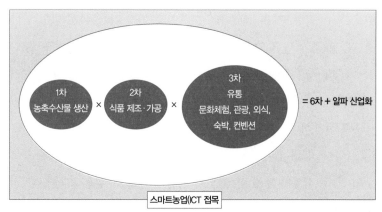

〈그림 4-1〉 스마트농업과 농업의 6차+알파 산업화

출처: 김연중 외(2013)에서 가공.

기회로 삼기 위해서는 어떤 전략이 필요할까? 중소기업에게는 또 어떤 기회가 있을까? 이런 문제의식 속에서, 글로벌 스마트농업혁명의 주요 특징과 더불어 중국과 한국의 스마트농업의 현주소를 파악함으로써 한국 농업이 나아가야 할 방향을 제시하고자 한다.

2. 글로벌 스마트농업혁명의 주요 특징

(1) 스마트농업의 핵심 내용

앞서 언급했듯 스마트농업은 생산, 유통, 소비 등 농업의 전 가치사슬에 걸쳐 생산성과 품질이 향상되고 고부가가치가 창출되는 농업이다.

생산 측면에서는 다음과 같은 변화가 일어나고 있다. 농장에 설치된 각종 자동화기기와 IoT 센서를 통해 온도·습도·일사량·양분 등을 측정하고, 분석 결과에 따라 제어 장치를 구동해 최적의 상태를 만든다. 이 모든 것은 컴퓨터나 모바일 기기를 통한 원격 관리가 가능하기 때문에 인력 사용을 대폭 줄여준다. 또한 로봇과 드론이 사람을 대신해 잡초를 제거하고, 병충해를 모니터링하며 농약을 살포하고, 수확을 하는 등의 작업을 수행한다.

유통 측면에서 보면, 자동 선별 시스템을 도입해 처리 시간이 단축되고 있다. 선별 과정에서 발생하는 자료들은 데이터베이스로 구축되어, 향후 품질개선을 비롯한 여러 분야 자료로 활용된다. 또한 적재로봇과 자율주행차가 농산물의 적재와 이동을 담당하며, 출하량을 실시간으로 파악해 수급구조까지 조절할 수 있다. 전자상거래를 통한 농산물 유통이 갈수록 활성화되면서 이와 관련한 배송 서비스도 발전해 2016년 이후 초고속 배송이 화두가 되고 있다. 나아가 식품 안전성과 식품에 대한 정보 욕구가 커지면서 2015년 이후 스마트 라벨이 소비자들의 관심을 받고 있다. 종류도 다양해 상품에 부착된 라벨을 통해 제품에 대한 자세한 정보를 제공하는 스마트 라벨이 있는가 하면,[2] 라벨에 손을 대는 간단한 방법을 통해 해당 식품의 신선도를 알 수 있는 스마트 라벨도 있다.[3]

소비 측면의 변화는 다음과 같다. 클라우드에 축적된 빅데이터를 바탕으로 사전 예측과 최적화가 가능해졌고, 이로써 농민들은 농업 생산에 집중할 수 있어 안정적으로 농작물을 생산할 수 있다. 즉 소비자의 트렌드 변화를 사전에 예측해서 품종과 목표 시장을 설정하며, 개별화된 소비자 농업으로 이행하게 된다. 품목 간 과잉과 부족 문제가 해소되고, 수출과 수입 간 그리고 대량생산과 개별화된 소비자 농업 간 적절한 균형이 이루어지는 농업, 이것을 소비 측면에서의

<표 4-1> 스마트농업의 분야별 이해

	세부 내역
생산	• (생육환경 모니터링) 자동화기기와 IoT 센서를 통해 온도 · 습도 · 일사량 · 양분 등을 측정 • (생육환경 유지 · 관리) 제어 장치를 구동해 최적의 상태로 조절. 컴퓨터나 모바일 기기를 통한 원격 관리 • (자동화 생산) 로봇과 드론이 잡초 제거, 병충해 모니터링, 농약 살포, 수확 등 작업 수행
유통	• (자동 선별) 자동 선별 시스템으로 처리 시간 단축, 데이터베이스를 구축해 품질 개선 등 자료로 활용 • (이동과 적재) 적재로봇과 자율주행차가 농산물의 이동과 적재 담당. 수급구조 조절 • (전자상거래) 농식품 전자상거래 유통 활성화 및 초고속 배송 • (스마트 라벨) 식품에 대한 자세한 정보 제공. 식품의 신선도 확인
소비	• (사전 예측 및 최적화) 안정적인 농업 생산. 품목 간 과잉과 부족 문제해결. 수출과 수입 간 균형 유지 • (개별화된 소비자 농업) 대량 생산과 개별화된 소비자 농업 간 적절한 균형 유지

스마트농업이라 볼 수 있다.[4]

(2) 생산에서 유통 · 소비로의 영역 확대

스마트농업은 아직까지는 개별 농장의 생산성을 높이는 스마트팜, 즉 생산 분야를 중심으로 발전하고 있으나 최근 2~3년 사이 유럽, 미국 등의 농업 선진국들에서는 유통 영역으로 점차 확대되고 있는 추세이다. 대표적인 원예국가인 네덜란드를 예로 들면 암스테르담 인근에 위치한 알스미어Alsmeer의 화훼경매장에서는 운송용 로봇이나

지게차가 조용히 움직이며 낙찰된 꽃들을 지정된 장소로 나르고 있다. 생산, 수확, 운송이 모두 동일한 규격에 맞춰 진행되기 때문에 입고나 출고 시 물건을 별도로 정리할 필요가 없으며, 경매는 별도의 공간에서 전산망을 통해 빠르게 진행됨으로써 대규모 물량을 신속하게 처리할 수 있다.[5] 미국에서는 최근 식품에 대한 정보 욕구가 높아지면서 스마트 라벨 붐이 일고 있다. 소비자들은 슈퍼마켓에서 휴대폰으로 QR 코드를 스캔하거나 스마트 라벨 웹사이트에서 검색하는 방법으로 스마트 라벨에 접근할 수 있다. 미국식품제조협회(GMA)에 따르면 2017년 5월부터 7월까지 무려 40만 명이 스마트 라벨 웹사이트에 방문하는 등 최근 미국 소비자들 사이에서 스마트 라벨 이용 빈도가 빠르게 증가하고 있는 것으로 나타났다.[6]

소비자들의 이용 빈도가 높아지면서, 스마트 라벨 프로그램은 단순히 상품의 패키지와 라벨에 나온 정보를 넘어 상품의 영양정보, 원재료, 알레르기원, 사용안내, 주의사항, 안전 처리 방법, 회사와 브랜드 정보 등 세부사항에 이르기까지 보다 많은 정보를 제공하고 있다.[7] 참여업체의 수와 상품의 수도, 1년 전 13개 회사 70개 브랜드의 2,000개 상품에서 2017년 9월 현재 35개 회사 410개 브랜드의 1만 4,000개 상품으로 눈에 띄게 늘어났다.[8] 이에 대해 한국농수산식품유통공사(aT) 관계자는 "현지 식품제조업체 사이에선 스마트 라벨을 통해 소비자들의 신뢰를 쌓고 투명성을 높이는 것이 기업의 매출로 되돌아온다는 기대가 높다"고 해석했다.[9]

아울러 스마트농업은 소비 분야로도 확대되고 있으며, 이는 아직 빅데이터를 바탕으로 한 사전예측과 최적화보다는 개별맞춤형 소비수요를 충족시키는 차원에서 주로 이루어지고 있다. 최근 중국의 오더 농업이나 한국의 농사펀드가 대표적이라 할 수 있다.

한편, 현재 스마트농업을 주도하고 있는 스마트팜의 미래를 결정지을 유망 기술은 크게 정밀농업 분야, ICT 융복합 분야, 자동화 분야 등 3가지로 나눌 수 있다. 이 중 정밀농업 분야를 구성하는 기술로는 의사결정 지원기술을 비롯해 작물 및 토양 관련 기술 등이 있다. ICT 융복합 분야의 주요 기술로는 스마트 장비, 센서기술, IoT, 농장관리 등이 포함된다. 또한 자동화 분야는 스마트팜을 구성하는 데 있어 필수적인 기술 분야로 대표적인 세부 기술로는 드론 및 로보틱스, 스마트 스프레이 시스템 등이 있다.[10]

유럽, 미국, 일본 등 농업 선진국의 경우 빅데이터나 인공지능과 같이 의사결정을 지원하는 핵심적인 기술이 발전했으며, 자동화 관련 장비 분야에서도 로봇 기술이 핵심이 되고 있다. 작물의 생육 상태와 작물 생장의 필요 요소를 세밀하게 파악해야 하는 정밀 농업에서는 컴퓨터 비전 기술과 로봇기술이 중요한 역할을 한다.

농업 선진국은 컴퓨터상에 투시된 영상에서 지형 및 토질, 해충, 전염병 등 농업에 필요한 세밀한 정보를 얻고 있다. 한편 지능형 로봇이 스스로 움직이면서 비료와 농약을 뿌리고, 잡초를 제거하며 수확을 한다. 잡초제거 로봇의 경우, 초기 모델은 트랙터 하부에 잡초 제거 모듈을 부착한 형태가 주를 이루었지만, 요즘은 이전보다 작고 가벼워져서 작물을 피해 밭과 온실 곳곳을 돌아다니며 잡초를 찾아내고, 인식된 잡초의 종류와 크기에 맞춰 꼭 필요한 만큼의 제초제를 분사해 제거한다.

로봇을 이용한 병충해 모니터링 연구도 한창 진행 중이다. 광학카메라를 부착한 드론이 작물 사이를 이동하며 병충해를 찾아낼 뿐 아니라, 군집로봇기술을 응용해 한 대의 드론이 병충해를 진단하면 다른 드론이 그에 맞는 처방을 하는 연구가 이루어지고 있다. 수확 작업에도 로봇이 활용되고 있는데, 현재 작물이 상하지 않게 수확하는 단계는 성공했다. 아직은 수확에 시간이 오래 걸리지만 향후 작동부위를 단순화하면 효율성이 높아질 전망이다.[11]

이처럼 선진국의 경우 정밀농업을 구성하는 의사결정 지원기술이나 로봇기술이 발전되어 있다. 반면, 한국이나 중국과 같은 후발주자들은 센서, IoT 등 ICT 융복합 분야의 기술이 주를 이루고 있으며, 자동화 장비 분야에서는 농약 살포에 사용되는 드론기술이 중심이 되고 있다.

스마트팜 분야 최고기술 보유국의 기술 수준을 100으로 놓고 볼 때, 한국은 75% 수준으로 약 5년 정도의 격차가 있으며, 중국은 이보다 조금 더 뒤처진 약 60% 수준으로 7년 정도의 격차가 있는 것으로 분석된다.

최근 몇 년 글로벌 스마트팜 시장은 가파른 성장세를 보이고 있는데, 2012년 1,198억 달러에서 2016년에는 1,974억 달러로 연평균 13.3%의 성장률을 보이고 있다. 또한 2016~2022년까지 향후 6년간

〈표 4-2〉 국가별 스마트팜 기술 수준

(단위: %)

	한국	미국	일본	영국	네덜란드	독일	호주	중국
기술 수준	75.0	100.0	97.5	89.5	99.1	93.3	83.4	61.0
기술 격차	5.2	0.0	0.5	2.3	0.0	1.2	3.6	7.2

출처: 비피기술거래(2017)

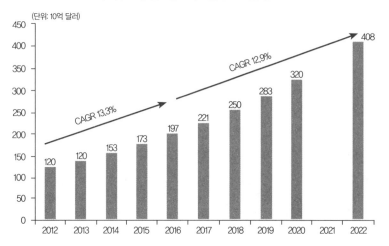

〈그림 4-2〉 글로벌 스마트팜 관련 시장 규모

(단위: 10억 달러)

CAGR 13.3%

CAGR 12.9%

120 120 153 173 197 221 250 283 320 408

2012 2013 2014 2015 2016 2017 2018 2019 2020 2021 2022

출처: 삼정KPMG 경제연구원(2016), 비피기술거래(2017).

은 연평균 12.9%의 속도로 꾸준히 확대될 것으로 전망되고 있다.

(3) 급증하는 어그테크 투자

스마트농업이 발전하고 시장이 확대되면서 벤처 투자자들의 어그테크Agtech에 대한 관심도 높아지고 있다. 어그테크는 농업과 정보기술을 결합한 단어인 'Agriculture Technology'의 줄임말로, 핀테크가 금융시장의 새로운 패러다임이라면 어그테크는 농업 분야에서의 새로운 패러다임이라 볼 수 있다. 특히 최근 식량안보 문제가 대두되면서 해외에서는 어그테크 분야가 벤처캐피털 내 유망 투자종목으로 부상하고 있다.

어그테크 분야의 벤처캐피털 투자 추이를 살펴보면 2010년의 4억 달러에서 2015년 46억 달러로 10배 이상 급증했음을 알 수 있다. 또한 2013년까지는 10억 달러 미만이었으나 2014년 이후 폭발적으로 증가하고 있는 추세이다. 2016년에는 32억 달러로 전년 대비 30% 감소했으나, 여전히 2014년 수준을 상회하고 있다.

2016년 어그테크 투자를 분야별로 좀 더 구체적으로 들여다보자. 전자상거래를 포함한 식품 거래Food Marketplace/Ecommerce 분야가 13억 달러로 전년 대비 25% 감소했음에도 불구, 여전히 40%로 가장 많은 비중을 차지했다. 다음으로 농업 바이오기술Ag BioTechnology 분야의 투자가 7억 달러로 전년 대비 150% 증가했으며, 전체 어그테크 투자의 22%를 차지했다. 이어 농장관리 소프트웨어와 센싱 및 IoT 분야Farm Magmt SW, Sensing & IoT가 전년 대비 3.7% 증가한 3.6억 달러로 11%를 차지했다.

〈그림 4-3〉 어그테크 관련 투자 추이

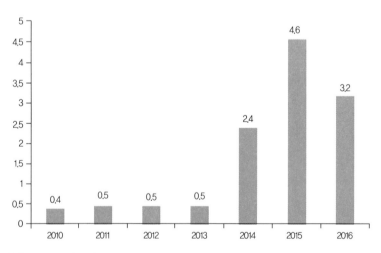

출처: AgFUNDER(2017)

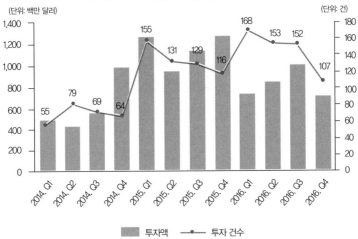

〈그림 4-4〉 분기별 어그테크 관련 투자 추이

출처: AgFUNDER(2017).

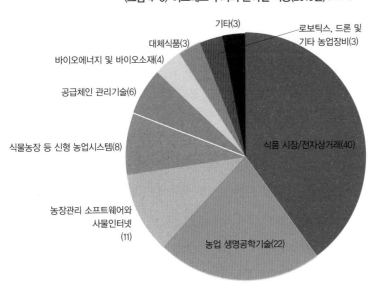

〈그림 4-5〉 어그테크 투자의 분야별 비중(2016년) (단위: %)

출처: AgFUNDER(2017).

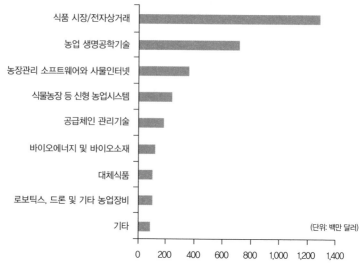

〈그림 4-6〉 어그테크 분야별 투자액(2016년) (단위: 백만 달러)

식품 시장/전자상거래
농업 생명공학기술
농장관리 소프트웨어와 사물인터넷
식물농장 등 신형 농업시스템
공급체인 관리기술
바이오에너지 및 바이오소재
대체식품
로보틱스, 드론 및 기타 농업장비
기타

(단위: 백만 달러)

0   200   400   600   800   1,000   1,200   1,400

출처: AgFUNDER(2017).

3. 빠르게 추격하는 중국 스마트농업

(1) '지혜 농업'을 향한 중국정부의 의지

도시화에 따른 농촌인구의 감소, 농업인구의 고령화, 농경지 감소 등
의 현안문제 해결과 농업의 현대화를 위해 중국도 스마트농업을 적
극 추진하고 있다. 특히 중국정부는 도농 격차 해소와 낙후지역 개
발, 내수 확대 등의 차원에서 현재 57%인 도시화율을 2020년까지
60% 수준으로 끌어올릴 계획이며, 2030년경에는 도시화율이 70%
에 이를 전망이어서, 농촌 노동력의 감소가 불가피할 것으로 예상된
다. 여기에 농촌 노동력의 고령화 현상도 심각해, 농업의 현대화에

걸림돌로 작용하고 있다. 중국에서 스마트농업은 지혜 농업(智慧農業)이라 불리고 있으며, 이제 시작단계에 불과하지만 이에 대한 중국 정부의 의지는 강하다.

중국정부의 스마트농업 관련 정책은 우선 2015년 발표한 '중국 제조 2025'와 '인터넷 플러스'에서 엿볼 수 있다. '중국 제조 2025'는 중국이 제조 대국에서 제조 강국으로 발돋움하기 위한 산업 업그레이드 전략으로, 중국정부는 10대 분야에 첨단 농기구 및 핵심 부품을 포함시킨 바 있다. 더불어 전통 업종과 정보화의 결합을 골자로 하는 '인터넷 플러스' 정책에 맞춰 농업을 스마트하게 발전시키고자 한다.

이후 '13차 5개년 규획(2016~2020년)'에서도 스마트농업의 발전과 농업 생산성의 향상을 중요한 과제로 내세웠으며, 관련 투자와 지원을 크게 확대할 계획이다.[12] 특히 2016년 10월 국무원이 발표한 '전국 농업 현대화 계획(2016~2020년)'에서는 기술 장비와 정보화 수준 제고를 위해 IoT 지능형 설비의 보급을 확대하고 농촌의 정보화 수준을 높일 계획임을 구체적으로 밝혔다. 2020년까지 농업 IoT와 같은 정보기술 응용 비율을 17%까지 올리고, 농촌지역의 인터넷 보급률을 52%까지 올린다는 목표를 세우고 있다.

또한 전국에 10개의 농업 IoT 시범성, 100개의 시범구 및 1,000개의 시범기지를 건설할 계획이다. 아울러 2020년까지 농업 데이터 조사·분석 시스템을 구축해 농산물 수급 정보를 정기적으로 발표하며, 데이터 모니터링과 분석, 공개 및 서비스를 아우르는 국가데이터 플랫폼을 구축할 계획이다.[13]

2017년 7월 국무원은 또 '차세대 인공지능 발전계획에 관한 통지'를 발표하여 농업 분야에서는 스마트 센싱 및 제어 시스템, 지능형

농업장비 등을 연구·제작하고 농업 빅데이터 의사결정 분석 시스템을 구축할 계획임도 밝혔다.[14]

　스마트농업의 발전은 결국 과학기술과 연계되므로 기술을 습득하고 경영관리 능력을 갖춘 농업 인재를 보유하는 것이 매우 중요하다. 그런 측면에서 중국정부는 2012년부터 이른바 '신농업인' 육성에 힘써왔으며 현재 신농업인은 1,400만 명에 이르는 것으로 파악된다.[15] 주로 도시에서 대학을 나온 대학생과 과학기술자, 기업가들로 구성된 이들 '신농업인'이 농업에 종사하면서 중국 농업의 전반적인 수준을 향상시키는 데 일조하고 있다. 신농업인 육성을 위해 여러 농업대학교에서 신입생 모집 시 '졸업 후 고향의 농업 관련 기관에 종사하는 학생' 정원을 별도로 두고 있으며, 이들은 재학기간 농업기술에서부터 장비 및 경영관리에 이르기까지 체계적인 지식을 습득하게 된다.[16] 대학생들의 농업 창업을 장려하기 위한 정책 및 자금 지원도 아끼지 않고 있다.

　한편, 기존 '구농민'들의 기술경영 수준을 높이기 위해 지역별로 컨설팅, 기술지도, 경영기법 전수 등의 다양한 연수 프로그램을 무료로 제공하고 있다. 무엇보다 그동안 도농 간 이원화된 구조 속에서 '직업'보다는 '신분'으로서의 개념이 보다 강했던 농민을 진정한 신농업인으로 거듭나게 하기 위해 호적제도 개혁을 강조하고 있다. '신농업인' 육성과 관련하여 중국이 주요 벤치마킹 대상으로 삼는 곳은 바로 농민들의 경영가적 마인드가 강한 유럽이다.

　아울러 중국은 농업의 6차산업화도 강조하고 있다. 농산품 생산과 가공을 연계시키고 금융·물류·유통 등의 생산성 서비스업과 더불어, 농촌의 유·무형의 자산을 활용한 문화·체험·레저·관광 등 소

〈표 4-3〉 중국의 스마트농업 관련 주요 문건과 내용

문건명	주요 내용
중국 제조 2025	• (기술 장비 수준 향상) 첨단 농기구 및 핵심 부품을 중점 육성 10대 분야에 포함
인터넷 플러스	• (정보화 수준 향상) 정보화와의 결합을 통한 농업의 스마트화 추진
13차 5개년 규획 (2016-2020년)	• (정보화 수준 향상) 농업정보 모니터링, 분석 및 예방 시스템 구축 • (농업경영 주체 육성) 기업농과 가족농 발전. 신농업인 육성 • (농업의 6차산업화) 농산물가공 발전. 농업과 서비스업의 융합 추진
전국 농업 현대화 계획 (2016-2020년)	• (기술 장비와 정보화 수준 향상) 2020년까지 농업의 정보기술 응용 비율을 17%까지 향상, 농촌지역의 인터넷 보급률을 52%까지 향상 • (농업경영 주체 육성) 신농업인 육성. 농촌 인재의 취업과 창업 촉진 • (농업의 6차산업화) 산업 간 융합 선도기업과 시범지역 육성. 인프라 개선
차세대 인공지능 발전계획	• (기술 장비 수준 향상) 지능형 농업장비의 연구·제작 • (빅데이터와 인공지능 발전) 농업 빅데이터 의사결정 분석 시스템 구축

출처: 国家発展和改革委員会(2016), 国務院(2016), 国務院(2017)

비성 서비스업을 발전시켜 농촌에 활력을 더해주고 농가소득을 향상시키겠다는 것이다. 농촌의 서비스업 발전과 관련하여 주목할 점은 2017년 2월 중국정부가 내놓은 농촌토지의 시장화 개혁 조치이다. 이로써 도시자본과 외자의 농촌지역 3차산업 및 건설용지에 대한 투자가 최초로 허용되었다.

(2) 중국 스마트농업의 잠재력

중국의 스마트농업은 미국, 유럽, 일본 등 선진국에 비해 늦게 시작
되었으며, 아직 초기단계로 빅데이터나 인공지능과 같이 의사결정을
지원하는 핵심기술 발전은 미진하다. 자동화 관련 장비 분야에서도
선진국은 농업현장에서 로봇을 활발히 이용하고 있거나 관련 연구가
한창인 반면, 중국에서는 주로 농약 살포나 배송 관련 드론 중심으로
발전했다.

중국의 스마트농업은 기초 탐색단계로 전체적으로 농업기술과 장
비 수준은 아직 집적도나 성숙도가 떨어진다고 볼 수 있다. 또한 중
국 농업에의 소프트웨어 산업 이용은 금융, 통신, 교통, 의료 등 타 산

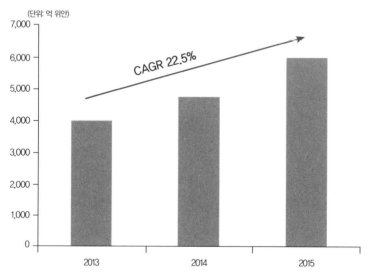

〈그림 4-7〉 중국의 스마트농업 산업 규모 추이

출처: TESTMART(2017.03.22).

업에 비해 많이 뒤떨어지며, 소프트웨어 분야에 종사하는 인력이나 기업, 서비스도 부족한 상황이다.[17]

스마트농업 발전에서 필요로 하는 지능전파, 작물 생장모형, 클라우드 컴퓨팅, 빅데이터 등 핵심기술에 있어서도 아직 신뢰성이 떨어지고 상용화되어 있지 않은 탓에, 원가가 높으며 적응성이 약한 것도 문제점이어, 향후 연구개발을 강화할 필요가 있다.[18]

그러나 중국의 스마트농업은 빠른 속도로 성장하고 있으며 잠재력이 크다. 중국의 스마트농업 산업 규모는 2013년의 4,000억 위안에서 2014년에는 4,807억 위안으로, 2015년에는 6,000억 위안으로 확대돼, 연평균 성장률이 22% 이상에 달하는 것으로 나타났다.

4. 중국 스마트농업의 주요 특징

(1) 스마트팜의 성공사례

현재 중국에서 스마트농업이 가장 보편화된 기술은 IoT 센서, 모니터링 및 제어 분야이다. 농장에 설치된 각종 센서에서 오는 정보를 바탕으로 최적의 온도와 습도, 양분 등을 작물에 공급하고 병해충을 예방하며, 이를 자동 및 원격으로 관리하는 것이 가능해졌다.

중국 내 스마트팜의 성공사례로 꼽히는 이무차위안(一畝茶園)은 장시(江西)성 소재 민영기업으로, 중국, EU, 미국, 일본 등 4개 지역에서 유기농 인증을 받은 유기농차 생산기업이다. 센서에서 받은 데이터를 수집, 분석해 생산 및 가공에 활용하며, 소비자들은 실시간 모니터링을 통해 생장 과정을 지켜볼 수 있다. 이로 인해 안심 소비를 원하는 소비자들의 신뢰를 얻고 있다. 또한 차 재배와 가공에 그치지 않고 이를 체험, 전시, 소비 등과 연계시키고 있는데, 이것이 바로 농업의 6차산업화이다. '회원제' 방식으로 운영하고 있으며, 전국 매장에 등록된 회원들에 대해 소비습관을 비롯한 각종 데이터를 구축하고 통일적으로 관리함으로써 맞춤형 마케팅을 하고 있다.

산시(陝西)성에 위치한 양링(楊凌) 시범구는 중국의 유일한 국가급 농업 첨단기술 시범구로 1996년에 설립되었으며, 최근 들어 '디지털 양링'을 목표로 스마트농업을 적극 추진 중이다. 2012년부터 양링 시범구 과학기술정보센터가 주관하고 있는 건조지역의 동작감지 센서 플랫폼의 정보수집기술 집적 및 응용 프로젝트에서 IoT를 성공적으로 운영해오고 있다. 양링 핵심 실험구와 서북지역 3개 성에 동작감지 센서 모니터링 시스템을 도입하고, 무인기와 위성영상 지면 센서 네트워크 등 정밀 기기와 설비를 이용해 중국의 건조지역 농업에 대한 진단, 관리, 처방 제공 등에서 중요한 역할을 수행하고 있다.[19]

(2) 세계 최대 농업용 드론 보유 국가

향후 중국의 스마트농업 발전하는 데 있어, 농업용 드론의 성장 잠재력이 매우 클 것으로 분석되고 있다. 농업용 드론은 주로 농약 살포에 사용되는데 사람이 하는 것보다 안전하고 효율적이며, 비용이 저렴해 각광을 받고 있다. 현재 중국에서 인공 농약 분사의 효율성은 30%에 그치며, 70%의 농약이 토양이나 하천으로 스며들어 환경오염을 초래하고 있다. 농업용 드론은 분사 정확도가 높아, 농약을 적게는 30%, 많게는 50%까지 절약할 수 있으며, 물 사용량을 90% 줄

일 수 있다.[20]

현재 중국의 농약 분무기는 수동 및 소형이 주를 이루고 있는데, 수동 분무기와 배낭식 분무기의 비중이 각각 93.1%와 5.5%를 차지하고, 드론 분무기의 침투율은 1%도 안 되는 것으로 나타났다. 그러나 중국의 농업용 드론 보유량은 2014년의 695대에서 2015년에는 2,324대로, 그리고 2016년에는 4,890대로 빠르게 증가하고 있다. 불과 1년 사이에 중국은 농업용 드론 최다 보유국이 되었으며, 2020년에 이르면 중국 내 농업용 드론 수요량이 10만 대를 넘어설 것으로 예상되고 있다.[21]

현재 중국에는 약 300~400개의 드론 회사가 있는데 이 중 100~200개가 농업용 드론 회사이다. 대표기업으로는 방제드론 분야 개척업체인 우시한허(无錫漢和), 농업용 드론 제품 및 서비스 분야 글로

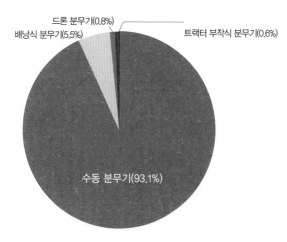

〈그림 4-8〉 중국의 농약분무기구성(2016년)

드론 분무기(0.8%)
배낭식 분무기(5.5%)
트랙터 부착식 분무기(0.6%)
수동 분무기(93.1%)

출처: 搜狐网(2017.08.22).

〈그림 4-9〉 중국의 농업용 드론 보유량 추이

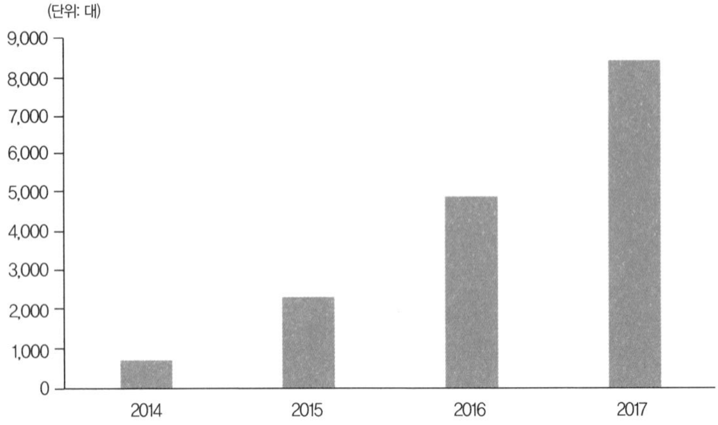

(단위: 대)

출처: 搜狐网(2017.08.22).

벌 선두회사인 지페이Xaircraft(極飛科技), 글로벌 민간용 드론 시장의 70%를 차지하는 다장DJI(大疆) 등이 있다.

(3) 빠르게 확산되는 농촌의 전자상거래

스마트농업이 발전하면서 농촌 전자상거래도 활성화되고 있다. 2016년 말 기준 중국 농촌지역의 인터넷 사용자 수는 약 2억 명으로 전체의 27.4%를 차지하고 있다. 도시지역에 비해서는 많이 저조하지만 인터넷 보급률도 2012년의 24.2%에서 2016년에는 33.1%로 꾸준히 증가하고 있다. 이처럼 농촌지역의 인터넷 사용자 수가 늘어나면서 농촌의 온라인구매 시장 규모도 2014년의 1,817억 위안에서 2015년에는 3,530억 위안으로, 2016년에는 8,945억 위안으로 확대되면서 연평균 120% 이상의 증가 속도를 보이고 있다.

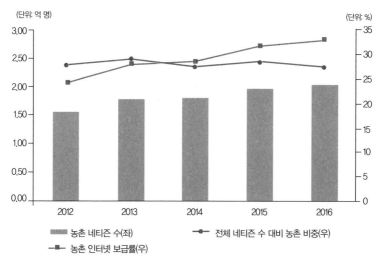

〈그림 4-10〉 중국 농촌 네티즌 추이

(단위: 억 명)

(단위: %)

농촌 네티즌 수(좌)

전체 네티즌 수 대비 농촌 비중(우)

농촌 인터넷 보급률(우)

출처: CNNIC(http://www.cnnic.net.cn).

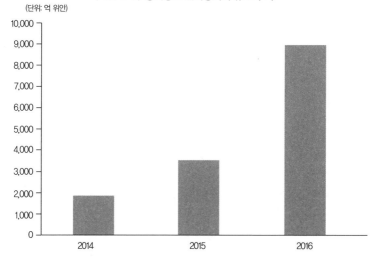

〈그림 4-11〉 중국농촌 전자상거래 규모 추이

(단위: 억 위안)

출처: 商務部(2017).

중국의 농촌 전자상거래 규모가 빠르게 확대되면서 시장을 선점하기 위한 온라인 업체들 간 경쟁이 치열해지고 있다. 급성장하는 농촌 전자상거래 시장을 놓고 알리바바와 벌이는 경쟁이 가열되는 가운데, 징둥은 2016년부터 드론 배송을 시작했으며 무인 배송 시스템의 확산을 위해 무인 화물차와 무인 창고 등도 준비 중이다.

(4) 태양광발전을 농업에도 적용

스마트농업 분야의 이슈 중 하나인 신재생에너지 이용과 관련하여 최근 중국에서는 태양광에너지를 농업에 적극 이용하고 있다. 세계 1위의 태양광모듈 기업인 잉리YINGLI(英利) 그룹은 2013년부터 샨시성 등 지역에서 태양광발전을 농업 재배와 양식, 관개, 농기계 동력원 등으로 사용하는 '태양광발전-농업' 일체화 프로젝트를 추진해왔다. 태양광발전을 이용한 양수기술과 온도·빛 조절을 통해 농수산품을 생산함으로써 발전 원가를 낮추는 동시에 환경보호도 수행하고 있다. 향후 5년간 농업용 태양광발전 시장 규모는 수 조 위안에 이를 것으로 전망되고 있다.

5. 갈 길 바쁜 한국의 스마트농업

(1) 본격적인 스마트팜 확산에 나서기는 했지만

그동안 한국 농업과 농촌은 대외적으로는 시장개방 확대에 따른 경쟁 심화와 통상 불확실성이 문제점으로 지적되었으며, 내부적으로는 농업 인구의 감소 및 고령화 추세 속에서 농업생산성이 정체되는 문제가 심화되어왔다. 한국정부는 기존의 토지 및 노동 의존적인 전통적인 농업방식으로는 더 이상 지속적인 성장을 견인하기 어렵다는 인식하에, ICT와의 융합을 통해 기술집약적인 첨단농업으로의 전환을 추진 중이다.

이를 위해 2010년부터 ICT 융복합 모델발굴 사업을 추진해 2010~2013년 기간 원예시설, 축산 등 분야에서 공모방식으로 20개의 모델을 개발했으며, 현장 실증을 추진했다. 2013년 9월에는 '농식품 ICT 융복합 확산 대책'을 마련하여 분야별 사업 추진 현황과 추진상의 문제점을 진단하고 ICT 융복합 성공모델 보급 확산, ICT 산업 생태계 조성, 기초 인프라 확충 등의 3가지 측면에서 확산 대책을 마련하기로 했다.[22]

이후 4차산업혁명의 열기 속에서 각국이 스마트팜을 적극 추진함에 따라 2015년 10월 한국정부도 농업의 미래성장산업화 가속화를 위한 경쟁력 제고의 일환으로 'ICT 융복합 스마트팜 확산 대책'을 마련하여 추진하고 있다. 이번 대책은 현장보급 초기단계에 있는 스마트팜 사업의 현장 애로사항을 해소하고, 관련 투자와 인프라를 확충하여 스마트팜의 확산 속도를 가속화하며, 향후 수출산업으로까지 성장토록 하는 데에 방점을 두고 있다.[23]

주요 추진 과제에는 스마트팜 보급 확대, 한국형 스마트팜 모델 개발, ICT 융복합 혁신 인프라 조성, 스마트팜 수출산업 육성 등의 4가지가 포함된다. 우선 시설원예, 축산, 노지 등 각 분야별 특성을 감안하여 스마트팜의 현장 확산을 한층 가속화해나갈 계획이다.

정부는 2017년까지 시설원예 분야에서는 4,000ha(현대화 시설면적의 40%)를 스마트 온실로 업그레이드하고, 축산과 노지 분야는 각

각 700호(전업농의 10% 수준)와 610호(과원 규모화 농가의 25% 수준)
육성을 목표로 하고 있다.

　다음으로 국내 제품의 상용화 수준이 낮아 고가의 외국산 제품 점
유율이 높은 문제를 개선하기 위해 저비용·고효율의 한국형 스마트
팜 모델 개발과 보급에 나설 계획이다. 이를 위해 하드웨어의 국산화
와 함께 품목별 최적 생육정보를 분석하여 현장에 제공하는 최적생
육관리 소프트웨어의 국산화도 진행 중이며, 스마트팜 구성 기기에
대한 표준화 작업도 병행하고 있다. 또한 스마트팜 전문인력을 육성
하고, 농가 실습교육과 사후관리 강화 등 스마트팜 운영농가의 성과
제고를 위한 현장 밀착형 지원 강화에도 적극 나서고 있다. 더불어
스마트팜 기자재와 농업용 ICT 기기도 수출이 가능하도록 R&D부

〈표 4–4〉 국내 스마트농업 관련 정책 추진 동향

2010	2013	2015	2017
• 매년 ICT 융복합 모델 발굴사업 추진 및 현장 실증 추진 • 2010~2013년 기간 공모방식으로 20개의 모델 발굴	• '농식품 ICT 융복합 확산 대책' 마련 • ICT 융복합 성공 모델 보급 확산 • ICT 산업 생태계 조성 • 기초 인프라 확충	• 'ICT 융복합 스마트팜 확산 대책' 마련 • 스마트팜 보급 확대 • 한국형 스마트팜 모델 개발 • ICT 융복합 혁신 인프라 조성 • 스마트팜 수출 산업 육성	• '지속가능한 농식품 산업 기반 조성'을 국정과제로 추진 • 2022년까지 스마트팜 시설원예 7,000ha, 축산 5,000호 보급 • 2022년까지 6차산업형 친환경농업지구 100 개소 조성

자료 출처: 농림축산식품부(2013), 농림축산식품부(2015), 농림축산식품부(2015.10.14), 국정기획자문
위원회(2017).

터 적극 지원해나갈 계획이다.[24]

한편, 문재인 정부도 '지속가능한 농식품 산업 기반 조성'을 국정과제 중 하나로 지정하고, '환경 친화적이고 스마트한 농식품산업 확산 및 먹거리 종합계획 수립'을 과제목표로 삼고 있다. 스마트농업 추진을 위해 2022년까지 스마트팜 시설원예 7,000ha, 축산 5,000호 보급을 목표로 하고 있으며, 관련 R&D 투자를 확대하기로 했다. 또한 2022년까지 6차산업형 친환경농업지구 100개소를 조성하는 등 친환경 농축산업 확산에도 주력할 계획이다.[25]

(2) 1.5세대에 머물러 있는 한국의 스마트농업

한국의 스마트농업 역시 생산 분야인 스마트팜을 중심으로 추진되고 있으며, 농산물 유통과 같은 생산 외의 분야에서도 ICT를 접목한 새롭고 효율적인 유통경로 확대를 추진 중이나, 아직 초기단계로 현장 활용도가 낮다.

한편, 한국의 스마트팜 기술 수준은 간편형(비닐하우스 운용편이성 제고)과 복합환경제어형이 혼재되어 있는 1.5세대에 머물러 있는 것으로 평가되고 있다. 1세대 스마트팜은 편리성 증진이 주된 목적으로 일본 추격형이며, 가격 인하가 중요한 과제이다. 2세대는 생산성 향상과 경영비 절감이 주목적으로 네덜란드 추격형이며, 환경관리 기술 향상이 중요한 과제가 된다. 3세대는 글로벌 산업화를 이루기 위한 플랜트 수출형이다.

한국의 스마트농업 역시 초기단계로 여러 가지 장애요인이 존재한다. 우선, 한국형 성공모델이 아직 정립되지 않았다. 스마트팜 국내 상용화 수준이 낮아 고가의 외국산 제품을 선호하고 있으며, 초기 투자 부담이 높다. ICT 융복합을 통해 농촌의 생활여건 개선을 도모하는 지역개발 사례가 부족하고, 농촌 여건에 맞는 유형별 모델 미정립으로 본격적인 확산에 애로가 있다.[26]

다음으로, 스마트팜 운용기술 및 기기의 국산화와 표준화가 미흡하다. ICT 융복합 기반 기술인 센서, 계측기 등은 국산제품이 부족하며, 최적생육 알고리즘과 같은 핵심기술 개발이 미흡하다. 네덜란드의 경우 프리바Priva와 같은 선진기업이 축전된 데이터를 활용하여 생육 알고리즘을 개선하고 생산성 향상을 지원하는 컨설팅을 하고 있으나, 한국은 개인의 노하우에 그치고 있다. 품목별 최적생육관리 소프트웨어 개발에 필요한 생육 및 환경 데이터가 부족해 기술개발이 미흡하기 때문이다. 스마트팜 관련 기기의 표준화도 미흡해 주요 시설과 장치 간 연동에 애로를 겪고 있다. 또한 국내시장의 협소성, 관련 기업의 영세성 등으로 민간 주도의 기술개발을 통한 기능 개선 및 가격 인하에 어려움을 겪고 있다.[27]

ICT 융복합의 선결요건인 시설현대화 수준 또한 미흡하여 융복합 확산에 애로가 되고 있다. 시설원예 융복합의 전제조건이 되는 측창 자동개폐, 온습도 원격자동 제어장비 등이 온실별 특성에 따라 다양한 수준으로 분포되어 있으며, 축산 부문은 농가별·규모별 시설 및 기술 수준의 편차가 커 표준모델 적용이 곤란한 문제점이 있다.[28]

이 밖에 스마트팜 운용 및 지원 기술역량을 갖춘 전문인력이 부족하며, 농업인과 지자체 등의 관심이 저조한 것도 애로사항이다. 농가의 경우 첨단기술에 대한 경험 부족, 높은 초기 투자비용 및 투자대비 효과의 불확실성 등 문제로 스마트팜 도입을 주저하고 있으며, 지자체 담당공무원의 수용능력과 관심 또한 전반적으로 저조한 것으로

나타났다.[29]

아울러 정부의 규제와 기업농에 대한 업계의 반발이 스마트농업을 추진하는 과정에서 중요한 이슈로 부각되고 있다. 우선 규제와 관련하여 가장 대표적인 예로 드론 산업을 들 수 있는데 해당 분야의 규제는 조종면허로부터 비행 제한, 보험(공제) 가입, 기체 등록 및 사용신고 등에 이르기까지 다방면이다.[30] 이 밖에 농지 사용, 농어촌민박 인정 범위, 건강기능식품의 원료나 인증 표시, 소규모 유가공업체의 HACCP 기준 등 농업의 6차산업화나 식품산업 분야에서도 다양한 규제들이 존재한다.

스마트농업으로의 전환과 관련하여 최근 국내의 가장 큰 이슈는 기업농의 등장을 어떻게 바라볼 것인가이다. 대표적인 사례로 2016년 LG CNS가 새만금에 대규모 스마트팜 단지를 세우겠다고 선언했

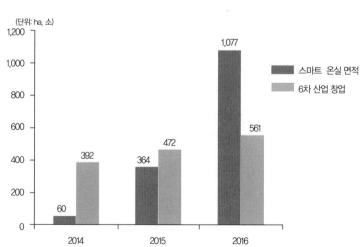

〈그림 4-12〉 스마트 온실 추이

(단위: ha, 소)

출처: 농림축산식품부(2017).

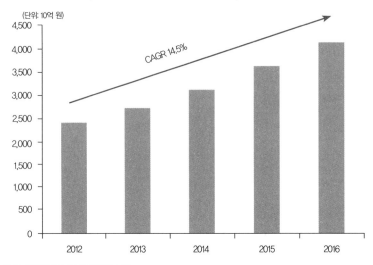

〈그림 4-13〉 국내 스마트팜 관련 시장 규모 추이

(단위: 10억 원)

CAGR 14.5%

출처: 삼정KPMG 경제연구원(2016).

으나, 농민단체의 거센 반발에 봉착해 무산된 바 있다. 이처럼 최근 농업의 전후방 산업이 아니라 농업생산 그 자체에 투자하려는 기업들이 점차 늘어나면서 의견이 분분하다. 한편에서는 대기업의 투자가 첨단농업으로 가는 데 반드시 필요하다고 주장하는가 하면, 다른 한편에서는 농민의 종말을 불러온다는 의견이다.

한편, 스마트팜을 본격적으로 추진하면서 스마트 온실은 2014년의 60ha에서 2015년에는 364ha로 증가했으며, 2016년에는 1,077ha로 진일보 확대되어 전년 대비 198% 증가했다. 스마트팜 관련 시장규모는 2016년 기준 4조 원을 상회하고 있으며, 2012년 이후 연평균 14.5%씩 증가하고 있는 추세이다.

6. 미래의 희망이 될 신지식농업인

(1) 기업: 만나CEA

만나CEA는 카이스트 출신의 공학도들이 2013년 출범한 스타트업으로, 소비자들에게 믿을 수 있는 건강한 먹거리를 제공하고 있으며, 독특한 사업 아이템과 기술력을 인정받아 스마트팜의 대표적인 성공사례로 꼽히고 있다. 만나CEA의 핵심기술은 두 가지로 하나는 아코아포닉스(친환경 수경재배) 농법이고 다른 하나는 자동화 모니터링 및 제어 시스템을 도입한 스마트팜 기술이다.

아쿠아포닉스는 물고기의 배설물이 바이오 필터를 거쳐 액상비료가 되면서 식물의 영양분으로 공급되고, 식물이 물을 정화시켜 다시 물고기를 키우는 수경재배법이다. 일반 노지 재배보다 생산 효율성이 높고 화학비료를 사용하지 않아 환경 친화적이다. 또한 자동화 모니터링 및 제어 시스템을 통해 온도, 습도, 빛 등을 조절하며 블루투스를 통한 통신망 구축으로 와이파이 없이도 스마트팜 구축을 가능케 했다. 만나CEA는 스마트팜에 사용되는 핵심적인 설비와 시설들을 대부분 자체적으로 제작하고 있으며, 이러한 기술력에 주목해 설립 이후 DSC인베스트먼트, DS자산운용, 케이벤처그룹 등 여러 투자자들로부터 투자를 받았다.

판매에서도 온라인 소비 패턴이 활성화된 현 시기에 맞게 '만나박스'를 론칭해 스마트한 판매를 하고 있다. '만나박스'는 농장에서 재배된 채소를 소비자에게 정기적으로 배달해주는 서비스 브랜드로, 믿고 먹을 수 있는 농산물을 시세보다 저렴하게 제공함을 내세워 경쟁력을 확보하고 있다.

상술한 기술력과 판매 전략 외에 만나CEA가 주목받는 또 다른 이유는 자회사인 '팜잇FARM IT'을 통해 새로운 공유농장 모델 확산에 적극 나서고 있기 때문이다. 만나CEA는 2016년 자회사인 스마트 농장 '팜잇'을 설립했으며, 팜잇은 크라우드 펀딩을 통해 두 차례에 걸쳐 총 12억 원의 투자를 유치했다. 팜잇을 통해 기술 없이도 누구나 적은 자본으로 공유농장의 주주로 참여할 수 있어, 기존 농업인들에게는 안정적인 수익을, 일반인들에게는 농업 진출에 대한 장벽을 낮춰 준다는 것이 만나CEA 측 설명이다.

(2) 개인: 김선권 농가

김선권 농가는 2세대 농민으로 6,000평 규모의 딸기 농사를 짓고 있으며, 농업 종사 경력은 9년이다. 귀농 전에 기계설비 분야에 종사했기에 별다른 저항감 없이 복합형 디지털제어기, 양액제어기 등 스마트팜 설비를 도입하게 되었다. ICT 시스템을 도입하는 데 투입된 자본은 총 2,000만 원이며 이 중 절반은 자부담으로 충당했고 나머지 절반은 지자체의 ICT 융복합 시범사업의 지원을 받았다.[31]

도입 초반에는 센서나 시스템에 대한 정보가 취약해서 대처가 미약했지만 교육이나 모임에 자주 참석하면서 실제 활용할 수 있는 정보를 획득했다. 김선권 농가에서 가장 많이 사용하고 있는 것은 스마트팜 시스템 중 관찰 제어이다. 기본적인 생장환경 모니터링 시스템을 갖추고 있어 항상 데이터를 체크하며 이를 통해 온도와 습도, 이산화탄소 농도 등을 관리하고 있다. 오차 없이 정확한 유리 온실과 달리 한국의 비닐하우스 온실은 굴절이 있어 오차가 있으므로 정확하게 맞지 않기 때문에 육안으로 한 번 더 확인할 필요가 있다는 노

하우도 갖게 되었다.[32]

스마트팜 도입 후 가장 큰 장점은 외부에서 데이터 관리를 할 수 있어 외출이 자유롭다는 것이다. 수확량이 대폭 향상되는 것은 아니지만 적은 노동시간을 투입해서 전보다 많은 수확량을 안정적으로 확보할 수 있다는 점을 가장 만족스럽게 생각하고 있다.[33]

7. 스마트농업을 위한 전략 제언

(1) 기업에 대한 전략 제언

개별수요 맞춤형 스마트농업의 추진

앞서 언급했듯이 한국은 3단계로 나누어 스마트팜을 추진하고자 하며, 궁극적으로는 한국형 스마트 온실 모델을 구현하여 플랜트 수출 기반을 구축하는 첨단수출형으로 나아갈 계획이다. 이처럼 정밀농업을 넘어 플랜트 수출형으로 발전함과 더불어 갈수록 다양화, 개성화되어가는 소비자들의 수요에 맞춰 한국의 스마트농업도 개별수요 맞춤형으로 발전해야 한다.

이와 관련하여 최근 중국에서는 구매자로부터 받은 주문에 따라 계획적으로 농업 생산을 진행하는 '오더 농업(訂單農業)' 체계가 중국 농민들 사이에서 큰 주목을 받고 있다. 오더 농업은 맹목적인 생산이 아닌, 시장수요에 맞는 맞춤형 생산으로 효율적인 이윤 창출을 가능케 한다. 최근 2~3년간 신장(新疆), 푸젠(福建), 헤이룽장(黑竜江) 등 많은 지역에서 오더 농업 붐이 일어나면서 오더 농업은 중국

농촌과 농업의 지속적인 발전에 이바지할 것으로 전망되고 있다.

한국에서는 2015년 설립된 농사펀드를 이러한 개별수요 맞춤형 농업의 대표적인 예로 볼 수 있다. 농사펀드는 건강한 먹거리를 생산하는 농부에게 투자하고 안전한 먹거리로 돌려받는 농업 크라우드 펀딩이다. 투자자는 농부가 올린 농사계획을 보고 투자를 하며, 농부를 믿고 보낸 투자금은 농부의 영농자금이 된다. 농부는 빚을 지지 않고도 농사를 시작할 수 있고 판로문제도 걱정할 필요가 없기 때문에 농사에 집중할 수 있으며 자신의 철학대로 농사지을 수 있게 된다. 또한 투자자는 농작물이 자라는 전 생산 과정을 지켜보며 믿을 수 있는 먹거리를 보다 저렴하게 받아볼 수 있다. 중간 유통망을 거치지 않기 때문에 유통비가 줄어드는 것은 물론, 유통을 위해 채 익지도 않은 것들을 수확할 필요도 없어 투자자들은 건강한 먹거리를 가장 맛있을 때 그리고 저렴한 비용으로 받을 수 있는 것이다.

이처럼 생산자와 소비자를 신뢰로 연결시키는 방식은 농업의 기존 패러다임을 새롭게 바꾸고 있으며, 친환경 농업 발전에도 크게 기여할 전망이다. 특히 스마트농업의 경우 관련 시설과 설비 도입으로 초기 투자비용이 많이 들기 때문에 농사펀드와 같은 크라우드 펀딩 방식이 좋은 대안이 될 수 있으며, 이에 개별수요 맞춤형 스마트농업으로 발전하는 것이 바람직한 방향이라 할 수 있다.

상생을 통한 첨단농업으로의 전환

전술했듯 한국이 스마트농업으로 발전하는 과정에서 현재 가장 큰 이슈는 기업농의 출현을 어떻게 바라볼 것인가이다. 사실 대기업들이 농기업을 운영한다고 해서 농촌경제를 살릴 수 있다고 보기는 어렵다. 타 업종의 사례에서도 드러났듯이 대기업의 성장이 지역경제에는 별 도움이 안 되며, 경쟁력 있는 중소기업 육성으로 지역 자생력을 확보하는 것이 보다 중요하다. 미국의 경우에도 반기업 농법이 강한 주에서 그렇지 않은 주에 비해 빈곤율은 낮고 고용률은 높으며 농민들이 상대적으로 높은 농업소득을 가지는 것으로 나타났다.[34] 또한 소농과 가족농은 품종의 다양성 유지, 토지 활용률 증가, 돌려짓기, 자연자원의 보존과 환경보호 등 농촌 환경을 건강하게 가꾸어 가는 데 있어서도 중요한 역할을 한다.[35]

그러나 다른 한편으로 대기업이 농업 부문에서 제외되고서는 전통 농업에서 첨단 농업으로의 전환이 불가능하다. 이에 농민과 기업이 서로 상생할 수 있는 지속 가능한 모델의 구축이 시급하며, 이와 관련하여 과학기술정책연구원(STEPI)의 이주량 연구위원은 "농업생산은 농민이 담당하고 기업은 농업의 전후방 산업을 담당하는 체제"로 가는 것이 바람직하다고 주장한다. 이는 기업이 신품종의 연구와 개발, 식품의 가공·유통·판매, 농기계·농자재의 생산과 판매, 생육환경 빅데이터 구축 및 농업관리 클라우드 서비스 분야에 종사하고 농업생산은 '경자유전' 원칙에 따라 농민이 담당하는 것을 의미한다.

필자는 중소기업, 특히 기술력 있는 중소 벤처 기업의 농업생산 참여는 바람직하다고 보며, 이 경우 만나CEA나 농사펀드의 사례처럼 크라우드 펀딩 방식으로 농민들을 참여시키는 방법이 대안이 될 수 있다고 본다. 즉 만나CEA의 '팜잇' 사례에서 보았듯이 농민들은 기술력이 없어도 적은 자본으로 공유농장의 주주로 참여할 수 있는데, 이렇게 하면 '경자유전'의 원칙을 크게 훼손하지 않으면서도 안정적

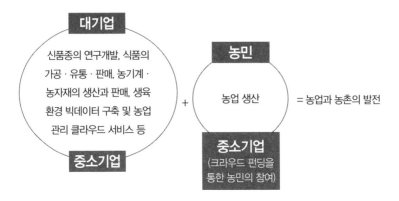

〈그림 4-14〉 대기업과 중소기업/농민 간 상생모델

대기업

신품종의 연구개발, 식품의 가공 · 유통 · 판매, 농기계 · 농자재의 생산과 판매, 생육 환경 빅데이터 구축 및 농업 관리 클라우드 서비스 등

중소기업

\+

농민

농업 생산

중소기업
(크라우드 펀딩을 통한 농민의 참여)

\= 농업과 농촌의 발전

인 수익을 거둘 수 있다. 또한 농사펀드의 사례에서 보았듯이 농민들은 영농자금이 없어도 소비자들로부터 투자를 받아 농업생산에 집중할 수 있고 자신의 철학대로 농사를 지을 수 있어 농업과 농촌의 발전에 기여할 수 있다.

개방 확대 중인 중국 농업시장 적극 진출

중국의 스마트농업은 늦게 시작되었으나 정부의 강한 육성 의지와 거대한 시장을 바탕으로 향후 한국보다 시장이 빠르게 성장할 것이다. 그러나 아직까지 전반적으로 스마트농업 관련 기술과 장비 수준이 낙후하고 작물 생장모형, 클라우드 컴퓨팅, 빅데이터, 로봇 등 핵심기술이 결여되어 있다. 한국의 스마트농업 역시 초기단계이긴 하지만 중국은 한국에 비해서도 약 2년 정도의 기술 격차가 있다. 이에 한국기업은 다각도로 중국 스마트농업 진출을 고려해볼 수 있다.

한편으로 모니터링 및 제어 기기, 작물생육 자동 측정 및 최적 환경관리 소프트웨어 등의 기술집약적인 상품을 중국으로 수출할 수 있다. 즉 농산물 자체보다는 농업기술과 농자재 등 농업생산에 필요한 기본 요소를 공급하여, 국내시장 중심으로 한정짓던 농업 가치사슬을 중국으로 확장하는 것이다. 이는 정부가 추구하는 플랜트 수출형의 3세대 스마트팜 발전전략과도 맞물린다. 현재 정부는 한국형 스마트팜의 해외 진출을 위한 수출협의회를 구성하여 운영하고 있으며, 중국을 비롯한 해외시장 정보조사를 실시 중에 있다.

다음으로 농업 분야에서 외자에 대한 중국의 개방도가 높아, 농식품 가공과 제조뿐만 아니라 농업생산, 6차산업화 관련 서비스업 등 여러 분야에서 대중 투자를 고려해볼 수 있다. 〈표 4-5〉에서 보는 바와 같이 2017년 개정된 중국의 '외상투자 산업 지도목록'에 따르면 중국 희소 및 특유 우량품종의 연구개발이나 양식, 재배와 관련하여 외자를 금지하는 외에는 모두 허용하고 있다. 농작물 신품종 육성 및 종자 생산 분야에서는 투자를 제한하고 있어 중국기업과 합작하는 형태로 진출할 수 있으며, 그 밖의 장려 분야에서는 단독 진출도 좋다.

또한 중국은 2017년 들어 도시자본과 외자가 농촌지역 2차, 3차산업에 투자하는 것을 허용하고 있어, 해당 분야에서도 사업기회를 창출할 수 있다. 과거 중국은 도시자본과 외자가 농촌지역에서 농업 이외의 기타 산업에 직접 투자하는 것을 금지하여 왔으나, 최근 들어 농업의 6차산업화 활성화와 농촌지역의 소득 확대를 위해 이러한 규제를 완화한 것으로 풀이된다.

<表 4-5> 중국의 농업 분야 외상투자 목록

	세부 내역
장려 분야	농산물 생산 - 목본 식용유지, 조미료 및 공업원료의 재배, 개발 및 생산 - 친환경·유기농 채소, 신선과일 및 견과류, 차 등의 재배기술과 제품 생산 - 설탕원료, 과수, 목초 등 농작물 재배 신기술개발과 제품 생산 - 고무, 기름야자, 사이잘, 커피 등의 재배 - 중약재 재배와 양식 - 농작물 줄기 이용, 유기 비료의 개발과 생산 - 수산 치어 번식(중국 특산의 진귀품종과 우량품종은 제외) - 사막화와 수토유실 예방을 위한 식수 등의 생태환경보호 관련 프로젝트 - 수산물 양식, 심수 가두리 양식, 공장화 수산양식, 생태형 해양 증양식업 농식품 가공과 제조 - 친환경 사료 및 첨가제의 개발과 생산 - 수산물 가공, 조개류 정화 및 가공, 해조류 건강식품 개발 - 채소, 신선과일 및 견과류, 축산품 등의 가공 - 영유아 식품, 의학용 특수식품 및 보건식품의 개발과 생산 - 산림 농산물 가공 - 천연 식품첨가제 및 향신료 관련 신기술개발과 생산 - 과일야채음료, 단백질음료, 차음료, 커피음료, 식물음료 등의 개발과 생산 농기계 생산 - 농산물 가공 및 저장 관련 신설비의 개발과 생산 - 농업기계 생산 - 임업기계 분야 신기술 설비의 생산 - 농작물 줄기의 수집, 묶음 및 이용 관련 설비의 생산 - 농축산업 폐기물의 재활용 관련 설비의 생산 - 비료, 농약, 물 절약 관련 기술 설비의 생산 농산물 유통 - 신선농산물의 저온배송 등 물류서비스 및 관련 기술 서비스 - 농촌지역 체인 배송
제한 분야	- 농작물 신품종 육성 및 종자 생산(중국 측이 50% 이상의 지분 보유)
금지 분야	- 중국 희소 및 특유 우량품종의 연구개발, 양식, 재배 및 관련 번식 재료의 생산 - 농작물, 축산물 및 수산물의 유전자변형 품종 육성 및 종자 생산

출처: 国家発展和改革委員会·商務部(2017).

(2) 정부에 대한 전략 제언

통합적인 방식의 규제완화 추진

앞서 언급했듯, 우리나라는 농업용 드론 농지 사용, 농식품 제조, 6차 산업화 등 여러 분야에 규제가 많다. 대표적인 농업 분야의 규제로 살펴본 농업용 드론을 들 수 있다. 중국은 개인용 드론에 대해서는 규제가 엄격하지만 산업용으로 활용하는 경우에는 규제가 약하다. 그 덕분에 '드론 굴기'가 본격화되었으며, 농업에서 드론을 적극적으로 사용하고 있다.

이에 반해 한국은 여전히 규제가 엄격하다. 특히 농업용 드론의 경우 기술적 요구가 적음에도 불구하고 일반 드론과 동일한 규제를 적용하고 있어 농업용 드론의 산업화를 어렵게 하고 있다. 농업용 드론은 개활지인 농지에서 낮은 높이로 비행됨에도 불구하고, 고도 비행으로 높은 기술력을 요구하는 일반 드론과 동일한 '초경량비행장치 조종자' 면허규제를 적용받고 있다.

이에 대해 성균관대 류충렬 교수는 농업용이라는 특성을 고려한 규제정비가 필요하다고 주장하고 있다. 즉 농업용 드론의 정의와 기준을 마련하여 특수농기계로 농업기계화 관련 법령으로 규제하거나, 기존의 여러 규제법령에서 규제하더라도 고도의 기술 수준을 요구하는 일반 드론과 차별화되는 규제를 먼저 정비해야 한다는 것이다.[36]

또한 농지 사용과 관련해서도, 농업진흥구역 내 행위에 대해 포지티브 방식으로 규정하고 있어, 농산물 가공·체험·판매 시설 설치를 규제하고 있다. 설치 가능한 것들도 개인이 아닌 공동운영 또는 조합에게만 허가하거나 면적 제한을 두고 있다. 물론 이런 규제를 세운 이유는 부동산 투기 및 무분별한 우량농지의 훼손을 막자는 목적이 크지만, 농지의 효율성과 스마트농업의 발전을 저해하는 요인으로 작용할 수 있어 규제완화가 필요하다.

사실 정부도 최근 몇 년 규제개선 T/F, 규제개혁 장관회의 및 자체 현장포럼, 규제 발굴 대국민 특별공모 등을 통해 해마다 규제를 발굴해 개선하고 있다. 2016년에만 총 326건의 규제를 개선하는 성과를 거두었으며, 2017년에도 농지전용허가 제한면적 조정, 농촌 융복합시설제도 도입 등을 통한 6차산업 활성화, 농업경영체 등록 간소화 등 10개 분야에서 27개의 규제개선 과제를 추진하고 있다.[37]

그러나 스마트농업이나 농업의 6차산업화는 기본적으로 산업 간 융합을 골자로 하고 있어, 규제개혁 추진방식에도 변화가 필요해 보인다. 즉 근본적인 해결책은 현재의 포지티브형에서 네거티브 방식으로 규제시스템을 전환해야 한다는 것이다. 네거티브 규제로의 전환 없이는 산업 간 융합을 통한 신산업의 창출과 발전이 어렵다.

포지티브 규제에 가로막혀 성장이 더뎌진 대표적인 분야가 바로 핀테크이며, 스마트농업 역시 포지티브 규제가 걸림돌로 작용하고 있다. 정부도 2010년부터 네거티브 규제를 강조해오고 있으나 실질적인 규제방식 전환실적은 미흡하다. 최근 들어 신정부는 신산업 · 신기술에 대해 사전허용-사후규제 방식의 '포괄적 네거티브 규제'로 전환하기로 했으며, 기존 규제에도 불구하고 신사업 시도를 가능하도록 하는 '규제 샌드박스Sandbox' 제도를 도입할 계획이다.[38]

더불어 융복합화 시대, 규제 개혁에는 하나의 부처나 법령에 대한 정비가 아니라 여러 부처와 법령을 동시에 종합적으로 정비하는 방식의 새로운 접근도 요구된다. 예를 들면 목장형 유가공업이나 농장형 주류제조업과 같은 농업의 6차산업화에 의한 새로운 산업의 창출이 가능하려면 부수적인 규제를 제외하고도 기본적으로 농지법, 식품위생법, 축산물위생관리법, 주세법 등이 동시에 정비되어야 가능하게 된다. 농업의 6차산업화에 관한 애로규제 연구에 의하면 6차산업화 관련 규제는 15개 부처의 41개 법령이 관련되는 것으로 조사되어, 통합적인 규제정비가 시급함에도 쉽지는 않은 실정이다.[39]

기기 표준화 추진

현재 스마트팜 보급과 관련한 애로사항 중 하나는 센서, 제어기, 통신장치 등 스마트팜 관련 기기의 표준화 미흡이다. 이로 인해 시설과 장치 간 연동에 문제가 발생하고 있다. 동일 목적의 부품이지만 업체별로 규격과 제원이 다르고 호환성이 낮아, 운용과 유지보수가 어렵고 단가가 높아지는 요인으로 작용한다는 지적이 있다.[40] 한국농촌경제연구원이 '스마트팜 도입 이후 애로사항'에 대해 실시한 전문가 설문조사에서도 기기들의 비표준화로 인해 호환성이 떨어지는 것이

〈표 4-6〉 스마트팜 도입 이후 애로사항

	전체	시설원예	과수	축산
시설비 대비 낮은 성과	120	100	2	18
기기들의 비표준화로 인한 저 호환성	183	141	6	36
사후 기술 서비스 교육 미흡	233	193	10	30
유지비용 부담	110	83	7	20
기타	0	0	0	0

출처: 한국농촌경제연구원(2016); 비피기술거래(2017)에서 재인용.

사후 기술 서비스 교육 미흡에 이어 두 번째로 큰 애로사항이었다.

스마트팜 구성 기기에 대한 표준화 작업을 추진하기 위해 2015년 7월 농촌진흥청과 관련 기업들이 참여하여 센서 13종, 온실제어기 9종에 대한 표준규격(안)을 마련했다. 또한 2017년부터는 스마트팜 구성 기기에 대한 표준·규격 적합성을 검증하는 인증제도를 도입해 스마트팜 구성 기기의 품질과 신뢰성을 높이고 있다.[41] 향후 스마트팜 보급을 확산하기 위해서는 온습도 등 센서 및 제어기, 신호규격, 데이터 등을 대상으로 표준화 작업을 지속적으로 추진해나가야 한다.

빅데이터 수집·관리 시스템 구축

현재 한국의 스마트농업은 전반적으로 보아 센서, 제어 및 모니터링을 통해 편리성을 높이고 노동력을 절감하는 단계에 머물러 있다. 그러나 향후 작물 생육정보, 기상정보, 소비패턴 등의 축적된 데이터를 빅데이터화해 인공지능을 적용함으로써 정밀농업과 예측 가능한 농업을 구현하는 단계로 발전하게 될 것이다. 이를 위해서는 국가 차원에서 빅데이터 수집 및 관리 체계를 구축하는 것이 중요하다.

이러한 빅데이터는 개별 농가나 기업의 힘으로는 축적되기 어려우므로 농가, 기업, 관련 연구소와 정부 부처, 지자체 등 각 기관의 협력을 필요로 한다. 또한 빅데이터는 수집도 중요하지만 이에 대한 체계적인 관리, 즉 데이터 거버넌스도 중요하다. 빅데이터에 대한 관리가 소홀할 경우 데이터 유출 위험을 초래함은 물론, 품질이 낮은 데이터를 사용함으로 인해 농업에 피해를 가져올 수 있기 때문이다.

중국은 2016년 '빅데이터 산업 발전계획(2016~2020년)'을 마련하고 '2020년까지 데이터 강국 건설'을 목표로 하고 있어 한국에 시사하는 바가 크다. 중국은 빅데이터 산업 주체 및 시장 육성, 표준화 연구와 제정, 기준 수립, 평가시스템 구축, 서비스 능력 향상, 인프라 건설, 관련 정책과 제도 개선 등 다방면에서 빅데이터기술 선진화 작업을 추진할 계획이다.[42] 이제 중국도 과거처럼 주먹구구식이 아니라 데이터화, 시스템화의 방향으로 나아가고자 하는 것이다. 또한 정보통신, 에너지, 금융, 무역, 문화, 공공안전 등과 더불어 농업과 식품도 빅데이터 시스템 구축의 중점 산업으로 지정하고 있어, 향후 농식품 분야에서 중국의 빅데이터 발전이 빠르게 진전될 것으로 전망된다.

전문인력 육성 및 농가 실습교육과 사후관리 강화

스마트팜 보급 확산과 관련된 또 다른 애로사항은 전문인력이 부족하고 농가에 대한 교육과 사후관리가 미흡하다는 점이다. 스마트팜 활성화를 위해서는 작목별 전문가, ICT 전문가, 빅데이터 전문가 등 다방면의 전문인력을 양성해야 한다. 이에 정부는 스마트팜 전문 컨설턴트 육성, 공무원의 전문성 강화, 농업전문직업학교 지정, 농식품 ICT 융합 특성화대 지정, 민간기업과의 협업을 통한 '농업 빅데이터 전문연구센터' 지정 등을 통해 농식품 ICT 융복합 전문인력을 양성할 계획이다.[43]

다른 한편으로, 농가의 첨단기술에 대한 이해를 높이기 위해 ICT 교육과 현장 지도를 강화하는 것도 중요하다. 스마트팜 도입 이후 가장 큰 애로사항은 '사후 기술 서비스 교육 미흡'인 것으로 나타나, 스마트팜 시공 이후 활용 및 운영에 대한 교육도 강화해야 할 것이다.

(김부용)

제5장

에너지 산업:
에너지 4.0시대 대응 전략

글로벌 차원의 기후변화 대응, 미국의 친환경 기술력 향상, 중국의 대기오염 문제해결 노력 등의 이슈가 확대됨에 따라 에너지 분야에 서도 4차산업혁명 시대가 도래하고 있다. 한국 또한 예외가 아니어 서 2017년 6월 고리원전 1호기가 영구 폐쇄되면서 문재인 정부 에 너지 공약의 핵심이었던 '탈원전'정책이 본격화되고 7월 발표된 '국 정운영 5개년 계획'에서 친환경 미래 에너지의 발굴과 육성이 100대 과제로 명명되는 등 에너지 혁명을 위한 움직임이 가시화되고 있다.

특히 4차산업혁명 시대는 에너지 및 전력수요의 급증을 동반하게 되며 이는 신재생에너지의 발전설비의 증설과 함께 기존 전력설비의 효율성 향상이 더욱 절실해지고 있다. 또한 에너지와 ICT기술을 접 목한 새로운 비즈니스-에너지 신산업이 다양하게 등장하고 있다. 이 번 장에서는 4차산업혁명 시대 에너지 산업의 기술 패러다임을 살펴보고, 에너지 산업 현황을 신재생에너지 분야를 중심으로 세계, 중국, 한국의 관점에서 분석한다. 마지막으로 한국 에너지 산업의 미래 전략을 정부와 중소기업 차원으로 구분해 제안한다.

1. 에너지 패러다임의 변화

(1) 신재생에너지 수요의 급증

4차산업혁명 시대가 도래하면서 에너지 분야도 일명 '에너지 4.0' 시대라 불리는 변화를 맞고 있다. 각종 디지털기술이 사회 전 분야에서 활용됨에 따라 급증하는 에너지 수요를 충당할 에너지원으로서 화석에너지에 비해 저장량이 무한대라 할 수 있는 신재생에너지에 대한 관심이 커지고 있다.

'신에너지 및 재생에너지 개발·이용·보급 촉진법'에 따르면, 신재생에너지란 기존의 화석연료를 변환시켜 이용하거나 햇빛·물·지열·강수·생물유기체 등을 포함하는 재생 가능한 에너지를 변환시켜 이용하는 에너지를 의미한다. 여기에는 태양광, 태양열, 바이오에너지, 풍력, 수력, 연료전지, 석탄 액화·가스화에너지 및 중질잔사유(重質殘渣油) 가스화 에너지, 해양에너지, 폐기물에너지, 지열, 수열에너지, 수소에너지 등 12개 분야가 해당되며, 이 중 일반적으로는 태양광, 태양열, 풍력, 바이오에너지가 주로 논의된다.

신재생에너지 보급이 확대되면서 발전비용은 빠르게 하락하는 추세이다. 지금까지 신재생 발전은 비용이 비싸거나 간헐적이라는 이유로 석탄, 천연가스 등의 화석 발전을 대체하기 어렵다는 의견이 많왔다. 하지만 최근 생산비용의 하락 속도가 빨라지고 대용량 전지 기술이 발전하면서 이 같은 단점이 빠르게 상쇄되고 있다. 특히 태양광 시장은, 제조 과정에서 낭비를 줄이는, 이른바 린 프로세싱Lean Processing으로 급격히 팽창하고 있다. 1978년에 태양전지(PV cell) 가격은 78달러였는데, 현재는 21센트에 불과하다. 업스트림(모듈 등 태양광 제품)과 다운스트림(발전사업, 운영)에서 각각 엄청난 비용절감을 이루면서 발전하고 있다.[1]

신재생에너지 분야의 4차산업혁명의 쟁점은 결국 태양광, 풍력 등 신재생에너지를 설치해서 생산한 에너지를 얼마나 효율적으로 송·배전하고 전력수급으로 활용할 수 있느냐이다. 현재의 화석연료 중심의 에너지시장은 그 필요성에 의해 신재생에너지 중심으로 패러다임이 바뀌고 있는데, 신재생에너지가 기존 에너지들이 구축했던 에너지 수급 및 공급 체계를 이끌어갈 수 있도록 바꿔야 하는 것이다. 효율적으로 자리를 잡는 데 IoT 등 신기술들이 얼마나 역할을 할 것인지도 중요하다.

또한 3D프린팅 기술이 신재생에너지 분야에 응용되면서 신재생에너지의 기술적 한계를 극복할 수 있을 것으로 기대된다. 3D프린팅은 디지털 도면을 즉시 프린트하여, 다양한 원재료(유리, 실리콘, 플라스틱, 레진)를 한 겹씩 쌓아올려 완제품을 만들어내는 기술이다. 일례로 3D프린팅 기술을 이용해 다양한 형태의 태양전지를 생산함으로써 기존의 평면형 태양전지에 비해 약 20%의 효율성을 높였다. 또한 태양전지를 비싼 유리가 아닌 종이, 플라스틱, 섬유 등의 원료로 얇게 인쇄할 경우 '착용 가능한 첨단기술wearable high-tech'로도 발전시킬 수 있으며, '솔라 스프레이solar spray'까지 개발 가능해진다.

(2) 에너지저장장치(ESS)의 중요성 확대

그린·저탄소 에너지를 기반으로 한 전기자동차나 에너지저장장치 (ESS) 등 신산업의 중요성이 확대되고 있다. 특히 ESS는 전기를 저장해 두었다 필요할 때 사용하게 하는 설비로서, 에너지 산업의 진흥과 에너지-他 산업(ICT, 수송 등)의 융합에 중추적 역할을 하고 있다. ESS를 사용하면 발전시간이 불규칙해 출력 변동성이 불규칙한 신재생에너지의 문제도 완화시킬 수 있다. 세계 ESS 시장은 2020년에 약 47조 4,000억 원, 2030년에는 120조 원 규모로 성장하고, 이 중 가정용 및 신재생에너지 관련 수요가 전체의 70% 이상을 차지할 것으로 예상된다.

ESS는 저장방식에 따라 비(非)배터리식과 배터리식으로 구분하고, 세부적으로는 다시 화학적·물리적·전자기적 방식으로 분류한다. 과거에는 주로 수력발전을 변형한 양수발전Pumped Hydro Storage, PH^{2}이 가장 보편적이었다. 2015년 8월 기준으로 글로벌 ESS 설비요량 중 양수발전이 97.5%를 차지한다.

최근에는 배터리 제조·생산기술의 발달에 힘입어 화학(2차)전지

〈그림 5-1〉 ESS 기술별 기술 성숙도 비교

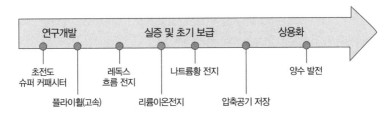

출처: 한전경제경영연구원. 2016. ESS(에너지저장장치). KEMRI 전력경제 REVIEW. 2016년 제12호.

를 이용한 전기저장방식에 집중하고 있으며, 특히 에너지밀도가 높고 효율이 좋은 리튬이온전지가 대세이다.[3] 전체 ESS 중 리튬이온전지의 기술 성숙도는 ESS 보급 초기 단계에 해당하지만, 배터리 ESS에서 차지하는 점유율이 2015년 66%에서 2016년에는 70% 이상으로 증가하고 있다. 리튬이온전지는 소형 IT 기기용, 전기차용, 중대형 ESS 등 분야에 따라 주요 플레이어가 상이하다. 한편 기존 ESS의 기술적 한계를 극복하기 위한 다양한 신기술이 개발되고 있으며, 중장기적으로는 바나듐을 이용한 레독스 흐름전지[4]가 유망기술로 떠오르고 있다.

(3) 에너지 신산업의 부상

에너지 4.0시대 또 하나의 중요한 흐름은 에너지 신산업의 부상이다. 에너지 신산업이란 단순한 에너지 공급과 수요조절의 역할에 국한되던 기존의 에너지 산업이, 기후변화 대응, 미래 에너지 개발, 수요관리 등에 대해 보다 능동적으로 대응하는 문제해결형 산업을 말한다.

미국, EU 등 주요국은 경제성장과 온실가스 감축의 동시달성을 목표로 자국 특성에 맞는 에너지·기후변화 대응 분야 신성장동력 창출에 주력하고 있다. 미국은 셰일가스 개발에 성공하면서 온실가스 배출을 크게 감소시켰고, EU는 유럽에너지효율펀드(EEEF)를 조성하여 에너지효율과 소규모 신재생에너지 프로젝트에 자금을 지원하고 있다.[5]

인공지능, IoT, 빅데이터, 3D프린팅 등 4차산업혁명의 핵심기술과 에너지의 생산·유통·저장·소비 과정 간에 융합이 이루어지는 과정에서 새로운 형태의 다양한 신산업이 창출되고 있다. 대표적인 에너지 신산업의 사업 모델로는 수요자원거래시장, ESS 통합서비스, 에너지자립섬, 태양광 대여, 전기자동차, 발전소 온배수열 활용, 친환경 에너지타운, 제로에너지빌딩 등이 있다.

(4) 전통 전력산업의 변화

에너지 패러다임이 공급자 위주에서 수요자 중심으로 변모하면서 전력산업에서도 변화가 일어나고 있다. 산업구조는 '발전 – 송배전 – 판매'로 이어지는 수직적 구조에서 벗어나 '플랫폼' 중심 체제로 변화하고, 에너지 신(新)시장이 다수에게 함께 열리며 소프트웨어 중심으로 진화하는 중이다. 전력망도 단방향 '전력수송' 중심에서 '에너지인터넷'으로 변화하면서 전기와 정보를 동시에 수송하여 새로운 가치를 창출한다. 소비자의 수요에 최적화된 '온디맨드 에너지On-Demand Energy'가 부상하고 소비자가 곧 생산자가 되는 '에너지 프로슈머e-Prosumer' 시대가 도래하며 빅데이터를 기반으로 한 맞춤형 서비스가 필요해지고 있다. 또한 사업 모델의 경우, '제조공정의 디지털화'와 '제품의 서비스화'가 이루어지고, 파괴적 기술 혁신을 기반으로 한 융합과 연결 사업이 증대되면서 도시형 사업 모델이 부상하고 있다.

2. 세계 에너지시장 현황

현 단계의 에너지 소비 및 생산구조를 보면 〈그림 5-2〉와 〈그림 5-3〉에서 보듯이 여전히 최종 에너지소비에서는 화석연료가 78.4%, 전력생산에서는 비(非)재생에너지가 75.5%를 차지한다. 이러한 에너지

〈그림 5-2〉 최종 에너지 소비구조(2015년)

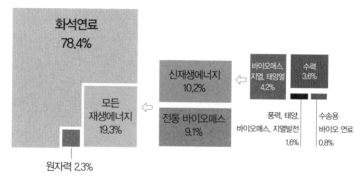

출처: REN21. 2017. Renewables 2017 Global Status Report. p.30.

〈그림 5-3〉 전력생산구조(2016년 말 기준)

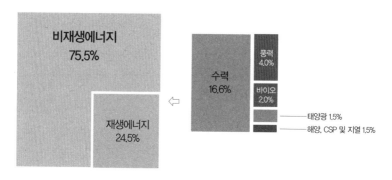

출처: REN21. 2017. Renewables 2017 Global Status Report. p.33.

구조는 얼마간 지속될 것이다. 4차산업혁명시대에도 단기간 내에 신재생에너지 위주로 변화하기는 불가능하다.

이제 현 단계 에너지구조 개선을 위한 전략과 미래 에너지구조 변화에 대비한 전략, 두 가지 측면에서 에너지 전략과 정책을 고려해야 한다. 세계 에너지시장은 궁극적으로는 보다 친환경적이고 안전한 에너지원인 신재생 위주로 변모할 것으로 전망되므로 여기에서는 신재생에너지시장 현황을 소개하려고 한다.

국제에너지기구(IEA)는, 에너지혁명 시대를 맞아 신재생에너지, 전기자동차, 에너지저장장치(ESS), 스마트 그리드 등 에너지 산업 분야에 2030년까지 약 12조 3,000억 달러 규모의 투자가 발생할 것으로 전망하고 있다.

신재생에너지시장은 중국, 미국, 독일을 위시한 EU를 중심으로 발전하고 있는데, 세계 재생에너지 보급과 투자를 주도하는 나라는 중국이다. 중국은 수력, 태양광발전, 풍력, 태양열 난방 등 여러 분야에서 보급과 투자를 주도하고 있으며, 2015년 기준 세계 재생에너지 투자의 3분의 1을 차지하고 있다. 미국은 바이오디젤과 바이오에탄올 등 바이오 연료 생산을 브라질과 함께 주도하면서 동시에 풍력과 태양광 확대도 활발하다. 일본은 태양광이, 전반적인 재생에너지 투자를 주도했던 독일은 지금은 풍력 분야 투자가 활발한 편이다. 새로운 재생에너지시장으로 인도가 부상하고 있으며 영국도 태양광과 해상 풍력의 보급이 활발한 편이다.[6]

신재생에너지 중 가장 각광받는 태양광과 풍력 시장의 경우 특히 이러한 현상이 두드러진다. 〈표 5-1〉은 2014년 태양광 가치사슬별 국가별 점유율을 보여준다. 표에서 나타나듯 태양광산업과 관련한 각 단계에서 중국의 비중이 가장 높다. 시장정보업체 비주얼캐피털리스트에 따르면, 세계 태양광 시장 규모는 2016년 68GW로, 전년보다 30% 증가했으며, 2017년에는 78GW 수준까지 확대될 것이다.

세계 풍력발전 산업은 유럽을 선두로 미국, 중국, 인도 기업이 추

〈표 5-1〉 태양광 가치사슬별 국가별 점유율 현황(2014년)

구분	시장점유율
폴리실리콘	①중국(34%) ②미국(23%) ③독일(20%) ④한국(15%) ⑤일본(7%)
잉곳/웨이퍼	①중국(75%) ②대만(9%) ③일본(6%) ④한국(5%) ⑤독일(1%)
셀	①중국(61%) ②대만(16%) ③일본(6%) ④말레이시아(6%) ⑤한국(3%)
모듈	①중국(66%) ②일본(8%) ③한국(7%) ④말레이시아(6%) ⑤미국(2%)

출처: 산업통상자원부, 한국에너지공단(2016). 2016 신·재생에너지백서.

격하고 있다. 2014년 기준으로 볼 때 덴마크의 베스타스Vestas가 6.25GW를 판매하여 시장점유율 12.3%로 1위 기업이며, 그 뒤를 독일 지멘스 5.06GW(9.9%), 미국 GE 4.62GW(9.1%) 등의 순으로 시장을 장악하고 있다. 시장점유율 기준 세계 15대 기업 중 중국기업이 7개 포함되어 있어 중국산업의 발전을 확인할 수 있으나 이들 기업들은 거의 중국 내수 시장에만 의존하고 있는 상황이다. 그러나 앞서 말한 바와 같이 중국기업들이 최근 금융지원을 제공하면서 해외시장 진출을 시도하고 있어 내수기업에서 글로벌 기업으로 거듭날 수 있을지 주목된다.[7]

블룸버그 신에너지 금융연구소(BNEF)는 2040년까지 세계 신규발전용량에 10조 2,000억 달러가 투자될 것이며, 이 중 72%를 신재생에너지가 차지하게 될 것으로 예측했다. 특히 태양광과 풍력발전 설비투자가 활발해지면서 이들이 설치용량과 발전용량에서 차지하는 비중은 2016년 12%와 5%에서 2040년에는 각각 48%와 34%로 늘

〈표 5-2〉 2014년 판매량 기준 세계 상위 15대 풍력발전기업

순위	기업	국적	판매량(MW)	시장점유율(%)
1	Vestas	덴마크	6,254	12.3
2	Siemens	독일	5,068	9.9
3	GE Wind	미국	4,624	9.1
4	Goldwind	중국	4,593	9.0
5	Enercon	독일	3,957	7.8
6	Suzlon	인도	2,947	5.8
7	United Power	중국	2,593	5.1
8	Gamesa	스페인	2,399	4.7
9	Mingyang	중국	2,263	4.4
10	Envision	중국	1,963	3.8
11	XEMC	중국	1,774	3.5
12	Sewind	중국	1,751	3.4
13	Nordex	독일	1,489	2.9
14	Dongfang	중국	1,306	2.6
15	CSIC Haizhuang	중국	1,143	2.2

자료. 산업통상자원부, 한국에너지공단(2016). 2016 신·재생에너지백서.

어날 것으로 전망했다. 또한 2040년까지 태양광 균등화 발전단가는 66%까지 떨어지고 육상 풍력보다 해상 풍력 비용이 빠르게 하락할 것이다.[8]

3. 중국 에너지 산업의 특징

중국은 세계 최대의 에너지 소비국이며, 2016년 재생에너지 누계 발전량이 미국을 제치고 1위를 차지하는 등 세계 최대의 신재생에너지 생산국이기도 하다. 특히 태양광과 풍력 발전 규모는 세계 최대이다. 2015년 재생에너지 이용량은 4.36억tce(석탄 1톤이 내는 열량을 환산한 단위)로 1차 에너지소비총량의 최소 10.1%를 차지하고, 재생에너지의 발전량은 전체 발전량의 25%를 차지했다(〈그림 5-4〉 참고).

중국 에너지 산업의 가장 큰 특징은 저탄소 발전 확대 기조에 따른 정부의 강력한 드라이브가 결정적인 역할을 해왔다는 점이다. 중국 정부는 2005년 '재생에너지법' 제정을 계기로 본격적으로 신재생에너지 산업을 육성하기 시작했다. 그 결과 2015년 에너지 부문 총 투자액의 60%에 해당하는 약 900억 달러를 신재생에너지 분야에 투자했는데, 이는 2013년 360억 달러보다 2배 이상 증가한 액수이다.

중국정부의 적극적인 육성 의지는 에너지 4.0시대에도 힘을 발휘할 것이다. 중국은 앞서 2014년 '에너지 발전전략 행동계획 (2014~2020년)'을 발표하고 1차 에너지 소비에서 비화석연료가 차지하는 비중을 2020년 15%, 2030년 20%까지 끌어올릴 것을 목표로 삼았다. 2016년 발표한 '13차 5개년 재생에너지 발전 계획'에서는 2016~2020년간 수력, 풍력, 태양에너지, 바이오매스, 지열에너지, 해양에너지, ESS의 발전목표를 제시했다.

공식적으로 발표된 신재생에너지 발전 투자 규모도 방대하다. 2016년부터 2020년까지 수력발전 신규설치 규모는 6,000만 kW, 투자 규모는 약 5,000억 위안이고, 풍력발전의 신규 투자액은 7,000억

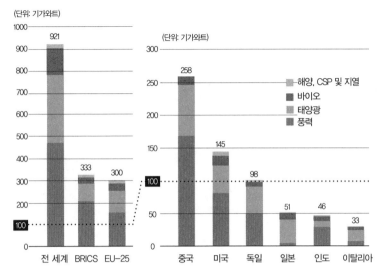

〈그림 5-4〉 주요국의 2016년 재생에너지 발전용량

(단위: 기가와트)

(단위: 기가와트)

해양, CSP 및 지열
바이오
태양광
풍력

전 세계 BRICS EU-25

중국 미국 독일 일본 인도 이탈리아

출처: REN21. 2017. Renewables 2017 Global Status Report.

위안이다. 각종 태양에너지 발전을 위한 신규설비투자액도 약 1조 위안에 달한다. 여기에 바이오매스, 태양에너지 온수기, 메탄가스, 지열에너지까지 더하면 2020년까지 신재생에너지 분야 신규투자액은 2조 5,000억 위안에 달한다. 관련 분야 고용도 5년간 300만 명이 증가해 고용 규모가 2020년 1,300만 명으로 늘어날 것으로 예상된다.

그 밖에도 2016년부터 5년간 시행되는 13차 5개년 규획의 에너지 관련 정책을 2016년 속속 발표했다. 여기에는 에너지발전, 전력, 풍력발전, 태양광발전, 천연가스발전, 수력발전 등이 포함된다. 이처럼 신재생에너지 발전을 위해 중국정부는 2020년까지 신재생에너지원별 로드맵을 작성하여 실행하고 있다. 이에 더해 중국정부가 2015년 '제조강국 건설'을 위해 발표한 '중국제조2025'와 '디지털 강국 건설'을 위해 발표한 '인터넷 플러스' 정책은 에너지 산업에서도 영향을 미치고 있다.

우선 '중국제조2025'의 10대 영역에 전력설비를 포함시켜 초대형 용량의 수력 및 원자력 발전 유닛과 가스터빈 제조 수준을 향상시키고 신재생에너지 장비와 ESS, 스마트그리드용 송변전설비 등을 발전시킬 것을 목표로 하고 있다. 또한 2016년에는 '중국제조2025-에너지장비 실시방안'을 별도로 발표하고 에너지의 안전한 공급, 청정에너지 발전, 화석에너지의 청정 및 고효율을 목표로 15개 영역에서 에너지장비 발전을 추진함으로써 2025년까지 신형 에너지장비 제조업에서 국제적인 경쟁력을 확보할 것임을 천명했다.

4차산업혁명과 직결되는 또 하나의 정책으로 2016년 발표한 '인터넷플러스와 스마트에너지 발전을 추진하기 위한 지도 의견'에 주목할 필요가 있다. 이 계획에 따르면 중국은 2016~2018년 에너지인터넷(IoE) 시범사업을 추진한 후 2025년까지 에너지인터넷산업을 경제성장동력으로 육성할 계획이다. 또한 개방적이고 공유적인 에너지인터넷 생태계를 조성하고 에너지의 종합 효율을 개선하며 재생에너지원의 비중을 크게 향상시키는 한편 화석에너지의 효율성을 높임으로써 에너지 생산과 소비혁명을 이끌 계획이다.

그 밖에도 스마트에너지 생산, 에너지와 정보통신 인프라의 융합, ESS와 전기자동차 응용모델의 발전, 그린에너지 거래 시장 발전, 에너지 빅데이터 서비스 발전, 에너지인터넷의 핵심기술 연구개발, 선진 에너지인터넷 표준체계 구축 등 4차산업혁명 시대 에너지 분야에서 거론되는 핵심 사업을 총망라한다.

이처럼 중국은 '중국제조2025'와 '인터넷 플러스'전략과 결부해

에너지 4.0시대를 강조하고 있다. 그러나 중국의 에너지 산업은 에너지와 관련한 소프트웨어적인 부분의 질적인 발전이 양적 성장속도를 따라가지 못하고 있다. 현 단계에서는 결국 4차산업혁명의 핵심인 빅데이터, IoT, 클라우드기술이나 에너지데이터를 보유한 기업이 중국의 에너지혁명에서도 주도권을 가질 가능성이 높다.

실제로 빅데이터나 클라우드 기술을 에너지와 접목하는 시도는 대형 국유 에너지기업과 B.A.T로 대별되는 ICT 메이저 업체를 중심으로 이루어지고 있다. 일례로 중국 전력네트워크(中国電网, State Grid Corporation of China)는 스마트 전력계량 단말기를 이용해 수집한 데이터를 바탕으로 전기요금을 청구하고 주택 공실률을 파악해 도시 주택가격 및 토지가격 조정에 활용하고 있다. 중국 최대 국영 석유기업인 시노펙(中国 石油化工, Sinopec)은 전국 각지에 보유한 주유소 네트워크를 통해 매일 막대한 주유 데이터를 수집하고 있으며, 이 데이터를 자산화하고 전자상거래와 연계해 에너지 회사에서 빅데이터를 활용하는 종합서비스회사로 변신을 도모하는 중이다.

클라우드와 에너지의 결합과 관련해서는 중국 태양광 인버터 회사 굿위GoodWe(固德威)가 2016년 12월 알리클라우드Ali Cloud와 제휴를 체결함으로써 굿위의 스마트에너지 관리시스템인 SEMSSmart Energy Management System의 안정성 제고에 도움이 될 것으로 기대되고 있다.[9]

4. 한국 에너지 산업 현황

IEA에 따르면 에너지 부문에서 한국의 국제적 위상은 2013년을 기준으로 할 때 1차 에너지 공급 8위, 석유수입 5위, 전력소비 8위를 기록하는 등 경제 규모나 소득 수준과 비교할 때 높은 순위를 나타낸다. 한국의 전력 생산을 에너지원별로 살펴보면 2016년 기준 석탄 39.3%, 원자력 30.7%, LNG 18.8%, 석유 6.5%, 신재생에너지 4.7%로 구성되어 있어 신재생에너지의 비중이 낮은 편이다.

신재생에너지 발전량을 다시 에너지원별로 분석하면 2015년의 기준 폐기물 60.6%, 바이오 15.0%, 태양광 10.7%, 수력 5.8%, 풍력 3.6%, 기타 4.3%로 폐기물과 바이오를 이용한 발전비중이 전체의 75%를 차지할 정도로 월등히 높다. 폐기물이란 버려진 종이, 나무, 플라스틱, 윤활유 등을 재활용한 발전 연료를 의미하는데 이 중에는 폐기물의 95%를 차지하는 폐가스와 같이 IEA에서 신재생에너지로 분류하지 않는 물질도 포함되고, 바이오의 경우 해외에서 연료를 수입해 발전하기 때문에 자원의 재활용이란 취지에 맞지 않는다고 할 수 있다. 그러므로 에너지 신산업 선도국가로 도약하면서 저탄소·고효율구조로 에너지구조를 전환하기 위해서는 태양광, 풍력 등을 보다 적극적으로 발전시킬 필요가 있다.

에너지 신산업 육성과 신재생에너지 활성화를 위해 정부는 2013년부터 다양한 정책을 시행해왔다. 2013년 'ICT기반 에너지 수요 관리 신(新)시장 창출 방안'이 발표되면서 에너지정책 패러다임을 공급중심에서 수요관리중심으로 전환하고, 에너지저장장치, 에너지관리시스템(EMS), ICT활용 고효율 기기, 수요관리자원시장 활성화

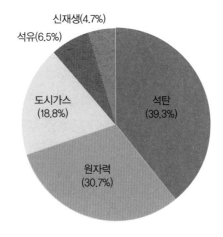

〈그림 5-5〉 에너지원별 전력 생산 구성비(2016년)

출처: 한국전력.

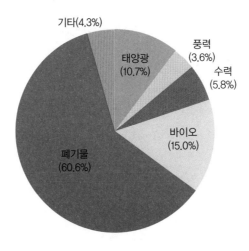

〈그림 5-6〉 신재생에너지 세부 발전량(2015년)

출처: 한국에너지공단. 2016. 2015년 신재생에너지 보급통계(2016년판).

를 집중적으로 추진했고, 같은 해 '신재생에너지 활성화 방안'을 통해 신재생 분야의 대규모 신규투자를 활성화하기 위해 태양광 보급 목표를 당초 1.2GW에서 1.5GW로 늘림으로써 내수 시장을 확대하고 원활한 RPS(신재생에너지 공급 의무화) 의무이행 기반을 마련했다. 2014년에는 '기후변화 대응 에너지 신산업 창출방안'과 '제4차 신재생에너지 기본계획', '제3차 에너지기술개발계획(2014~2023)' 등을 발표했다.

특히 2015년 발표한 '신기후체제 대응을 위한 2030 에너지 신산업 확산 전략'은 중장기 미래에 대비하여 기존 8대 신사업 분야를 포함하여 에너지 프로슈머, 저탄소 발전, 전기자동차, 친환경 공정 등 '4대 분야 에너지 신산업군'을 신규로 도출했다. 이어 2016년에는 '에너지 신산업 성과 확산 및 규제개혁 종합대책'을 강구해 에너지 신산업 투자 확대, 에너지시장 규제개혁 등 과감한 규제완화(RPS 의무이행비율 상향조정, AMI 전국보급, ESS 할인요금제 연장 등)와 집중지원 시책을 발표했다.

그러나 정부의 다양한 시책에도 불구하고 한국의 신재생에너지 산업은 국토의 협소함, 각종 규제 등으로 인해 성장이 더딘 편이었으며, 에너지 신산업과 관련한 실질적인 성과 또한 현저히 늘어나지는 않았다.

문재인 정부의 출범은 신재생에너지 및 에너지 신산업 성장에 중요한 기회요인으로 작용할 것으로 기대된다. 산업통상자원부가 발간한 〈2016 신재생에너지 백서〉에 따르면 신재생에너지의 기술적 잠재량[0] 이 2015년을 기준으로 할 때 국내 전력 설비의 90.5배, 발전량의 22.8배에 달하고 있어 신재생에너지는 향후 막대한 잠재력을 가진 에너지원이라고 할 수 있다.[11] 이에 따라 문재인 정부는 출범과 함께 탈원전·탈석탄을 추진하는 한편, 대체에너지로 LNG와 신재생 에너지를 적극 육성할 계획이라고 밝혔고, 구체적으로 에너지원별 전력 생산 구성비를 2030년까지 석탄 25%, 원자력 18%, LNG 37% 신재생에너지 20%로 바꾸는 계획도 세웠다. 또한 소규모 사업자의 안정적 수익 확보를 위한 전력 고정가격 매입제도와 풍력 등 계획입 지제도를 도입하고 신재생 이격거리 규제를 개선하며, RPS 의무비율 을 '30년 28% 수준으로 상향 조정할 계획이다.

에너지 신산업 분야에서도 산업통상자원부는 2017년 7월 발표한 '4차산업혁명 대응을 위한 우리 산업의 나아갈 방향'에 대한 자료에 서 16개 클러스터별 4차산업혁명 영향력과 시장경쟁력을 분석했다. 그 결과 첨단 에너지는 선도형 산업군으로 분류된다. 선도형 산업군 에 대한 대응방안은 기존의 정부의 대규모 규제완화와 실증사업에 서 탈피하여 민간의 과감한 투자를 이끄는 선제적 사업화를 촉진하 는 방향으로 추진된다. 구체적으로 첨단 에너지 분야에서 에너지 신 산업 신시장 창출을 위한 생태계 기반 구축과 시장 진입 요건 완화 를 통한 신규 시장 창출 촉진(기업형 프로슈머, 전력중개사업자, ESS 판 매사업자 허용 등)을 추진할 계획이다.[12] 또한 친환경·스마트 에너지 인프라를 구축하고, IoE Internet of Energy 기반 신비즈니스를 창출하며 2020년까지 공공기관에 ESS 설치를 의무화하고 지능형 계량 시스템 을 전국에 설치할 계획이다.[13]

5. 한국 에너지 산업의 미래 전략

(1) 정부를 위한 제언

신재생에너지 발전을 위한 인센티브의 확대

신재생에너지 발전의 중요성은 꾸준히 강조되어 왔으나 여전히 현실과 정책 간의 미스매치가 존재해 신재생에너지의 빠른 성장을 저해하고 있다. 특히 소규모 신재생에너지 발전을 장려하는 인센티브가 부족한 반면 신재생에너지 발전설비 설치에 대한 규제는 풀리지 않은 현실이 가장 많이 지적된다.

산업통상자원부는 신재생에너지 발전을 저해하는 고질적인 요인으로 입지난, 주민민원, 지자체 허가 등을 들고 있다.[14] 즉 지방자치단체 차원의 태양광 발전소 건립 입지 규제는 풀리지 않고 있고, 농지, 상수원보호구역 등에서의 태양광 설치가 건축물의 옥상으로 한정되어 토지상부활용이 불가능한 상황이다. 또한 공동주택의 소형 태양광발전설비 설치 시 관리주체 동의가 필요하고 지자체 간 발전시설 허가기준 등이 상이하고 세부요건이 엄격해 실제 신재생에너지 설치 가능지역을 찾는 것도 어렵다. 여기에 지역주민의 수용성 부족까지 더해져 신재생에너지 발전 사업을 추진하는 데 애로요인이 되고 있다.

신재생에너지 발전설비 설치 및 운영과 관련된 관계자 간에 상충하는 이해관계 역시 걸림돌로 작용한다. 정부가 2010년부터 야심차게 추진해온 서해 해상 풍력 개발은 지지부진한 상태이며, 건물의 비상발전기를 ESS로 대체하는 과정에서 이해충돌 문제가 발생했으며,

제주도 스마트 그리드 추진 과정에서도 한전과 KT 간에 갈등이 빚어진 바 있다.

이를 해결하기 위해서는 규제 개혁 못지않게 지자체와 업체, 지역 주민의 적극성을 유인할 만한 인센티브를 확대하는 것이 중요하다. 현재 시행 중인 발전사업자들의 신재생에너지 의무공급 비율을 상향 조정하는 한편, 소규모 신재생 설비에 대한 발전차액 지원제도(FIT)의 재도입이나 미국에서 신재생에너지로 전력을 생산할 경우 세액을 환급해주는 PTC제도, 발전시설에 투자할 경우 지원을 받는 ITC제도와 같이 지속적인 투자를 이끌어낼 유인책을 마련해야 한다.

또한 분산형 전원방식 구축을 통해 신재생에너지 분야의 산업혁명을 이끌어내기 위해서는 향후 거래소를 통한 분산자원 중개 시장 개설 이외에도 별도의 사업자들이 지역에서 직접 거래(P2P)를 할 수 있는 정책·환경 마련도 고려해야 할 것이다.[15]

에너지데이터 개방과 플랫폼의 구축

에너지 부문에서 빅데이터는 에너지부문과 ICT부문 간의 융합을 가능하게 핵심 분야로 부상하고 있다. 에너지데이터의 대표적인 사례는 전력데이터이며 지금까지 한국전력 등 공기업이 독점해왔다. 전기의 생산·송배전, 소비 영역에서 발생하는 방대한 데이터는 어떻게 활용하느냐에 따라 기존에 없던 새로운 서비스 산업을 탄생시킬 수 있다.

일례로 이미 고객의 전기 사용 패턴을 분석해 전기요금을 절감해주는 수요관리 서비스는 이미 시장에 출시되었으며 관련 스타트업이 늘어나고 있는 추세이다. 그러나 현 단계에서 제한적으로 공개되고 있는 전력데이터가 전면 개방되면 기상정보, 국토정보 등 다양한 데이터와 결합한 IoT 서비스가 가능해진다. 또한 에너지 수요에 대한 예측을 토대로 전력 공급량과 수요를 조절하는 서비스도 등장할 수 있고, 스마트그리드, 전기차, ESS, 신재생에너지 등의 이용 효율을 개선하는 데도 기여할 수 있다.[16]

정부도 에너지데이터 개방이 에너지 신산업 발전에 미칠 영향을 인식하고 2016년 9월 한전에 전력빅데이터센터를 개설하여 공공재 성격의 전력 데이터를 우선 개방한 바 있다. 그러나 기업이 원시자료 raw data 형태인 전력데이터를 실제 사업에 활용할 수 있으려면 정부가 미국의 그린버튼 프로젝트Green Button Project와 같이 데이터를 표준화시켜 손쉽게 데이터를 주고받을 수 있는 시스템을 갖출 필요가 있다. 이와 함께 소비자가 개인정보 유출을 염려하지 않도록 개인정보 보호 시스템을 갖춤으로써 실시간 전력사용량 등 에너지 데이터를 기업이 활용할 수 있도록 해야 한다.

누구나 에너지 데이터에 접근하여 활용할 수 있는 개방형 에너지 플랫폼의 건설도 중요하다. 현재와 같은 SKT, LG U+ 등 대기업 위주의 폐쇄형 플랫폼은 하청 중심이고 플랫폼 간 결합이 이루어지지 않는다는 한계가 있다. 4차산업혁명 시대의 급변하는 비즈니스 환경에 적응하고 신산업을 탄생시키기 위해서는 구글, 페이스북, 드롭박스, 슬랙, 인코어드 등과 같이 오픈 플랫폼을 구축하고 생태계를 조성해야 할 것이다.

에너지 신산업 스타트업 성장을 위한 전폭적 지원

4차산업혁명 시대가 도래하면서 에너지 분야에서도 참신한 아이디어와 기술력을 무기로 새로운 시장수요에 대응하려는 스타트업들이 등장하고 있다. 이들 스타트업은 혁신기술의 저변을 확대하고 청년 창업을 활성화함으로써 에너지 신산업이 한국의 차세대 먹거리로 성장하는 데 기여할 것으로 기대된다. 그러므로 에너지 신산업 분야에서 보다 많은 스타트업이 배출될 수 있도록 전폭적인 지원이 이루어져야 할 것이다.

일례로 한전은 2017년부터 에너지 신산업 분야 미래성장동력 발굴과 에너지생태계 성장발전을 위해 2020년까지 'KEPCO 에너지 스타트업' 300개를 육성하고 있다. 한전은 선정된 스타트업 육성을 위해 1) 스타트업별로 2년 동안 2억 원의 사업자금으로 비즈모델 개발, 시제품 제작, 인력양성, 판로 개척 등을 지원하고 2) 빛가람혁신센터내 입주 사무실 제공, 3) 한전의 전력기술 분야 전문 멘토링과 창업전문 액셀러레이터 매칭을 통한 사업화 컨설팅 등을 지원했다.[17] 실제로 제1차 K-에너지 스타트업으로 선정된 스트릭스는 EIMS(아임스)라는 전력수요관리사업 통합관제시스템을 대표상품으로 출시했고, 6월 제2차 스타트업으로 선정된 엠텍정보기술의 경우 친환경 자동차에 장착된 대용량 고전압 배터리를 이용하여 에너지 네트워크가 가능한 V2X용 인버터를 개발 중이다. 이와 같은 에너지 분야 스타트업 육성사업이 보다 확대될 필요가 있다.

또한 스타트업에 대한 전폭적인 지원은 비단 지원 액수뿐만 아니라 신속성도 매우 중요하다. 지원 여부와 지원 규모에 대해 실리콘 밸리와 같은 빠른 의사결정이 이루어져야만 스타트업이 국내 및 세계시장에서 선점할 기회를 놓치지 않는다. 아울러 개별 스타트업이 생존하기에는 어려운 비즈니스 환경인만큼 기존의 대기업 또는 중소, 중견기업과의 협력이 가능한 플랫폼을 제공하는 것도 중요하다.

한·중 에너지 분야 협력의 새로운 탐색

한·중 FTA 협정문 제17, 18조 에너지 및 자원 협력 챕터에서는 에너지 및 자원 분야에서 강력하고 안정적이며 상호 호혜적인 파트너십을 조성하기 위한 수단으로서 양국 간 협력 활동 증진을 규정하고 있다. 구체적으로는 첫째 민관 분야에서의 협력을 증진하고, 플랜트 건설 관련 투자를 포함한 사업기회를 증진 및 지원하며, 에너지 절약 및 자원의 포괄적 이용에 대한 정책 대화를 증진하고, 전문가의 방문 및 교류를 촉진하는 공동포럼 등을 규정했다. 이처럼 협정문 상에서는 에너지 분야의 협력은 원론적인 수준에서 명시되어 있다.

양국의 에너지 및 전력시장 개방 정도는 유사하거나 중국이 다소 높다. 한국은 '외국인투자촉진법'에 의거해 한국표준산업분류에 따른 총 1,145개 업종 중에서 공공행정, 외무, 국방 등 60개 업종에 대해 외국인투자 제외업종으로 정하고 있으며(제외 업종), 나머지 1,085개 투자대상업종 중 29개 업종은 외국인투자는 가능하나 투자비율 등에 제한을 두어 정하고 있다(제한업종). 제한업종에는 원자력 발전업, 수력·화력·기타 발전업, 송전 및 배전업이 포함된다. 그러나 5대 고부가가치 서비스업 분야 중 하나로 지정된 에너지 산업의 경우 FTA를 활용해 적극적으로 외국인 투자를 유치하고 있다.

중국은 '외국인투자산업지도목록(外商投資産業指導目录)'을 통해 외국기업이 중국산업에 진출가능한 분야를 장려 또는 제한하고 있는데, 2017년 6월 발표된 개정판 목록에 따르면 화력, 수력, 신재생에너지 발전용 설비제조업과 태양전지, 리튬전지 등을 위시한 하이테

업종명(표준산업분류)	허용 기준
원자력 발전업(35111)	미개방
수력 발전업(35112) 화력 발전업(35113) 기타 발전업(35119)	외국인이 한전으로부터 매입하는 발전설비 합계는 국내 전체 발전설비의 30%를 초과하지 않아야 함
송전 및 배전업 (35120)	• 외국인투자비율이 50% 미만일 것 • 외국투자가의 의결권 있는 주식 등의 소유는 내국인 제1주주보다 낮아야 함

출처: KOTRA(2014), 2014 외국인투자가이드.

크 전지제조업이 장려업종에 포함되었다. 또한 수력·신재생에너지 발전소의 건설 및 경영을 장려하고 원자력발전소의 건설 및 경영과 전력망의 건설 및 경영도 중국 측이 다수지분을 확보할 경우 허용하고 있어 동일 분야에서 한국보다 오히려 개방도가 높다.

그러나 중국정부에 의한 외국 업체 차별이 암묵적으로, 경우에 따라서는 명시적으로 존재한다. 송전망과 같이 국가 안보 또는 국가경제 운영과 직결된 분야에서의 차별은 이해할 수 있으나, 실제로는 기술, 규모 등에서 경쟁력이 확보될 때까지 자국 산업을 보호하기 위한 수단인 경우가 많다. 대표적인 사례가 풍력 설비, 원전 설비 등에서 국산화율 70% 도달 요구이며 그 밖에도 비공식적인 경쟁 제한조치들이 많다. 각종 '비관세 장벽'으로 마련된, 외국인투자에 대한 중국정부의 우호적인 입장과는 달리 중국시장에서 외국인투자기업의 입지는 좁아지고 있다. 일례로 외국기업의 중국 풍력터빈 시장점유율은 2008년 25%에서 2013년 5%로 급감했다. 지멘스의 경우, 2011년

상하이전력과 조인트 벤처를 설립하여, 풍력발전업의 대표적인 외국 기업 진출 사례로 꼽혔으나, 2015년 이를 철회했다.

이 상황에서 양국의 기술력을 고려하면 결국 기존의 신재생에너지 분야나 전력 분야에서 한국기업이 중국에 단독으로 진출하여 성공을 거두기란 현실적으로 불가능하다. 그러나 4차산업혁명 시대는 양국이 에너지 신산업 분야에서 협력할 수 있는 새로운 기회의 창으로 작용할 수 있다. 따라서 에너지 신산업과 관련한 신기술 분야 공동연구 등을 통해 양국 간 새로운 협력방향을 지금부터 모색해가야 할 것이다.

(2) 중소기업을 위한 제언

국내 에너지 신산업의 기회 선점

기존의 에너지 산업구조는 대기업, 공기업 위주로 구성되어 있어 중소기업의 신규 참여가 어려운 구도이다. 따라서 기존의 신재생에너지 산업 밸류체인에서 우리 중소기업은 분업형태로 참여하게 될 것이다. 그러나 4차산업혁명시대에는 에너지에 ICT기술을 접목한 다양한 비즈니스를 새롭게 창출할 수 있으므로 해당 시장을 선점할 수만 있다면 중소기업이라도 독립적 경쟁이 가능하다. 실제로 ICT를 활용한 스마트에너지의 비즈니스 기회가 떠오르면서 애플, 구글, 페이스북 등 글로벌 플랫폼사업자는 물론이고 참신한 아이디어와 독창적인 기술력을 지닌 스타트업도 앞다투어 스마트 에너지시장에 참여하고 있다.[18]

국내에서도 문재인 정부 시대에 이루어지는 각종 규제완화는 우선 태양광과 풍력을 중심으로 한 발전사업에 활력을 불어넣는 등 에너지 신산업 발전에 호재로 작용할 것이다. 여기에 에너지데이터의 공용화까지 이루어지면 보다 많은 스타트업이 에너지와 디지털기술을 접목한 사업을 시도할 가능성도 높다. IoT를 활용한 에너지저감 기술(LG)이나 에너지솔루션사업(현대일렉트릭의 인티그릭) 등이 그 예이다.

실제로 에너지 신산업 분야에서 우수한 기술력이나 아이디어를 활용해 투자유치에 성공한 사례가 늘어나고 있다. 대표적인 기업으로는 인코어드, 이노마드 등이 있다. 인코어드 테크놀로지스encored technoligies는 2013년 최종웅 대표가 미국에 설립한 에너지데이터 분석 스타트업이다. 세계 최초로 에너지 스마트미터를 개발하여 현재 52개의 특허를 보유하고 있다. 대표제품인 '에너톡'은 가정 분전기에 IoT 기기를 설치해 스마트폰에서 전기 소모량을 알려주는 기기로서 에너지 데이터 분석 플랫폼이다. 사용자는 이를 이용해 자신의 전기 사용량이 '전기요금 폭탄'을 부르는 누진제에 걸리지 않도록 방지할 수 있다. 인코어드는 현재 전 세계 약 10만 세대에 '에너톡'을 제공하고 있다.

인코어드는 미국과 한국에 이어 2016년 1월 일본 법인을 설립했다. 향후 1조 원 이상의 기업가치를 가진 스타트업, 즉 '유니콘'으로 회사를 발전시킬 계획인데, 현재 미국 투자회사들은 인코어드의 가치를 1,500억 원 정도로 평가하고 있다. 지난 2014년 조지 소로스의 글로벌 투자펀드인 퀀텀스트래티직파트너스(QSP)가 1,100만 달러를 투자하며 화제를 모은 데 이어, 2017년 7월 일본 최대 IT 및 투자회사인 소프트뱅크와 합작해 일본 현지 사업을 전개하게 됐다.

이노마드는 전력 인프라가 없더라도 에너지를 직접 생산할 수 있도록 하는 스타트업으로, 2016년 미국의 소셜 펀딩 사이트 킥스타터kickstarter를 통해 1억 8,000만 원어치 선주문을 받은, 휴대용 소형 수력 발전기 이스트림E-stream를 개발했다. 2017년에는 이스트림을 새롭게 디자인한 '이노마드 우노'를 카카오메이커스를 통해 론칭했다.

대기업과의 협업을 통한 해외시장 개척

에너지 신산업에서 대기업과 중소기업의 협력을 통한 상생노력이 가속화되면 중소기업에게도 보다 많은 기회가 창출될 것이다. 기술력을 갖춘 중견, 중소기업을 중심으로 한 해외시장 진출을 위한 컨소시엄도 더욱 활발히 추진해볼 만하다. 실제로 한전은 2017년 4월 리튬-폴리머 배터리업계의 강자인 국내 중견기업 코캄KOKAM사와 협력하여 ESS를 활용한 VPP 사업 등 미국의 'Behind the Meter' 시장 개척에 나섰다. 나아가 국내 기업이 제작한 태양광 패널과 ESS를 활용한 VPP 사업을 적극 추진하고 국내 금융기관의 투자를 유치하여 'Team Korea'의 에너지 신산업 해외시장 동반 진출을 확대할 계획이다.

코캄은 세계적으로 인정받는 전지 제조사며 배터리 솔루션 제공기업으로, 26년간 신뢰성과 안정성이 보장된 고객 중심의 친환경, 고성능 배터리 솔루션을 개발해왔다. 1998년 세계 최초로 대용량 리튬폴리머 배터리를 개발했으며, 현재 배터리 제조기술 관련 국내외 특허를 150개 이상 보유한 이차전지 시스템 전문업체이다. 사업 분야는 군수, 항공, 선박, 우주선, 전기차, 전력 인프라 등이며, 특히 극한환경에서 필요한 고성능 배터리와 맞춤형 ESS 솔루션에 있어 독보적 경쟁력을 확보하고 있다. 코캄은 2016년 글로벌 시장조사업체 네비건트 리서치Navigant Research가 발표한 'ESS 분야 글로벌 경쟁력 배터리 기업평가보고서'에서 일본의 도시바TOSHIBA를 누르고 4위를 차지하기도 했다.

신재생에너지 융복합과 IoT 접목을 통한 글로벌 신재생에너지시장개척도 추진해볼 수 있다. 일례로 2017년 6월 한국신재생에너지협회의 주관하에 풍력과 울트라 히트펌프에서 각각 세계적인 기술을 보유한 오딘에너지와 국제에너지가 IoT 에너지 절감 서비스 제공 기업인 아이오티월드와 연합하여 신재생에너지 글로벌 개척단을 결성했다. 오딘에너지는 풍력 분야에서 국내 원천기술을 보유한 기업으로 유럽의 CE인증까지 획득한 세계 최초의 타워형 풍력기술을 보유하고 있다.

그 밖에도 로맥스테크놀로지코리아는 2015년 정부의 신재생에너지 연구개발 지원사업을 통해 풍력발전기 진단제품인 '풍력발전기 O&M스마트플랫폼'을 개발했으며, 현재 미국 최대 풍력발전단지 중 하나인 윈디플랫풍력발전단지의 진단프로젝트를 진행하고 있는 EDF Renewable Service사에서 로맥스의 개발제품을 사용하고 있다. 또한 파루는 미국, 일본, 중국, 독일, 프랑스 등 세계 12개국의 특허를 받은 고효율 태양광 추적 기술을 보유하고 있다. 이처럼 풍력이나 태양광 분야에서 기술력을 인정받은 중소기업들이 신재생에너지 융복합 사업의 파트너로 참여할 수 있다.

지분참여를 통한 중국 진출 추진
〈표 5-4〉에서 보듯이 한국은 각종 에너지기술 분야 중 스마트그리드

<표 5-4> 에너지 기술 분야 국가전략기술의 주요국 기술 수준 비교

국가전략기술명	한국		중국		일본		EU		미국	
	기술수준(%)	순위	기술수준(%)	순위	기술수준(%)	순위	기술수준(%)	순위	기술수준(%)	순위
스마트그리드기술	90.3	4	70.7	5	93.5	3	94.6	2	100	1
고효율 전지기술	82.6	4	69.8	5	100	1	90.7	3	96.6	2
열에너지 네트워크기술	82.4	4	61.9	5	95.7	3	100	1	96.5	2
폐자원 에너지화기술	76.5	4	59.8	5	93.9	2	100	1	92.8	3
바이오에너지기술	73.3	4	67.3	5	90.1	3	98.4	2	100	1
지열기술	68.6	4	61.9	5	91.3	3	95	2	100	1
태양에너지기술	82.8	4	77	5	96.6	3	98.8	2	100	1
풍력발전기술	72.5	5	74.7	4	79.8	3	100	1	93	2
수소에너지기술	73.6	4	69.5	5	98.8	2	95.6	3	100	1
해양에너지기술	75	4	65.2	5	89.1	3	100	1	95.3	2
기계적 에너지저장기술	75.4	4	69.7	5	90.3	3	96.9	2	100	1

출처: 한국과학기술기획평가원(2015). 2014년 기술수준평가. p.180.

기술의 수준이 상대적으로 높은 수준이다. 전반적으로 한국이 중국
보다는 높은 기술 수준을 보유하고 있으나 선도그룹인 미국, EU, 일
본과는 큰 격차를 보인다. 또한 풍력발전기술에서는 근소한 차이로
중국에 뒤처지고 있다. 그 밖에도 미래성장동력 산업 중에서는 2개
이상의 발전장치를 저장장치와 결합한 이른바 '신재생에너지 하이브
리드 시스템' 산업에서는 최고기술국인 미국 대비 78.5% 수준이고
대 중국 기술 격차는 -1.1년 정도이다.[19]

또한 에너지경제연구원에서 2013년 산학연 전문가 500여 명을 대상으로 실시한 델파이조사 결과에 따르면 우리나라 신재생에너지 분야 기술 수준은 86%(최고기술 100%) 수준이다. 선진국(유럽, 미국, 일본)과는 10% 내외, 후발국인 중국과는 5% 이내 기술 격차가 있는 것으로 분석된다.[20]

결국 신재생에너지 분야에서 한중 양국의 기술력은 현격한 차이가 없거나 오히려 풍력발전과 같이 중국이 더 기술 우위가 있는 경우도 있다. 여기에 중국의 가격경쟁력까지 고려하면 한국이 신재생에너지 산업에서 절대적인 우위를 점하여 중국과 분업체계를 형성하거나 독립적으로 경쟁을 추진하기란 어려울 수 있다. 일례로 태양광은 특히 규모의 경제가 중요한 산업이기 때문에 사내에서 수직계열화를 완성하는 것이 일반적인 추세이다. 중국시장 진출을 고려할 정도의 능력을 보유한 기업은 국내에서 한화, OCI 등 정도에 불과하며, 중소기업의 독자적인 중국진출은 더더욱 어렵다.

대신 해상풍력발전, 실리콘 박막 태양전지 등 상대적으로 비교우위에 있는 분야에서 중국과의 협력을 시도하거나 신재생에너지 융복합,[21] 스마트시티, 스마트 그리드 등 4차산업혁명시대에 부상하는 신산업 분야에서 기술력을 갖춘 중소기업이 중국 에너지, 전력 관련 회사와 지분을 공유하거나 공동으로 회사를 신설하여 4차산업혁명시대 중국의 에너지수요증가에 대비하는 전략을 고려할 수 있다.

특히 중국 에너지소비의 문제 중 하나는 발전 효율이 낮다는 것이다. 대부분의 풍력, 태양광 발전시설들이 서북부지역에 집중되어 있고, 송전망 부족 등의 제약으로 인해 신재생에너지 발전시설들이 효과적으로 운영되고 있지 않은 상황이기 때문에 풍력과 태양광, 풍력과 ESS, 태양광과 ESS 등을 결합하여 효율을 높이는 융복합기술에 대한 수요가 높은 편이다. 따라서 중국 내 각 지역 상황에 맞는 맞춤형 모델을 현지 정부 및 기업과 공동으로 개발하는 전략을 고려해볼 수 있다.[22] 아울러 ICT를 활용한 국내 에너지수요관리 경험과 노하우를 적극 활용하여 에너지효율부문 진출도 시도해볼 수 있다.[23]

(노수연)

제6장

한국 바이오 제약산업의 미래 전략

1. 바이오 제약산업

바이오 의약품은 사람이나 다른 생물체에서 유래된 것을 원료 또는 재료로 하여 제조한 의약품을 말한다. 좀 더 구체적으로는 다음과 같은 의약품들을 포함하고 있다.

먼저 백신·혈장분획 제제 및 항독소 등을 포함하는 생물학적 제제가 바이오 의약품에 속한다. 생물학적 제제는 생물체 유래물질 혹은 생물체 자체를 이용해서 만든 제제를 총칭한다.

다음으로 유전자 재조합 의약품을 포함한다. 유전자 재조합 의약품은 유전자 조작기술로 제조되는 펩타이드 또는 단백질 유효성분 의약품을 의미하며 항체, 세포배양 의약품이 이에 속한다.

다음으로 바이오 의약품에는 세포치료제가 포함된다. 세포치료제는 살아 있는 자가, 동종, 이종 세포를 체외배양 혹은 증식 등의 방법을 통해 제조하는 의약품이다.

마지막으로 질병치료를 목적으로 인체에 투입되는 유전물질인 유전자 치료제도 바이오 의약품에 속한다. 이러한 바이오 의약품을 대량으로 생산하는 산업을 바이오 제약산업[1]이라 한다.

(1) 산업별 혁신체제의 틀에서 본 바이오 제약산업

필자는 바이오 제약산업의 특징을 분석해서 실효성 있는 미래 전략을 도출하기 위해 산업별 혁신체제Sectoral Innovation System의 분석틀을 활용했다. 산업별 혁신체제 분석틀은, 개별 산업은 고유의 혁신체제를 가지고 있으며 이는 각 산업의 지식과 기술 기반Knowledge and Technology Domain, 수요조건Demand Condition, 혁신주체와 네트워크Actors and Networks, 산업을 둘러싼 제도 환경Institution의 요소로 나누어 분석할 수 있다고 주장한다(Malerba, 2004). 분석틀 속 산업을 구성하는 각 요소들은 산업의 혁신방향과 혁신주체들의 경쟁과 협력의 양상을 결정지으며 산업 혁신의 동학을 분석하는 기준이 될 수 있다. 각 요소별로 바이오 제약산업의 특징을 분석해보면 다음과 같다.

우선 바이오 제약산업의 기술 체제Technology Regime를 보기 위해 바이오 의약품이 기존의 합성의약품과 구별되는 점들을 보자. 바이오 의약품은 생명공학기술의 발달로 만들어지기 시작한 의약품으로 기존의 합성 의약품과 가장 다른 점은 분자 구조가 복잡하다는 것이다. 인류 최초의 합성 의약품인 아스피린은, 분자량이 180돌턴daltons에 불과한 반면 대표적인 바이오 의약품인 에포젠의 경우는 분자량이 3만 400돌턴에 달하며 이보다 분자 수가 더 많은 단일클론항체는

1만 5,000돌턴 이상이다.[2]

　분자구조가 간단한 합성 의약품의 경우는 그 복제와 제조가 간단하고 쉽다. 복제약의 개발과 승인도 용이하다. 반면 바이오 의약품의 경우는 복잡한 배양과 정제 과정을 거쳐야만 대량생산이 가능하고 같은 설비에서 생산이 이뤄져도 생산 혹은 유통과 보관 과정에서 바이오 의약품의 생물학적 특성이 변이될 가능성이 크다. 심지어 같

〈표 6-1〉 합성 의약품과 바이오 의약품의 차이점

구분	합성 의약품	바이오 의약품
정의	약물의 크기와 질량이 작은 화합물 의약품	생물공학기술을 이용해서 만들어지는 의약품
생산방법	화학합성	미생물, 식물, 동물세포 등 생물체로부터 제조
구조학적 특징	• 분자량이 작음 • 화학적 구조가 잘 밝혀짐	• 매우 크고 복잡한 3차원 구조 • 구조를 밝히거나 특성을 규명하기 어려움
독성	독성 예측 어려움	생체 내 물질 내지 생물 유래 물질로 독성 거의 없음
효능	전신 작용으로 표적 장기 예측 어려움	• 표적 장기에 직접적으로 효능 발휘 • 난치성 희귀질병 치료에 효과
신약 성공확률	신약 성공확률 악화	부작용 사례가 상대적으로 적고 효율이 높아 상대적인 성공확률 높음
개발기간	평균 10~15년	평균 5~8년
개발비용	평균 UDS 1.3b	평균 USD 880m

자료출처: 이승호(2017)

은 설비에서 제조한 의약품이라 하더라도 매 생산회차마다 다른 의약 제품이 나올 수도 있다.3 이 때문에 복제약의 개발이 어렵고 바이오 의약품을 가지고 선진국 시장에 진출하려면, FDAFood and Drug Administration, EMAEuropean Medicine Agency와 같은 의약품 관리 당국의 승인 이외에도 cGMPCurrent Manufacturing Practice, EUGMP 등의 생산공정 승인을 받아야 한다.

대표적인 바이오 의약품인 유전자 재조합 의약품을 대량으로 만드는 공정을 살펴보자. 우선 표적 유전자(Target DNA)를 배양원에 주입하면 호스트 세포Host Cell가 이를 자신의 유전자로 인식하고 결합해서 의도한 바이오 세포가 만들어진다. 이후에는 이 세포의 자기 분열Cell Expansion을 촉진해서 배양Cell Production하는 과정을 거치는데, 이 질소가스 등의 영양분을 공급하며 적절한 조건을 마련해주어야 한다. 이렇게 배양한 세포 단백질을 여과Filtration, 정제Purification, 확인Validation하는 과정을 거쳐 의약품을 대량Bulk Drug 생산하게 된다.

복잡한 과정을 거쳐, 목표로 하는 바이오 물질을 얻기 위해서는 전문적인 기술 조합이 필요하다. 또한 의약품 관리는 생산에서 끝나지 않는다. 유통과 보관 또한 전체 바이오 제약산업에서 매우 중요하다.

다음으로 바이오 제약산업의 수요 조건을 살펴보자. 〈그림 6-1〉에서 확인할 수 있는 것처럼 바이오 의약품 시장은 향후 매우 큰 성장 잠재력을 가지고 있다. 생체 물질인 바이오 의약품은 합성 의약품에 비해 독성이 적고 표적 장기에 직접적으로 효능을 발휘하기 때문에 그 수요가 날로 증가하는 추세이고 난치성 희귀질병 치료에 효과가 뛰어나다. 부작용이 적으니 임상통과 확률도 높아서 오히려 개발 성공률이 합성 의약품보다 높고 이에 따라 개발비용도 오히려 낮다.

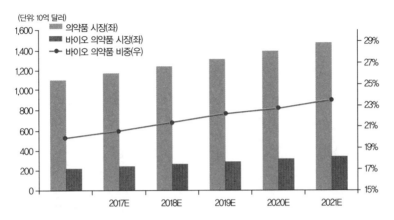

<그림 6-1> 세계 바이오 의약품 시장 규모 및 성장 추이 전망

출처: 이재우, 성동원, 수출입은행 해외경제연구소(2017)

그러므로 〈그림 6-1〉에서 확인할 수 있는 바와 같이 세계 의약품 시장이 2016~2021년 기간 동안 평균 5.9% 성장할 것으로 전망되는 반면 바이오 의약품 시장은 연평균 9.4% 성장할 것으로 예상되고 있다. 2021년에는 3,440억 달러로 전체 의약품 시장에서 23.4%까지 그 비중이 높아질 것이라 예상되고 있다.

또한 세계경제에서 그 비중이 날로 커지고 있는 신흥대국(중국, 인도, 브라질, 러시아)과 태국, 이집트, 남아프리카 등 경제발전 국가들의 소득 수준이 높아지고 고령화가 진행되면서 의료수요가 빠르게 증가할 것이라 전망되기 때문에 바이오 의약품에 대한 수요도 따라서 증가할 것이다.

예를 들어 중국의 경우를 보면 2015년 기준 의료비 지출이 이미 3.5조 위안인데 이는 전년 대비 10.8%나 증가한 것이다. 2015년 중국의 고령인구는 전체 인구의 10.5%이나[4] 기대수명이 늘어나며 빠르게 증가하는 추세인데 1949년 이후 출생한 1차 베이비붐 세대 인구들이 65세를 넘기며 고령인구로 접어들었기 때문이다. 바이오 제약산업의 중요성은 더욱 커질 전망이다.

바이오 제약산업의 혁신주체와 네트워크에 대해 살펴본다. 바이오 제약산업이 기존 합성 의약품을 개발하고 생산하는 제약산업과 다른 점이 있지만 기본적으로 비슷한 기술 체제 특징을 공유하고 있는 부분도 많다. 대표적으로 바이오 제약산업은 제약산업과 마찬가지로 과학기술 기반Science Based 산업으로 연구개발 집약적인R&D Intensive 산업이다.[5] 과학기술 기반 산업은 기초과학의 연구결과가 곧바로 산업적 성과로 연결되는 특징을 가지고 있고 연구개발 집약적 산업에서는 다른 제조업에 비해 기업들의 매출액 대비 연구개발비 비중이 높다. 제약산업과 바이오 제약산업 모두 이러한 특성을 공유하고 있다.

그러므로 바이오 제약산업의 혁신주체와 혁신주체들 간의 네트워크, 혁신패턴과 동학도 제약산업의 그것과 비슷하다. 우선 바이오 제약산업 혁신주체인 기업의 설립주체들은 학계와 깊은 연관을 맺고 있다. 바이오 제약기업들은 약학과 혹은 미생물학과 출신의 전문 인력의 연구 성과를 바탕으로 성장하며 의학과에서 새롭게 발견된 치료기술을 바탕으로 기업이 성립하기도 한다. 기업과 대학, 연구기관들 간의 공동연구도 활발하게 진행되고 있으며 인적 교류도 활발하다. 이러한 맥락에서 바이오 제약산업에서의 혁신을 주제로 한 여러 기존 연구들(Chaturvedi, 2007; Chen, 2012)은 산업 내 혁신주체들 간의 지식 이전과 상호협력 관계에 주목했다. 기존 연구들에 따르면 바이오 제약산업에서는 산업 혁신 네트워크와 이러한 기술 이전과 협력을 촉진하는 정부 기관의 역할, 벤처 캐피탈 등 금융기관의 역할,

전략적 제휴 활동을 매개하는 기관과 혁신주체들의 동기구조가 중요하다.

바이오 제약산업의 이러한 특징은 최근 산업에서 연구개발의 생산성이 저하되는 '혁신결핍증Innovation Deficit' 현상(김석관, 2004)이 나타나며 더욱 강화되고 있다. 글로벌 기업들의 신약개발 경쟁이 격화되어 신약의 기술 생명주기가 짧아지고 내부 개발비용이 증가하면서 혁신주체들은 외부 자원을 활용하고 자신의 지적 자산을 유동화해서 새로운 수익을 창출할 동기가 커졌다(Chesbrough, 2003). 외부 기관과의 협력 연구를 활성화하고 기술자산을 과감히 매각하며 스핀오프, 라이센싱을 활발히 진행하는 바이오 제약기업이 성공할 확률이 높다. 산업 내 혁신주체들은 개방형 혁신을 추구하며 다른 혁신주체들과의 네트워크를 강화하고 공동연구개발과 지식 이전을 확대하고 있다. 2015년에는 구미지역에서 바이오 기업만 89개 기업이 M&A 대상이 되어 1,002억 달러의 역대 최고 거래가 성사되었다. 2014년부터 바이오 기업들 간의 전략적 제휴 또한 급속하게 증가해서 2015년 구미지역에서만 173건의 전략적 제휴가 체결되었다. 또한 이러한 배경에서 마케팅 영업, 생산, 임상시험, 연구개발의 각 단계를 전문적으로 시행하는 전문기업들이 생겨나 분업체제가 심화되고 있다. 비용절감을 위해 전문성 있는 분야에 집중해서 경쟁력을 유지하고 혁신역량을 높이기 위해서이다. 의약품 위탁생산기업CMO: Contract Manufacturing Organization, 임상대행기업CRO: Contract Research Organization, 영업대행기업CSO: Contract Sales Organization이 증가하고 있다. 바이오 의약품 CMO 시장은 2020년까지 연평균 16.1%가 증가할 것으로 전망되고 있으며 세계 CRO 시장은 2019년까지 연평균 11.9%의 속도로 증가할 것으로 전망되고 있다(이재우, 성동원, 2017).

(2) 바이오 제약산업에서의 기회의 창

바이오 제약산업을 둘러싼 제도 환경도 산업의 혁신 양상을 결정짓는 중요한 요소이다. 바이오 의약품을 신규 개발하는 데는 많은 시간과 비용이 소요되며 그 성공률도 낮다. 바이오 신약 개발 평균 비용은 8억 8,000만 달러로 5~8년 정도의 평균 개발기간이 필요한데다 시장 진입을 위한 임상기간이 또 소요된다. 리스크가 큰 투자이지만 사회적인 수요를 위해 투자를 촉진시키기 위해 지식재산권 제도를 통해 의약품 특허 보호기간을 늘려 혁신성과를 전유하도록 하고 있다. 지식재산권 제도가 산업 혁신에 미치는 영향이 크다. 또한 복제약 승인과 관련된 제도 환경도 중요하다. 여러 나라 정부들은 의료보험 지출을 줄이고 국민들의 의약품에 대한 접근성을 높이기 위해 복제약 승인을 확대할 동기가 있다. 나라의 전체적인 의료제도 운영방향과 지식재산권제도가 산업 혁신 양상에 영향을 미치게 된다.

이러한 특징과 관련해 최근 바이오 제약산업에는 새로운 '기회의 창'이 넓어지고 있다. '기회의 창'은 페레스와 소에테Perez and Soete(1988)가 처음 제기한 개념으로 네오슘페터주의의 관점에서 새로운 기술 경제 패러다임의 출현이 후발자에게 추격의 기회가 될 수 있다는 의미이다. 예를 들면 아날로그 기술에서 디지털기술로 기술 패러다임이 변하는 시기에 삼성과 LG 등 한국의 전자기업은 테이프 레코더나 CRT TV 등 기술에 천착하던 일본의 전자기업을 추월할 수 있었다. 이러한 기회의 창은 기술 체제Technology Regime의 변화 이외에도 수요 측면의 변화나 정부 규제, 법령 산업정책 등의 제도 변화에

〈그림 6-2〉 세계 바이오 시밀러 시장 규모 추이 및 전망

출처: 이재우, 성동원, 한국수출입은행 해외경제연구소(2017).

의해서도 열린다(이근 외, 2013).

최근 몇 년 사이 대표적인 바이오 의약품의 특허기간이 만료되어 바이오 시밀러를 만들어 생산할 동기가 커졌다. 1984년 해치-왁스만법Hatch-Waxman Act[6] 이 통과된 이후 바이오 시밀러 의약품의 시장성이 커졌다. 특허가 끝난 바이오 시밀러 의약품을 개발하면 시장 수요가 이미 검증된 의약품을 리스크 없이 판매할 수 있다.

최근에는 세계 매출이 연간 10억 달러를 넘고, 복용 환자가 1,000만을 넘는 휴미라, 레미케이드, 엔브렐, 리툭산 등 블록버스터급 바이오신약 특허가 2020년까지 대거 만료될 예정이다. 그러므로 후발 주자라도 대규모 제조설비를 갖추고 바이오 시밀러를 개발해서 선진시장에서 임상을 통과할 기술력을 확보했다면 세계시장에서 주요한 역할을 하는 혁신주체로 부상할 수 있다. 유전자 재조합 의약품 시장의 전망이 밝은 것이다.

이에 더해 바이오 치료기술이 날로 발달함에 따라 세포치료제 영역에서도 혁신이 가속화되고 있다.[7] 특히 줄기세포와 유전자가위는 세포치료제와 같은 바이오 의약 분야뿐 아니라 의료체제를 근본적으로 바꿀 기술로 평가되고 있다. 우선 줄기세포 분야 혁신에 의해 기회의 창이 열리고 있다.

2006년 교토대학교의 야마나카 신야 박사는 단 4개의 유전자를 이용하여 성체 쥐의 세포를 역분화시켜서 배아줄기세포와 유사한 만능유도줄기세포Induced Ploripotent Stem Cell: iPS를 만들 수 있음을 발표했고 2012년 노벨생리의학상을 받았다. 이 기술은 연구용 인간조직을 무한대로 배양할 수 있어서 의학발달에 큰 기여를 하고 있으며 미국을 비롯한 여러 나라에서 만능유도줄기세포 기반 치료법을 연구 중이다. 다음으로 3세대 유전자가위 기술이 도입되어 이 분야 혁신이 가속화됨으로써 새로운 기회의 창이 열리고 있다. 유전자가위는 인간을 포함한 동식물 유전자에 결합해 특정 DNA부위를 자르는 데 사용하는 인공 효소로 유전자의 잘못된 부분을 제거해 문제를 해결하는 유전자 편집Genome Editing 기술이다. 3세대 유전자가위 기술인 크리스퍼CRISPR: Clustered regularly interspaced short palindromic repeats 유전자가위 기술은 크리스퍼라는 RNA가 표적 유전자를 찾아가 '카스9'이라는 효소를 이용하여 DNA염기서열을 잘라내는 방식이다.

이 기술은 21세기 최대 발견으로 회자되며 기술을 개발한 제니퍼 다우드나Jennifer Doudna 교수는 기술을 개발한 지 10년이 지나지 않았지만 노벨상 영순위로 꼽힌다. 크리스퍼를 통해 인간은 거의 모든 생물의 유전자를 고칠 수 있는 기술을 얻게 되어 에이즈와 암을 정복할 치료법을 개발하는 것이 가능해졌기 때문이다. 환자의 몸에서 면역세포를 추출해서 이 면역세포의 유전자를 수정한 뒤 이를 다시 주입하는 방법으로 질병을 치료할 수 있다.

크리스퍼를 이용한 유전자 수정은 기존의 유전자 조작 치료 방법에 비해 간단하고 효과적이기 때문에 여러 부작용을 쉽게 해결할 수 있다. 이에 더해 바이오 의료 분야의 혁신으로 인한 기회는 의료 분야를 넘어 우리 미래 전체를 바꿔놓을 수 있을 정도이다. 단적으로 예를 들면 미국 하버드대학교의 조지 처치George M. Church 교수는, 크리스퍼 유전자가위를 이용하여, 꽁꽁 언 매머드 사체에서 얻은 DNA를 잘라 아시아 코끼리에 편집하면 매머드를 복원할 수 있다고 주장한다. 세포치료제 영역에서 과학기술 발전과 산업혁신은 빠르게 이뤄질 것이며 이로 인한 기회의 창이 크게 열릴 것이다.

2. 중국의 바이오 제약산업

(1) 중국 바이오 제약산업의 수요조건과 혁신주체

이러한 바이오 제약산업에서의 기회의 창을 활용하기 위해 세계 여러 나라에서 빠른 행보를 보이고 있다. 특히 중국은 바이오 제약산업을 포함하는 제약산업을 매우 중시하고 있으며 제약산업진흥을 돕고 의료산업을 육성하기 위해 대대적인 투자를 한 바 있다. 대표적으로 2009년 세계 금융위기가 닥쳐서 수요부족이 문제가 될 때 중국정부는 4조 위안의 경기부양책을 내놓았는데 그 일환으로 2009년 신농촌의료보험제도(新型農村合作医療)의 조기안정을 위해 8,500억 위안의 국가 예산을 투입했다.[8] 이 때문에 중국 바이오 제약산업은 예산 투입이 멈추게 되는 2011년까지 큰 주목으로 받으며 빠르게 성장했다.[9] 중국정부는 이후에도 중국제조 2025와 같은 산업정책을 발표할 때 바이오 제약산업을 10대 중점육성산업에 포함해서 지원을 천명한 바 있다(이승호, 2016).

하지만 중국 바이오 제약산업의 가장 중요한 혁신주체로서 기업은 지속적으로 성장하고 있다. 하지만 아직 상위권 대기업의 매출 규모가 다국적 바이오 제약기업에 비해 크지는 않다. 중국의 제약산업은 합성의약품 제네릭 제조 기업 위주로 성장하고 있으며 위탁생산업체(CMO)의 경우도 합성의약품 제조 기업의 원가경쟁력이 우수하다. 중국 바이오 제약기업의 매출액 대비 연구개발 투입 비중은 8~9% 내외로 글로벌 바이오 제약기업이 일반적으로 20% 안팎의 매출액 대비 연구개발 지출을 보이는 것과 비교할 때 기업의 혁신역량이 상대적으로 약하다. 특히 바이오 제약과 바이오 치료기술에 특출난 기업은 많지 않다.

어려운 여건 속에서도 혁신역량을 드러내며 성장잠재력을 보이는 기업들을 소개하면 다음과 같다. 우선 혈액제품의 기업들의 혁신역량이 주목할 만하다.[10] 혈액 제제 분야 기업은 혈장 채취 후 정제를 거쳐 알부민, 면역글로빈, 혈액응고인자 등의 제품을 생산하는데 중국기업의 성장이 빠르다. 중국기업은 2011년 109억 위안 매출에서 2015년 165억 위안으로 매출이 급성장하고 있으며 이미 세계 전체 혈액제품 산업 비중 중 14%를 중국기업이 생산한다.

특히 알부민의 경우는 중국기업의 매출액이 2015년 기준 세계시장의 62%를 차지하고 있다. 혈장 채취거점도 많고 이를 정제하는 기업의 기술도 높다. 중국시장 1위 기업인 상하이 라스(上海萊士血液制品股份有限公司, Shanghai RAAS)는 1988년 미국과 중국의 합자로 성립한 기업으로 2015년 시가총액이 177억 달러에 달했으며 2015년 기준 매출액은 20억 위안에 달했다. 2015년 포브스에 의해 아시아 혁신역량 10대 기업에 선정되기도 했다(上海莱士 홈페이지). 2008년 선전(深圳) 중소판 주식시장에 상장했다. 이 기업의 2016년 매출총 이익률은 70%가 넘는다(이승호, 2016).

중국 항암제 시장에서 매출 1위를 유지하고 있는 헝루이의약(江蘇恒瑞医薬股份有限公司, Hengrui Medicine) 같은 기존 제약기업들도 바이오 제약 부문에서 연구개발 투자를 늘리고 있다. 헝루이의약의 2015년 기준 매출액은 93억 위안이며 그중 9.6%를 R&D에 투자하고 있다.

이외에도 중국에서 가장 많은 의약품을 수출하고 있는 화하이 약업(浙江華海薬業股份有限公司, Huahai Pharmaceutical)도 2015년 기준 매출액 대비 7.8%인 2.7억 위안의 R&D 투자를 하고 있다. 단일클론항체 부문의 하이정 약업(浙江海正薬業股份有限公司, Haisun Pharmaceuticals)도 2015년 기준 8.2억 위안, 매출액 대비 9.4%의 R&D 투자를 하고 있고, 정따 제약그룹(正大制薬集團) 산하의 중국 바이오제약(中国生物制薬有限公司, Sino Biopharm)도 향후 빠른 성장이 기대되며 백신시장에서 두각을 나타낼 것이다.[11] 이 밖에도 해외 혁신주체들과 협력을 강화하며 혁신역량을 키우고 있는 임상전문기업도 많다. 이 중 뉴욕 주식시장에 상장한 우시앱테크(薬明康徳, WuxiAppTec.)는 토착 임상전문기업 중 가장 빠르게 발전하고 있는 기업이다.

바이오 제약산업은 과학기술 기반 산업으로 대학과 연구기관 또한 중요한 혁신주체인데, 중국의 주요 혁신주체들을 〈표 6-2〉에서 확인할 수 있다. 중국정부는 2005년부터 바이오 제약산업 발전을 본격적으로 지원하기 시작해서 11차 5개년규획기간부터 신약 연구개발 프로젝트(重大新藥創制科技重大転項)를 통해 지금까지 각종 연구기관과 기업을 지원하고 있다. 또한 2010년에는 국무원에서 제약산업을 신흥전략산업 중 하나로 지정해서 산업발전지원을 천명했다.

　이러한 배경에서 기업과 대학, 연구기관과 같은 중국 혁신주체들의 혁신역량이 발전하고 있다. 다만 중국은 또한 은행 중심의 금융체제가 성립해 있기 때문에, 신약개발에서 임상, 허가를 마치고 판매까지 평균 14년이 걸리는 바이오 제약 혁신주체가 물권 담보 없이 투자를 받거나 안정적인 대출을 받기는 어렵다.

〈표 6-2〉 중국 바이오 의약 특허 주요 신청기관(1993-2016 누적)

순위	신청인	특허 수
1	中國科學院廣州生物醫藥與建强研究院	304
2	四川金堂海納生物醫藥技術研究所	234
3	南京廣康協生物醫藥技術有限公司	215
4	深圳翰宇藥業股分有限公司	184
5	蘇州派騰生物醫藥科技有限公司	172
6	复旦大學	158
7	青島藍盛洋醫藥生物科技油限責任公司	123
8	青島九龍生物議藥有限工司	116
9	張家港威胜生物醫藥有限公司	106
10	艾博生物醫藥有限公司	106

자료출처: 潘紅玉, 呂文棟, 賀正楚, 陳文俊, 周建軍, 「專利視角的我国生物医薬産業的技術創新」『科学決策』2017年 4月号(2017)

(2) 중국 바이오 제약산업 혁신과 관련된 제도 환경

중국 바이오 제약산업의 혁신양상을 파악하는 또 하나의 중요한 요소는 제도 환경 측면에서의 변화이다.

중국의 의료체제는 1985년 이전까지는 계획경제체제로 운영되다가 1985년부터 독립채산하에 각 의료기관들이 예산운영권을 가지기 시작했다. 이후 1998년에는 국가약품관리감독국(国家薬品管理監督局)을 설립하고 1999년에는 GMP 기준을 강제 실시하는 등 제도를 정비하고 지속적으로 의료기관에 대한 민영화를 추진해왔다. 2009년 중국정부에서 의료보험 출범에 많은 재정을 투입하면서 중국 제약기업의 실적이 매우 빠르게 성장했고 바이오 제약기업들의 성장잠재력도 높게 평가되었다. 이 시기부터 중국정부는 2009년부터 공립병원의 위상정립과 체제개혁, 의약품 입찰제, 의약 동등성 검사 등 문제에 관해 일련의 개혁정책을 꾸준히 발표하고 있다.

특히 최근 중요한 의료개혁 방향인 산밍의료개혁(三明医改)과 저약가정책을 살펴보자. 중국정부의 최근 의료제도 개혁의 추진 방향은 대체로 공립의료기관에서 약품 입찰제를 통해 의약품 지출을 낮추고 제네릭 의약품 개발을 촉진시켜 의약 시장에 경쟁과 가격인하를 유도하는 것이다.

이러한 정책 방향을 가장 잘 보여주는 것은 2012년부터 중국 푸지엔성(福建省) 산밍시(三明市)에서 진행된 의료제도 개혁 실험이다. 산밍시는 의료보험제도가 시행된 후 의료보험의 비용 지출이 너무 급하게 늘어나서 적자가 계속 누적되고 있었다. 이는 인구고령화와 함께 중국 전역에 걸쳐 일어나는 현상이었기에 중국정부는 산밍시를 정책시범지역으로 정하고 먼저 문제해결의 실험을 진행했다.

정책의 핵심은 중국정부는 공립의원이 약품가격에서 이윤을 남겨 병원을 운영하는 오래된 중국 의료체계의 문제(以藥養医)를 개혁하는 것이었다. 이를 위해 의약가격 부문에서는 ①의약품의 가격을 제한하고 ②저가입찰을 원칙화하며 ③유통단계를 줄이는 정책(両票制)[12]을 시행했으며 결과적으로 매우 많은 의료보험에서 의약품 지출을 80% 이상 낮췄다.

이러한 노력에 힘입어 산밍시 의료보험은 2013년부터 0.22억 위안의 흑자를 보고 흑자는 2014년, 2015년에 걸쳐 각각 0.75억 위안, 1.3억 위안으로 확대되어서 소기의 목적을 달성했다(吳綿強, 2016年 8月 30日). 공립병원에 입원한 개인들의 평균 의료비 지출도 기존 도시근로자의 경우 2011년 1,818위안에서 2015년 1,615위안으로 줄어들었고 신의료보험가입자의 경우도 2011년 2,194위안에서 1,757위안으로 줄어들었다(領導決策新息, 2016). 이후 시진핑(習近平) 주석이 2016년 2월 개혁심화영도소조에서 산밍시 의료개혁내용을 구체적으로 언급하고 지도의견을 통해 산밍모델(三明模式)을 전국적으로 적용할 것으로 발표했다.

정책이 여러 긍정적인 효과를 가지고 있는 것은 명확하지만 이러한 정책 방향으로 인해 피해를 보는 산업 주체들이 있다. 특히 제약기업들의 매출이 줄어드는 것은 피할 수 없는 일이다. 의약품 유통업도 불리하다. 2016년에는 중국정부의 의약품 유통단계 축소와 관련해서 중요한 사건이 있었는데 '산동백신사건(山東疫苗事件)'이 그것이다.[13] 이 사건은 중국정부가 공공의료기관의 의약비용 지출 절감을 목적으로 인터넷 의약유통을 지원하고 확대 시행한 제도 배경과 연관이 있다. 전반적으로 중국 제약 업계는 대형 제약업체 위주로 재편되고 있으며 세포치료 DNA검사와 같은 새로운 과학기술 분야에서 전문적인 기술 영역을 확보한 신생 벤처 기업들만 살아남을 수 있는 환경이 조성되고 있다.

다음으로 의약품 안전과 실험에 관한 제도 환경를 보자. 중국에서 의약품 안전과 실험에 관한 의미 있는 제도가 정비되기 시작한 지는 얼마되지 않는다. 중국 의약품 시장은 급속하게 성장했기 때문에 제도 정비가 쉽지 않았다. 2000년 이전에는 동등성 검사 허가 권한을 각 성에서 가지고 있어서 중앙에서 의약품 시장을 관리할 통일된 기준조차 없었다. 2001년에 이르러서야 약품등록관리방법(薬品注冊管理辦法)이 처음 발표되어 중앙정부의 의약품 동등성 검사 권한 확보 기준이 마련되었다. 이러한 제도하에서 각 성에서는 성 의약품 관리 당국과 이해관계가 있는 일부 수입 의약품에 좋은 평가를 내는 일이 많이 있었고 중국 제약산업이 발전하기 어려운 환경이었다.

이러한 상황이 본질적으로 바뀌기 시작한 것은, 중국 국무원이 '중국 의약품 안전 12차 5개년 규획(国家医薬品安全十二五規劃)'을 발표하면서 부터이다. 이러한 이유로 중국은 최근까지 복제약(倣制薬)에 대한 규정과 의약 동등성 검사 체제가 정비되지 않았고 이러한 상황은 바이오 시밀러와 같은 산업 분야에서 중국 혁신주체들의 성장을 제한했다.

예를 들면 중국에서 바이오 의약품의 동등성 검사에 대한 첫 공식 정책 문건은 2015년 2월 28일에서야 마련되었다. 바이오 시밀러 의약품 연구와 평가에 관한 기술지도원칙(生物類似薬研発与評価技術指導原則;試行)이 그것이다. 이 문건은 바이오 시밀러, 참조약의 정의와 범위를 규정하고 있고 동등성 검사에 관한 기본원칙을 제시하고 있다. 하지만 아직 중국에서 바이오 시밀러 동등성 검사 절차는 명확하게 규정되지 않았으며 아직 연구단계이다.

합성 의약품 복제약과 다른 특성을 가지고 있지만 독립적인 동등성 검사 규정 세칙이 마련되어 있지 않다. 합성 의약품 복제약 동등성 검사와 같은 절차를 거치고 있다. 진영법(陳永法), 오림(伍琳)(2016: 11-12)은 이 때문에 바이오 시밀러의 경우 중국에서 동등성검사를 거쳐 인증되는 제도가 아닌 신약등록절차를 거쳐야 하는 의약품으로 분류되어 있어서 그 도입이 매우 어렵게 되어 있으며, 연구개발 비용이 새로운 바이오 의약품을 개발하는 것보다 오히려 많이 든다고 비판한다. 중국은 아직 자국 바이오 제약기업의 혁신성과 전유를 검증하고 보호하는 제도를 정비하기보다는 외자기업이 중국에서 바이오 시밀러를 검증받아 시장을 독점하는 현상을 막는 데 주력하고 있다.

따라서 중국시장에서 바이오 시밀러 승인을 받으려면 참조약이 우선 중국식품의약품관리총국의 승인을 받은 것이어야 한다. 또한 중국 당국의 승인을 받은 바이오 시밀러 의약품은 외국과는 다르게 배타적인 지식재산권 보호기간이 없다(徐春娥 외, 2015). 중국정부의 전반적인 복제약 관련 정책이 승인 절차를 복잡하게 유지해서 관리 당국의 재량권을 높이고 수입 의약품의 중국시장 진출을 용이하게 하는 쪽으로 발전하고 있기 때문에 중국 제약기업들의 혁신을 제한한다(賈平, 2017).

하지만 다른 한편으로 이러한 의약품 안전과 실험에 대한 규제가 명확히 정립되지 않음으로써 관련 연구개발과 실험이 활발하게 일어나 나름의 혁신성과를 보이고 있는 분야도 있다. 예를 들면 액체

생검(液態活檢, Liquid biopsies) 등의 유전체 검사(基因測序, DNA Sequencing)나 줄기세포치료와 면역세포치료를 포함하는 세포치료 (細胞治療, Cell therapy)는 과학기술 발전 속도가 급속하게 이뤄지고 있는 분야인데, 실험에 대한 규제가 없다.

이러한 제도 환경에서 중국 혁신 주체들의 자유도가 커져 오히려 이들의 혁신성과가 빠르게 축적되고 있다. 화따지인(華大基因, Beijing Genomics Institute)은 광둥성 션쩐에 본부를 둔 유전체 분석 기업으로 전 세계 20%에 달하는 유전자 정보를 공급하는 것으로 유명하다. 관련 규제에서 자유로운 제도 환경에서 중국의 발전된 슈퍼 컴퓨터를 활용해서 혁신역량을 축적하고 있다.

세포치료 분야에서도 중국은 아직 배아줄기세포 시험활용에 관한 규제가 제대로 정비되지 않고 있다. 이러한 중국의 제도 환경은 혁신 주체에게는 오히려 유리하다. 일본이나 영국 같은 선진국도 최근 과학기술 발전 추세에 맞춰 기존의 규제를 없애거나 완화하고 있다.

2015년 4월 중국 중산대(中山大) 황쮠(黃軍) 교수 연구팀은 크리스퍼 유전자가위 기술을 최초로 인간 배아에 적용해, 유전자 편집을 시도한 결과를 학계에 발표했다. 이러한 연구는 오히려 국제 학술계에 논란을 불러 일으켜 영국 등 국가에서 크리스퍼 기술을 인간 배아에 적용하는 규제를 완화하는 기폭제가 되었다.

2016년 4월에는 중국 광저우 의과대학의 판용(范勇) 박사가 또 다른 인간 배아의 유전자 편집 연구를 발표했다. 2014년 4월부터 9월 사이에 시험관아기 시술 과정에서 도태된 213개의 인간 난자를 기증 받아 크리스퍼 유전자가위기술을 이용하여 CCR5 유전자의 돌연변이를 유도하는 실험을 진행한 것이다. 송기원(2017)은 2015년 중국

연구 실험은 국제적 반향을 불러일으켰지만 2016년 실험은 큰 반향이 없었다면서 세계 학술계의 달라진 생명윤리 관련 연구실험 규제에 대한 인식을 지적하고 있다. 즉 규제 공백 상태의 중국의 자유로운 연구관행이 세포치료 분야에서 중국의 혁신 주체가 새로운 실험을 진행하는 데 유리한 제도 환경으로 작용하고 있다.

3. 한국의 바이오 제약산업

한국 바이오 제약산업의 발전도 빠르다. 특히 2016년은 한국 바이오 제약산업의 수출이 크게 늘어나서 산업의 성장 잠재력이 확인되었다. 2016년 한국 바이오 의약품 수출은 1조 6,719억 달러로, 바이오 의약품 부문의 무역적자가 1,277억 원으로 축소되었다. 이는 대표기업인 삼성바이오에피스, 셀트리온의 바이오 의약품이 수출 시장에서 실질적인 성과를 거두었기 때문이다. 삼성바이오에피스는 엔브렐이라는 바이오 의약품의 바이오 시밀러인 베네팔리를 수출하기 시작했고, 레미케이드의 바이오 시밀러인 플릭사비 또한 유럽시장에 수출하기 시작했다.

국내 제약산업 시장은 2010년대 약가인하정책 등의 결과로 성장이 정체되었기 때문에 바이오 제약기업들이 프로젝트를 기획할 때부터 미국과 유럽, 일본, 중국 등 세계시장을 목표로 했고 그 성과가 나타나고 있는 것이다. 바이오 의약품을 포함한 의약품 수출은 2011년에서 2015년 기간 동은 연평균 14.2% 성장률을 보이고 있다.

최근 한국 바이오 제약산업은 기업이 선도하고 있다. 대표적인 혁신주체인 셀트리온 적극적인 연구개발과 공격적인 투자로, 2012년 7월 세계 최초로 식품의약품안전처에서 자가면역질환치료제 램시마의 판매 허가를 받았다. 2013년 유럽 EMA 허가를 얻은 후 유럽시장에서 2년 만에 시장점유율 40%를 달성하며 기업의 전체 매출을 2016년 6,706억 원으로 늘렸다. 2016년 4월에는 미국 FDA에서 램시마의 미국시장 판매허가승인을 얻어냈다. 2017년 2월에는 유럽 EMA로부터 리툭산의 바이오 시밀러인 트룩시마의 판매허가를 받아서 항암항체 바이오 시밀러로는 최초 기록을 달성했다.

삼성 바이오 에피스 또한 혁신을 가속화하고 있다. 삼성 바이오 에피스는 삼성 바이오 로직스가 2012년 미국의 바이오젠과 같이 설립한 바이오 제약기업이다. 삼성 바이오 로직스는 공격적인 설비투자를 통해 이미 세계 최대의 바이오 의약품 생산설비 능력을 보유하게 되었다. 이에 더해 삼성 바이오 에피스가 적극적으로 신약개발을 추진해서 엔브렐과 플릭사비 이외에도 세계에서 단일품목으로 18조 원으로 가장 많이 판매되는 휴미라의 바이오 시밀러인 임랄디를 개발해서 유럽 EMA의 판매승인을 신청해놓은 상태이다. 이 밖에도 특허 만기가 도래하는 란투스, 아바스틴, 헤르셉틴 등의 바이오 의약품의 바이오 시밀러 개발과 임상 승인을 꾸준히 진행하고 있다. 이러한 계획이 순조롭게 진행되면 한국 바이오 제약기업의 혁신역량은 한 단계 높아지게 된다.

바이오 제약기업의 R&D 위주의 성장방식을 이해하기 위해 또 하나의 한국 대표 바이오 제약기업인 메디톡스의 사례를 소개한다. 메디톡스는 KAIST 미생물학 실험실의 독소학 전공 선후배들이 2000년 설립한 바이오 벤처 기업으로 보톡스의 바이오 시밀러인 메디톡신을 판매하고, 액상형인 이노톡스, 비동물성의 코어톡스 등 바이오베터 제품을 개발한 기업이다. 2009년 코스닥에 상장했다.

이 기업의 성장 전략을 보면 바이오 제약기업의 성장 방식을 이해할 수 있다. 메디톡스는 보툴리누스균주를 보유하여 이를 배양 정제 가공함으로써 제품을 만든다. 메디톡신이라는 제품을 개발한 후에는 한국, 일본, 인도, 중남미 등 식품의약청 승인을 빨리 받을 수 있는 시장에서 먼저 판매를 시작하고 다음으로 선진국 시장 진입을 시도했다. FDA승인 이외에도 cGMP 인증을 받아야 선진국 시장 진입이 가능하기 때문에 이 분야에 자원을 집중했다.

한편으로 선개발 제품의 적응증 확대 임상을 계속했다. 눈꺼풀경련, 소아뇌성마비첨족기형, 미간주름, 뇌졸중 후 근육경직 등 여러 적응증에 대해 각각 임상을 실시해서 활용범위를 넓히고 다시 해외시장에서 임상을 진행했다. 또한 미용 시장에서도 다각화를 진행해 히알루론산 필러 뉴라미스를 개발했고, 축적된 연구개발 역량을 활용해 치료용 중화항체 항독소치료제, 독소진단키트 등을 개발하고 있다.

신약 연구개발 중심 바이오 제약기업들도 중요한 혁신주체로 부상하고 있다. 치과의사 출신의 문은상 대표가 경영하고 있는 신라젠은 2006년 설립된 바이오 제약기업으로 항암제 신약 개발에 집중하고 있다. 최근에는 유럽, 미국, 중국에서 신라젠의 항암제 펙사벡의 3상 임상을 진행하고 있으며 임상 결과가 좋아서 세계 유수 제약기업들의 주목을 받고 있다.

펙사벡은 백시니아 바이러스의 유전자를 변형해 바이러스가 암세포를 괴멸시키는 원리로 인체 내 면역시스템을 활용해 암조직을 공격한다. 이러한 기제는 간암이나 신장암, 대장암, 유방암 등 대부분의 암조직에 적용가능하여 따로 항암제를 개발할 필요가 없다. 펙사벡의 임상은 미국에서 특정임상계획평가Special Protocol Assesment: SPA 승인하에 이뤄지고 있는데 이는 긴급하게 임상에 쓰여 실제 인명을 구할 수 있다는 의미이다.

2016년 12월에 코스닥에 상장해서 성장을 지속하고 있다. 제넥신은 포스텍 생명과학과 성영철 교수가 주축이 되어서 1999년 설립한 학내 바이오 제약기업으로 성영철 교수는 DNA 기반 백신치료제 분야 세계적인 권위자이다. 성장호르몬제인 GX-H9이 미국 식품의약청으로부터 희귀의약품지정을 받았고 호중구감소증치료제 유럽 임상 2상을 승인받았다. 줄기세포를 활용한 유전자 폐암신약 GX-02도 임상에 들어갔다. 2009년 코스닥에 상장해서 성장을 지속해오고 있다. 단국대 치대 김정근 교수가 1998년 설립한 오스코텍은 구복약인 관절류머티즘 치료제 SYK의 임상을 진행하고 있고, 비소세포성 폐암 치료제 후보물질을 유한양행에 기술 이전해서 유한양행의 1,350억 원 상당 기술 수출의 발판을 만들어주었다. 2007년 코스닥에 상장했다.

2008년 파스퇴르 연구소에서 결핵치료제 프로젝트를 기초로 분사한 큐리언트도 주목할 만하다. 큐리언트는 연구보다는 개발중심 바이오벤처 형태를 가진 기업으로 기초연구소에서 파이프라인을 들여와 가치를 높인 후 임상 단계에서 기술 이전을 하는 것을 기본 사업 모델로 하고 있다. 200여 개 기관과 제휴를 맺어 기초연구 소싱 네트워크를 구축하고 연구 단계의 프로젝트를 선별해 전략적으로 이를 관리한다.

레고캠바이오는 유기화학을 전공한 김용주 박사가 LG생명과학에서 23년간 근무한 경험을 바탕으로 2006년 창업한 바이오 제약기업이다. 항암제, 항생제, 항응고제 개발에 집중하고 있으며 2015년 항체-약물 결합체 기술을 중국기업에 208억 원 규모 계약을 통해 이전했다. 2013년 코스닥에 상장해서 성장하고 있다. 서울대 생명과학대학 김선영 교수가 주도가 되어 1996년 설립한 바이로메드도 신약 연구개발에 집중하며 성장하고 있다. 유전자 치료제 VM202는 당뇨병성 신경병증과 당뇨병성 족부궤양 치료제로 미국에서 임상 3상 허가를 받고 임상을 준비 중이다.

우수한 연구 인력들의 오랜 노력의 결과, 바이오 제약기업들은 최근 많은 성과를 내고 있으며 해외 혁신주체들과도 협력해가고 있다. 기술 라이센스를 통한 수출이 늘어나고 있으며 잠재력 있는 바이오 제약 연구개발 기업들이 상장해서 투자 수익 회수도 원활해지고 있다. 국내 제약기업과 해외 다국적 제약기업이 주체가 된 M&A도 활발하게 이뤄지고 있어서 기술 성과를 가진 바이오 제약기업들의 혁신동기가 커지고 있다.

세계시장에서 매출을 달성하고 기술 수출에 성공하는 바이오 제약기업들이 늘어나며 벤처 투자도 활발해지고 정부도 지원을 가속화하고 있다. 벤처캐피탈 협회에 의하면 2016년 기간 동안 바이오·의료 부문에 대한 벤처 투자 비중이 IC, 유통산업을 제치고 23.2%로 1위를 기록했다. 정부도 2016년 기간 동안 혁신신약에 연구개발 2,334억 원을 직접 투자하며 지원하고 있다. 미래창조과학부는 기초연구 활동을, 산업자원부는 제품개발을 집중적으로 지원하며 보건복지부는 신약개발 역량강화를 위해 글로벌제약펀드를 운영한다. 3개 부처가 공동으로 기획하는 범부처 신약개발사업단은 2011년부터 시작해서 2016년 11월 현재까지 103개 과제를 선정해서 지원하고 있다.

4. 한국 바이오 제약산업 혁신을 위한 미래 전략

바이오 제약산업은 산업의 성장에 따라 좋은 일자리가 많이 창출되므로 정부는 전략적으로 산업진흥을 위해 노력할 필요가 있다. 예를 들어 삼성바이오에피스는 설립 10년이 채 지나지 않았지만 이미 직원이 2017년 6월 23일 현재 2,500명을 웃돈다. 셀트리온의 경우는 이미 1,200여 명이 근무하고 있다. 최근 5년간 연평균 고용증가율이 20%에 달하며 2016년에만 260명의 직원을 새로 채용했다. 이들은 거의 대부분 정규직 직원으로 셀트리온의 정규직 직원 비율은 90%에 이른다. 메디톡스는 2017년 현재 전 사원 507명 중 120명이 연구개발 인력으로 그 비율은 30%에 가깝다. 2017년 8월 광교에 지하 5층, 지상 8층, 연면적 9,322㎡ 규모의 R&D 센터를 개소했으며 100여 명의 신규 연구개발 전담인력을 새로 고용할 계획이다. 바이오 제약산업 인력은 매우 젊은 편이다. 바이오 의약 분야의 혁신기술을 활용해 산업화하는 연구개발 중심 신생기업들도 질 좋은 일자리를 창출하는 중요 혁신주체이다. 2006년에 설립되어 많은 투자를 유치하고 있는 신라젠, 최근 몬센토에 유전자가위 기술을 수출한 툴젠 등은 교수출신의 회사 대표가 젊은 연구인력을 학계에서 직접 고용하며 이들의 역량개발도 동시에 이루고 있다. 한국의 미래 성장을 위해 이 분야에 대한 종합적인 관리와 지원이 절실하다.

(1) 바이오 제약산업 발전을 위한 생명윤리 관련 규제 완화 정비

바이오 제약 분야 발전을 지원하기 위해 시급한 일로 생명윤리 관련 법안을 재논의해서 연구개발을 막는 규제를 시정할 필요가 있다. 앞서 서술했듯이 현재 만능유도줄기세포, 유전자가위 등 바이오 의약 치료 분야 과학기술 혁신이 급속하게 이뤄지고 있다. 아직 세포치료제 분야에서 세계적인 매출을 이룬 블록버스터 의약품은 없지만 혁신기술에 대한 특허권 문제가 정리되고 각국의 제도 정비가 이뤄지면 향후 세포치료제 제약 분야에서 있을 산업화 기회의 성장은 급속하게 이뤄질 것이다. 이러한 상황에서 한국의 생명윤리 법은 연구개발팀이 제도적 제약 때문에 미국으로 연구소를 옮겨 연구를 진행해야 할 정도로 그 규제 수위가 높다.[14]

미국, 영국, 일본 등 선진국이 과학기술 발전에 따라 인간 배아 유전체 교정연구를 최근 허용했고, 중국은 이 분야 규제가 없어서 자유롭게 인간 배아 유전체에 대한 유전자 교정 실험이 이뤄지고 있는 데 비해 한국은 생명윤리법에 의해 배야 유전자 교정연구를 금지하고 있다. 체세포 복제에 관해서도 상술한 주요 5개국 중 연구목적 난자 기증이 원천적으로 금지된 국가는 한국 하나뿐이며 비동결 난자를 연구에 사용하는 것에 대한 규제도 한국이 유일하다.

〈표 6-3〉에서 확인할 수 있는 것처럼 생명윤리법 규정에 의해 바이오 치료 분야 연구개발이 제약을 받고 있다. 크리스퍼를 활용한 유전자가위 기술이 당장 유전질환 치료에 활용될 수 있을 정도로 완성 단계에 있고 만능유도줄기세포 발견으로 멸종 위기 동물 복원까지 논의되는 단계인데 한국에서는 기초연구조차 불가능한 상황이며 그나마 가능한 실험도 민간, 국가 생명윤리위원회와 보건복지부 승인

〈표 6–3〉 생명윤리법 규제 조항

규제조항	연구개발 제약
임신 외 목적으로 배아 생성 불가 (23조)	수정 단계 유전자가위 적용실험 불가능
배아, 체세포 연구범위 제한 (29조, 31조)	법에 의해 20개 난치병에서만 연구 가능
5년이 지난 잔여배아로 사용 제한 (29조)	실험성공률 저하, 세포기 실험 불가능
5년이 지난 잔여난자와 미성숙, 비정상 난자로 사용 제한(31조)	체세포 배아줄기세포주 수립 성공 가능성 저하
유전자 치료 연구범위 제한(47조)	연구범위 협소
생식세포 등 관한 유전자치료 연구 전면금지(47조)	관련 연구 불가능
연구계획서 승인 시 보건복지부 장관 승인 필요(7조, 30조, 31조)	이중 승인 필요해서 연구 지체

자료출처: 원호섭, 김윤진, 매일경제 2017년 9월 11일, A8

까지 이중삼중의 허가를 받아야 한다. 메디포스트, 차바이오텍, 파미셀 등 여러 기업이 실제로 제약을 받고 있으며 잠재적인 학계 신생 벤처의 발전도 가로막고 있다. 이러한 규제를 과학기술 발전과 산업 여건 변화에 따라 재논의해서 개정해야 한다.

그렇지 않으면 한국의 유전자가위와 줄기세포 활용은 미국, 영국, 일본 등 선진국뿐 아니라 중국, 인도에 뒤처질 수 있다. 일본은 다카하시 준 교토대 교수가 역분화 줄기세포(iPS)를 활용해 파킨슨병과 같은 뇌질환 치료법 개발을 위해 원숭이를 활용한 동물임상을 진행 중이다. 중국도 중국과학원에서 수년간 줄기세포를 이용해 원숭이에 대해 효과를 확인하고 실제 임상을 준비 중이다.[15] 중국에서는 이미 유전자가위를 활용해 인간 배아의 유전자 교정을 시도한 실험을 진행했다.

한국은 2016년 7월 11일 차병원에서 7년 만에 보건복지부 승인을 받아 줄기세포 연구를 진행한 바 있지만 이마저도 사용가능한 난자가 엄격하게 제한되어 있어 제약이 많다. 이러한 추세면 일본, 중국 등 줄기세포 치료법 연구 선진국과의 격차가 벌어질 가능성이 크다. 다시 강조하면 미국과 중국은 연방정부나 중앙정부 차원에서 인간배아연구를 규제하지 않는다. 일본도 2016년 5월부터 임상치료는 금해도 기초연구 분야에서는 유전자가위를 활용한 인간배아 유전자 편집을 금하지 않는다.

혁신이 빠르게 일어나고 기회의 창이 확대되는 과학기술과 산업 영역에서는 가능한 실험 분야를 정해놓는 '포지티브 규제' 형식보다 혁신주체들의 활동을 자유롭게 보장하면서 확실한 문제가 예상되는 부분에 대해서만 규제를 강화하는 '네거티브 규제' 방식으로 정책 방향을 전환해서 산업 혁신을 지원해야 한다.

(2) 바이오 제약산업 전담 정부 부처 역할 강화

바이오 제약 분야를 산업진흥의 관점에서 지원하고 관리하기 위해 또한 정부 차원에서 바이오 제약산업 진흥정책을 조율할 전문부서의 역할을 강화할 필요가 있다. 바이오 제약산업이 기초과학의 연구성과가 직접적으로 산업가치로 전환될 가능성이 큰 과학기술 기반 산업인만큼 정책결정은 전문적인 지식을 갖춘 학계 중심으로 이뤄져야 한다. 최신 연구성과가 정책결정에 반영되는 체제가 갖춰져야 한다.

현재 우리나라에서 바이오 제약산업 분야 정책 권한은 미래창조과학부, 보건복지부, 산업통상자원부, 식품의약품 안전처에 나뉘어 있다.

미래창조과학부는 기초 연구개발을 지원하고 산업통상 자원부는 사업화 단계의 연구개발을 지원한다. 보건복지부는 건강보험 심사와 평가에 관한 권한이 있고 이 과정에서 약값을 책정할 수 있다. 식품의약품 안전처는 의약품에 대한 인허가 권한을 가지고 있다. 이러한 분산된 권한을 통합하리라는 기대 속에 2011년 출범한 범부처 신약개발사업단은 부서 간 엇박자로 제구실을 하지 못하고 있다.[16] 정책 추진의 효율성 제고를 위해 다시 한 번 새로운 리더십을 통해 여러 부처에 분산되어 있는 바이오의약품 산업 지원기능을 통합하는 방안을 모색할 필요가 있다. 산업계에서도 대통령 직속 혁신위원회 설치를 요구하고 있다.[17]

이재우, 성동원(2017)은 일본의 정책 거버넌스 개편을 벤치마킹할 필요가 있다고 주장한다. 일본은 2015년 미국 국립보건원National Institutes of Health을 모델로 국립연구개발법인(日本医療研究開発機構, Japan Agency for Medical Research and Development: AMED)을 설립해서 문부과학성, 후생노동성, 경제산업성에 분산되어 있던 바이오 산업 지원 기능을 연계하고 산업진흥정책을 총괄하고 있다. 2013년에는 약사법을 개정해서 재생의료기술 발전이 활발히 이뤄질 수 있도록 규제를 완화했다. 일본이 벤치마킹하고 있는 미국 국립보건원은 미국 보건복지부 산하 연구기관 중 하나로 트럼프 정부 들어 예산이 대폭 삭감되었음에도 불구하고 2018년 회계연도 기준 연간 269억 달러의 예산을 집행한다. 원장은 대통령이 지명하고 상원이 비준한다. 1887년에 해군병원의 연구실로 시작했으며 148명의 노벨상 수상자가 미국 국립보건원 연구지원을 받았다.

개발도상국인 인도도 1986년부터 과학기술부 산하에 바이오기술부Department of Bio Technology를 따로 운영해서 전략적으로 산업 발전을 지원해왔다. 외국 제약기업의 독점 철폐를 위해 지식재산권 보호에 소극적이던 인도의 특허 제도를 개혁하고, 줄기세포 등 생명윤리 문제 관련 기업친화적인 제도도 마련했다.

구체적으로 바이오 의약 관련 규제완화 노력을 살펴보면 다음과 같다. 인도의 바이오 의약품과 치료법 관련 규제심의체제는 3단계 층 차로 나눌 수 있다. 첫 번째는 개별 기관과 기업 차원의 기관별 바이오 안전 위원회Institutional Bio-safety Committees이고, 두 번째는 바이오기술부가 조직하는 유전자조작심사위원회Review Committee on Genetic Manipulation: RCGM이다. 세 번째는 환경삼림부Ministry of Environment and Forest에 속한 유전자공학 승인위원회Genetic Engineering Approval Committee: GEAC이다.

개별 프로젝트 진행은 단계적인 절차를 밟아 최종적으로 세 번째 단계에서 환경에의 영향을 평가받고, 관련 법안(Rules 1989, Drugs and Cosmetic Act 1945)에 저촉되지 않음을 인정받으면 최종 승인된다. 세 번째 단계는 주로 제조시 영향여부를 심사하는 것이며 바이오 의약품 개발 혹은 치료법 연구 관련 실질적으로 중요한 승인여부는 바이오기술부가 조직하는 유전자조작심사위원회에서 결정된다. 또한 이 위원회는 유전자 재조합 안전 지침Recombinant Safety Guidelines(1990), 임상전후 유전자 조작 기반 백신, 진단과 생리에 관한 데이터 생성 지침Guidelines for generating pre-clinical and clinical data for rDNA based vaccines, diagnostics & biological(1999)을 발표해서 일찍부터 관련제도를 구축했으며 각 승인 단계절차마다 구체적인 기한을 정해 시행해 오고 있다.

2003년에는 바이오 윤리정책Bioethics Policy을 통해 인간 복제를 허용하지는 않지만 배아줄기세포의 연구를 촉진하는 정책을 발표했다. 바이오 의약품과 치료법에 관한 특정 부서가 연구개발 지원부터 관련 제도 구축 및 심사를 전담해서 산업 발전을 지원하고 있다. 인도의 바이오 제약 분야는 일반적인 개발도상국 수준 이상으로 발전했다.[18]

현재 한국정부는 집권 초기이기 때문에 여러 가치의 실현을 기대하는 국민의 열망을 조정하고 우선순위를 정해야 하는 어려운 역할에 직면해 있다. 산업 혁신정책을 새롭게 설계하고 미래성장동력을 발굴해야만 한다. 이러한 상황에서 바이오 의약치료, 바이오 제약산업에서 열리는 기회의 창은 반드시 활용해야 하며 효율적인 정책 설계와 집행을 위해 이 분야 정부 전문 부문의 역할 제고가 필요하다.

(3) 바이오 제약산업의 생태계 발전과 벤처 창업 활성화를 위한 노력

다음으로 바이오 제약산업 발전을 위한 구체적인 전략이 필요하다. 이 점에 관해서는 두 가지 방향이 논의될 수 있다. 첫 번째는 현재 빠른 발전을 하고 있는 바이오 의약품 제조전문기업(CMO) 모델 지원을 통한 산업 생태계 발전이다. 김석관(2014)이 정리한 바와 같이 세계 제약 시장은 혁신의 세계화가 진행되고 있다.

유통과 제조 가치사슬뿐 아니라 연구개발 단계의 아웃소싱이 늘어나고 있는데 이는 IT기술의 발달과 신흥 공업국 연구개발 혁신역량의 성장과 연관이 있다. 단일 기업 내에서 연구개발에서 임상, 제조, 유통까지 모든 가치사슬을 달성하는 것이 비용이 많이 들고 리스크가 크기 때문에 이를 나누어 맡는 분업체제가 활성화되고 있다.

우리나라에서는 이러한 기회를 이용해서 상술한 바와 같이 삼성 바이오 에피스나 셀트리온 같은 기업이 먼저 바이오 제약 생산 설비와 전문 기술을 갖추고 제조서비스부터 시장에 진입한 후 바이오 시밀러를 개발하고 임상에 성공해서 큰 가치를 창출해나가고 있다. 메디톡스와 같은 기업도 생산설비를 갖추고 수출을 확대해나갈 발판을 마련했다. 이러한 기업들이 계속 성공하면 자체 연구개발과 임상을 통해 바이오 시밀러 바이오 베터를 개발할 뿐 아니라 신생 바이오 벤처를 인수합병하거나 라이센스를 구입하고 혹은 공동연구를 통해 우리나라 전체 바이오 생태계의 혁신역량을 한 단계 높일 수 있다. 그러므로 현재 성공하고 있는 제조전문기업 모델을 전략적으로 지원해야 한다.

두 번째로 중소규모 벤처 창업 활성화를 통해 산업 혁신역량을 한 단계 높여야 한다. 김석관(2015)[19]은 한국 바이오 제약 벤처 창업 수가 2000년대 초반 이후 해가 갈수록 줄어드는 추세에 있으며 이는 제도적·구조적 문제가 주요한 원인이라고 지적한다. 구체적으로 바이오 제약 분야 벤처캐피탈의 투자가 원활히 이뤄지지 않는 점이 문제이다. 바이오 벤처 입장에서 벤처투자를 받지 못하면, 평균 7.5년이 걸리는 기업공개(IPO)가 유일한 경영권을 유지하며 투자 회수할 수 있는 기회가 되어 혁신동기가 제한된다. 정부에서 지원하는 바이오 지원 펀드에 대한 의존이 커지게 되고 투자 초기에 창업자가 너무 많은 리스크를 부담하게 된다.

김석관(2015)은 한국에서 창업자가 너무 많은 리스크를 지는 상황

<표 6-4> 이상적인 바이오 벤처 생태계 요소와 한국의 한계

요소	내용	평가		우선 순위
		미국	한국	
배태조직에서의 우수 기초연구 산출	사업화되었을 때 경제적·보건의료적·산업적 파급효과가 큰 우수 기초기술들이 많이 창출되어야 함	○	○	6
원활한 창업지원 환경	기초연구창출기술로 창업하려 할 때 위험부담을 최소화하면서 쉽게 창업할 수 있는 제도적·조직적 지원이 갖춰져야 함	○	△	5
풍부한 초기투자 재원	창업 초기의 자금공백을 메울 수 있는 투자재원이 풍부해야 함(엔젤투자 등)	○	×	3
창업 후 경영지원	과학자인 창업자가 기술개발에 전념할 수 있도록 벤처캐피탈이나 다른 주체를 통해 경영지원이 충분히 이뤄져야 함	○	×	4
활발한 제휴 및 M&A	벤처기업의 기술을 사줄 대기업이 많아야 하고 기술 이전이나 M&A가 활발하게 일어나야 함	○	×	1
IPO 시장의 활성화	합리적 기준, 공정한 절차, 엄격한 감독이 수반된 IPO 시장이 활성화되어야 함	○	△	2
성공·실패 경험의 누적	각 벤처기업의 성공과 실패의 경험이 조직이나 생태계 내에 누적될 수 있는 구조가 필요함	△	×	7

출처: 김석관(2015) 한국 바이오 벤처 생태계의 한계.

을 타개하기 위한 전략으로 벤처캐피탈이 바이오 신약 개발 프로젝트 초기부터 적극적으로 개입하는 기획투자 활성화 혹은 정부기관 주도의 초기 사업선별투자지원 강화를 제시한다.

한국에서는 기술개발자가 바이오 벤처 기업의 대부분의 지분을 가지는 것을 당연하게 여긴다. 연구를 주로 하는 과학자가 기업가로 반드시 변신해야 하며 창업자는 기업에 무한책임을 지는 구조이다. 심지어 코스닥 상장심사에서 관행적으로 1명의 창업자가 지분 20% 이상의 최대주주가 될 것을 요구한다. 투자자들을 보호하기 위한 관행이지만 이러한 투자 회수 퇴출 기제에서 이러한 제약은 벤처캐피탈의 투자 동기를 낮추고 초기 창업자의 부담을 높이며 창업 활성화를 막는다.

한국에서 바이오 벤처의 실패는 창업자의 개인적 실패로 귀결되며 연구역량이 뛰어나다 할지라도 다음 연구를 진행할 기회가 주어지지 않는다. 이러한 이유로 신생 바이오 벤처 창업이 적어서 신생 바이오 제약회사 인력 수급도 어렵고 인력유동성이 좋지 못하다. 미국의 경우는 이러한 문제를 벤처 캐피탈이 프로젝트 초기 단계에서부터 적극적으로 지분투자를 해서 투자 회수 시 많은 수익을 가져가는 체제를 통해 극복한다.

벤처캐피탈은 여러 창업 프로젝트 포트폴리오 중에서 소수만 성공해도 수익률을 보장받을 수 있다. 또한 미국 정부에서 운영하는 중소규모 혁신연구 지원기금Small Business Innovation Research이 단계적으로 창업을 지원함으로써 과학기술자들이 리스크에 노출되지 않고도 창업하고 '성실한 실패'를 경험할 수 있게 한다.

한국은 기존 제약회사의 바이오 벤처에 대한 투자 활성화도 전략적으로 장려할 필요가 있다. 2016년 한미사이언스, 유한양행, 한독약품과 같은 경우 벤처캐피탈을 설립하거나 외부연구개발을 늘리는 방식으로 바이오 벤처 투자를 활발히 진행하고 있다. 벤처캐피탈의 바이오 제약 분야 투자도 늘어나고 있다. 한국벤처캐피탈협회에 의하면 2016년 신규 벤처투자액 2조 858억 원 중 20%인 4,686억 원 규모가 바이오 의료 분야에 투자되었다. 이는 2012년에 비해 4배가 증가한 액수로 최근 투자가 증가하고 있다.[20]

바이오 제약 벤처 창업 활성화를 통해 과학기술 창업자들이 신약 개발 전 과정을 경험하고 시장수요에 맞춘 연구개발 프로젝트를 기획할 수 있어야 한다. 의사, 약사, 바이오 의약 연구원 출신 전문가들이 금융투자업계로 진출해서 정보비대칭 문제를 해소하고 기획투자를 주도적으로 조직하며 자원 배분 효율을 높이는 방법도 모색되어야 한다.

(4) 바이오 제약산업 혁신을 위한 인프라 구축

마지막으로 바이오 제약산업 혁신을 위한 기반 구축이 이뤄져야 하고 이를 위해서는 전문인력을 양성해야 한다. 바이오 제약산업은 GMP 기준 인증이 중요하며 연구개발 인력뿐 아니라 생산인력 또한 바이오 의약품 제조 과정 전반을 이해할 수 있는 전문성을 갖춰야 한다. 인력 양성에 정부가 나서야 2~3년 후의 인력수급 미스매치를 극복할 수 있다.

전경련(2016)에 의하면 아일랜드와 같은 경우는 바이오 제약 생산·품질관리 전문인력 양성을 위해 정부가 주도적으로 대형 교육기관을 설립했다. 2011년 6월 부지면적만 6,500 m^2(약 2,000평)에 5,700만유로(740억 원)를 들여 설립된 국립바이오제조공정 연구훈련기구 National Institute for Bioprocessing Research & Training: NIBRT는 2013년에서 2015년에 걸쳐 9,800명의 누적 교육생을 배출했으며 이 인력들은 화이자 Pfizer, 릴리Lilly, 로쉐Roche 등 세계 유수 기업들로 진출한다. 싱가포르 또한 전약 국비로 18개월 과정 대졸 인력을 육성해서 기업에 진출시킨다. 인력이 양성되면 국내 바이오 제약기업들의 혁신역량도 높아질 뿐 아니라 다국적 제약기업의 국내 투자동기도 높일 수 있다.[21]

바이오 제약산업 클러스터를 집중적으로 지원하는 방법도 고려할 수 있다. 바이오 제약산업은 기업과 연구기관, 대학들과 같은 산업 내 혁신주체들 간의 지식 이전과 상호 협력을 촉진하는 것이 무엇보다 중요하다.[22] 이러한 목표를 달성하기 위해 산업 선도국들은 대학과 연구소, 제약기업들이 같이 위치한 클러스터 조성에 많은 노력을 기울인다. 전경련(2016)에 의하면 미국의 보스턴, 샌프란시스코, 샌디에이고 클러스터와 아일랜드의 더블린, 코크나 싱가포르의 투아스, 바이오폴리스 등 클러스터가 유명하다. 세계적인 바이오 클러스터를 벤치마킹해서 대학, 병원, 연구소 등과 기업이 가까운 장소에서 서로 협력하고 인적교류가 활발하게 진행되어 혁신이 쉽게 일어날 수 있는 환경을 만들어야 한다. 국제공항과 물류시설을 갖춘 인천 송도와 유관기관이 밀집한 충북 오송에 정부 지원을 집중하고 판교와 광교 등 바이오 제약기업들의 R&D 센터가 집중된 지역에 인프라 구축을 지원해야 한다.

(노성호)

제7장
······

스마트시티의 전망과
한국의 기회

1. 스마트시티의 개념 및 동향

(1) 스마트시티의 개념

스마트시티는 최근 4차산업혁명이라는 이슈와 스마트폰, 스마트카 등의 기술적 발전 추세를 배경으로 탄생한 개념으로, 전 세계적으로도 스마트시티를 건설 계획이 속속 발표되고 있다. 스마트시티는 기술적으로는 IoT, AI 등의 발전으로 주목받기 시작한 개념이고, 학문적인 정의는 연구자마다 약간씩의 차이가 존재하기 때문에 스마트시티에 대한 정확한 개념은 혼재되어 있는 실정이다. 산업계에서는 스마트시티에 대해 통상적으로 "ICT를 활용하여 기초 생활 인프라를 효율적으로 운영, 즉 스마트화함으로써 사람들이 더 편안하게 살 수 있는 도시이며, 스마트화 대상이 되는 인프라는 에너지, 교통 시스템, 상하수도 등 하드 인프라뿐만 아니라, 의료 서비스, 교육, 재난 방재 등의 소프트 인프라도 포함한다."[1]라고 정의하고 있다. 이러한 정의에 정확히 부합하는 스마트시티를 구현하기 위해서는 기술적으로 도로, 상하수도, 전력, 통신망에 설치된 센서에 의해서 정보를 얻어야 하고, 이에 대한 정보를 수집, 분석해서 즉각적인 조치가 취해지는 시스템이 갖추어져야 한다. 결국 스마트시티는 거대한 센서 네트워크sensor network와 양방향성interactivity 기반의 효율성을 기반으로 하고 있다고 할 수 있다.

한국은 10년 전부터 전국에 깔린 ICT 망을 기반으로 현재의 스마트시티와 유사한 유시티(유시티)라는 개념에 입각한 도시들을 건설해왔다. 유시티는 유비쿼터스ubiquitous 정보서비스를 도시 공간에 융합을 한다는 개념에서 출발한다. 유시티 건설을 목표로 하는 한국토지공사(현재 LH)는 신도시를 건설할 때 ICT를 기반으로 한 인프라를 구축했고, 정보의 효율적인 이용을 위한 통합시스템을 구축함으로써 이 목표를 구현하려고 노력해왔다.

ICT 인프라 구축을 담당한 KT도 이러한 정부정책에 적극적으로 참여해, 내부적으로 KT 유시티본부를 신설하고, 한국토지공사의 신도시 건설 기반시설공사에 참여했다. 이렇게 건설된 한국의 유시티가 현재의 인천 송도와 청라 신도시, 파주 운정지구, 화성 동탄지구 등이다. 실제로 유시티개념을 도입한 도시들은 광역 인터넷망, 도시 통합 네트워크 기반의 공공 관제센터를 도시 내부에 두고, 실시간 교통정보, 재난방송 등에 대한 서비스를 제공하고 있다.

사업의 기반시설공사에 참여한 KT는 이 외에도, 홈오토메이션 사업을 부가적으로 추진했다. 최근 ICT기술은 비약적으로 발전하고 있고, 전 세계적으로 4G의 상용화 추세로 인터넷의 속도가 과거와는 비교가 되지 않을 정도로 빨라짐에 따라서 스마트시티가 세계적으로도 주목을 받고 있고, 전 세계의 기업과 정부도 발 빠르게 움직이고 있다.

과거의 유시티가 도시 인프라에 초점을 맞추고 있다면, 스마트시티는 도시와 관련된 전 구성원에 초점을 둔 총체적인 개념의 도시이다. ICT기술의 비약적인 발전은 스마트시티의 구체적 실현을 보다 앞당기고 있다. 도로는 자율주행이 가능한 도로이며, 상수도는 수질 이상을 미리 감지가 가능하고, 하수도는 홍수 관리 및 파열되는 경우 바로 감지가 가능하고, 전력은 도시 전체의 분산 전원이 가능하며, 가정은 IoT 기반으로 운영되고, 공장과 사무실은 스마트공장, 스마트오피스로 운영되는 총체적인 스마트시티의 개념이 센서기술의 발달과 통신속도의 증가에 따른 관제센터와의 실시간 양방향 통신으로 인해 구체적 구현이 가능하다.

이런 이유로 다수의 마켓 리서치 기관에서 스마트시티의 시장 규모가 폭발적으로 증가해, 2020년에는 약 1조 2,000억 달러로 증가할 것을 예상하고 있고,[2] 미국, 유럽, 중국을 비롯한 주요국 정부 및 관련된 기업들이 스마트시티 프로젝트에 매우 관심을 가지고 있다.

(2) 스마트시티 프로젝트의 주요국 동향

해외 주요 국가의 스마트시티의 정책에 대한 동향을 보면 〈표 7-1〉과 같다.

표에서 제시한 주요 국가 이외에도 캐나다의 밴쿠버, 캘거리, 유럽의 주요 도시, 아랍의 두바이, 아프리카의 카이로 등, 전 세계에서 국

<표 7–1> 주요 국가별 스마트시티 정책 동향

국가	정책 내용
미국	2015년 스마트시티 선도 계획 발표 후 1억 6,000만 달러 (1,765억 원) 연구개발 투자
중국	2015년: 500개 스마트시티 개발 계획 발표, 연구개발(R&D)에 2020년까지 500위안(10조 원) 투입 스마트시티 인프라 사업: 1조 위안(182조) 투입
영국	스마트시티 세계시장점유율 10% 목표로 2012년부터 관련 기술 표준화에 집중 투자
인도	2020년까지 100개 스마트시티 건설 프로젝트 발표, 총 19조 원 투자 예고
일본	에너지 효율화에 방점을 두고 요코하마, 규슈 등 4개 스마트시티 시범지역 집중 투자

출처:매일경제(2017.6.18).

가별로, 도시별로 스마트시티 프로젝트는 진행 중이다. 이런 이유로 국가별 스마트시티에 대한 시장 규모를 예상한 각종 시장 보고서에 따르면 대륙 별 스마트시티 시장의 규모는 수 조 달러에 이르고 있다. 닛케이 BP 클린테크 연구소Nikkei BP Clean Tech Institute (2012)에 의하면 중국의 스마트시티의 시장 규모는 7.45조 달러, 북미는 6.85조 달러, 유럽은 6.76조 달러, 일본을 제외한 아시아는 4.27조 달러에 이를 것이라고 한다. 하지만 대개 스마트시티 시장 규모를 예측하는 대부분의 보고서들은, 그 시장에 스마트 그리드, 태양, 풍력을 포함한 신재생에너지, 차세대 자동차, 충전소, IT 관련 사업을 모두 포함시켜서 금액을 추정하고 있다.

대규모 스마트시티의 건설은 도시의 계획 및 토지의 수용이 전제되어야 하고, 많은 인프라 건설이 필요하다. 이 이유로 스마트시티의 시장 규모는 대륙별로 수 조 달러에 이르고, 이로 인해 주요 글로벌 기업들은 스마트시티라는 큰 그림에 주목하고 있다. 하지만 스마트시티 기술은 스마트시티 자체보다는 연관되어 파생되는 시장과 관련된 기술을 개발하는 방향으로 이루어지고 있다. 스마트시티 내부의 도로와 관련된 자율주행차의 경우 구글, GM, 토요타, 폭스바겐 등 다양한 자동차 기업들이 기술개발을 위해 많은 노력을 기울이고 있고, IBM 같은 경우는 기존의 복잡한 도시에 스마트 기능, 즉 도시의 교통체증, 기상변화 등 각종 정보를 취합하고 관리하는 기술을 개발하고 있다. 최근 IBM은 브라질 리우데자네이루 정부에 지능형 운영센터 건립을 수주했고, 이를 운영하고 있다.

2. 중국의 스마트시티

(1) 중국 스마트시티 프로젝트 현황

스마트시티를 건설하겠다는 계획과 시장 규모로 보면, 중국정부가 가장 적극적이다. 중국정부가 건설하겠다는 스마트시티가 센서 네트워크와 양방향성 기반의 효율성을 추구하는 스마트시티라는 개념인가에 대해서는 논란의 여지가 있지만, 중국정부는 최근 도시 개발 프로젝트에 스마트시티(智能城市, 智慧城市)라는 명칭을 사용하고 있다.

중앙정부 차원에서 스마트시티사업을 진행하여 각종 도시문제와 도시 내 계층 간 경제적 격차 문제를 스마트시티 건설로 해결하려는 계획으로 보인다. 급속한 도시화를 경험하고 있는 중국에서 스마트시티 실험지역이 전국적으로 이미 500개를 넘어설 정도로 스마트시티에 대한 관심이 높다는 점도 이런 트렌드를 반영한다고 할 수 있다. 중국정부는 제13차 5개년 계획 기간(2016~2020)에 모두 1조 위안(182조 원)에 달하는 스마트시티 투자계획을 발표했고, 중국기업들도 정부와 연계하여 스마트시티 건설을 진행하고 있다.3

중국정부는 중국경제의 전환 및 업그레이드를 촉진하는 주요 동력으로 도시화 2.0이라는 아젠다를 기반으로 스마트시티 건설을 추진하고 있다. 2012년에 탐색화 단계, 2014년에 규범화 단계, 2016년부터 본격 시행단계라는 스마트시티 건설 추진 3단계의 순서로 도시화 2.0을 수행해왔고, 현재는 본격적인 시행단계에 있다. 중국 스마트시티의 시범도시 추진 현황을 살펴보면, 과거 중국의 발전전략인 소위 '점-선-면 전략'이 그대로 적용되고 있음을 알 수 있다.

2012년에 1차 시범도시 90개, 2013년에 2차 시범도시 103개,

〈그림 7-1〉 중국정부의 스마트 시범도시 추진 계획

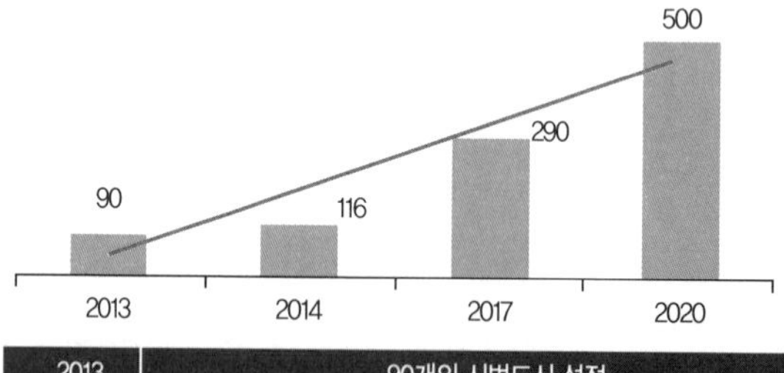

2013	90개의 시범도시 선정
2014	116개 추가 선정
2017	3차에 걸쳐 총 290개의 시범도시 선정
2020	500개 이상의 스마트도시 건설 및 1조 위안 투자계획 전달

출처: Nikkei BP Clean Tech Institute(2012) http://smartcity-planning.co.jp

2015년에 추가로 3차 시범 도시를 97개로 선정해서 추진 중이며, 베이징, 상하이 주변 도시부터, 신장, 티베트, 남쪽으로는 하이난, 북쪽의 헤이룽장에 이르기까지 중국 전역이 대상지역이다.

(2) 중국 스마트시티의 개발 방향과 프로세스

스마트시티의 실제적인 건설은 중국의 경우 크게 두 방향으로 진행되고 있다. 베이징, 상하이 등 기존의 대도시 내에서 도시 기능의 일부를 담당하면서 스마트시티를 건설하는 경우와 기존 대도시 인근에 위성도시의 형태로 스마트시티를 새로이 건설하는 경우이다. 기존 도시를 기반으로 스마트시티를 건설하는 경우가 베이징 중관춘 서쪽 부근에 소프트웨어 단지 건설과 북경 중심에서 남쪽에 미디어 단지 건설 계획이다.

상하이의 경우, 도시 남쪽에 과거 엑스포를 열었던 지역 450만 평을 푸장뉴타운으로 개발해서 스마트시티를 표방하고 있다. 특히 상하이는 높은 유동인구 비중과 인구학적 동질성 약화로 인해서 다양한 배경을 가진 대규모 인구를 관리해야 할 필요성이 강하게 제기되고 있으며, 그러한 필요성을 충족시킬 수 있는 정책이 바로 스마트시티라고 정부에서 인식하고 있는 것 같다. 상하이는 일찍이 1992년 푸동 지역이 중국 최초의 '국가급신구(新区)'로 지정되었던 경험이 있어, 스마트시티 사업에 보다 적극적이다.

대도시 인근에 위성도시 형태로 스마트시티를 계획하는 방식은 중국 전역에 적용되고 있다. 중국정부는 베이징, 허베이성 인근에 6개, 상하이 인근에 2개, 남부에 2개, 중부에는 창샤 인근에 1개, 서부에도 투루판 인근에 1개의 스마트시티 계획을 세우고 있다. 이중 일부는 기본 도시를 재개발하는 형태도 있지만, 신도시 개발형에 가깝다. 도시의 기능이 에너지 절약, 환경 보존, 저탄소배출, ICT를 표방한다는 점에서는 외관상의 프로젝트는 스마트시티를 표방하지만, 실제로는 우리가 과거에 해왔던 유시티 수준으로 도시개발이 진행될 것이라고 예상된다.

중국 스마트시티 개발 프로세스를 보면, 한국과 마찬가지로 스마트시티 건설의 큰 그림은 정부에 의해 주도된다. 제1단계는 중국정부가 개발 대상지를 선정하는 단계이고, 2단계로 개발 계획을 수립하고, 3단계로 개발 계획 수립을 근간으로 컨설팅 및 설계 단계를 거친다. 그다음 단계는 토지 조성단계이다. 토지 조성단계는 중앙정부 혹은 지방정부 산하의 국영 기업이 주도하는데, 대규모 건설업체가 선정되면 이 업체가 도시의 도로망, 상하수도망 등 도시 인프라를 건설한다.

ICT 기반의 스마트시티가 되기 위해서는 백본 backbone 을 가진 사업자가 기간망을 도시 아래에 깔아야 하는데, 이는 중국의 3대 통신사인 차이나 모바일, 차이나 텔레콤, 차이나 유니콤과 국영기업인 중신그룹과 관련 있는 붕박사(鵬博士)의 몫이다. 스마트시티의 토지 조성단계에서는 중국정부와 한국정부의 정부 간의 협력이 선행되지 않으면 사실상 우리 기업의 진출은 어렵다고 볼 수 있다.

토지 조성단계가 완료된 후에 개별 토지 블록별로 개발이 진행된다. 토지조성단계에서 도시의 인프라가 완성된 후에 개별 토지 블록별로 주거시설, 상업시설 등을 건설하기 위한 입찰 과정이 진행된다. 특히, 백화점, 호텔 등의 상업부문과 아파트, 주상복합건설을 위한 주거 부문은 중국정부의 통제가 상대적으로 약한 부분이다.

(3) 중국 스마트시티 선점에 나선 중국 IT기업들

중국의 스마트시티 사업에 관심을 가진 중국의 IT기업은 백본 사업자들 이외에도 화웨이, ZTE, 알리바바, 바이두, 텐센트 등이다. 이 중에서 화웨이와 ZTE 백본 사업자인 중국의 통신사에 통신장비를 공급하는 업체이다. 화웨이는 중국의 제1의 IT기업으로 중국의 삼성으로 불리는 기업이다. 통신장비 산업에서 이미 세계1위에 등극해 있고, 모바일시장에서는 이미 애플과 삼성에 이어서 세계3위이다. 화웨이는 이미 홈페이지를 통해서 스마트시티 솔루션이 개발되어 있고, 이를 구현하고 있다고 광고하고 있다. 토지조성단계에서 기간망을 설치하는 중국의 3대 통신사와 붕박사에 통신장비를 납품하는 업체가 바로 화웨이와 ZTE이기 때문에, 통신장비를 만드는 이 두 기업은 개별토지의 블록별 개발 단계에서도 스마트시티 사업의 진출이 매우 용이하다고 할 수 있다. 화웨이는 실제로 도시에 통신장비를 납품하면서 스마트시티 솔루션을 같이 공급하고 있고, IoT와 수도 및 가스의 스마트 검침 솔루션을 공급하고 있다. ZTE 또한 최근 차이나모바일과 손잡고 중국의 150여 개 도시의 가로등 콘트롤, 원격 검침 등의 원격 행정 서비스와 공공 서비스용 통신을 공급하고 있다. 이 두 중국의 글로벌 통신장비 기업 이외에 BAT라고 불리는 바이두, 알리바바, 텐센트도 스마트시티와 관련한 플랫폼을 선점하기 위해 활발히 움직이고 있다. 알리바바의 자회사인 앤트파이낸셜Ant Financial 은 본사가 위치한 항조우 및 하이난, 홍콩, 마카오에 도시 공공 서비스 플랫폼 구축 제안을 추진 중이고, 바이두는 우시, 닝보 등의 도시에 도시관리를 위한 빅데이터 분석 기술을 제공하고 있으며, 텐센트는 상하이와 정조우에서 위챗wechat 기반의 교통환경 플랫폼, 충칭에

서는 위챗페이wechat pay를 활용한 현금 없는 도시 시스템을 구축 중
이다.

〈표 7-2〉 중국 스마트시티 시장 선점에 나선 주요 중국 IT기업

화웨이	40개국 100개 도시에 스마트시티 솔루션 공급 중, 2017년 내 20개국에 NB(협대역) IoT N/W(수도 및 가스 검침 등) 보급 목표
ZTE	차이나 모바일과 150개 이상 도시에서 전자 행정 서비스 및 가로등, 주차, 원격 검침 등 공공 서비스용 통신 N/W, 클라우드 컴퓨팅, IoT 관련 솔루션 구축
알리바바	• 항저우, 하이난, 홍콩 마카오 등에서 교통, 관광, 금융 관련 도시 공공 서비스에 클라우드/AI 서비스 제공 • 앤트파이낸셜은 352개 도시의 공공 서비스에 알리페이 플랫폼 구축
바이두	• 산시성, 우시, 닝보 등에서 도시 관리(교통, 교육, 감시, 산업, 헬스케어 등)를 위한 클라우드·빅데이터 분석 기술 제공 • 산시성 정부와 물류·제조업 효율화를 위한 AI 시스템 공동 개발
텐센트	• 모바일 메신저인 위챗을 기반으로 상하이, 정저우, 허난성, 충칭 등에서 교통, 환경 등 도시 정보공유, 민원 행정처리, 공공 서비스 지불 관련 플랫폼 제공 • 충칭에서 위챗페이를 활용한 실물화폐 없는(cashless) 도시 시스템 구축 제휴

출처: 각 사 홈페이지

3. 한국의 스마트시티

(1) 한국 스마트시티의 현황

도시 건설에서 지능형 ICT를 기반으로 도시 건설을 시도한 사례는 한국의 유시티가 세계적으로 선도적인 사례라고 할 수 있다. 2004년 U코리아 계획의 일환으로 추진한 유시티는 당시만 해도 매우 혁신적인 시도였다. 기술면에서도 그때까지만 해도 거의 적용 사례가 없었던 USN(유비쿼터스 센서 네트워크) 혹은 WSN(무선 센서 네트워크)을 도시 내에 설치하여 서비스를 제공하려 했다. 현재의 개념으로 하면 IoT를 도시 전체에 구축하려는 것이 유시티 목표였다.[4]

기존 유시티의 사례 중 최신 사례는 현재까지 아파트가 건설되고 있는 인천의 청라지구이다.

2003~2020년까지의 사업기간 중 청라지구는 국제금융, 스포츠 레저 중심의 스마트시티로 만들 예정이다. 청라 신도시는 청소차가 필요 없는 도시, 즉 자동 크린넷 시스템(공기압축 장치를 통해 지하관 따라서 처리장소로 이동함), 전봇대가 없는 도시(지하 공동구 설치로 수도, 전기, 통신 시설을 일괄적으로 대형 관에 모아 지하에 매설), 도로의 온도, 습도를 측정하며, 교량의 진동 측정, 가로등 오존 경보, 누전 차단, 도로교통 정보 제공(CCTV 활용) 서비스를 제공하는 도시를 구축하고자 했다.

현재 구상하는 스마트시티의 일부 개념도 적용되었는데, 가족위치를 공유하는 앱서비스, CCTV 기반의 관제 서비스를 IFEZ 통합운영센터에서 24시간 모니터링 해서 비상벨 알람 시 즉각 대처 등의 서비스가 청라지역에서 제공되고 있다.[5]

그보다 앞서 추진된 대전의 스마트시티도 퓨처엑스Future-X라는 이름으로 프로젝트가 진행되었다. 통신·방송·데이터를 통합 제공하는 광대역통합망(BcN)을 통합 구현했고, 에너지 절감, 냉난방 일체형 전력 공급 등을 제동하고 있다.[6] 이외에도 아산 신도시, 화성 신도시, 파주 신도시가 스마트시티의 초기 모델인 유시티라는 이름으로 추진되어 완성되었다.

한국에서 유시티사업을 진행함에 있어서, 기간망을 건설하는 것은 모두 백본 사업자인 KT가 담당했다. KT 내에 유시티본부를 설치해서, 도시 내에 유테크U-tech 기반의 IT 클러스터를 구축하고자 했다. 파주에서는 2005년부터 2009년까지 도시 통합 네트워크 센터를 구축하여 FTTH, 휴대인터넷, USN 등 첨단 인프라를 구축했다. 이와 같이 KT는 유시티산업에 일찌감치 뛰어들어 유홈U-home 서비스, 첨단 센서 시스템을 활용해 취약지구 등을 감시하는 유시큐리티 U-security 서비스 등 다양한 역량을 쌓을 수 있었다.

(2) 스마트시티의 수출 노력

한국은 유시티 사업에서 쌓은 노하우를 바탕으로 2007년부터 주로 대기업 위주로 중국의 스마트시티 건설 참여를 목표로 현지에 진출을 해왔다. 우리 기업들은 현지 법인 혹은 사무실을 설립하여, 현지 업체와 합작형태로 진출을 시도했다. 포스코의 경우는 2010년 중국 지린성 개발 프로젝트에 포스코가 참여한다고 크게 언론에 보도 된 적이 있다. 창춘 일대의 신도시 건설을 포함하는 프로젝트로 2010년 7월에 포스코 회장과 지린성 성장이 협약서에 서명을 했고, 당시 지린성 서기인 쑨정차이(孫政才)도 참석을 했다. 도시 개발 경험이 있는 포스코 계열사인 대우 인터내셔널도 참여해 ICT기술을 접목하는 시너지 효과가 발생할 것이고, 해외 국가급 프로젝트를 수행한다는 등의 언론에 대한 홍보가 있었다. 2011년에는 중국의 연달(燕達)그룹이 하북성 연교 개발지구에 신도시를 건설하면서 한 지구를 서울 타운을 표방하고, 한국과 다방면에서 합작을 한 사례가 있다.

KT도 유시티사업에서 쌓인 노하우를 바탕으로 건설 인프라 개발사업이 활발한 중국을 대상으로 우리의 유시티 모델을 수출하고자 했다. 유시티 전체의 그림을 그릴 때, 토지공사와 함께 참여한 도시 설계 능력과 실제 기간망 건설에 대한 노하우가 있기에 중국 사업 경쟁력이 충분히 있을 것으로 전망했다. 서비스 구축비의 일부 혹은 전체를 KT가 부담하고 서비스의 운영수익을 고정적으로 보장받는 형태로 진출하고자 했다.

KT는 정보통신 인프라, 통합관제센터 및 U-서비스 설계 및 구축을 돕고, 발주사는 스마트시티 기본 계획을 수립하고 마스터플랜 수립 및 설계를 반영하며, 구축 이후 통합 관제센터를 운영 및 위탁하여 구축사업자의 사업비 투자에 따른 KT의 운영비를 보장하는 식으로 중국 사업을 진행했다.[7] 하지만 이를 KT 단독을 추진하기에는 역량이 부족했고, 결국 실질적인 중국 스마트시티 건설에 진출하는 성과로 이루어지지는 못했다.

한국의 과거 유시티의 건설은 어느 정도 성공적이었다고 평가된다. 공기업인 토지개발공사가 이를 주도했고, 기간망은 KT가 담당했다. 이 과정에서 현재 추진 중인 스마트시티 건설에 대한 많은 노하우가 축적되었음에도 불구하고, 토지개발 공사라는 공기업이 갖는 한계성 그리고 이미 기간망 건설 사업자가 4개나 있는 중국정부에서는 굳이 시장을 개방 필요성이 없는 상황으로 인해 스마트시티의 중국 수출에는 실패해왔다.

실제로 중국에서는 과거의 도시개발 프로젝트부터 현재 중국 스마트시티 건설 프로젝트까지 실질적인 프로젝트에 직접적으로 참여해서 실적을 낸 기업은 없는 것으로 파악되고 있다. 이는 중국이 스마트시티 건설에 대한 자문을 받은 후, 실제 건설은 중국 현지 기업들이 하는 경우가 빈번하고, 스마트시티에 필요한 ICT 첨단장비는 이미 중국기업이 이 분야에 대한 경쟁력을 충분히 갖고 있기 때문에 한국기업의 진출이 쉽지 않다고 판단된다.

중국 프로젝트 수주에서는 고배를 마셨지만 포스코는 2010년의 중국 지린 개발 프로젝트의 실패에서의 교훈을 바탕으로 2017년 1월에 쿠웨이트에서 스마트시티 프로젝트 수주에 성공한다. 과거에도 한화건설이나 대우건설에서 해외의 대규모 아파트나 토목 프로젝트를 수주한 적은 있으나, 스마트시티라는 명칭이 붙은 해외 도시개발 프로젝트로서는 첫 번째 수주이기에 의미가 있다.

쿠웨이트는 자국 남성이 결혼할 경우 주택을 무상 공급하는 정책 때문에 주택수요 대기자가 11만 명이고, 수요가 매년 8,000명씩 증가한다. 이런 수요를 바탕으로 쿠웨이트 정부에서 압둘라 시티라는 스마트시티를 국제 입찰에 붙였고, 포스코 컨소시엄이 기술, 가격 경쟁력, 도시계획, 전력, 정보통신, 토목 설계에서 높은 점수를 받아 다른 4개 컨소시엄을 제치고 총사업비 4조 4,000억 원에 프로젝트를 수주했다. 스마트시티는 포스코 ICT, 시범주택은 포스코 A&C에서 담당한다. 또한 최근에 캄보디아의 유일한 항구도시인 시아누크빌에 스마트시티 수출 양해각서를 정부 간 체결한 사례도 있다.

(3) 한국 스마트시티 사업의 기회

우리의 스마트시티에 대한 마스터플랜의 기술은 중동, 아프리카에서는 상당한 비교우위가 있다고 할 수 있다. 아직 중국처럼 정부 주도로 스마트시티 전체를 계획해서 설계하는 역량이 부족하고, 도시 지하에 거대한 통신네트워크를 설치할 만한 자국의 백본 사업자가 아직 없는 이유이다.

최근 쿠웨이트에서 한국토지공사의 후신인 LH와 몇 설계업체 그리고 포스코가 컨소시엄을 이루어 압둘라 스마트시티의 마스터플랜 용역을 수주한 사실에 주목할 필요가 있다. 분당의 3배 규모인 압둘라 스마트시티가 이름만 스마트시티인지 아니면 거대한 센서 네트워크와 양방향성 기반의 효율성을 기반으로 하는 스마트시티인가는 논외로 하고, 한국의 해외 스마트시티 수출 1호라는 면에서의 상징성은 중요한 의미가 있다.

이 프로젝트는 인허가만 쿠웨이트 정부가 담당하고, 스마트시티 전체의 마스터플랜은 설계업체가, 스마트시티 구축사업은 포스코 ICT가 맡고, LH가 쿠웨이트 정부와의 협의를 담당하는 협업적인 컨소시엄을 통해서 수주를 했다. 물론 현재 수주한 사업은 스마트시티 구축을 위한 마스터플랜을 세우고, ICT 인프라 설계를 진행하는 사업이지만, 향후 약 4조 4,000억 원에 달하는 시공 프로젝트에서 우위에 설 수 있다는 데 큰 의의가 있다.

중국시장의 진출을 전제로 한다면 우리의 스마트시티에 대한 비교우위를 활용해 중국시장에 진출하는 것은 보다 정밀한 접근이 필요한 것 같다. 우리 기업이 중국시장에 진출하려고 하는 경우는, 개별 토지의 블록별 개발 단계에서 중국시장에 진입하는 것이 좋을 듯

하다. 이 단계에서는 스마트시티에 대한 솔루션 판매 및 운영, 관리의 수주가 가능하다. 또한 상업 부분의 경우에 우리 기업이 가지고 있는 고효율·고성능의 첨단기술의 적용이 가능하다고 하겠다. 중국의 전체 스마트시티의 사업단계에서 우리의 경쟁력은 스마트홈Smart Home 쪽에 더 있어 보인다.

이 분야는 과거의 홈오토메이션의 기술이 IoT시대가 도래함에 따라서 구현된 영역이다. 과거에 지향했던 홈네트워크 구축을 넘어서는 시큐리티, 헬스, 엔터테인먼트를 포함해서 AI, 빅데이터의 최신 기술이 포함된 진일보하고 능동적인 개념이 바로 스마트홈이라고 할 수 있다. 〈그림 7-2〉는 2017년 국가별 스마트홈에 대한 시장 전망이다.

최근 우리의 스마트홈기술 동향과 수주 현황을 보면 삼성물산은 스마트홈에 음성인식기술을 적용한 'IoT 홈큐브'를 개발해서 실내의 미세먼지 측정과 환기 시스템을 말로 작동할 수 있게 했고, KT는 '기가지니 스마트홈 시스템'을 개발해서 택배확인, 엘리베이터 호출, IoT망 연결 이상 여부, 1주일간 방문자 얼굴 확인 등 집 주인이 음성으로 움직이는 AI아파트를 실현화했다. SKT는 2016년부터 2017년 초까지 14개 건설사와 총 10만 가구의 아파트에 스마트홈 공급 계약을 체결했다. LG유플러스는 중견기업 한샘과 매직 미러를 공동개발해서 아파트에 공급했는데, 중소기업과의 협업한 주목할 만한 사례이다. 매직 미러는 사용자가 거울을 보면 모공, 잡티, 노폐물에 대한 전문가의 종합의견을 제시하고, 구체적으로 케어를 추천하는 기능을 가지고 있다.

비록 판매량이 높지 않아 현재는 생산하고 있지는 않지만, 가구와

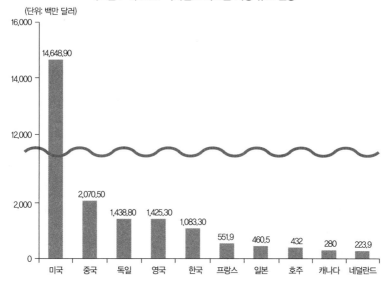

〈그림 7-2〉 2017 국가별 스마트홈 시장 규모 전망

(단위: 백만 달러)

미국 14,648.90
중국 2,070.50
독일 1,438.80
영국 1,425.30
한국 1,083.30
프랑스 551.9
일본 460.5
호주 432
캐나다 280
네덜란드 223.9

출처: Statista(2016.10), IRS Global에서 재인용.

IoT를 접목하려는 시도와 대기업-중소기업의 협업의 사례를 보여줬다는 점에서는 의미가 있다. 물론 전 세계의 많은 기업들이 스마트홈에 대한 분야별의 제품과 혁신 기술이 있지만, 대규모의 아파트 시장에서 기술력을 테스트해온 한국기업이 상대적인 경쟁력을 갖는다고 볼 수 있다.

4. 전략 제언

새 정부에서는 미래성장동력으로 4차산업혁명을 제시하고 있고, ICT 기반을 확충하고, 견고한 ICT생태계 조성을 위한 성장동력의 하나로 스마트시티를 꼽고 있다.[8] 국내에서의 스마트시티한 건설은 과거의 유시티를 업그레이드 하는 형태로 추진될 것 같다. 하지만 스마트시티의 수출에 대해서는 국가별로 세부 전략이 필요하다.

중동과 아프리카의 스마트시티 개발은 초기 기획단계부터 전체 완성까지 우리나라가 비교우위를 가지고 있다. 최근 쿠웨이트에서 스마트시티 프로젝트를 수주했듯이, 중동이나 아프리카에서는 우리의 유시티 건설의 경험을 바탕으로 한 토털솔루션Total solution 접근방식이 가능하다. 과거의 유시티를 성공적으로 건설했고, 이를 운영하고 있는 노하우가 경쟁력이다. 이런 접근방식은 건설교통부 혹은 산업자원부 등 정부기관 혹은 LH 등에서 초기 사업의 론칭을 해당 국가와 시작하는 것이 중요하며, 동시에 토털솔루션의 접근방식이 필요하므로 경쟁력 있는 여러 관련 기업들의 협업이 중요하다.

중국의 경우는 다른 접근방식이 필요한 것 같다. 중국은 스마트시티가 가장 많이 계획되고 있는 최대의 시장이지만, 중국에 우리의 스마트시티 마스터플랜 기술을 수출한다는 것은 쉽지 않다. 중국시장 진입을 위해서는 매우 세부적인 전략이 필요하다. 첫째, 중국에서는 세부적으로 개별 토지 블록별 개발 단계에서 우리가 상대적 우위에 있는 스마트홈 등의 기술을 집중하는 전략으로 중국기업과 경쟁하는 것이 더 좋은 전략처럼 보인다.

이 분야는 LG와 한샘이 협업으로 진행했던 매직 미러 개발의 사례에서 보듯 대기업-중소기업과의 협업이 필요한 영역이다. 또한, 스마트홈의 기술은 중국시장뿐 아니라 위의 〈그림 7-2〉에서 알 수 있듯이 현재 스마트홈의 최대 시장인 미국시장에도 진출이 가능하다. 과거 유시티 수출에 실패했듯 토털솔루션 접근방식은 현재의 중국 스마트시티 시장에서도 먹히지 않는 전략일 것이다. 한국은 IT기업의 에너지 솔루션(특히 에스코 사업과 관련한), IT 서비스, B2B솔루션 등의 경쟁력이 있기 때문에 스마트홈에 대한 비교우위는 중국기업에 비해 우위에 있다. 두 번째로는 성장하는 중국 스마트 도시 수요에 맞추어 한국 수출 모델을 개발하기 위해서는 현지 업체와의 합작이 매우 중요해 보인다. 현지 업체만이 중국 지방정부의 개발 프로세스와 제도에 대해서 정확히 파악할 수 있기 때문이다. 개별 토지 블록별 개발 단계에서 외국기업이 상대적으로 시장 진입이 용이하다고 했지만, 1급 개발 단계에서 개별 토지 블록별 개발 단계로 넘어가는 단계에서 시장을 선점하려고 하는 글로벌 수준의 기술을 갖춘 중국의 IT기업들과 경쟁이 쉽지 않아 보이기 때문이다.

중국시장에서 개별 토지 블록별 개발 단계의 원활한 진출을 위한 세 번째 전략은 자본을 가진 디벨로퍼developer와의 협업이다. 최근 일본의 파나소닉Panasonic이 디벨로퍼(시행사)와 공동투자 방식으로 미국의 스마트시티에 진출한 사례는 주목해야 할 필요가 있다. 파나소닉은 최근 스마트시티 사업에 집중하고 있고, 세계 최대 가전쇼인 IFA2016에서 스마트 에너지 솔루션과 스마트홈을 전시한 바 있다. 파나소닉은 2016년 미국 덴버Denver에 스마트 빌딩을 지으면서, 덴버시와 덴버 공항 주변 스마트시티 개발 계획에 참여했고, 2017년에는 시행사에 지분을 투자함으로써 시행사와 공동으로 스마트시티 개발을 주도하고 있다.

2017년에 출범한 새 정부는 4차산업혁명의 기조 속에 스마트시티 건설과 도시재생 뉴딜정책을 국정과제 사업으로 표방하고 있다. 도시재생 뉴딜정책은 과거의 대규모 지구지정 재개발 방식에서 탈피한 방식으로, LH 주도로 5년간 매년 10조의 사업비가 투여될 예정이다. 정부는 창동 상계 프로젝트를 시작으로 이를 추진하고 있으나, 실제로는 시행권의 문제, 정부 출자지분 등의 복잡한 현안이 존재하고 있다. 정부가 도시재생 뉴딜사업에 에너지 절감, 친환경 기능을 추가하고, 과거 조선소와 폐창고를 아름다운 보행도시로 바꾼 요코하마나 색깔 없는 항구도시를 예술도시로 바꾼 리버풀을 벤치마킹 하면서 도시재생 뉴딜정책을 기존 도시 중심의 스마트시티로 변모시킨다면 소규모 스마트시티의 모범적인 선례를 만들 수 있을 것이다. 기존 도시 중심의 스마트시티 건설은 시장의 반응이 우호적이어야 성공 가능하다. 공공 디벨로퍼로서의 정부의 역할과 더불어 민간 사업자의 참여와 투자의 유치를 위해서 관련 부동산 펀드의 규제, 정부의 출자지분 문제 등 여러 규제요소들을 스마트시티 사업에 맞도록 세부 조종을 해야 할 것이다.

스마트시티는 단순히 정보화 도시의 개발이 아니라 생활의 총체적인 부분을 바꾸는 것으로 정부와 기업이 연계하여 장기적으로 진행되고 있음을 볼 수 있었다. 이는 곧 초기 단계에서 기업이 진입하지 않으면 후발 주자로 기회를 포착하기 어렵다는 것으로도 이해할 수 있다. 따라서 정부가 진행하는 관련 사업을 주시할 필요가 있다. 현재 중국정부에서 도시민에게 복지 카드를 부여하여 정부와 도시민 간 복지 서비스를 연동하는 프로젝트를 진행 중에 있다.

스마트시티 프로젝트의 연장선에 있는 사업이다. 서비스가 연동되는 초기 단계에 진입해야 후에 사업 진행시에도 사업을 수주할 가능성을 높일 수 있을 것이다. 리우데자네이루에 교통 통제 프로그램을 수주한 IBM의 경우를 보면, 향후 브라질 정부가 스마트시티를 만

든다고 가정한다면 가장 먼저 IBM에게 사업 수주의 기회가 올 것이다. 최근 중견 기업 한샘은 중국 상하이에 '원스톱 서비스'를 표방하는 대형 가구점을 오픈했다. 성공의 여부를 떠나서 몇 개의 대형 중국 현지 업체와 다국적 기업 이케아가 양분하는 가구 시장 도전을 했고, 미래 스마트시티와 연동된 수요의 포석이라고 생각된다.

스마트시티 프로젝트는 매우 거대한, 오랜 시간에 걸쳐 관련 사업과 연관된다. 해외 스마트시티 프로젝트의 수주을 위해서는 초기 교두보 확보와 적극적 진출이 요구된다.

(오철)

제8장

중국, 4차산업혁명 그리고 한국의 온라인 유통산업

1. 유통과 온라인 비즈니스

유통은 크게, 쇼핑, 구매 결제로 구성된 소유권의 이전이라는 상적 유통(거래유통)과 상품의 이동을 의미하는 물적 유통으로 나뉜다.[1] 유통은 산업 분류상 도매업 및 상품중개업 그리고 소매업으로 구분된다.[2] 도매와 소매 기업은 생산자로부터 상품을 구입한 후 이를 자신의 책임하에 제3자에게 판매함으로써 그 차익을 자신의 이윤으로 하는 반면, 이와 달리 중개기업은 중개서비스를 제공하고 대가를 받는다. 〈표 8-1〉에서 제시된 바와 같이, 온라인에서 판매자가 소유권의 이전을 통해 거래를 하는 것을 전자상거래e-commerce라고 하고,[3] 오프라인의 '중개'처럼 서비스를 제공하는 제3자 B2C나 C2C 방식의 마켓플레이스들을 '플랫폼'이라고 한다. 그리고 이들이 제공하는 서비

<표 8-1> 오프라인 유통과 온라인 비즈니스 용어 및 구분과 온라인 비즈니스의 대표기업들

		오프라인 유통과 온라인 유통 용어 및 구분	
유통기업의 사업 모델		상품 구입 후 판매자 (거래 당사자)	'중개자' (대행업자 또는 중개업자)
오프라인 유통		도소매업	상품 중개업
온라인 비즈니스	명칭	전자상거래 (e-commerce)	플랫폼
	거래 주체 구분[6]	B2C(제조자나 판매자, 즉 상품의 소유권을 가진 기업이 직접 판매하는 경우)	제3자 B2C, 제3자 B2B, C2C(한국에서는 '오픈마켓'이라고 부른다.)
	대표 기업 및 사이트[7]	아마존(미국), 징동(중국), 쿠팡(한국) 등 소셜커머스, 온라인 전문몰(스타일난다 등)	이베이(미국), 알리바바(중국), G마켓, 옥션(미국 이베이 소유)
		아마존, 징동, 쿠팡 같은 종합 전자상개래 기업은 소매업과 중개업을 겸하고 있음.	
매출과 이윤		매출: 판매금액 이윤=판매금액-구입비용 또는 판매금액-제조비용	매출[8]: 중개비 이익: 중개비-기타 비용

스를 '플랫폼 서비스'라고 부른다. 온라인 비즈니스on-line business라는 용어는 이런 전자상거래와 플랫폼 서비스를 모두 포함한다.[4] 제8장에서는 온라인 유통의 소매 부분을 다룬다.

온라인 비즈니스는 또 거래주체에 따라 B2G, B2B, B2C 그리고 C2C로 분류하는데 이런 구분과 판매자와 중개자로서의 구분이 반드시 매치되지는 않는다. 예를 들어 기업과 정부 간 거래는 판매방식이다. 그러나 기업 간 거래나 기업과 소비자간 거래에서 온라인 비즈니스 기업은 거래의 주체로서 판매를 하기도 하지만 플랫폼 역할만 하기도 하거나 또는 때에 따라 두 가지 방식중 하나를 선택하기도 한다.[5] 따라서 B2C라고 부르는 형태는 3가지 종류의 형태를 통칭한다. 즉 제조기업이 판매를 하는 경우, 유통기업이 상품을 구입 후 판매하는 경우 그리고 마지막으로 제조나 판매 기업이 유통 사이트에 입점해서 판매하는 경우를 의미한다. 즉 판매자가 기업인인 소매를 B2C라고 부른다.

한편 플랫폼은 세 가지 형태를 통칭한다. 고객들 간의 C2C 형태, 기업이 온라인 비즈니스 사이트에 입점하는 형태의 B2B 그리고 입점 형태의 기업들과 소비자들이 거래를 하는 B2C 형태가 있다. 미국의 아마존닷컴이나 중국의 징동닷컴 JD.com. Inc. (京東商城) 그리고 한국의 쿠팡 등은 전자상거래와 플랫폼 서비스를 동시에 제공하고 있는 기업이며, 중국의 알리바바 Alibaba Group Holdings 는 C2C와 B2C 서비스를 모두 제공하는 기업이다. 따라서 이 글에서는 '기업'의 성과를 기준으로 '기업'의 전략을 분석한다.

이 글에서 단순 직접 판매자와 플랫폼 모델을 구분해서 살펴보는 이유는 비즈니스 모델에 따라서 기술에 대한 요구와 기업의 전략이 다르기 때문이다. 판매자가 상품에 대한 소유권을 직접 획득한 이후 이를 자신의 책임하에 판매하는 경우에는 이 거래 금액이 판매자의 '매출'이 된다. 그러나 이런 과정 없이 단순히 생산자와 소비자 사이에 중개만을 하는 플랫폼은 그 거래 금액의 일부, 즉 수수료만 진정한 매출이 된다. 따라서 어떤 사업 모델인가에 따라서 기업의 매출은 현격하게 차이가 날 수밖에 없다.

플랫폼은 수수료, 광고수입이나 생산자가 자신을 알리기 위해 사용하는 서비스 등이 수입원인 반면, (직접) 판매자seller는 매출에서 구매 비용까지를 제외한 유통마진이 수입원이다. 이런 차이는 기업전략에 중요한 영향을 미친다. 이 장에서는 중국과 한국 기업들의 자료를 통해 그들의 사업 모델, 시장경쟁 현황, 전략을 분석하고자 한다. 그리고 이런 과정을 통해 한국의 유통산업 발전을 위해 정부와 기업이 할 수 있고 또 해야 하는 일이 무엇인가를 살펴보고자 한다.

2. 4차산업혁명이 가져온 유통산업의 신경향

(1) 급속하게 성장하는 온라인 비즈니스

세계시장을 아시아(중국, 일본 포함), 서유럽, 북미, 중남미, 중동 및 아프리카, 동유럽 그리고 대양주 등 7개 지역으로 구분해서 보면 2011년부터 2015년까지 아시아 유통시장은 14.1% 그리고 북미 시장은 8.9% 성장했다. 반면 유럽시장은 4.6% 축소되었다. 2016년 전 세계 유통시장 규모는 13.6조 달러 수준이었다. 이 중 중국과 일본을 포함한 아시아 유통시장 규모는 4.6조 달러로 3.2조 달러의 북미나 2.9조 달러의 서유럽보다 규모가 컸다.

한편 2015년 기준 인터넷, 홈쇼핑 등 비점포 유통은 점유율(9.7%)은 낮았지만, 2011년부터 2015년까지 51% 성장했다. 비점포 유통 전체 규모 중 아시아&태평양(41.2%) 시장과 북미(30%) 그리고 서유럽(19.5%) 시장이 높은 비중을 차지했다. 지역별로 중동과 아프리카 시장도 높은 성장(79%)을 보였지만, 아시아, 태평양 지역은 107%의

〈그림 8–1〉 글로벌 유통시장 비점포 유통 규모

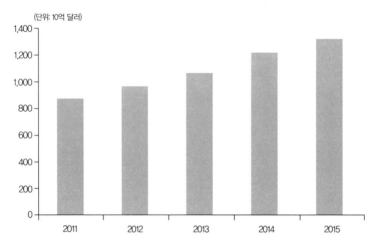

(단위: 10억 달러)

출처: 2016 글로벌 유통망현황 및 진출방안. KOTRA 자료로 작성

〈그림 8–2〉 지역별 유통시장 비점포 유통 규모 변화 추이

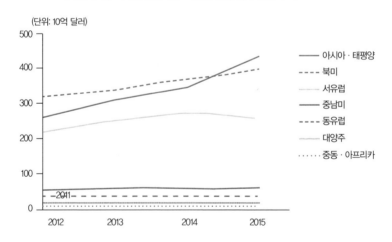

(단위: 10억 달러)

출처: 2016 글로벌 유통망현황 및 진출방안. KOTRA 자료로 작성

가장 높은 성장률을 보였다. 전체 비점포 유통의 대부분(74.9%)은 인터넷 유통이 차지했으며, 2011년에서 2015년까지 인터넷 유통은 약 147%가 상승했다.[9]

(2) 4차산업혁명이 가져온 유통산업의 혁명

빅데이터와 인공지능

유통산업과 관련하여 가장 먼저 떠오르는 것은 빅데이터와 인공지능이다.

아마존은 모든 고객들의 구매내역을 데이터베이스에 기록하고 이 기록을 분석하여 소비취향을 파악한다. 2013년 아마존은 예측배송 서비스에 대한 특허를 취득했다. 예측배송은 고객이 구매를 하기 전에 고객 주소지 근처의 물류창고에서 배송을 시작하는 것으로 이는 기존 주문과 검색 내역 등의 자료를 통해 고객 자신보다 더 고객을 잘 이해하는 아마존의 빅데이터 분석 역량에 바탕을 두고 있다.

월마트는 소셜미디어에서 수집한 빅데이터를 이용해서 소비자들의 심리와 행동양식을 파악해서 상품을 구성하고 재고관리를 최적화한다. 이를 통해 소비자가 원하는 제품을 원활히 공급함으로써 고객만족도를 높이고 있다. 스페인 의류업체 자라ZARA는 전 세계 매장의 판매 및 재고 데이터를 실시간 분석해 상품구성을 최적화하여 소비자의 요구에 응하고 있다.[10] 이외에도 넷플릭스, 구글 그리고 DHL 등 여러 유통산업 관련 기업들이 빅데이터기술을 활용하고 있다.

빅데이터는 통상적으로 사용되는 데이터베이스 관리도구의 능력을 넘어서는 대량(수십 테라바이트)의 정형 또는 데이터베이스 형태가 아닌 비정형의 데이터 집합조차 포함한 데이터로부터 가치를 추출하고 결과를 분석하는 기술이다.[11] 빅데이터는 데이터의 분석에 초점을 맞춘다. 인공지능도 데이터를 기반으로 한다. 그래서 빅데이터와 중복되는 부분이 있다. 그러나 인공지능은 머신러닝과 그보다 심층화된 딥러닝을 통한 데이터로부터 지능을 만들어내는 기술을 의미한다. 빅데이터와 인공지능은 서로 불가분의 관계를 가지고 하나의 유기체를 만든다.

빅데이터는 데이터에서 출발하는 인공지능 발전에 중요한 기술이다. 유통, 특히 소매업은 소비자와 관련된 데이터를 직접적으로 얻을 수 있다. 따라서 이것의 활용 여부는 기업 성과의 결정적 요인이 될 수 있다. 일본의 소프트뱅크는 인공지능을 통해 스마트폰 매출을 예측함으로써 재고를 20% 정도까지 줄일 수 있었다.[12]

〈그림 8-3〉 온라인 비즈니스 기업들의 경제활동 개념도

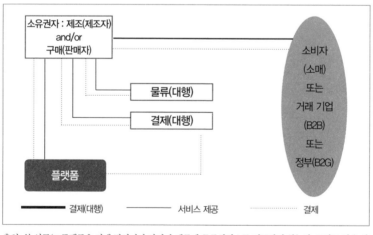

출처: 본 연구(※플랫폼은 거래 당사자가 아니기 때문에 물류서비스를 제공하지 않는다. 그리고 같은 이유로 결제 대상자가 아니다.)

플랫폼 기업들과 4차산업혁명 기술들

4차산업혁명 기술들은 유통기업의 사업 모델에 따라 영향력이 다를 수 있다. 플랫폼 기업들의 기술의존성은 매우 높다. 플랫폼 기업은 판매를 중재한다. 이 과정에서 생기는 쇼핑과 구매의 편의성과 정확성 등이 이들이 가진 유일한 부가가치 제공 수단이다. 따라서 이들에게 중요한 기술들은 가상현실, 비콘 그리고 핀테크 등의 기술들이다. 온라인 비즈니스는 비대면 방식이기 때문에 구매자들의 쇼핑에도 제한이 따를 수밖에 없다. 따라서 기업들을 온라인과 오프라인의 차이를 없애고 거래가 안전하고 소비자가 편리하게 이용할 수 있도록 기술을 계속 개발해왔다.

가상현실

가상현실이란 실제와 유사하지만 실제가 아닌 인공 환경을 말한다. 이 기술은 단지 가상의 공간을 구현하는 것을 넘어서서 사용자의 오감에 직접적으로 작용하여 실제에 근접한 공간적·시간적인 체험을 가능하게 하는 기술을 의미한다.[13] 중국의 유통기업 알리바바는 2016년 항저우에 가상현실 연구소 '게놈 매직 랩'을 만들었고, 지우링허우[14]를 주요 대상으로 각종 첨단기술을 알리는 '타오바오 조물절' 행사를 열었다. 2016년 7월 상하이에서 열린 조물절 행사에서 알리바바는 VR쇼핑기술 '바이 플러스Buy+'를 선보였다. 바이 플러스는 고객이 가상현실 속에서 입체적으로 쇼핑할 수 있도록 하기 위해 개발됐다. 고객이 상품을 360도로 살펴보고 실제 착용한 모습까지 실시간으로 볼 수 있게 한다는 것이 알리바바의 구상이다. 가상공간에서는 로봇 쇼핑 비서가 상품을 추천해주기도 한다. 한걸음 더 나아가 알리바바의 결제를 대행하는 금융 회사 앤트파이낸셜은 결제를 위해서는 가상현실에서 나와야 하는 바이플러스와 달리 가상현실 속에서 결제가 가능한 '가상현실 페이 시스템'을 선보였다. 이를 위한 계산대, 결제프로세스, 그리고 보안인증방식까지 결제 표준이 모두 완성된 상태이다.

비콘

비콘은 백화점에서 고객이 지나가면 눈앞의 매장의 상품에 대한 정보나 할인쿠폰 등을 고객의 스마트폰에 전송하는 IT 근거리 데이터 통신기술을 의미한다. 비콘은 5~10cm의 단위 구별이 가능할 정도로 정확성이 높고, 최대 70mm 이내의 장치들과 교신을 할 수 있다. 비콘은 전력 소모가 적어 모든 기기가 항상 연결되는 IoT 구현에 적합하다. 이 비콘이 온라인 비즈니스 영역에서 영향을 미치는 분야는 두 가지이다.

〈그림 8-4〉 비콘의 기능

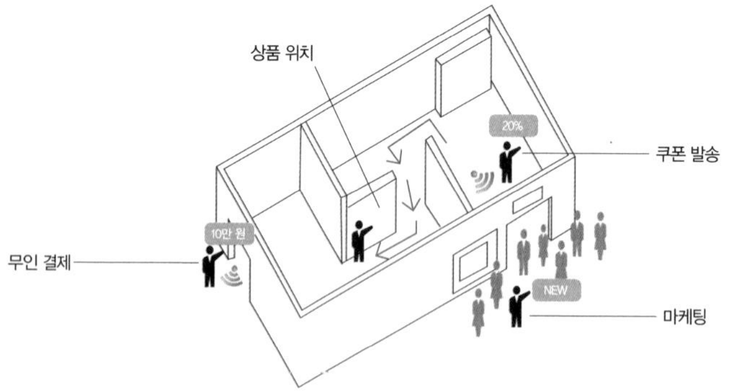
상품 위치
20%
쿠폰 발송
10만 원
무인 결제
NEW
마케팅

출처: ARSVIATOR[15]

첫째는 '장소 기반 마케팅'이라 불리는 위치 데이터, 마케팅 분석을 조합하는 영역이다. 온라인에서는 고객들의 동선이 모두 드러나지만 오프라인에서는 이런 동선들이 드러나지 않았었다. 장소 기반 마케팅기술이 완전히 상용화되면 이런 차이가 없어지게 된다. 비콘을 이용해서 기업들은 소비자들에게 할인 등 정보를 전달할 수 있고, 고객의 관심사를 파악하여 맞춤 정보 등을 제공할 수 있다.

둘째는 무선 결제 영역이다. 비콘은 결제 과정을 없애고, 고객들이 단지 물건을 가지고 나가는 것만으로도 결제가 가능하도록 해준다. 교통카드에 쓰이고 있는 기존의 RFID방식은 단방향 통신이고, 그다음 세대인 NFC방식은 10cm 이내에서 양방향으로 리더와 태그가 가능하도록 하는 기술이다. NFC기술은 삼성페이가 사용하는 방식이다. 이 기술들은 태그(가져다 대는 동작)로, 거래의 안전성이 보장되기도 하지만 바로 이 때문에 불편하기도 하다. 하지만 비콘은 이런 태그의 동작이 없고 거리도 NFC방식보다 7배나 넓다.[16, 17] 비콘은 오프라인에서도 사용되지만 모바일 거래가 늘어나는 온라인 비즈니스에서도 필요한 기술이다.

핀테크

전 세계에서 가장 유명한 결제 대행 기업인 페이팔PayPal이 플랫폼 기업 이베이에서 분사되었고, 중국의 결제대행 기업 알리페이가 플랫폼 기업 알리바바로부터 분사되었다. 결제대행 업체들의 업무 영역이 확장되면서 페이팔이나 알리페이가 대형 금융기업으로 성장했다.

알리바바는 2003년 이미 자사의 플랫폼 사이트인 타오바오의 결제를 위해 알리페이(支付宝)를 만들었다. 그리고 2004년 알리바바로

부터 분리된 이 알리페이는 거래가 늘어남에 따라 티몰과 쥐화쑌과 같은 알리바바 그룹의 다른 온라인사이트뿐 아니라 오프라인에서도 사용되기 시작했고, 은행계좌와 이체가 가능해지면서 송금과 공과금 납부가 가능해지고, 교통비 지불과 신용카드 회사와의 제휴를 통해 해외 서비스 이용도 가능해졌다.

알리페이에 등록된 사람은 3억 명이고, 사용 중인 사람들은 2억 7,000만 명이다. 일일 거래량은 4,000만 건이 넘는다. 알리페이는 이와 같은 규모로 생기는 이자를 고객들에게 나누어주는데 이는 다시 고객 충성도를 높인다. 그러나 경제적 성과 이외에 더 중요한 것은 알리페이가 생산하는 빅데이터의 규모와 정확성이다. 오프라인을 온라인과 일치시켜가는 4차산업혁명의 발전 과정에서 가장 중요한 자원은 데이터이다. 알리페이가 만들어내는 데이터는 알리바바의 인공지능 발전에 중요한 자원이다.

전자상거래 기업들과 플랫폼이 소비자들을 만나는 방식은 동일하기 때문에 경쟁관계가 생길 수밖에 없고 또 전자상거래 기업들은 플랫폼 서비스를 제공하기도 한다. 따라서 새로운 기술들은 플랫폼과 전자상거래 기업들 모두에게 필요하다.

전자상거래 기업들과 4차산업혁명 기술들

온라인은 100% 배송을 필요로 하기 때문에 물류비용의 절감이 중요하다. 규모가 큰 기업일수록 배송 건수가 많기 때문에 물류비용 절감 문제가 더욱 중요하다. 수익성이 좋고 안정적인 배송 시스템을 가지고 있으면 내부적으로 비용을 줄일 수 있을 뿐 아니라 외부 기업들이나 개인들에게 제3자로서 물류 서비스를 제공하면서 그 자체만으로도 수익을 올릴 수 있다. 따라서 드론이나 무인배송차량과 같은 기술들은 전자상거래 기업들에게 필요한 기술들이다.

드론은 무인항공기 체계Unmanned Aerial Vehicle System를 벌이 윙윙거리는 소리를 따서 부르는 이름이다. 드론이 원격조정비행기(RC)와 다른 점은 자율비행이 가능하다는 점이다.[18] 드론의 핵심기술은 항법 시스템, 제어시스템, 센서기술, 소프트웨어 및 응용 기술 등이다. 아마존이 당일배송Same Day Delivery을 위해 지불하는 비용은 건당 8.99 달러다. 그러나 드론 배송이 현실화되면 이 비용을 1달러까지 낮출 수 있게 된다.

2016년 구글은 자율주행트럭을 이용한 물품배송 기술 특허를 확보하고 로봇트럭 택배시대를 준비하고 있다. 구글이 자율주행 승용차를 처음 개발한 것은 2009년이고 2020년까지 이를 상용화할 계획이다. 배송트럭은 고객에게 도착시간을 알리고 배송 장소에 도착하면 고객이 수령자임을 확인하고 물건을 꺼내는 방식이다. 무인배송차량은 통신시스템으로 배송품 목적지 정보를 수신하고 행선지를 정하게 된다. 자율주행배송트럭을 운행하기 위해 필요한 기술은 센서, 카메라, 내비게이션 및 무선통신시스템 등이다.[19]

전자상거래 기업들이 물류 관련 기술들을 중요하게 생각하는 예들은 쉽게 찾아볼 수 있다. 먼저 구글의 전략이 이런 상황을 잘 보여준다. 구글은 인공지능과 빅데이터 분야의 강자이다. 그러나 본격적으로 온라인 비즈니스를 시작하기에는 묘한 위치에 있다.

현재 구글 매출은 약 1,000억 달러에 이익률은 약 20% 정도이다. 그런데 미국의 대표적인 온라인 비즈니스 기업인 이베이의 매출은 70억 달러 정도이고 영업이익률은 약 20%, 아마존의 매출은 약

1,300억 달러에 전자상거래 영업이익률은 약 1%이다. 구글이 어떤 형태를 취하건 이들의 성과를 고려해보면 온라인 비즈니스 사업에 뛰어들기에는 애매한 상황이다. 그러나 만약 배송 비용이 낮아져서 아마존이 예상하는 것처럼 약 10% 정도 수준으로 떨어지게 되면 상황이 달라질 수 있다. 또 설사 온라인 비즈니스를 하지 않는다고 할지라도 제3자로서 물류 서비스를 제공할 수도 있다. 이것이 구글의 모기업 알파벳이 구글 익스프레스를 준비하는 이유이다. 구글은 이미 자율주행차 배송과 드론 배송의 능력을 갖추고 있다.

같은 이유로 아마존은 자포스라는 물류 인프라를 가진 회사를 인수하고 중국시장의 대표적인 전자상거래 기업 징동은 직영 배송을 고집하고, 한국의 전자상거래 기업 쿠팡도 소송을 불사해가면서까지 직영배송 시스템인 로켓배송을 지켜나가고 있다. 플랫폼 기업들은 배송서비스를 제공하지 않는다.[20] 그리고 판매 기업도 직접 배송서비스를 제공하지 않는 경우도 많다. 그러나 이런 배송 서비스는 향후 판매자가 온라인 서비스에서 다른 판매자나 플랫폼 서비스와 차별화된 경쟁력을 확보할 수 있는 방법이라는 점에서 각국의 대표 온라인 판매기업들은 직영 배송 시스템을 구축하는 노력을 하고 있다.

3. 새로운 모델과 협력을 통해 변화하는 중국 유통시장

(1) 온라인 비즈니스 시장의 고속 성장

중국의 2015년 소비 시장 매출 총액은 약 4조 6,000억 달러(31조 위안, 약 5,300조 원)로 전년 대비 10.7% 성장했다. 2011년부터 2015년까지 중국의 내수 시장 매출 총액 연평균 증가율은 13.42%였다. 중국 내수 시장에서 성장이 가장 빠른 것은 연평균 50%의 성장을 보이는 온라인 시장이었다. 2015년 중국 온라인 시장 총거래액은 2조 8,000억 달러(18조 위안)로 전년 대비 34.6% 성장했다. 이중 온라인 소매 매출액 총액은 약 3,000억 달러(2조 위안)로 전년 대비 47% 성장했다. 그러나 중국 내 백화점 위주의 100대 대형 소매기업 중 75개는 2013년 대비 매출액이 감소했고, 대형마트와 백화점은 완만한 성장세를 보였지만 경기 둔화 때문에 2015년 상반기 96개 대형마트와 25개의 백화점이 폐점했다.[21]

(2) 정부가 주도하는 온라인 비즈니스

중국정부는 2015년 인터넷과 제조업의 융합을 통한 중국 10대 산업 발전과 제조업 강대국 진입을 위한 '중국 제조 2025'전략을 발표했다. 중국정부는 향후 ICT기술이 사회 발전에 중요한 변화를 가져올

〈그림 8-5〉 2012-2018 중국 온라인 쇼핑 시장 거래 규모 & 이용자 규모

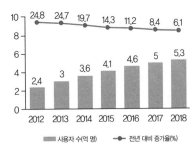

출처: 플래텀차이나리포트[22]

것으로 본다. 따라서 중국정부는 산업시대의 혁신 1.0시대를 지나 정보화, 지식기반 사회의 혁신을 의미하는 혁신 2.0[23]을 내놓았다. 혁신 2.0을 끌어가는 것은 동력은 과학 2.0, 기술 2.0 그리고 관리 2.0이다. 혁신 2.0은 web 2.0-오픈 소스 카드, 공개 소프트웨어, 팹랩Fabrication Laboratory 등을 포함하며, 연구실에서 나온 혁신기술들이 혁신 2.0을 통해 실제로 응용될 것이다.

'인터넷 플러스'는 혁신 2.0 아래 인터넷 발전의 새로운 상태를 말한다. '인터넷 플러스'는 인터넷이 경제의 개혁, 혁신 그리고 발전을 제공하는 플랫폼이 되는 것을 의미한다. 2015년 7월 4일 국무원은 '인터넷 플러스 행동의 적극적 추진에 관한 지도 의견(关于積极推進 '互聯网+'行動的指導意見)'을 발표한다. 이 내용은 단순하게 인터넷과 전통산업의 결합이 아니라 융합을 의미한다. 중국에서는 e-비즈니스라는 용어를 사용하는데,[24] 국무원의 지도의견은 농촌의 온라인 비즈니스의 적극적 발전, 에너지, 철강 그리고 의약 등 여러 사업에서의 e-비즈니스 발전, e-비즈니스를 통한 혁신 그리고 e-비즈니스의 국제 협력 강화 등의 내용을 담고 있다.

2008년까지 중국 온라인 비즈니스는 B2B 위주였다. 당시에는 수출경쟁력이 높았기 때문에 알리바바, 후이총, 환치우즈위안 등 온라인 비즈니스 기업들이 상품 수출 통로로 급부상했다. 이후 2014년까지 중국의 플랫폼 기업 알리바바나 전자상거래 기업인 징동 같은 기업들이 해외직구 서비스를 제공했고, 2015년에는 국무원의 'e-비즈니스 발전 추진을 통한 신경제성장동력 육성'과 상무부의 유통을 포함한 '인터넷 플러스의 행동에 대한 적극적 추진' 등 e-비즈니스정책이 등장하면서 온라인 비즈니스 거래 규모가 급성장했다.

(3) 네트워크 효과와 시장의 신뢰

중국의 온라인 유통시장에서 가장 흥미로운 관전 포인트는 알리바바라는 세계 최대의 플랫폼 기업과 징동이라는 전자상거래 기업의 전략 차이다.

알리바바의 무료 플랫폼의 네트워크 효과

알리바바는 1999년 중국 항주에서 설립되었고 2014년 미국 증시에 상장된 중국의 대표 온라인 비즈니스 기업이자 현재 전 세계에서 가장 유명한 플랫폼기업이다.

2015년 알리바바는 매출의 83%를 중국시장에서 거두었다.[25] 알리바바의 대표사이트는 타오바오와 티몰이다. 아이리서치iResearch에 따르면 월 사용자 수monthly active users 기준으로 타오바오는 최대의 모바일 상업 사이트mobile commerce destination이고 티몰은 최대의 기업 플랫폼third-party platform이다. 그 외 특별 세일을 통해 판매자가 브랜드를 알리고 새로운 고객을 유치하는 쥐화산을 운영하고 있다. 이 세 사이트를 통해 2015년 중국 소매시장에서 거래된 총금액은 약 4,900억 달러(약 3조 1,000억 위안)였다. 이외 1688.com이라는 도매상과 소매상을 품목분류에 따라 연결하는 사이트와 해외직구 사이트인 알리 익스프레스Ali Express가 있다.[26]

알리바바의 타오바오는 2003년 설립된 중국의 대표적인 C2C 플랫폼이다. 중재 사이트로서 타오바오는 거래의 수수료도 받지 않는 무료정책을 사용했다. 타오바오의 매출은 C2C 플랫폼에서 판매를 원하는 자가 자신의 온라인 영업점을 꾸미거나, 광고를 위해 이용하는 서비스 이용료다. 타오바오의 수수료를 받지 않는 정책은 물건을 팔고자 하는 사람이나 기업들에게는 진입장벽이 없거나 작다. 그러나 C2C 모델은 품질관리의 어려움을 피하기 어렵다. 알리바바의 제3자 B2C 플랫폼인 티몰의 사업 방식은 알리바바가 중개업을 유지하면서 타오바오의 문제점에 대응할 수 있는 좋은 사업 모델이다.[27] 타오바오와 달리 티몰은 공급자를 기업으로 제한하고, 가입 자격 심사를 거쳐 연회비와 보증금을 받고 판매 수수료를 받는 입점 방식을 취한다.

징동의 전략 : 구입, 판매, 물류까지 책임진다

징동은 알리바바와 함께 중국 온라인 비즈니스를 대표하는 전자상거래 기업이다. 매출 면에서 징동은 중국에서 가장 큰 전자상거래 소매기업이다. 2016년 매출은 약 380억 달러(약 2,600억 위안)이고 총거래량은 약 950억 달러(약 6,600억 위안)이다. 징동의 국내외 유효 사용자 수는 약 4,700만 명이다. 징동은 동종 업계에서 고학력, 고소득층 고객을 가장 많이 확보하고 있다.[28] 징동은 사용자들이 상품과 서비스 등에 대해 토론하고 평가하도록 한다. 2016년 12월까지 약 22억 개의 후기를 담은 온라인 최대의 상품 평가 데이터베이스를 가지고 있으며, 2억 3,000만 명의 회원을 가지고 있다.

중국시장의 물류 문제를 극복하기 위해 2007년 징동은 전국적 물류 인프라를 건설하기 시작했다. 2016년 12월 현재 징동은 전국 54개 도시에 6,906개의 배송센터를 자체적으로 운영하고 있으며, 배송직원 6만 6,000명, 창고직원 1만 8,000명 그리고 1만 2,000명의 서비스 직원을 두고 있다. 이를 통해 동일 및 익일 서비스를 1,410개의 지역에서 실시하고 있다. 징동이 상하이에 설립한 아시아 1호 현대화 물류센터는 중국에서 가장 크고 선진적인 물류센터이다. 이곳에서는 자동화 선별 기술로 매시간 1만 6,000개의 소포를 처리하며 매일 10만 개의 주문량을 처리한다. 징동은 자체 물류를 통해 고객에 대한 서비스 제공과 이를 통한 성과 제고라는 선순환 구조를 가지고 있다.

네트워크 효과 대 시장의 신뢰

미국의 「스토어STORE」 매거진이 발표한 2017년 세계 250대 소매 기업 중에 징동은 36위에 올랐지만 알리바바는 순위에 없었다. 그렇다고 징동이 중국시장 온라인 비즈니스 기업들의 만형이라고 보기는 어렵다.

징동은 전자상거래 기업이다. 하지만 플랫폼 서비스도 제공한다. 따라서 알리바바와 징동의 공통점은 제3자 B2C 플랫폼 서비스의 제공이다. 차이점은 알리바바는 타오바오라고 하는 C2C플랫폼 사이트를 운영하고 징동은 전자상거래 기업이라는 점이다. 알리바바의 온라인 유통 시장점유율은 높지만 그 시장 규모가 알리바바의 매출이 되는 비율monetization은 2~3%에 불과하다. 이는 알리바바의 사업 모델이 판매가 아니고 플랫폼이기 때문이다.

반면 징동은 직접 판매를 하기 때문에 두 기업은 몇 가지 중요한 가시적 및 전략적 차이를 보인다. 먼저 매출은 징동이 알리바바보다 높다. 두 기업의 또 하나의 중요한 차이점은 상품 품질 관리이다. 알리바바의 C2C 플랫폼 사업 형태는 근본적으로 상품 품질을 통제하는 것이 어렵다. 그래서 티몰에서는 공급자를 기업으로 제한하는 B2C 플랫폼 방식을 통해 품질을 통제한다. 그러나 징동처럼 스스로 상품을 매입하고 심지어 배송까지 직영하는 기업의 품질관리 시스템에는 미치지 못하는 것이 사실이다. 두 기업의 시장점유율을 통한 선도전략과 추격 전략에서 중요한 것은 이들의 전략과 함께 사업 모델이다. 중개 모델은 비용 대비 수익성이 높지만 전자상거래 방식은 상품을 구입하는 비용이 높다.

즉 알리바바의 중국시장이 필요로 했던 무료 플랫폼 정책이라는 선제적 전략을 통해 네트워크 효과를 얻었고, 또 B2C형태로의 변환 전략을 기반으로 발전했고, 징동은 구매와 직접 배송이라는 투자를 통한 시장의 신뢰 획득이라는 전략을 진행 중에 있다. 매년 징동의 플랫폼 서비스 비율도 계속 높아지고 있고 영업이익도 올라가고 있다. 이는 징동의 품질관리와 서비스가 중국 소비자들의 신뢰를 얻고

〈표 8-2〉 알리바바와 징동의 총거래액과 매출 비교 (단위: 비율 제외 백만 위안)

연도	알리바바*					징동				
	2012	2013	2014	2015	2016	2012	2013	2014	2015	2016
매출	34,517	52,504	76,204	101,143	158,273	41,381	69,340	115,002	181,275	260,122
GMV (교역금액)	N/A	N/A	2,444,000	3,092,000	3,767,000	N/A	N/A	242,500	446,500	658,200
영업 이익	10,751	24,920	23,135	29,102	48,055	-1,951	-579	-5,802	-6,471	-2,145
영업 이익률	31%	47%	30%	29%	30%	-	-	-	-	-

출처: 알리바바 년도 보고서 & 징동 년도 보고서 정리

* 알리바바는 년도 회계 기준이 3월 말일임. 따라서 본 표에서는 매년 자료를 다음해 자료로 사용함.(예: 2015년 자료는 2015년 4월 1일부터 2016년 3월 1일까지임)

있으며, 기업들도 징둥 플랫폼을 더 많이 이용하도록 유도하기 때문인 것으로 보인다.

(4) 온라인 유통의 새로운 비즈니스 모델과 기업 간 제휴

2017년 7월에 공개된 중국 온라인사업 기업 알리바바의 타오카페는 점원 없이 셀프 감시 센서, 머신 러닝, 위치 추적, 이미지 및 음성인식 및 IoT기술에 의해 운영된다. 또 알리바바는 신선식품 전문 유통 마트 허마셴성(盒馬鮮生)을 개장하고 거의 모든 먹거리를 식재료 상태부터 조리까지 원하는 상태로 즐길 수 있도록 했다. 또 3km 이내의 거리라면 최장 1시간 내 배송하는 서비스를 제공하기 시작했다. 또 징둥도 2016년 정식 주문건의 첫 드론 택배를 성공시켰다.

중국의 새로운 유행은 무인 편의점이다. 대표적인 무인편의점은 빙고박스 Bingo Box이다. 2017년 현재 8개의 무인편의점을 운영하고 있는 빙고박스는 1년 안으로 5,000개의 무인편의점을 운영할 계획이다. 징둥 역시 무인편의점 시범운영을 시작했다. 또 션란커지는 와하하 그룹과 무인마트 '테이크 고'를 설치할 예정이다.

중국 쇼핑 시장의 주요 기업들은 온오프라인의 결합을 통해 서비스를 제공하고 있다. 중국의 온라인사업 규모는 앞으로도 더욱 커질 것이다. 그렇다고 오프라인 유통기업들 역시 당장 사라지지는 않을 것이다. 온라인사업 기업들은 오프라인 기업들의 체험과 물류에 관심을 가지고, 결합을 하기 시작했다. 쌍방의 결합은 온라인과 오프라인의 융합 위에 새로운 기술까지 더해지면서 '새로운 유통' 패턴을 만들어가고 있다. 2017년 2월 알리바바는 오프라인 영업점 4,800개를 소유한 바이리엔과 전략적 협력관계를 맺고, 저장성 최대 유통 기

업인 싼장 쇼핑(三江購物)의 지분을 매입했다.[29]

2016년 징동은 월마트의 중국 전자상거래 플랫폼 이하오디엔을 매수했다. 동시에 징동은 자사 유통주식의 5%를 월마트에 매각했다. 이를 통해 물류, 배송 및 자원 공유 및 협력 등 다양한 분야의 협력을 추진하고 있다.[30] 또 징동따오지아와 클라우드소싱 물류인 징동 쫑빠오를 런칭하고 오프라인 상점인 용훼이(永輝) 마트와 연결하여 다양한 생활 밀착형 상품을 고객에게 제공한다.

쑤닝(蘇宁, Suning Commerce Group Co. Ltd.)은 중국시장에서 온라인과 오프라인이 같은 가격과 프로모션을 제공하는 옴니채널의 대표적인 기업이다. 옴니채널과 멀티채널의 공통점은 유통기업이 다양한 온라인 오프라인 채널을 가지고 있다는 점이고 다른 점은 멀티채널은 상품은 같아도 가격 등은 다르기도 하지만, 옴니채널은 온오프라인의 가격과 프로모션이 모두 일치한다는 점이다.

따라서 소비자는 온오프라인의 장점을 극대화할 수 있다. 그리고 기업은 소비자들의 오프라인 매장에서 둘러보고 온라인 매장에서 구입하는 쇼루밍족을 실제 고객으로 만들 수도 있다. 쑤닝은 중국 내 기업으로서는 최초로 국제택배업무 허가증을 받은 기업이다. 중국 내 150개 지역의 택배허가증을 가지고 있는 쑤닝은 중국에서 택배 관련 허가증을 가장 많이 가지고 있다. 쑤닝은 2016년 셔우꺼우콰이띠(收購天天快遞)를 인수했다. 이를 통해 쑤닝은 소비자에게 이르는 마지막 구간이자 물류에서 가장 중요한 부분인 '라스트 원마일'의 물류 및 유통 역량을 강화할 수 있었다.

2016년 3분기 발표에 따르면 쑤닝의 물류 수입은 전년 동기 대비 400% 이상 증가했고, 이미 2,000여 개 이상의 기업들이 쑤닝의 물류

시스템을 이용하고 있다. 쑤닝윈상은 2013년 장래 3년간 180~220억 위안을 투자하는 물류발전 계획을 발표했다. 물류 시스템을 완성하게 되면 쑤닝은 모든 기업과 개인에게 물류 서비스를 제공할 예정이다. 쑤닝은 중국 최대의 부동산 기업 완다와 전략적 협력관계를 맺고 있었다. 또 2015년 8월 283억 위안을 투자한 알리바바와 포괄적 협력관계를 맺었고, 알리바바는 쑤닝의 2대 주주가 되었다.

4. 한국의 온라인 유통시장

(1) 모바일이 주도하는 온라인 시장의 성장

통계청 자료에 따르면 2015년 10월 전년 동기대비 한국의 소매판매액 증가는 6.5%에 그쳤지만, 온라인 쇼핑거래액은 20.6%, 모바일 쇼핑거래액은 59.3%가 증가했다. 2016년 온라인 쇼핑 거래액은 약 65조 원으로 전년 대비 20.5%증가했으며, 이 중 모바일 쇼핑 거래액은 약 35조 원으로 41.9%가 증가했다.[31]

그리고 온라인 쇼핑 거래액 중 모바일 쇼핑 거래액 비중은 53.5%를 차지했다. 가장 많이 거래된 상품은 의류와 패션 상품이었고, 그 외 가전제품, 전기제품, 통신기기 그리고 컴퓨터 및 주변기기 등이 많이 거래되었다.

(2) 한국의 온라인 비즈니스의 주역들

한국의 주요 온라인 비즈니스 기업은 4종류가 있다. 하나는 현대, 롯데, 신세계 등 오프라인의 유통 대기업들이 가지고 있는 온라인 유통

채널들이다. 둘은 한국에서는 '오픈 마켓'이라고 불리는 G마켓과 옥션 등 C2C 기업들이 있다. 셋은 쿠팡, 위메프 그리고 티몬으로 대표되는 할인 쿠폰 공동 구매형 온라인 비즈니스 기업들이 시장에 진입하여 현재 전자상거래를 하는 소셜커머스 기업들이 있다. 그리고 넷은 새롭게 등장한 온라인 전문몰들이 있다.

백화점과 대형마트 등은 전자상거래의 성장에 밀려 하락세를 보였다. 그러나 여전히 이들은 구매력, 인프라 그리고 상품 다양성을 갖춘 유통업의 실력자들이다. 온라인 비즈니스의 발전과 함께 이들도 온라인에 뛰어들었다.[32]

2015년 한국의 온라인 쇼핑 시장은 약 54조 원으로 이 중 오픈 마

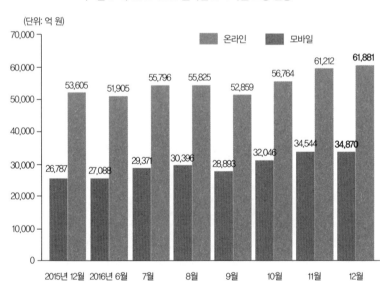

〈그림 8-6〉 2015-2016 온라인 & 모바일 쇼핑 현황

출처: 2016년 연간 온라인쇼핑 동향, 통계청

켓은 20조 원으로 추산되며 국내 소비의 7%를 차지한다. 판매 기업을 입점시키는 플랫폼보다 온라인의 개방성을 더욱 살린 한국시장의 오픈 마켓은 이베이코리아의 옥션과 지마켓, SK플래닛의 11번가 그리고 네이버의 스토어팜 등이 거의 시장 전체를 차지하고 있다. 2001년 옥션을 인수하면서 국내시장에 진출한 미국의 이베이eBay는 2009년 G마켓을 인수했다.

이베이코리아는 2005년 처음으로 흑자를 기록했고, 지마켓 인수 이후 더욱 성장했다. 오픈마켓 1위 사업자로 시장 선점 효과를 이용해 스테디셀러 관리집중에 초점을 맞추고 2012년 이후 매년 약 1,000억 수준의 현금이 쌓이는 안정적인 수익구조를 만들었다.[33] SK플래닛의 11번가는 2008년 사업시작 수 후발주자임에도 불구하고 SK 텔레콤의 가입자들을 통해 확보한 빅데이터를 이용한 마케팅으로 단기간 내 성장이 가능했다. 시장 2015년까지 시장점유율을 32%까지 확대했으며 2016년 현재 업계 2위를 점유하고 있다.

소셜 커머스는 소셜미디어와 온라인 미디어를 활용하는 온라인 비즈니스의 일종이다. 공정거래위원회는 2011년 소셜커머스를 '전자상거래소비자보호법상' 통신 판매업자로 규정하고 의무의 이행을 명시했다. 그런데 대표적인 소셜커머스 기업들인 쿠팡, 위메프 그리고 티몬 모두 수익성 때문에 플랫폼 서비스도 제공하고 있다.[34]

위에서 살펴본 기업들은 유통 가능한 상품을 모두 다루는 종합적인 온라인 비즈니스 기업들이다. 이 개념에 반대되는 것이 온라인 전문몰이다. 이들은 하나의 카테고리나 상품군만을 구성해 자체 브랜드를 가지고 온라인 쇼핑몰을 운영하는 업체를 말한다. 대표적인 전문몰로는 '스타일난다', '미아마스빈', '11am' 등이 있다.

소셜커머스 기업들의 현황과 쿠팡의 전략

한국의 소셜커머스의 3대 강자는 쿠팡, 위메프, 티몬이다. 쿠팡은 2013년 매출 약 500억 원에서 2015년 매출 1조 원를 넘어서고 2016년에는 2조 원 가까이 달성한 기업이다. 이 과정에서 쿠팡은 익일 배송을 내세운 자체 배송 서비스 '로켓배송'을 2014년 선보였다. 그런데 이 로켓배송이 물류 사업이라고 주장하는 한국통합물류협회 소속의 기업들과 소송을 겪어야만 했다. 로켓배송이 직원들의 자가용 차량을 이용한 유상운송행위라는 점이 문제가 되었다. 결과는 쿠팡의 승소로 끝나고, 또 법률적으로 1.5톤 택배차량 증차규제가 풀려서 향후에도 로켓배송은 법률적으로 문제가 되지 않을 것이다.[35]

위메프는 2010년부터 서비스를 시작했다. 쿠팡의 빠른 배송 서비스 이후, 위메프는 원더배송을 실시했다. 고객이 평일에 주문하면 다음 날 상품을 받아볼 수 있는 서비스다. 쿠팡의 로켓배송이 1만 9,800원 이상이면 무료 배송인 반면 원더배송은 9,700원 이상 구매하면 약 99% 무료 배송해준다. 현재 분유, 기저귀 등 일부 상품을 이마트몰보다 저렴한 가격에 판매하고, 2017년 5월에는 무제한 할인쿠폰을 사흘간 제공하기도 했다.[36] 쿠팡의 로켓배송이 자체 서비스인 것과 달리 위메프의 원더배송은 일반 택배사를 이용한다. 따라서 택배사의 상황에 따라 원더배송의 익일서비스는 영향을 받을 수 있다.

티몬은 세계 각국의 테마파크 입장권을 파는 티몬패스, 슈퍼마트 서비스를 제공한다. 슈퍼마트는 생필품과 신선식품을 2만 원 이상 구매 시 무료로 묶음 배송하는 슈퍼예약 배송으로 오전 10시 이전에 주문하면 당일 배송되는 서비스이다. 이 서비스는 서울과 위례 및 분당 지역에만 실시되었으나 수도권 대부분으로 확대되는 중이다. 티몬의 신선식품 매출은 서비스 시작 이후 현재 월 평균 80% 성장을 나타내고 있다. 티몬의 배송 역시 외부 택배사를 이용하고 있다.[37]

전자상거래 기업들의 현황과 쿠팡의 전략

오프라인의 유통 방식이 온라인화되면서 새롭게 상품을 진열하는 데 추가 비용이 거의 발생하지 않고, 상품을 구매할 필요도 배송을 할 필요도 없는 플랫폼의 중개 효과가 극대화되었다. 하지만 이미 대기업들이 플랫폼 형태의 온라인 채널을 운영하고 오픈마켓이 이미 존재하고 있는 상황에서 후발주자로서 경쟁력 확보를 위해서는 동일한 방법으로 시장에 진입하기 어렵다. 이런 상황에서 '판매'는 매출을 빠르게 올리고 또 판매를 위한 전체 시스템을 구축하는 것이 가능해진다는 장점도 있다. 그러나 문제는 수익이 낮아질 수 있다는 점이다. 온라인에서는 소비자들의 선택 전환이 매우 간단하다. 따라서 가격 경쟁이 일어나기 쉽고 가격을 높이기 어려운 경우에는 유통 마진이 생기기 어렵다.

전자상거래 기업의 이익 문제가 나오면 늘 대두되는 것이 아마존의 이익이다. 그러나 아마존의 수익 구조를 보면 외국 시장에서는 손해를 보고 있으며 실제 2015년과 2016년의 영업이익의 평균 약 70%는 소매retail가 아닌 아마존 웹서비스(AWS)에서 나온다. 이는 오히려 아마존조차도 완성된 제품을 전자상거래를 통해 '판매'하며 얻는 수익이 많지 않다는 사실을 보여준다.

2015년 쿠팡을 선두로 2016년 티몬 이후 위메프까지 한국의 3대 소셜커머스 기업들은 이미 모두 기존의 거래 당사자인 방송통신판매자 방식에 더하여 플랫폼 서비스를 제공하는 방송통신중개자 신청을

<표 8-3> 한국, 중국, 미국의 대표 전자상거래 기업들의 성과 분석

기업	아마존 (단위 백만 달러, 백분률 제외)			징동 (단위 백만 위안, 백분률 제외)			쿠팡 (단위 억 원, 백분률 제외)			
연도	2014	2015	2016	2014	2015	2016	2013	2014	2015	2016
전체 매출	88,988	107,006	135,987	115,002	181,275	260,122	478	3,485	11,338	19,159
서비스 매출38	18,908	27,738	41,322	6,453	13,554	22,420	422	1,536	1,434	2,112
서비스 매출 비율	21%	26%	30%	6%	7%	9%	88%	44%	13%	11%
상품 구입비	-62,752	-71,651	-88,265	-101,631	-157,008	-220,699	-52	-1,892	-9,891	-15,332
상품 구입비/ 매출	-71%	-67%	-65%	-88%	-87%	-85%	-11%	-54%	-87%	-80%
물류비	-4,332	-5,254	-7,233	-8,067	-13,921	-20,951	-11	-179	-695	-1,294
물류비/ 매출	-5%	-5%	-5%	-7%	-8%	-8%	-2%	-5%	-6%	-7%
영업 이익	178	2,233	4,186	-5,802	-6,471	-2,145	-2	-1,215	-5,470	-5,653

출처: 각 기업 재무제표

모두 마쳤다.

　2016년 한국의 3대 기업의 매출은 쿠팡이 약 1조 9,000억 원, 티몬이 약 2,800억 원 그리고 위메프가 약 3,600억 원이다. 그러나 쿠팡은 직매입 매출 비율이 약 90%인 반면 티몬과 위메프는 직매입과

〈표 8-4〉 아마존의 수익구조 (단위: 백만 달러)

연도	2014	2015	2016
북미 소매 관련 이익	360	1,425	2,361
국제 소매 관련 손해	-640	-699	-1,283
아마존 웹서비스(AWS) 이익	458	1,507	3,108
합계	178	2,233	4,186
소매 관련 수익(손해)	-280	726	1,078

출처: 2016 아마존 연도 보고서

플랫폼 서비스 매출이 거의 비슷하다. 따라서 플랫폼 매출이 높은 티몬의 영업손실은 약 1,600억 원가량이고, 위메프의 손실은 약 600억 원인데도 불구하고, 쿠팡의 영업손실은 5,600억 원가량 생겼다. 한편 쿠팡의 총거래금액은 약 3조 5,000억 원, 티몬과 위메프는 각각 3조 원으로 업계에서는 추정한다. 이 재무 상황이 의미하는 것은 결론적으로 이 세 기업의 규모는 대동소이하지만,[39] 쿠팡은 전략적으로 위메프나 티몬과는 다른 길을 가고 있는 것으로 보인다.

만약 기술 발전을 통해 쿠팡이 물류시스템의 혁신을 가져온다면 쿠팡은 향후 영업수익을 끌어올릴 수 있을 뿐 아니라 기업들의 플랫폼 선택에도 영향을 미쳐 지금까지와는 다른 지각변동이 한국 온라인 비즈니스 업계에 생길 수도 있을 것이라는 기대와 전략을 가지고 있는 것으로 보인다. 단, 이 모든 것이 현재로서는 진행 중이다.

(3) 새로운 온라인 전문몰들

최근 한국에서는 스타일난다, 핫핑, 미아마스빈 등 종합몰과 달리 특정 품목을 판매하는 다수의 온라인 전문몰들이 출현했고 이들은 해외에서도 성과를 거두고 있다. 이들은 자체 기획력과 트렌디한 패션 상품들로 해외 판매를 통해 매출을 올리기도 하고, 오프라인까지 채널을 확대하며 전문적인 기업으로 진화하고 있는 추세이다. 한국의 온라인 전문몰의 거래액은 2015년 12조 원을 넘어섰다.

인터넷 초기부터 예스24 같은 전문몰들이 배송 문제가 적고, 품질이 균등하면서 다양한 상품이 있는 서적이나 음반 등을 판매하면서 등장하기는 했지만, 이 당시 쇼핑몰들은 자본과 기술력을 필요로 하기 때문에 일반인들이 창업하기 쉽지 않았다. 그러나 카페24와 같은 쇼핑몰 솔루션의 등장은 온라인 쇼핑몰을 쉽게 개설하고 운영할 수 있는 IT 기반을 제공했다. 이를 통해 패션스타일이나 아이디어를 가진 쇼핑몰들이 생겨났다.

2006년 정부가 거래의 안전과 소비자 보호가 가능하도록 제3자가 결제 대행과 동시에 구매자의 상품 수령 후 구매확인 의사를 밝힌 시점에 공급자에게 대금을 전달하는 '에스크로' 서비스를 도입한 것도 온라인 전문몰의 확산에 도움이 되었다. 그리고 또 한 번 전문몰의 성장에 영향을 미친 것이 모바일 쇼핑이었다. 2014년 12월 모바일 거래액은 전체 온라인 쇼핑 거래액 기준 약 40%에서 2015년 12월에는 50%에 달하고 다시 2016년 12월에는 56%에 이르렀다. 인터넷 쇼핑몰 솔루션 서비스를 제공하는 카페 24를 운영하는 심플렉스인터넷에 따르면 모바일 쇼핑몰 구축건수는 2012년 6월 이후 매달 평균 약 10%씩 증가하고 있으며, QR 코드나 SNS 활동을 통한 모바일 마케팅도 효과를 보고 있다. 모바일은 홍보 외에도 다양한 간편 결제가 가능하기 때문에 매출 신장에도 효과적인 방식이다.[40]

'스타일난다'는 2015년 매출 1,089년, 영업이익 235억 원의 성적을 거둔다. 이 기업은 독특한 스타일의 상품을 제공한다. 이런 상품들을 디지털 카메라의 보급으로 실제와 같은 이미지를 제공했고, 매주 신상품을 업데이트하면서 브랜드 이미지와 맞는 모델과 제품을 동시에 선보여 다른 기업들과 차별화된 방법을 사용했다.[41] 2004년에 인터넷 쇼핑몰에서 시작해 2012년에는 롯데백화점에 연속 두 개의 오프라인 지점을 냈다. 2014년에는 롯데백화점 본점에서 '중국인이 찾는 브랜드 1위'에 올랐으며, 매출은 2013년 대비 2014년 70% 신장을 보였다. 화장품 분야에도 진출해 '3CE'를 출시했고 이 화장품은 10대, 20대 유커들의 필수 구매품이 되었다.[42] 스타일난다는 2009년부터 중국 온라인 사이트에 입점을 시작했고, 중국의 솔로 데이인 광군제에서 2016년까지 매년 알리바바의 티몰 판매량 기준 10위 안에 들고는 한다.[43]

여성의류 전문몰 '핫핑'은 2016년 매출 400억 원을 기록했다. 전년 대비 160억 원이 증가한 금액이다. 김여진 핫핑 대표는 여성 옷에 대한 고정 관념을 바꾸어서 핏Fit과 스타일을 통해 몸매가 통통한 고객들도 패션의 즐거움을 선사한다는 전략을 통해 성공을 거두었다. 젊은 고객층들을 대상으로 가성비를 앞세우며 30~40대까지 고객층을 늘려가면서 한국 의류 산업의 새로운 주자가 되었다. 핫핑은 2015년 영어, 중국어, 일본어 쇼핑몰을 열고, '카페 24 마케팅 센터' 및 소셜네트워크서비스를 활용한 온라인 해외마케팅을 이용해 일본 시장에서도 2016년 30억 원의 매출을 올리는 성과를 내고 있다.[44]

강병석 미아마스빈 대표는 2007년 오프라인 매장의 한구석 1평짜리 공간에서 온라인사업을 시작해서 2016년 현재 200억 원대의 매출을 올리고 있다. 2012년 시작한 해외사업도 5년 만에 매출액 30억원을 넘겼다. 강대표가 말하는 성공의 핵심은 'K패션'이다. 해외 맞춤형 상품 개발도 고려해보았으나 해외 쇼핑몰 운영결과 해외 고객들이 원하는 것은 한국 스타일 그 자체라는 것을 알 수 있었다는 것이 그의 설명이다. 미아마스빈이 성공한 첫 번째 요인은 패션 트렌드에 맞는 상품을 합리적인 가격으로 소개한 것이었다. 미아마스 빈은 외국의 고객들을 위해 일본어, 중국어 그리고 영어로 된 해외쇼핑몰을 운영하면서 현지 고객들이 불편함이 없도록 알리페이나 페이팔 같은 결제 시스템을 갖추었고 고객 상담 및 배송서비스를 통해 '구매하기 편한 쇼핑몰'로 자리를 잡기 위해 노력을 기울였다. 2016년 이 기업이 주력하고 있는 시장은 중국이다. 2013년 알리바바의 글로벌 티몰에 입점 후 미아마스빈의 매출은 매달 200% 수준의 매출 성장세를 이어가고 있다. 2016년부터는 중국 최대의 소셜네트워크 중의 하나인 웨이보를 통한 마케팅도 진행하고 있다.[45]

한국의 대표적인 전문몰들인 '스타일난다' 등이 일반인들에는 지명도가 낮은 이유는 유명 브랜드 상품을 유통하는 것이 아니라 스스로 생산이나 디자인을 하기 때문에 일반 소비자들에게는 덜 알려진다는 것을 의미한다.

온라인 유통이 발달하고 한국기업들의 해외 진출들이 늘어나면서 이전에는 쇼핑몰 솔루션을 제공하던 기업들이 이제는 해외 진출 솔루션을 제공하는 경우가 생겨났다. 이들 역시 특히 한국기업들의 해외 진출에 중요한 역할을 할 수 있는 유통산업 관련자들이다. 카페24는 글로벌 버전의 솔루션을 제공하여 다양한 언어권별 해외 직판 쇼핑몰을 만들어주고 통합지원 서비스를 제공한다. 사업 아이디어만 있으면 쇼핑몰을 통해 상품을 널리 판매할 수 있도록 돕는 것이다. 이 회사는 21세기의 실크로드를 건설한다는 원대한 꿈을 갖고 있다.[46]

그 외에도 2016년 현재 이랜드그룹, 스타일난다, 난닝구 등의 중국 온라인 유통을 담당하는 에이컴메이트를 비롯해 워시한코리아, 한국가, 아이칸 등 온라인 담당 또는 온오프라인 에이전시 회사들이 있다. 에이컴메이트는 티몰 글로벌 내 입점하는 것과 별도로 자사 중국 해외 직판 쇼핑몰인 더제이미닷컴을 통해 한국기업들의 제품을 중국에 판매하고 있고, 구매 및 배송 대행 서비스도 제공하고 있다. 이 외에도 한국무역협회가 운영하는 직판몰 'K몰24'도 있다. 더제이미닷컴은 타오바오의 셀러들에게 한국 의류를 판매하는 온라인 사이트이고, 아이칸은 오프라인 상가 및 복합쇼핑몰 입점도 돕고 있다.

5. 유통산업을 위한 제언

(1) 한중 간의 기술 수준과 시장 비교

인공 지능, 빅데이터 그리고 제3자 지불 방식 등 기술의 산업화와 드론이나 무인 영업점 등 새로운 모델에서 중국기업들의 수준은 선도적 위치에 올라 있다. 이는 단순히 기술 수준의 문제가 아니고 정책적 및 사회적 수용능력과 시장의 크기에서도 차이를 보이고 있다. 한국 무역협회 국제무역연구원이 연간 수출실적이 50만 달러인 611개사를 대상으로 조사한 결과 3년 이내에 경영환경이 이미 4차산업혁명의 영향을 받고 있거나 받을 것이라는 대답이 83%에 달했다. 그럼에도 불구하고 현재 대응중이거나 1~2년 사이에 대응할 것이라고 대답한 기업은 16.7%에 불과했다. 조사 대상 기업들은 빅데이터를 대표 기술로 주목했고(33.9%) 다음으로 인공지능(22.6%)을 지목했다.[47]

현재 한국에는 빅데이터라고 부를 만한 데이터가 없고, 고객정보 유출 사건 등이 잇달아 일어나며 데이터의 공유 및 활용에 대한 고객들의 부정적인 시각으로 인해 정보 공유와 유통이 차단되어 있다.

그 밖에도 유통산업 관련 기술은 아직은 여러 가지 취약한 부분이 있다. 한국의 드론 산업은 항법 등 핵심 분야 기술력이 취약하고, 소프트 분야 국내 기반 기술도 취약하다. 드론은 그 자체로서 해킹

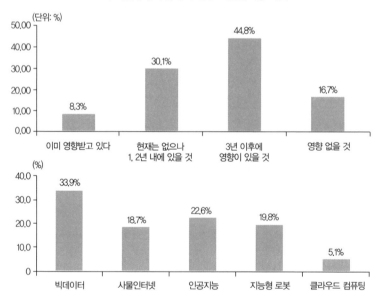

〈그림 8-7〉 4차산업혁명이 우리 무역업계에 영향을 미칠 시점과 무역업계가 가장 주목하는 4차산업혁명 기술

출처: 무역업계의 4차산업혁명 대응현황조사, 무역협회

에 취약하고, 배송 후 바로 찾지 않으면 도난 가능성이 있다. 또 안전성과 사생활 침해 가능성과 조망권 침해의 가능성도 있다. 한국도 정부 차원에서 시범 사업 등을 통해 드론 배송에 대한 시험을 지원하고 있지만 한 발 앞서가는 나라들에는 못 미치고 있다. 비콘은 고객들을 추적하기 때문에 프라이버시 문제가 있을 수 있다. 아울러 보안문제와 비콘들 간의 간섭이 생길 수 있으며 신호를 스팸으로 간주할 가능성도 있다.

한국은 미국이나 중국보다 기술개발 성과 면에서도 떨어진다. 2017년 4월 4일 특허청에 따르면 2003년부터 2016년까지 모바일 결제 기술이 특허협력조약(PCT) 국제특허출원을 통해 공개된 건수는 총 572건으로 연도별로는 2003년에서 2008년까지 44건에서 2012년 63건, 2014년 66건, 2015년 116건 그리고 2016년 119건으로 늘어났다. 미국이 43.4%(248건)로 압도적으로 많고, 중국이 21.9%(125건), 한국은 8.9%(51건)였다.[48] 아울러 유통상품의 표준화는 효율성 면에서는 중요한 문제이다. 현재로서는 상품분류체계가 없다는 점이 아쉽다.

한국에서 인터넷이 대중화된 지 15년이 흐른 후 온라인 쇼핑몰 거래액은 약 20배 증가했다. 같은 기간 동안 한국시장의 소매업 규모는 두 배 성장에 그쳤다. 그리고 이 추세라면 온라인 쇼핑 거래액은 2018년 금액은 약 100조 원, 비중은 소매판매의 약 30% 가까이 될 것이다. 이는 한국에서 단일 업태로 가장 큰 규모를 차지했던 할인점도 달성하지 못했던 규모이다. 이 같은 규모의 큰 비중을 모바일 쇼핑이 차지하고 있다.[49] 그러나 여전히 규모면에서 한국시장이 중국시장을 따라가기는 어렵다.

(2) 전략적 제언

정부정책

한국 유통산업에서는 기존의 대기업 위주의 유통시장의 장악력을 뚫고 새로운 기업들이 자라나고 있다. 지금 한국정부는 새로운 기업들이 자신들의 역량을 펼칠 수 있는 환경을 만들어주는 것이 필요하다.

중국의 '광군절 행사'[50]로 들여다본
중국진출 기업의 보호 방안 마련

2017년 광군절 하루 입점기업과 알리바바의 제3자 B2C 플랫폼 티몰의 총거래금액은 한화 약 28조 원이다.[51, 52] 티몰의 매출은 총거래금액의 약 5%이다. 따라서 대규모 할인 행사를 하는 광군절 행사에서 알리바바가 감당하는 할인 금액은 보이는 것보다 훨씬 적다.

또 징동도 2017년 처음으로 광군절 총교역금액 한화 약 21조 원을 발표했다. 하지만 11월 11일 0시에서 자정까지 진행하는 알리바바 광군절 행사와 달리 징동은 11월 1일 0시에 효력이 발생하는 선불권을 판매하는 10월 24일~31일의 예열기를 거쳐, 11월 1일에는 할인상품을 판매하는 프로모션 기간, 11월 2일~9일까지의 각 품목별로 나뉘어 파격적인 프로모션, 단독 특가, 브랜드별 행사 그리고 11월 10일~12일 초스피드 특가세일 등 72시간 동안 밤샘 판매의 절정기라는 4단계를 거친다.[53] 그리고 총교역 금액은 이 기간의 금액의 합계이다.

2016년 자료에 의하면 징동의 총교역 금액에서 판매 매출금액을 제외한 플랫폼 서비스와 관련된 교역 금액은 알리바바의 약 10% 수준이다. 따라서 징동은 순차적인 프로모션을 준비할 수밖에 없었던 것이다. 이런 행사에서 성공의 관건은 매출 규모이다. 왜냐하면 대부분의 할인금액을 입점 업체들이 부담해야 하는데 매출 규모가 크면 규모의 경제를 통해 이익을 얻을 수도 있지만 그렇지 않으면 고스란히 부담을 떠안아야 하기 때문이다. 이런 문제는 판촉행사와 관련하여 백화점 입점업체의 갑질과 관련된 문제와 동일한 위험을 가지고 있다.

징동은 알리바바가 광군절 당일 판매에 두 기업 중 하나의 플랫폼에서만 판매를 하도록 강요하는 갑질을 했다고 신경전을 벌이고 있다.[54] 입점하는 입장에서는 비용을 감당할 수 있는 범위 내에서 되도록 많은 소비자들을 만날 수 있도록 여러 플랫폼에 입점하는 것이 유리하지만 플랫폼 기업으로서는 판매가 잘되는 상품일수록 독점 판매를 통해 플랫폼의 가치를 높이는 효과를 얻을 수 있다. 입점 기업으로서는 대형 플랫폼 기업의 요구를 모른 체하기는 어렵다. 광군절 당일 징동의 판매 프로모션 방식은 징동의 플랫폼 서비스 가치가 알리바바의 가치에 미치지 못한다는 것을 의미한다. 현재 스타일 난다의 상품은 알리바바와 징동에서 모두 판매가 되고 있지만 직접 입점한 곳은 티몰의 국제관뿐이다.

플랫폼들은 결제를 통해 수익창출 위험을 헤지hedge할 수 있다. 플랫폼은 리스크를 해지하고 수익을 극대화하기 위해 두 가지 결제 방식을 혼용하는 방식을 취한다. 즉 상대의 입장에서 보면 비용인 고정비와 변동비를 동시에 받게 되면, 플랫폼은 고정비를 통해 최소한의 비용과 수익을 얻고, 변동비를 통해 상대의 경제적 성과에 연동시켜 인센티브를 얻을 수 있다. 그렇게 되면 손해볼 일도 없어지고, 거래

〈표 8-5〉 알리바바 티몰, 징동 및 쿠팡의 플랫폼 수수료 및 연회비

〈표 8-5〉 알리바바 티몰, 징동 및 쿠팡의 플랫폼 수수료 및 연회비

	티몰	징동
판매 수수료	약 5% 품목별로 상이	평균 약 5%(최저-사무용품 2%, 최대-결혼용품 10%)
연회비	있음	USD 999.6
보증금	있음	USD10,000~15,000

출처: 뷰티경제,[55] WinnersLab[56] 저자 정리

가 많아지면 수익도 많아지는 두 가지 효과를 얻을 수 있다. 알리바바의 티몰이나 징동도 같은 방법을 사용한다.

　이런 상태에서는 유통 거래상의 위험을 한국기업이 모두 감수하는 결과가 된다. 만약 어떤 불공정한 행위가 있거나 플랫폼에 문제가 생겨도 한국기업들이 중국 대형 플랫폼에 대항하기는 어렵다. 이 지점에서 한국정부의 역할이 필요하다. 어떤 플랫폼도 입점 기업의 성공을 100% 보장할 수는 없다. 따라서 입점의 불리함이나 운영상 어려움이 없도록 살펴주는 조치가 필요하다. 그러나 실제 플랫폼과 입점 기업의 분쟁을 해결하는 것은 간단한 문제가 아니다. 왜냐하면 이 문제는 시장주의의 가장 중요한 두 가지 원칙인 플랫폼의 가치를 인정하는 사유재산제도와 쌍방이 거래 조건에 합치를 이룬 자유계약 원칙을 제한할 소지가 있기 때문이다. 이런 문제는 민간 기업층면에서 다루어지기도 어려운 문제다. 따라서 정부 간의 합의 등을 통해 입점기업들이 플랫폼의 정책적 실패나 부당한 행위 등에 대해 대응할 수 있는 공간을 만들어야 한다.

　2015년 12월 한중 FTA 발효 전후 각 지자체마다 중국시장 진출

사업지원 사업을 하고 있다. 2016년 부산경제진흥원은 지역 중소기업을 선발하여 중국 온라인 무역 지원 사업을 통해 알리바바의 사이트에 입점하도록 지원하고 지원금도 제공했다. 그러나 플랫폼 선정은 매우 신중해야 한다. 입점 지원금보다는 플랫폼의 성격과 입점 기업의 상품 특성 등을 고려하여 법률적 및 재무적으로 다각도로 검토할 수 있는 지원 서비스를 정부가 제공해야 한다. 이미 2015년 부산시와 특허청은 중국 수출 중소기업 지식재산권 소송보험 지원사업을 통해 소송 비용을 지원한 경우가 있다. 이런 제도를 통해 한국기업의 온라인 비즈니스 중국 진출도 원스톱 정보제공과 지원을 받을 수 있는 길을 열어주어야 한다.

기업 차원의 전략

온라인 전문몰 창업

한국에서 중소창업 기업이 상품을 구매하여 판매하는 종합전자상거래를 통해 수익을 내기는 현재로서는 어려워 보인다. 그렇다고 기업을 입점시키거나 오픈 마켓 같은 플랫폼을 직접 만드는 것도 시간이나 자본 혹은 두 가지 모두 필요하다. 따라서 자기 브랜드는 가지되 이를 직접 제조를 꼭 하지는 않더라도, 네트워크를 통해 아웃소싱으로 상품을 생산하되, 이 제품을 판매하는 온라인 전문몰을 만드는 것이 가장 적절한 비즈니스 모델일 것이다. 적어도 패션부문에서는 한국기업들이 불리해 보이지는 않는다. 예를 들면, 동대문 의류업체 500여 곳에서 다품종 소량 물량을 받아 '트위TWEE'라는 브랜드로 편집숍[57]을 운영 중인 한국 패션기업 티엔제이TNJ가 있다. 2017년 9월,

이 기업은 은행·건설·엔터테인먼트 등 다양한 계열 군을 보유하고 있는 시가총액 2조 원 규모(선전 증시 기준)의 중국기업 치피랑(七匹狼)의 저우샤오슝(周少雄, 52) 회장과 합자 조인식을 열고, 중국 현지에서 운영할 조인트 벤처를 세우기로 했다. 치피랑그룹이 51%, 티엔제이가 49%를 출자하는 형식이다.

저우 회장에 따르면, 최근 패션 시장에서 중요한 3가지가 '스피드, 트렌드, 가성비'라고 봤을 때 동대문 시장 체제가 이를 모두 충족시킨다고 한다.[58] 제조와 연결한 고유의 온라인 유통 채널이 단순히 소규모의 기업만 사용하는 전략은 아니다. 따라서 이 방식이 중소기업만을 위한 솔루션은 아니라는 반론이 있을 수 있다. 그러나 온라인 방식을 통해 소비자에게 직접 판매하는 방식은 최소한 중소기업에게 '불리한' 방식은 아니다. 즉 상품의 시장성이 인정된다면 자본이 많이 필요한 오프라인에서 열세에 있는 중소기업들이 대기업과의 경쟁에서 상대적으로 공정한 기회를 얻을 수 있고, 종합몰을 운영하는 온라인 비즈니스 기업들에게 전문성으로 경쟁할 수 있는 방식이다.

시장에서 기업들이 역량을 발휘하기 위해서는 불리하지 않는 상황을 만들 수 있어야 기업의 아이디어와 노력이 보상을 받을 수 있다, 현재 한국 상황을 고려한다면 4차산업혁명의 기술을 통해 전문몰 형태로 제조와 유통에서 수익을 얻는 OBM 방식으로 시장에 직접 진입하는 것이 중소기업에게는 최선의 선택으로 보인다.

역직구[59]는 선택이 아닌 필수

중국인의 해외직접구매(이하, 해외직구) 규모는 2015년 약 360억 달러(약 2,400억 위안, 약 44조 6,000억 원)로 전년보다 60%가량 증가하여 급성장했다.[60] 2015년 한국의 역직구 거래 규모는 1조 2,000억 수준으로 전년도에 비해 두 배 상승한 수치다. 중국의 해외직구 규모로 보면 앞으로도 늘어날 여력이 충분하다. 또한 2016년 1분기 해외 역직구 금액은 통계청이 이 통계치를 발표한 이후 처음으로 직구의 금액을 초과했다. 중국의 해외직구족을 하이타오족(海淘族)이라고 한다. 이들은 젊은 층으로 해외 제품에 대한 거부감이 적고 브랜드에 대한 충성도가 높다. 중국 내 조사에 따르면 선호하는 제품 구매 국가 1위가 미국이고 2위가 한국이다.[61]

한국 온라인 비즈니스 기업이 중국내 소비자에게 직접 판매하는 방식을 '역직구'라고 한다. 역직구를 위해 지마켓은 이미 2013년 중국어서비스를 만들었다.[62] 그리고 스타일난다, 핫핑, 미아마스빈 등 한국의 온라인 전문몰들은 모두 중국어를 포함해 영어 서비스를 제공하고 있다. 2016년 4월부터 해외직구 상품에 대해 중국정부가 관세와 증치세(부가세)를 부과하면서 한국 상품의 가격경쟁력이 사라지고 역직구에 불리한 국면으로 접어들었다. 이런 문제에 맞서기 위해 스타일난다는 2017년 11월 11일부터 EMS로 중국에 배송되는 상품의 관세를 대신 부담하고 있다.

다양한 서비스에서 전문화까지

온라인 비즈니스 기업의 발전 과정에서는 각 단계에서 중요한 의사 결정 사항들이 있다. 먼저 다루고자 하는 상품이나 서비스를 결정해야 한다. 한국 의류나 화장품 외에 한국의 중소 벤처 기업들이 시장에 진입하는 방식으로는 경험을 제공하는 서비스, 예를 들어 피부진단 시스템(랑콤)이나 매직미러(유니클로)같은 서비스 제공 모델이 있다. 생활플러스(11번가), 신선식품 24시간 내 배달(헬로네이처)과 같은 생활밀착형 서비스도 시장의 호응을 얻을 수 있다. 한국의 O2O 서비스는 카카오 택시나 배달의 민족, 요기요와 음식 배달 서비스 그리고 도와줘, 애니맨 같은 심부름앱이 있다. 이외에도 카카오 헤어샵, 헤어뷰티, 홈 마스터 등의 주기적으로 이용하는 서비스와 야놀자, 여기 어때 같은 숙박 관련 서비스, 다방이나 직방과 같은 부동산 관련 서비스도 있다.[63]

오픈마켓 플랫폼 사업자에 대한 제언

오픈마켓 플랫폼 사업자의 성공의 관건은 내부 거래를 더 많이 일으키는 것이다. 따라서 오픈 마켓의 발전 과정에서 보이는 공통적 전략은 낮은 진입장벽이다. 오픈 마켓의 전략을 이해하기 위해서는 후발주자인 네이버 스토어팜의 전략을 참고하는 것이 도움이 된다. 네이버 스토어팜은 네이버가 기존 샵N을 종료하고 2015년 새롭게 출시한 상거래 플레이스다. 오픈 마켓이 약 10~12%의 수수료를 받는 반면, 스토어팜은 기본적으로 판매 수수료가 없다. 단, 결제 수수료 3.74%, 지식 쇼핑을 통해 판매된 경우 약 2%의 추가 수수료를 받는다. 그외 별도 심사 없이 네이버 쇼핑에 광고주로 입점할 수 있고, 블로그나 카페, 밴드 퍼가기 기능을 통해 마케팅을 할 수 있으며, 네이버페이 결제가 기본적으로 지원된다.[64] 즉, 후발주자로서 스토어팜은 진입 비용을 줄이고 각종 혜택을 제공하면서 더욱 많이 마켓을 이용하도록 만드는 것이 목표다.

중국의 플랫폼 서비스 이용

2018년 한국 대비 중국의 온라인 쇼핑 예상 시장 규모는 약 12배이다. 중국 온라인 비즈니스와 관련이 깊은 한국산업 중 하나가 패션산업이다. 중국시장에서 진출한 한국 패션 기업들 중 이랜드의 성과와 변화는 짚어볼 필요가 있다.

이랜드의 중국시장 진입 후 발전 전략은 한국에서와 달리 오로지 백화점과 상업몰에서만 영업을 한다는 점이었다. 이는 이랜드의 상품 가치와 함께 영업장소들이 가지고 있는 시장 가치가 이랜드 성공의 또 다른 하나의 축이었다는 것을 의미한다.[65] 그런데 중국 유통시장이 백화점에서 온라인과 할인점으로 급속하게 이동하면서 이랜드의 중국 사업은 고전을 면치 못하게 되었다.[66] 2013년부터 이랜드는 SPA브랜드인 스파오를 비롯해서 티니위니 등 16개의 브랜드를 알리바바의 티몰에 입점시켰다. 2014년 티니위니의 티몰 판매액은 1억 4,000만 위안을 돌파했다.[67] 이 밖에도 스타일난다와 임블리 같은 온라인사업 위주의 한국 브랜드들도 중국에서 성공을 거두었다. 스타일난다의 경우는 100~400위안(한화 약 1만 8,000원~7만 원)임에도 불구하고 높은 매출을 기록했다. 이는 중국시장의 온라인화 현상을 보여주는 사례이다.

온라인 사이트는 단순하게 언어적 요소만 있는 것이 아니라 사회적 요소도 수용하고 있기 때문에 고객들은 어떤 이유에서건 특정 기업이나 사이트만를 지속적으로 이용하는 자물쇠 효과 Lock-in Effect를 나타낸다. 특히 중국의 알리바바가 운영하는 사이트는 중국의 경제 발전에 함께 적은 비용으로 사업을 운용할 수 있는 기회를 제공하고 네트워크 효과를 만들어서 세계 최대의 플랫폼 사이트가 되었다. 또 다른 관점에서 한국의 유통기업이 중국 내에서 중국 소비자 또는 거래 상대자에게 직접 서비스를 제공하고자 한다면 알리바바나 징동보다 더 효과적으로 시장에 보여줄 수 있는 차원이 다른 서비스가 있어야만 한다. 그러나 현재로서는 이런 기업들보다 여러 가지 면에서 오히려 열세에 있다.

결론적으로 지금도 오프라인 기업들과 결합을 해나가는 알리바바나 또 다른 기업 징동과 같은 기업들을 피해서 한국 온라인 비즈니스 기업들이 중국시장에 진출하는 것은 어렵다. 따라서 현재 중국시장에 진입하는 온라인 비즈니스 기업들의 가장 현실적 방안은 중국 현지의 주요 온라인 비즈니스 기업들의 플랫폼 서비스를 이용하는 것이다. 이 방식이 오프라인 진출과 비용면에서 비교해보면 나쁜 선택처럼 보이지도 않는다. 단, 여기서 주의할 점은 알리바바나 징동의 플랫폼 서비스를 이용하는 것 자체가 경제적 성과를 보장하는 것은 아니며, 궁극적으로 성과는 진출하는 한국기업과 현지의 플랫폼 서비스의 결합, 즉, 소비의 시각에서 보면 검색 결과도 만족스러워야 하고, 구입한 상품도 좋아야 하며 결제방식이나 배송에도 문제가 없어야 한다는 것을 의미한다. 이 모든 것에 대해 고객은 대가를 지불하지만 만약 문제가 생기면 거래 당사자인 한국기업만이 책임을 진다는 구조를 이해해야 한다. 신중하게 상대를 정하고, 자신과 상대의 가치뿐 아니라 입점 후 상승효과나 문제점을 모두 고려해야 경영상의 위험을 막을 수 있을 것이다.

(송원진)

제9장

모바일 지급결제시장의 전망과
한국의 경쟁력

1. 무(無)현금 사회로의 패러다임 전환

핀테크Fintech는 금융Finance과 기술Technology의 합성어로, 전자상거래에서 IT와 금융이 결합해서 지급(인터넷 or 모바일) 결제, 이체, 개인 금융자산관리, 크라우드 펀딩, 데이터 분석 등 다양한 기술이 도입된 네트워크 플랫폼이다. 이 중에서도 스마트폰을 중심으로 한 간편 결제서비스가 핀테크 서비스 산업 중 큰 부분을 차지하고 있으며, 특히 O2O 방식은 오프라인의 소비도 인터넷이나 스마트폰을 이용해 결제가 이뤄지고 있기에 2017년에 들어서도 선진국과 후진국을 망라한 전 세계 금융결제시장의 큰 변화를 계속 촉구하고 있다.

해외 핀테크 모바일 지급결제 서비스의 경우, 미국과 중국을 선두로 글로벌 시장에서 활발히 다양한 서비스를 제공하고 있다. 특히 중국은 2017년에 들어서서 대내적으로는 '무현금 사회' 진입의 목표를 지향, 대외적으로는 전 세계 지급결제시장의 '생태환경' 네트워크조성 등 여러 측면에서 가시적인 성과를 이루었다. 전 세계적으로 스마트폰의 보급률이 날로 향상하고 있는 환경 변화 역시 결국 핀테크 모바일 결제 수단이 선택이 아닌 필수가 되도록 만들고 있다.

2017년에 들어 한국의 핀테크 모바일 지급결제시장도 빠르게 성장과 변화가 진행되고 있지만, 전체적인 시장은 여전히 신용카드 위주의 지급결제 수단이 우위를 차지하고 있고, 또한 여러 복잡한 규제 등으로 인해 핀테크 발전은 다른 나라에 비해 어려움이 많다. 한국은 전 세계에서 가장 높은 스마트폰 보급율과 우수한 IT기술 및 인력을 자랑하고 있다. 그럼에도 아직 세계 100대 기업 순위에 들어가는 핀테크 기업을 육성하지 못하고 있다. 따라서 기술력을 갖춘 중소기업의 육성이 가장 시급한 현안과제로 떠오르고 있다. 그리고 그 가능성과 방향성에 대한 검토가 필요한 시점이다. 이 장에서는 중국 핀테크 모바일 산업의 급격한 경쟁력 상승에 따른 배경을 계기로 4차산업혁명으로 대변되는 신기술혁명을 기회로 삼아 한국의 모바일 지급결제 관련 기업체(특히 중소 벤처 기업체)의 기회와 도전을 찾고자 한다.

먼저 2017년에 들어서서 무현금 사회로의 글로벌 패러다임 변화를 분석하고, 두 번째로 글로벌 모바일 지급결제시장 변화의 주요 특징을 소개한다. 세 번째로는 최대 규모로 부상하는 중국 모바일 지급결제시장의 성장배경, 발전 동향과 전망을 설명하며, 네 번째로는 중국과 미국에 뒤처진 한국 모바일 지급결제시장의 원인, 발전 동향과 전망을 분석한다. 마지막으로 한국 모바일 지급결제시장 산업 성장을 위한 제언과 전략을 정책 차원과 기업 차원에서 제기하고자 한다.

2. 세계 모바일 지급결제시장 변화의 주요 특징

(1) B2 구도로 변화하는 글로벌 모바일 지급결제시장

〈그림 9-1〉에서 보다시피 2013년부터 2016년 말까지 글로벌 지급
결제시장에서 중국의 알리페이는 미국의 페이팔보다 회원 수, 결제
규모, 1일 결제 건수 등 여러 면에서 모두 추월했다.[1]

　2015년에 페이팔은 성장의 요람이었던 이베이를 벗어나 단독 법
인으로 독립했다. 초기에는 분사에 대한 우려가 있었으나 2017년 들
어 전자상거래 활성화 덕분에 주가가 35%나 올랐고 사용자는 2억
명 수준이 됐다. 결제 규모는 약 1,800억 달러 규모이고, 1일 결제건
수는 약 1,000만 건 정도이다. 페이팔은 결제·송금·환전 등 다양한
서비스를 지원하며 미국시장점유율 1위를 기반으로 글로벌 서비스
로 확장해나가고 있다. 알리페이의 결제 규모는 약 8,700억 달러 규
모이고, 1일 결제건수는 약 4,500만 건 정도이다.

　세계 최대 온라인쇼핑몰 알리바바 그룹의 모바일 결제서비스는
중국 온라인 결제 시장점유율 1위로 온라인쇼핑 고객을 기반으로 오
픈마켓, 온라인 게임, 음식점, 편의점 등 거의 모든 거래를 할 수 있
다. 또한 은행계좌의 잔액관리, 이체 서비스, 공과금 납부, 축의금 전
달까지 가능해 중국 내 온라인 결제시장의 절반을 차지한다. 페이팔
과 알리페이의 공통점은 인터넷 초기 온라인쇼핑몰의 거래 서비스를
기반으로 성장했다는 점이다. 이들의 모회사인 이베이와 알리바바는
세계 최고의 온라인쇼핑몰 자리를 다툰다. 모바일 결제 서비스도 세
계시장으로 계속 확장해나가는 추세이다.

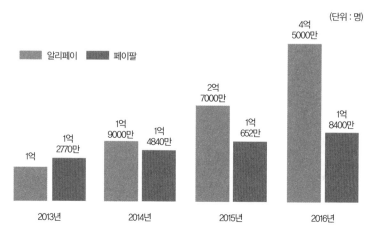

〈그림 9-1〉 세계 모바일 지급결제 회사의 양강 구도

(단위 : 명)

■ 알리페이 ■ 페이팔

출처: Statista, DMR

(2) 메신저 기반 결제 서비스의 약진

휴대폰에서 가장 자주 쓰는 메신저 서비스에 결제 서비스를 앱에서 바로 결제까지 할 수 있다면 훨씬 편리할 것이다. 그래서 전 세계의 휴대폰 메신저 서비스 업체들은 자신들의 메신저 앱에서 바로 결제도 가능하도록 추진하고 있다. 페이스북·위챗·카카오톡 등 주요 메신저 서비스들이 결제 전쟁 제2막에서 추격 경쟁을 벌이고 있다. 중국의 위챗페이는 '홍바오(紅包)' 마케팅을 계기로 중국 모바일 결제 시장에서 2위의 시장점유율을 기록하고 있고, 하루 사용자가 12억 명에 달하는 페이스북은 그룹채팅방에서 송금·입금이 가능한 서비스를 도입했다. 페이스북의 목표는 메신저에 인공지능을 이용한 챗 봇과 결제서비스를 도입해 대화형 커머스플랫폼을 만드는 것이다. 사용자가 쇼핑몰 홈페이지에 접속하지 않고도 페이스북 메신저에서 물건을 사고 결제까지 끝낼 수 있도록 할 계획이다.

(3) 스마트폰의 보급 확대에 따른 소비자니즈 증대와 기술의 발전

〈그림 9-2〉에서 세계이동통신사업자협회(GSMA)의 「디지털 인클루전 2014Digital Inclusion 2014」 보고서에 따르면,[2] 2020년까지 글로벌 모바일 가입자는 2014년 약 36억 명에서 46억 명으로 늘 것으로 전망했다. 이 중에서 특히 개도국이 76%를 차지하고 있고 가입자 증가의 대부분을 차지할 것으로 나타났다. 글로벌 시장에서 스마트폰 보급률을 살펴보면,[3] 2015년 말 기준, 한국의 스마트폰 보급률이 88%로 세계에서 가장 높다. 중국도 58%로 일본의 39%를 앞지른 것으로 나타났다. 선진국인 미국(72%). 캐나다(67%). 영국(68%), 독일(60%) 등의 나라는 예상대로 높은 수준이다. 이와 동시에 동남아국가인 말레이시아(65%)와, 남아프리카공화국(37%)도 비교적 높은 스마트폰 보급률을 기록하고 있다.

GSMA의 최근 보고서[4]에서는 2016년 말 세계 스마트폰 보급률은 이미 51%에 도달했고, 2020년까지 75%로 더 높아질 것으로 전망했다. 여기서 향후 신흥시장에서 16억 대의 스마트폰이 추가로 보급되어 순 증가분의 84%를 차지할 것이라고 예상했다. 특히 인도, 중국, 인도네시아의 스마트폰 보급률이 2016년 47%에서 2020년 62%까지 높아지게 될 것이고, 나이지리아, 파키스탄, 베트남, 방글라데시, 브라질 등도 유망 지역인 것으로 소개되었다. 따라서 향후 동남아시장과 아프리카시장의 시장잠재력이 매우 큰 것으로 나타났다.

이러한 모바일 산업의 급격한 발전이 글로벌 GDP에 미치는 직간접 효과는 2조 4,000억 달러(2013, GDP의 3.6%)에서 4조 1,000억 달러(2020, GDP의 5.1%)에 달할 것으로 전망된다. 일자리 창출도 1,050만에서 1,540만으로 증가될 것으로 기대했다. 경제뿐만 아니라 교육,

〈그림 9-2〉 모바일 인터넷 가입자 수 전망

GSMA의 모바일 인터넷 가입자 전망 (단위 : 백만 명)

개발도상국의 네트워크 기술별 모바일 인터넷 가입자 전망 (단위 : 백만 명)

출처: GSMA, 'Digital Inculusion 2014'

〈그림 9-3〉 2021년 전 세계 모바일앱 시장

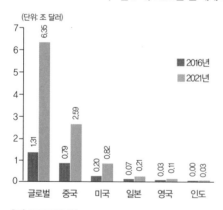

출처: SDTM(2017)

의료 등 여러 분야에 영향을 미칠 것으로 보인다.

전 세계의 스마트폰 보급률의 확대로 인하여 모바일앱 시장의 규모도 급격히 확대될 것이다. 2017년 「스마트 디바이스 트렌드 매거진 26호」에 의하면,[5] 2016년 1조 3,000억 달러였던 모바일앱 경제 규모는 2021년에는 6조 3,000억 달러로 성장할 것으로 전망되었다.

많은 기업이 앱 개발과 업데이트에 대한 투자를 늘리고 동시에 일상생활에서도 다양한 모바일 플랫폼이 확장됨에 따라 모바일앱의 사용자 수는 점차 증가할 것이고, 활용 분야 또한 점차 확대될 것으로 예상되었다.

2016년 약 34억 명이었던 모바일앱 사용자는 2021년에는 63억 명 수준으로 확장되며, 그에 따른 앱 사용 시간도 2021년에는 3조 5,000억 시간을 돌파할 것으로 내다봤다. 모바일에서 소비하는 연간 지출액도 2016년 379달러에서 2021년 1,008달러 수준으로 늘 것으로 전망했다. 가장 빠르게 성장하게 될 아태지역은 기존 시스템 및 높은 연령층의 고객에 집중되는 서구 경제와는 달리 모바일 소비행태와 앱 사용 습관이 빠르게 정착하면서 성장의 가속화가 진행될 것으로 예상된다.

또한 8억 명의 모바일 사용자를 보유한 중국 성장세도 여전히 이어질 것으로 보일 것이고, 중국 전체 앱스토어 소비자 지출은 2016년 190억 달러에서 2021년 560억 달러로 약 24% 성장할 것으로 전망되었다. 저렴한 수수료, 신뢰, 안정성 측면의 보안 기술의 향상 등 핀테크기술의 발전으로 전체 글로벌 시장의 모바일 지급결제 및 모바일앱 사용자 수는 더욱 확대되어갈 전망이다.

(4) 유럽을 비롯한 기타 시장의 관심 증대

2017년은 보수성향이 강한 독일의 모바일 결제 도입의 원년이라고 할 수 있다. 〈그림 9-4〉에서 보다시피 독일 모바일 결제 사용자 수는 2017년 90만 명에서 2021년에는 610만 명을 돌파해 6배 이상 수준으로 늘어날 것으로 예상된다. 2017년 7,050만 달러 수준인 시장 규모도 2021년에는 8억 2,700만 달러까지 커질 것으로 보이고, 연간 성장률이 85.1%에 달할 것이다. 사실상 2017년부터 독일에서 모바일 결제 서비스 대중화가 시작된다는 뜻이다. 그동안 독일이 모바일 지급결제 수단이 활성화되지 못한 가장 큰 이유는 개인정보유출 우려 등 보안상의 이유였다. 하지만 도이치뱅크가 모바일 결제 서비스 보안성을 대폭 강화하며 소비자 호응을 얻어냈다. 〈그림 9-5〉는 현재 유럽에 진출한 주요 국가의 모바일 지급결제 수단이다. 현재 애플페이, 구글페이, 삼성페이, 알리페이, 위챗페이 등이 모바일 결제시장을 주도하고 있지만, 진출기간이 대부분 2015~2017년으로 아직 길지 않다.

(5) 무현금 사회의 도래

글로벌 시장의 무현금 사회로의 진입도 빨라지고 있다. 미국연방은행의 추계의 의하면, 2016년 말까지 미국의 무현금 거래량 규모는 6,169억 달러로 2010년 당시, 600억 달러 거래 규모의 10배가 넘는다.

현재 유럽의 대표적인 국가인 스웨텐의 거래량의 약 59%는 무현금으로 이루어지고 있고, 독일도 약 67%의 거래가 무현금으로 이루어지는 것으로 나타나고 있다. 여기서 주목해야 할 점은 유럽의 대표

〈그림 9-4〉 독일의 모바일 결제 이용자 전망 및 유럽에 진출한 모바일 결제 서비스

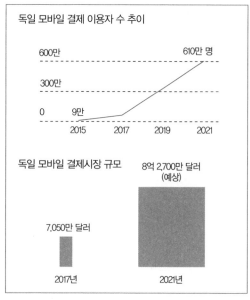

독일 모바일 결제 이용자 수 추이

독일 모바일 결제시장 규모

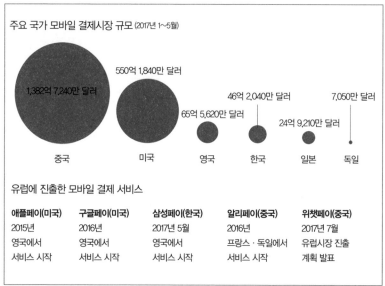

주요 국가 모바일 결제시장 규모 (2017년 1~5월)

유럽에 진출한 모바일 결제 서비스

애플페이(미국)	구글페이(미국)	삼성페이(한국)	알리페이(중국)	위챗페이(중국)
2015년	2016년	2017년 5월	2016년	2017년 7월
영국에서	영국에서	영국에서	프랑스 · 독일에서	유럽시장 진출
서비스 시작	서비스 시작	서비스 시작	서비스 시작	계획 발표

출처: Statista[6]

적인 국가는 아직 신용카드 위주의 결제방식이지만, 향후 모바일 결제방식이 이를 대체할 것이라는 점이다.

각국 정부들이 무현금 사회구축을 지향하는 이면에는 거래기록이 남아 있어 범죄 감소, 돈세탁, 탈세, 현금발행 비용절감 등 장점이 있기 때문이다. 물론 소비자들의 현금사용 선택권 침해 등 부작용도 많이 거론되고 있다. 하지만, 핀테크기술의 발전으로 모바일 지급결제의 기술 혁신이 빠르게 진행되고 있는 것만큼 이러한 무현금화 사회 구축추세는 지속될 것으로 보이고 생태환경의 조성 또한 가속화될 것이다.

3. 최대 모바일 지급결제시장으로 부상하는 중국

(1) 중국 모바일 지급결제시장이 급성장한 배경
그렇다면 이렇게 비교적 짧은 기간에 중국은 어떻게 핀테크 지급결제방식에서 비약적인 발전을 이루게 되었을까? 한마디로 중국경제가 중고성장에 변화의 대응에 맞선 정부적 차원에서의 노력과 스마트폰의 보급률의 변화에 따른 중국 인터넷 환경의 급격한 변화가 서로 조화가 잘 맞아떨어진 결과로 보인다.

우선 중국경제가 2014년부터 '신창타이'라는 중고경제성장률에 진입했는데, 과거 약 10% 때의 초고속성장시대가 끝나고 7% 내외의 경제성장률을 지향하는 새로운 국면에 들어서게 됐다. 이러한 변화로 인해 중국은 부득이 과잉된 생산시설을 구조조정하고, 신산업에 대한 투자를 확대하여 내수를 촉진시키는 데 총력을 기울였다.

이러한 과정에서 10억 명이 넘는 중국의 인터넷 인구 급성장으로 자연히 핀테크의 중요성을 인식하게 되었다. 과거 중국은 은행 중심으로 발전한 금융시스템이 상대적으로 낙후되었다. 비록 지급결제방식은 은행의 독점에 의한 인터넷뱅킹, 신용카드, 직불카드 등 결제수단이 한국처럼 사용은 되었지만, 과거 현금 위주의 결제방식이 많이 보편화되었고, 지역별로 서로 다른 상업 은행 간에 전산시스템의 협력미비 등 원인으로 특히 신용카드와 직불카드의 활성화가 잘 이루어지지 않았다. 이에 대한 대응으로 중국정부는 낙후된 중국금융시스템의 혁신적인 발전과 효율성 개선을 위해 핀테크를 중요하게 인식하게 되었다.

중국의 리커창 총리는 2015년 3월 5일 정부업무 보고에서 처음으로 '인터넷 플러스'라는 용어와 함께 중국정부적인 차원에서 전자상거래, 핀테크 등을 활성화해 글로벌 경쟁력을 확보할 계획을 발표했고, 중국정부는 더 나아가서 이를 국가경제발전의 로드맵인 13차 5개년 규획(2016~2020)에도 공식적으로 반영했다. 핀테크 산업에 대한 부작용방지와 건전한 발전을 위해 2015년 7월 18일 중국정부의 10개 부처가 합동으로 '인터넷금융의 건전한 발전을 위한 지도의견'을 공개하고, 핀테크 산업 육성 기본정책을 발표했다. 그 내용에는 주로 금융 창조혁신 장려, 인터넷금융의 건전한 발전 촉진, 감독관리 책임의 명확화, 시장질서 규범화 등 내용들이 망라되었다.

2015년 12월 28일에는 중국인민은행에서는 '비은행 지불기관의 인터넷결제관리방법'을 출범시켜 핀테크 지불결제방법에 대해 더욱 세부적인 고객관리, 실무관리, 리스크관리, 감독관리, 법적 책임 등의 대한 내용을 담았다. 이러한 금융정책들은 핀테크 산업들이 크게 발전할 수 있는 외부적 환경과 기틀을 마련했다고 볼 수 있다.

결국 2016년부터 인터넷 금융이 오프라인 금융을 압도하는 원년으로 되면서 2016년 8월까지 알리페이를 비롯하여 모두 27개의 핀테크 관련 비은행 기업체들이 중국인민은행에서 지급결제 관련 영업허가증을 취득했다. 그중에서 특히 알리바바와 텐센트 등 거대기업들은 중국 금융시장의 비효율성을 공략하는 전략을 구사하면서 간편한 결제수단, 낮은 수수료 등을 무기로 산하의 알리페이와 위챗페이의 지급결제시스템을 구축하는 생태환경을 조성하는 데 성공했다.

(2) 2017년 중국 모바일 지급결제시장의 현황 및 전망

2017년 6월 말에 발표된 아이리서치의 '2017년 중국 모바일 결제수단의 연구보고서'에 따르면, 2016년 말까지 중국의 모바일 결제수단의 규모는 약 58조 8,000억 위안으로 동기보다 381%나 크게 늘어났다. 모바일 결제시장에서 알리페이가 약 55%, 위챗페이가 37%, 기타 8%씩 각각 시장점유율을 차지하고 있는데, 여전히 알리페이와 위챗페이의 양강 대결구도가 명확하다고 할 수 있다.

중국의 모바일 지급결제 규모는 2017년에 들어서도 꾸준히 빠른 속도로 성장하고 있다. 〈그림 9-5〉은 아이리서치(iresearch, 2017)에서 발표한 2011~2019년까지 시장 확대 규모 추이 도표이다. 그 이유는 첫째로는 이동설비수단과 이동 IT기술의 발전으로 외부 환경이 좋아졌고, 둘째로는 디지털 모바일 고객가입 숫자가 계속 늘어났으며, 셋째로는 모바일 사용 결제범위가 크게 늘어난 점을 들 수 있다.

〈그림 9-6〉에서 2017년 중국 모바일 지급결제수단 시장에서 알리페이와 위챗페이 시장점유율이 거의 90% 이상을 차지하고 있다.

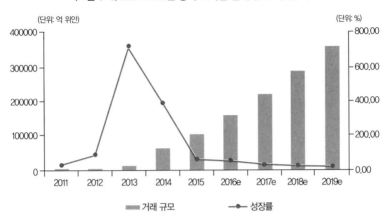

〈그림 9-5〉 2011-2019년 중국 모바일 결제 규모 예측추이

출처: iresearch(2017)

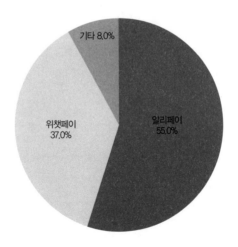

〈그림 9-6〉 2016년 중국 모바일 결제수단의 시장점유율

출처: iresearch(2017)

2016년 말까지 알리페이의 시장점유율은 55%, 위챗페이는 37%를 차지하여 절대적 우위를 차지한다. 기타 모바일페이는 약 8%밖에 되지 않아 치열한 생존경쟁에 처하고 있다.

이 외에도 중국의 신용카드 시장은 여전히 은행들만이 고객들의 신용 수준에 따라 발급하는 구조이고, 전체 지불결제시장에서 약 10% 정도의 시장 규모를 형성하고 있다. 2016년 말까지 중국 신용카드의 누계 발급숫자는 4.65억 장이지만, 1인당 평균 0.31장으로 겨우 미국의 10분의 1 수준밖에 되지 않는다. 농촌 시장이 계속 축소됨에 따라 중국의 도시화 비율이 계속 높아지고 있어, 향후 매년 약 2.5%씩 늘 것으로 전망된다. 하지만 모바일 지급결제 수단보다 여전히 많이 저조할 것으로 보여 전통적인 상업은행들의 기대수익성 개선점이 여전한 고민으로 남는다.

중국의 유니페이가 NFC모바일과 HCE기술을 적용하는 방식을 적

〈그림 9-7〉 2017년부터 중국이 지향하는 무현금 사회 발전 추이

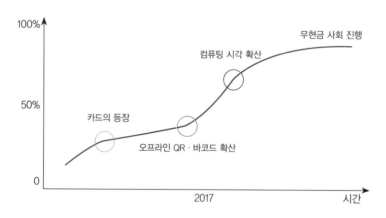

iresearch (2017) 재인용

용하여 만든 윈산푸(云闪付), 퀵패스는 안드로이드에서만 사용이 가능하다. 2016년에 윈산푸 카드는 2,200만 장 발행되었고, 단말기 수는 800만 대로 주로 음식, 쇼핑, 오락 등 비즈니스 분야에 많이 사용되고 있다. 2006년 말까지 거래량 규모는 약 217억 위안 정도이다. 현재 HCE, 애플페이, 삼성페이, 화웨이페이, 미페이(Mi Pay) 등에서도 지원이 가능하다. 이와 동시에 모바일페이의 간편 결제방식을 참고하여 QR코드 도입도 적극적으로 검토하여 2016년 12월 12일부터 QR코드를 통한 계좌이체, ATM 기기에서의 현금인출 등이 가능하도록 했다. 2017년에 들어 유니온페이는 일대일로 프로젝트의 힘을 입어 적극적으로 주변국으로 진출하는 전략을 구사하고 있다.

이와 동시에 4차산업을 주도하는 기술혁신 분야에 대한 혁신도 강화하고 있다. 특히 클라우드 컴퓨팅, 블록체인기술, VR, AR, AI 등 기술 분야에 대해 개방적이고, 핀테크 기업의 육성에 대해 투자를 아끼지 않고 있다. 그리고 전자상거래, 의료, 교육, 통신, 금융서비스 등 분야에서 빅데이터 구축 및 데이터 공유 등을 위한 기술혁신 노력도 강화하고 있다.

(3) 무현금 사회 구축

여기서 지칭하는 무현금 사회는 현금거래가 완전히 사라진 것을 의미하는 것이 아니다. 현금거래 영역이 모바일 결제방식을 통해 무현금 결제 방식이 새로운 주류 결제방식으로 자리 잡은 사회를 뜻한다.

2017년 중국의 지급결제시장의 핫 키워드는 무현금 사회 구축이라고 할 수 있다. 〈그림 9-8〉에서 2017년 중국 아이리서치의 연구보고서에서는 향후의 발전경로에 대해 단계별로 현재의 오프라인의

QR·바코드 확산 → 컴퓨팅시각 확산(생체인식결제) → 무현금 사회 진입이 무난할 것으로 전망되었다.

중국의 최대 전자상거래 공룡인 알리바바는 오랜 기간 준비해왔던 무인마트 프로젝트를 2017년 7월 8일에 본격 가동했다. 알리바바의 무인편의점 타오카페TAOCAFE에서는 고객이 매장 입구에서 타오바오 앱을 켠 후 QR코드를 찍고 입장하며, 센서가 고객의 얼굴을 인식하고, 고객이 고른 상품도 식별하여 자동결제까지 돕는다. 그동안 상상에만 그려졌던 새로운 무현금 비즈니스 모델이 세상의 이목을 한껏 끌기에 충분했다. 이러한 화제를 필두로 알리바바 그룹의 마윈 회장도 스마트폰 등 각종 온라인 결제 플랫폼을 통하여 향후 5년 내 중국에 현금이 필요 없는 사회가 구현될 것이라고 전망했다.

알리바바 산하 앤트파이낸셜의 행보 또한 파격적이다. 앤트파이낸

〈그림 9-8〉 한국의 간편결제 이용건수 및 앱 다운로드 수 비교

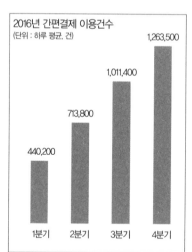

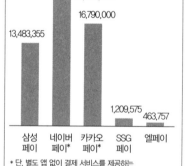

출처: 한국은행, 와이즈앱

셜은 2017년 4월 18일 항저우 시에서 15개 기업과 함께 최초로 무현금연맹(无现金聯盟)을 결성, 최소 30억 위안의 투자 계획을 밝혔다. 무현금연맹에 속한 기업은 까르푸 차이나(家楽福中国), 베이징 셔우두공항(首都机場), 화치앙 전자세계(華強電子世界), 공유자전거 서비스 오포ofo, 광저우 부녀아동의료센터(广州婦女儿童医療中心), 량핀푸즈(良品鋪子), 편의점업체인 상하이 로손(上海羅森), 저장성 신화서점(浙江省新華書店), 양민쉬황먼지미판(楊銘宇黃燜鶏米飯), 핀란드 여유국, 핀란드 모바일 결제 서비스인 이패시ePassi, 호주 모바일 결제 서비스 페이방Paybang, 커우베이(口碑), 어러머(餓了么) 등이 있다. 2017년 7월 6일 공식 웨이보를 통해 "무현금 사회가 1,698일 남았다"는 슬로건을 공개하며, "무현금 사회"의 구축방안을 제시하는 이벤트를 열기도 했다. 2017년 8월 1일부터 8월 8일까지 "무현금 도시주"라는 주제로 1,000만 개의 오프라인 기업체들이 이 활동에 동참했다.

이렇듯, 알리페이와 위챗페이를 통해 중국사회에는 오프라인 QR·바코드 결제 기반의 생태계가 열렸고, 향후 생체인식결제로 연결되며, 무현금 사회가 열리게 될 것이라는 것이 업계 및 각 연구소 분석이다. 그리고 2017년 중국의 모바일 지급결제시장은 핀테크 1.0 시대에서 핀테크 2.0시대로 진입하게 되는 과도기 단계에 와 있다는 연구보고서[7]가 있다. 핀테크 1.0 시대에서 주로 인터넷, 모바일 인터넷 및 빅데이터 활용을 지향하는 반면, 핀테크 2.0시대에서는 주로 블록체인기술, 빅데이터, 클라우드 컴퓨팅, 인공지능, 생체인식 등이 주요 기술로 활용되는 시대를 말한다. 2018년에 더욱 진화된 핀테크 모바일 지급결제시장의 변화가 예고되는 대목이다.

이처럼 중국이 무현금 사회로 비약적으로 진입할 수 있도록 만든 부분은 핀테크기술이 동반된 알리페이와 위챗페이 등 모바일 결제수단의 눈부신 성장과 직결되었다고 해도 과언이 아니지만, 성공의 가장 큰 원동력은 거대한 시장과 민간부분의 수요에서 비롯된 것으로 봐야 할 것이다.

비록 중국의 지급결제시장의 방향성이 무현금 사회여야 한다는 점은 그 누구도 의심하지 않지만, 아직은 해결해야 할 여러 문제도 존재한다. 그중에서 첫째로 먼저 해결해야 할 점은 보안상 문제점 부분이다. 디지털화폐는 건당으로 그 거래내역이 존재하고 있기에 개인정보보호가 가장 큰 도전과제라고 볼 수 있다. 중국의 레이왕플렛폼8 「2017년 상반기 인터넷 사기거래 관련 데이터연구보고서」 내역을 보면 사이버상 거래 관련 다양한 사기신고 건수는 무려 1만 882건이나 된 것으로 나타났다. 둘째로는 지역별 소비자들이 데이터이용 갭 현상이 나타나는 부분에 대한 해소이다. 무현금 사회로 진입과정에서 중국이 지역적으로 동부와 서부지역이 격차가 크게 존재하기 때문에 특히 QR코드 스캔에 익숙하지 못한 사회약자인 일부 노령인구들에 대한 배려도 반드시 고려해야 할 것이다.

(4) 업체 난립에 관리감독을 강화하는 중국정부

중국정부가 민간기업의 금융시장 진출을 전격 지지하게 된 계기는 중국국무원의 2015년 정부공작보고서9에서 비롯되었다. 여기서 중국정부는 민간자본으로 중소형 금융업체를 설립하는 것에 대해 한정하지 않는다고 규정했다. 중국 은감위도 산업자본으로 민영은행의 설립을 대폭 지지하는 방향으로 심사기준을 잡았다. 2017년 현재 산업자본으로 이루어진 금융업체는 약 200개 정도인데,[10] 주로 은행, 증권, 펀드, 선물, 보험, 재무공사, 금융리스 등 영역으로 약 26조 위안의 규모가 된다. 이러한 정부정책 방향으로 인하여 중국의 제3자 모바일 지급결제 기업도 대폭 늘어날 수 있다. 지급결제 관련 라이선스를 부여하는 기관은 중국인민은행이다. 비록 중앙은행이지만, 중국국무원의 산하기관이기도 하다. 지급결제 관련 모든 관리감독 업무 수행도 맡고 있는 상황이다.

2017년 현재[11] 공식적으로 제3자 결제시장의 라이선스를 취득한 기업 수는 무려 267개로 거의 난립 수준이다. 지역별로 보면, 베이징이 56개, 상하이가 54개로 가장 많다. 267개 기업 중에서 모바일 지급결제가 가능한 라이선스를 취득한 기업 수는 47개이다. 나머지는 카드대행기업 165개, 인터넷결제기업 110개 등이다. 알리페이와 위챗페이가 독과점기업이라는 것을 감안하면, 업체 수가 과도하고, 지급결제라는 본연의 경제적 역할 수행에도 불리한 시장구조이다.

중국 금융시장은 불완전한 신용시스템, 유동성 리스크, 정보유출 가능성, 기술 리스크 등이 병존한 시장이기도 하다. 정부는 이러한 비대한 시장에 대해, 2017년에 들어서 대폭 관리감독을 강화하며 정비 중이다. 중국인민은행은 이미 라이선스 발급을 중지한 상황이고, 2017년 중국금융국제보[12]에 의하면, 기존 15개 기업에 대해 영업중지를 내린 바 있고, 또한 47개의 핀테크 기업체에는 벌금을 부과했다. 2개의 독과점기업을 빼고, 나머지 중국 모바일 지급결제기업체들은 지금 제3위의 선두기업 위치가 되기 위한 힘겨운 각축전을 벌이고 있는 양상이다.

(5) 본격적인 해외 진출을 모색하는 중국기업

내수 시장에서의 치열한 경쟁심화와 중국정부의 저우추취(走出去) 해외전략의 힘을 실은 동시에 중국 관광객이 해외 출국이 증가함에 따라 해외시장은 알리페이와 위챗페이의 새로운 경쟁기지로 대두되었다.

해외시장 진출 중 첫째는 현지 지급결제회사와의 제휴이다. 2017년 5월 10일에 알리페이는 미국의 퍼스트 데이터First Data 사와 제휴를 맺고 고객이 퍼스트 데이터에서 제공하는 미국 내 상품거래서비스가 가능하도록 했다. 알리페이는 현재 26개국 18종류의 외국 화폐의 결제가 가능하다. 위챗페이도 5월에 CITCON사와 제휴를 맺었다. 위챗페이는 현재 15국 12개 종류의 외국 화폐의 결제가 가능하도록 되어 있다.

둘째, 지분참여이다. 마윈의 앤트파이낸셜은 해외투자파트너로 2017년 4월 한국 카카오페이에 2억 달러를 투자했으며 인도, 태국 등의 모바일 결제 회사 지분도 잇따라 취득했었다.

셋째, 새로운 해외금융 생태환경 구축이다. 골드만삭스의 2017년 8월의 보고서[13]에 의하면, 중국의 알리페이와 위챗페이가 받는 거래 수수료 수준은 0.38%부터 0.6%정도로 매우 낮다. 미국의 페이팔은 거래 수수료를 2.9%에서 추가로 0.3달러를 더 받는다. 중국의 해외 모바일 결제거래에 얻는 순이익은 총 거래액의 0.1-0.4%밖에 되지 않지만, 페이팔은 1.8%나 되는 것으로 나타났다.

넷째, 시장 진출이 어려웠던 가까운 일본 등 유커가 몰리는 주변 시장에서도 서비스를 확대하고 있다. 알리페이는 2018년부터 일본에서 3년 내 일본시장 이용자 1,000만 명을 상대로 본격적인 서비스

를 시작할 계획이다.[14]

현재 일본에서는 중국인 관광객의 수요 대응을 위해 약 3만 개 매장에서 알리페이 결제를 도입한 상태이고 2017년 말까지 알리페이 결제 가능 매장 수를 5만여 개로 늘릴 목표를 수립하고 있다. 결국 적은 수수료, 경쟁 압박, 마케팅 등 3가지 요소가 불리한 상황에서 중국이 추진하고 있는 것은 새로운 금융 생태환경 구축과 고객 확보이다. 단기적인 수익보다 향후의 글로벌 시장 네트워크를 더 중요시하는 것이다.

4. 중·미에 크게 뒤처진 한국의 모바일 결제산업

(1) 신용카드결제에 안주하는 모바일 지급결제시장

중국과 미국 등 핀테크 모바일 지급결제시장이 발달된 나라와 비교하면, 한국의 전체 모바일 결제시장은 약 3~4년 뒤처져 있다. 2017년 한국의 모바일 결제시장의 빠른 성장도 괄목할 수 있고, 아직 카드결제에 비해 상대적으로 규모는 크지 않으나 잠재력이 큰 시장이라고 할 수 있다.

한국은행에 따르면, 2016년 말까지 한국 모바일 간편결제시장은 약 7조 6,000억 원 규모였다.[15] 2017년 1분기 간편결제 서비스 이용실적은 하루 평균 133만 건으로 전년 대비 202.86% 증가, 하루 평균 거래액도 230.34% 늘어난 447억 원이었다. 〈그림 9-8〉에서 보았듯 2017년에 한국 모바일 간편결제시장의 판도는 삼성페이와 네이버페이 '빅2'로 굳어지는 양상을 보이면서 카카오페이, SSG페이, 엘페이 등 후발주자들이 따라오기 힘들다는 평가가 나오고 있다. 2017년 1 분기 기준으로 삼성페이의 누적 결제금액은 6조 5,000억 규모로 추정되고 있고, 네이버페이도 약 4조 8,000억 규모로 예측되고 있다.[16] 한국이 사용하고 있는 모바일 결제 방식은 주로 근접무선통신(NFC)나 바코드 방식이기에 단말기를 설치해야 결제가 가능하기에 오프라인 시장에서 경쟁력이 부족하다는 단점이 있다.

이는 소비자에게 편리성, 비용절감, 결제 병목현상 해소 등의 장점이 있어 결제기술 중 유독 QR코드 결제가 중국 전역을 장악한 부분과 가장 대조된 부분이고, 또한 한중 간에 모바일 결제의 기술적인 격차가 큰 부분이기도 하다. 따라서 한국의 모바일 결제기술은 처리기술의 미비점 개선 등 이용의 편의성 증진 노력이 더욱 강화되어야 할 것이다.

(2) 모바일 지급결제시장이 상대적으로 부진한 사유

첫째로는 중장년층을 중심으로 아직 모바일거래에 대한 불안감과 거부감이 존재하고 있고, 카드결제에 대해 상대적으로 큰 불편함을 못느끼기 때문이다. 한국은행이 성인 2,500명을 대상으로 모바일금융 서비스 이용행태 조사를 실시한 결과를 보면, 모바일 결제를 이용한 비율은 모바일 뱅킹보다 낮은 수준인 25.2%로 나타났다. 30~50대에서의 이용비율은 전년보다 크게 상승했으나, 60대 이상의 이용비율은 5.0%로 여전히 낮은 수준에 머물러 있다. 모바일 금융서비스를 사용하지 않는 이유로 '개인정보 유출 우려'(72.0점), '안전장치에 대한 불신'(69.8점) 등이 높게 나타나 안전에 대한 우려가 미(未)이용의 주요인으로 판단된다. 핀테크 혁신 가속화에 따라 다양한 고객층의 니즈에 맞춘 비대면 인증의 편의성과 안전성 제고 및 다변화에 대응할 필요성이 제기되고 있다.

둘째로는 온라인 생태환경의 미비, 즉 한국형 알리바바의 부재이다. 간편결제시장은 오프라인보다는 온라인 중심으로 운영되고 실버 세대보다는 젊은 세대들이 집중 사용하다 보니 기존 오프라인 중심의 사업자는 다소 불리한 측면이 있다. 온라인 시장과 오프라인 시장으로 크게 나누어 살펴보면, 온라인 시장에서는 사실상 온라인 쇼핑몰 시장을 석권한 네이버의 영향으로 네이버페이가 사실상 강자라고 볼 수 있고, 카카오페이는 카카오톡 기반의 결제시장에서 자리를 잡고 있다고 할 수 있다. 〈표 9-1〉은 주요 모바일 결제수단의 온라인 & 오프라인 사업 현황이다. 여기서 카카오페이와 페이코는 아직 오프라인에 진출하지 않았고, LG페이는 아직 온라인에 진출하지 않은 상황이다. 여기서도 보다시피 절대강자인 삼성페이도 알리바바처럼 쇼핑몰을 운영하지 못하고 있기에 사실상 "한국형 알라바바"가 존재하지 않는 구도이다.

셋째로는, 금융권이 전통적인 신용카드결제를 고집하는 보수적인 관행이 여전하다. 한국 내에서 이용 비율이 가장 높은 지급수단은 단연 신용카드다. 2017년 3월 발표된 한국은행에 발표된 「2016년도 지급결제보고서」에 따르면, 건수 기준 지급수단별 이용비중은 신용카드(50.6%)가 현금(26.0%)의 2배 가까운 수준을 보였으며, 다음으로는 체크·직불카드(15.6%), 계좌이체(5.3%) 및 선불카드·전자화폐(2.4%) 순이었다. 금액 기준으로는 신용카드(54.8%), 체크·직불카드(16.2%), 계좌이체(15.2%) 및 현금(13.6%) 순으로 조사되었다.

한편 연령대별로는 현금의 이용비중이 60세 이상에서 큰 반면, 체

〈표 9-1〉 주요 모바일 결제수단의 온라인&오프라인 사업현황

업체명	서비스명	출시일	온라인	오프라인	분사	글로벌 제휴	비고
삼성전자	삼성페이	2015. 8.	○	○		페이팔	
LG전자	LG페이	2017. 6.		○			
네이버	네이버페이	2015. 6.	○	○			
카카오	카카오페이	2014. 9.	○		2017. 4.	알리바바	카카오페이에서 운영 중
NHN엔터테인먼트	페이코	2015. 8.	○		2017. 4.		NHN페이코에서 운영 중
신세계	SSG페이	2015. 7.	○	○			
롯데	L페이	2015. 9.	○	○			
이베이코리아	스마일페이	2014. 5.	○	○			

출처: 박성혁 컴퍼니D 대표(2017)[17]

〈그림 9-9〉 지급수단별 결제형태 이용 비중

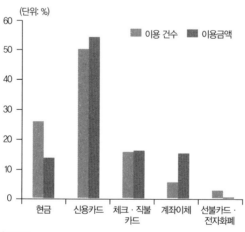

출처: 한국은행(2017)

크·직불카드 및 선불카드·전자화폐는 20대의 이용 비중이 가장 높게 나타났다. 소득 수준별로는 고소득일수록 신용카드, 체크·직불카드의 이용 비중이 높았다. 지급결제카드 보유율의 경우 신용카드는 93.3%, 체크·직불카드가 98.3%에 달하는 반면 선불카드·전자화폐 및 모바일카드는 26.2% 및 12.1%에 그쳤다. 이는 한국사회가 현금 이용 감소 및 비현금 지급수단 이용 증가가 지속되는 현상을 확인할 수 있다. 또한 지급결제 수단에서 신용카드가 아직 절대적인 우위를 차지하고 있는 특징이 있음을 알 수 있다.

넷째로는, 정부 금융당국의 초점이 '동전 없는 사회' 구축정책에 한정되어 있다. 2017년 한국의 무현금 사회의 추진도 계속 진전되고 있다. 글로벌 지급결제 패러다임의 변화에 대응하기 위해 한국은행도 2016년 1월 '지급 결제 비전 2020'을 선포하고 2017년 4월부터 '동전 없는 사회' 구축정책을 시행 중이다. 한국의 지급결제수단방식은 신용카드, 직불카드, 모바일 결제, 현금 등 4가지 방식을 취하고 있다. 여기에 계좌이체와 선불카드 및 전자화폐까지 더하면 비현금 지급수단 이용률은 86.7%[18]까지 늘어난다. OECD 주요국과 중국과 비교해도 한국의 비현금 이용 비율은 매우 높다고 할 수 있기에 현실에 다소 안주하는 경향이 있어 보인다.

(3) 한국 모바일페이 기업의 해외 진출은 아직도 초기단계

한국 모바일페이 기업의 해외 진출 전략을 살펴보면, 삼성페이와 LG페이가 적극적이다. 하지만 삼성페이를 제외하고 다른 결제수단은 아직 초기단계이다. 삼성전자는 국내뿐만 아니라 해외시장에서도 삼성페이 서비스를 확대하고 있다. 2017년 4월 말까지 한국을 포함해 미국, 중국, 스페인, 싱가포르, 호주 등 14개국에서 삼성페이 서비스를 선보였다. 예컨대, 삼성전자는 호주의 온라인 결제 솔루션 공급업체 커스컬Cuscal과 제휴를 시작했는데, 커스컬은 38개의 금융기관에 솔루션을 제공하고 있으며 구글의 안드로이드 페이에도 솔루션을 제공하고 있다. 커스컬과의 제휴를 통해 삼성페이는 호주에서 170만 명의 추가 고객을 확보하게 됐다. 또한 북유럽과 중동으로 서비스를 확장한 데 이어 결제 보수 국가로 꼽히는 영국에서 서비스를 출시했다. 출시국과 제휴처를 늘리며 글로벌 시장에서 영향력을 확대하고 있다.

삼성전자는 2017년부터 삼성페이를 쓸 수 있는 스마트폰을 늘려나갈 계획이다. 지금까지는 갤럭시S와 갤럭시노트 시리즈 등 프리미엄 스마트폰, 갤럭시A 시리즈 상위 모델 등 비교적 고가 제품에만 삼성페이 서비스를 담았다. 하지만 애플, 구글 등 글로벌 경쟁업체들이 모바일 결제 서비스를 강화하고 있어 삼성전자도 2017년부터 삼성페이를 쓸 수 있는 스마트폰을 늘린다는 계획이다.

뒤늦게 모바일 결제시장에 뛰어든 LG전자는 전략 스마트폰 'G6'에 소프트웨어 업데이트를 통해 LG페이를 적용했다. LG페이는 모바일 기기에서 마그네틱 신호를 발생시켜 신용카드 단말기에 갖다 대면 즉시 결제할 수 있는 WMC기술을 탑재했다. 하지만 서비스 제공 모델이 한정적이고 제휴 카드사도 많지 않아 사용률이 미미한 상태이다. 오프라인 결제만 가능하다는 점도 LG페이 이용자 확대에 걸림돌로 작용하고 있다. 2018년 1월에는 프리미엄 제품만이 아니라 실속형 제품에까지 LG페이를 탑재했다. 해외에서도 LG페이를 쓸 수 있도록 계획 중으로 해외서비스는 전략적 거점지인 북미를 시작으로

2018년부터 서비스를 확대할 계획이다.

네이버페이는 아직 오프라인 결제시장에 진출계획이 없는 것으로 나타나고 있지만 중장기적으로 글로벌 시장으로 진출을 검토하고 있다. 네이버 금융 섹션 제휴를 통해 신규 비즈니스를 시도하여 금융 산업 연계한 서비스를 구체화시켜 페이, 톡톡으로 활용하는 방향으로 검토하고 있다. AI 등 새로운 산업 분야와 인도네시아나 베트남 같은 해외에서 새로운 시도를 할 전망이다.

카카오페이는 중국의 알리페이 모회사 앤트파이낸셜 서비스그룹으로부터 2억 달러(한화 약 2,300억 원) 규모의 투자를 유치한 후 국내외에서 상승세를 이어가고 있다. 카카오페이의 2017년 2분기 국내외 거래액은 4,600억 원에 달하며 매월 월간 송금액이 100억 원 이상 성장하고 있다. 해외 전략으로는 알리페이의 플랫폼을 충분히 이용하여 중국이나 동남아시장에서 먼저 우위를 선점하는 것이다. 또한 새로 출시한 카카오뱅크와 연동을 고려하여 다양한 시너지효과도 고려 중이다. 하지만 카카오뱅크의 참여 대주주 중에는 중국의 텐센트의 자회사인 스카이블루도 있기에 위챗페이와의 연동이 걸림돌이 될 수 있다. 또한 외국인고객의 가입도 어려운 상황이다.

(4) 삼성페이가 알리페이에게 뒤진 이유

2017년 한국에서 선전하고 있는 삼성페이가 중국시장에 진출하기 위해 SWOT 분석을 시도했다. 이러한 양국 대기업의 대표주자인 알리페이와 삼성페이에 대한 비교우위를 통하여 한국 기업체들이 중국 진출 시 필요한 기회와 전략적 선택을 한번 모색하고자 한다.

〈표 9-2〉에서 삼성페이의 한국시장과 중국시장의 비교를 통해 삼

한국시장		중국시장	
S(강점)	W(약점)	S(강점)	W(약점)
1. 전체 POS 기계에서 결제 가능 2. 실제 결제 시 인터넷 없이도 결제 가능 3. 5가지 보안 강화	1. 삼성 스마트폰에서만 삼성페이 사용 가능 2. 서비스 제공 영역 적음 3. 결제방법 단일성 4. 결제 수수료 없음	1. 전체 POS 기계에서 결제 가능 2. 인터넷 없이도 결제 가능 3. 5가지 보안 강화	1. 중국 현지 진출은행에 대한 의존도 높음 2. 결제방법 단일성 3. 삼성 스마트폰에서만 삼성페이 사용 가능 4. 결제 수수료가 없음
O(기회)	T(위협)	O(기회)	T(위협)
1. 한국은 모바일 결제시장 잠재력이 큼 2. 삼성 스마트폰의 높은 국내시장 점유율	1. 현지 기업과 치열한 경쟁 2. 해외기업 한국시장 진출	1. 중국 O2O 시장의 성장 및 O2O 시장의 다양한 파생상품 2. 중국의 바이두와 함께 페이팔 전략적 제휴	1. 중국에 있는 현지기업과 경쟁이 치열 2. 중국 진출한 해외기업들(예: 애플페이) 3. 삼성 스마트폰 중국시장 점유율 하락

성페이는 국내시장에서는 유리한 측면이 많지만, 중국시장에 진출하는 것은 긍정적인 측면보다 부정적인 측면이 더 많은 것으로 나타난다. 그 이유는 삼성페이의 중국시장 진출 과정에서 비록 보안상 기술적인 우위가 있지만, 가장 큰 약점은 삼성 스마트폰에서만 사용 가능하다는 것과 결제방법의 단일성, 현지 진출은행에 대한 의존도가 높은 것이다.

<표 9-3> 알리페이와 삼성페이의 비교우위

내용	알리페이	비교	삼성페이
결제기술	다양한 결제방식(지문결제, QR코드 결제, 음파 결제, NFC 결제, ipTV 결제, 신속 결제, 온라인 결제)	>	단일한 결제방식(지문결제, POS결제, 일반 리더기 결제, 온라인 결제)
오프라인 결제보안	QR코드결제 리스크 존재	<	5가지 보안강화(지문 인증, 개인정보 보호, 토큰기술, KNOX기술, FMM 기능을 원격 제어)
오프라인 결제 시 인터넷 사용 여부	결제할 때 인터넷 있어야 함	<	사전 등록하면 인터넷 없어도 됨.
서비스 영역	오프라인 결제뿐만 아니라 생활요금 납부(전기, 수도, 가스, TV, 인터넷 등), 보험 등 다 결제 사용 가능	>	오프라인 결제, 이체만 가능
시스템 우월성	전체 스마트폰에서 사용 가능	>	삼성 스마트폰에서만 사용 가능
고객 잠재력	알리페이 고객 잠재력	>	삼성페이 고객 잠재력

출처: 저자 정리

게다가 삼성 스마트폰 중국시장점유율도 2014년 14%에서 2017년 2분기까지 3%로 떨어졌다. 삼성 스마트폰의 중국시장점유율의 급속한 하락도 삼성페이에 커다란 위험요인이다.

〈표 9-3〉에서 알리페이와 삼성페이 간 결제기술, 오프라인 결제보안, 오프라인결제 시 인터넷 사용 여부, 서비스 영역, 시스템 우월성, 고객 잠재력 등 6가지 측면에 대해 비교해보았다.

결과적으로 보면, 첫째, 알리페이 결제의 기술에는 지문결제, QR 코드결제, 음파결제, NFC결제, ipTV결제, 신속결제, 온라인 결제 등 다양 결제방식이 있다. 삼성페이는 지문결제, POS기와 일반 리더기 결제, 온라인 결제만 있다. 결제기술 측면에서 볼 때 알리페이는 삼성페이보다 비교우위가 있다. 둘째, 오프라인 결제 측면에서 볼 때, 알리페이는 주로 QR코드 결제를 많이 사용하고 있다. QR코드 결제는 안전적인 문제가 많이 생기는 반면, 삼성페이는 안전한 결제 서비스를 제공하기 위해 5가지 보안 서비스를 제공하고 있다(지문인증, 개인정보 보호, 토큰기술, KNOX기술, FMM 기능 원격제어). 그래서 오프라인 결제 측면에서 삼성페이는 알리페이보다 비교우위가 있다.

셋째, 인터넷(오프라인 결제) 측면에서 알리페이는 오프라인 결제 때 앱에서 결제를 실현하는 것이라서 꼭 인터넷이 있어야 한다. 반면에 삼성페이는 카드를 사전 등록하면 결제할 때 인터넷 없이도 결제가 가능하다. 그래서 인터넷(오프라인 결제) 측면에서 삼성페이는 알리페이보다 비교우위가 있다. 넷째, 서비스 영역 측면에서 알리페이는 오프라인 결제뿐만 아니라 환금, 생활요금납부(전기, 수도, 가스, TV, 인터넷 등), 당화대월소비, 보험 등 모든 결제가 가능하다. 삼성페이는 오프라인 결제와 이체만 가능하다. 그래서 서비스 영역 측면에서 볼 때 알리페이는 삼성페이보다 비교우위가 있다. 다섯째, 시스템 우월성 측면에서 알리페이는 삼성 스마트폰뿐만 아니라, 애플, 화웨이, 샤오미 등 모든 스마트폰에서 사용이 가능하다. 반면에 삼성페이는 지금 삼성 스마트폰에서만 사용 가능한 것이라서 시스템 우월성 측면에서 알리페이에 비해 부족하다.

마지막으로 고객잠재력 측면에서도 시스템 우월성 측면과 같은 사유로 모든 스마트폰에서 사용이 가능하다는 점에서 알리페이가 삼성페이보다 비교우위를 지니고 있다고 판단된다. 다시 비교우위를 정리해보면, 삼성페이는 오프라인 결제보안과 인터넷(오프라인 결제) 부분에서 알리페이보다 강점이 있지만, 알리페이는 삼성페이보다 결제방식이 더 다양하고, 서비스 영역은 더 넓고, 시스템이 더 우월하다. 게다가 고객 잠재력으로 볼 때 알리페이가 유리하다. 그러므로 알리페이가 삼성페이보다 비교우위가 있으며 더 유리하다고 볼 수 있다.

이외에 삼성페이가 알리페이보다 또 달리 비교가 안 되는 측면도 존재한다. 바로 삼성페이를 통해 삼성은 아무런 금전적 수수료도 받고 있지 않기에 사실상 결제 사업이라고 부르기 어렵다. 한국의 금산분리 규제에 따라 카드사 외에 고객의 정보를 저장하는 것이 금지되고 있기 때문이다. 반면에 알리페이는 이러한 규제에서 벗어나 막강한 고객의 정보를 확보하고 있을뿐더러 2만 위안 초과 시 0.1%의 결제 수수료를 받고 있고, 빅데이터 구축으로 다양한 금융서비스도 제공하고 있다. 예컨대, 한국금융ICT협회 오정근(2017)[19] 회장의 소개로는 알리바바 산하 앤트파이낸셜은 고객이 비대면으로 대출을 신청하면, 약 10만 개의 방대한 빅데이터를 기반으로 하는 신용분석시스템을 통해 3분 내에 대출 여부와 금리 수준을 결재해 통보하고, 1분 내에 대출을 실행하며, 인공지능 딥러닝을 이용하는 리스크관리시스템을 가동하여 부실채권율을 2.4% 이내로 낮은 수준을 유지한다고 했다. 이는 알리바바가 전자상거래를 하면서 축적된 데이터를 확보했기에 가능하다. 이 사례에서 보다시피 전자상거래에 알리바바가 온라인 쇼핑과 금융거래에서의 고객데이터를 구축 및 확보를 통한 전략으로 승부를 거둔 점은 한국의 모바일 결제기업이 향후 해외 진출 시에도 벤치마킹해볼 필요성이 제기되는 대목이다.

따라서 모바일 지급결제 분야에서 중국시장에 대한 진출 전략으로는 첫째, 삼성페이를 비롯한 한국 모바일 결제 관련 기업체들은 중국 진출 시 보안 등 일부 특정된 분야에서 독립적 분업 전략 집중해볼 필요성이 제기된다. 둘째, 중국의 비교우위의 분야인 결제기술, 서비스영역, 시스템 우월성, 잠재적 고객 발굴, 온라인 쇼핑과 금융거래를 통한 고객 빅데이터 구축 등 여러 면에서 벤치마킹 모방전략을 구사하여, 향후에 글로벌 시장으로 진출 시 적용 가능성을 검토해보아야 할 것이다.

(5) 중소 핀테크기업 동향연구

중소 핀테크 모바일 결제기업의 성공사례로 토스TOSS에 대해 설명하고 중소기업의 발전 모델과 발전전망을 검토하고자 한다.

2014년에 한국 금융시장에는 파격적인 방식의 송금 서비스가 등장했다. 토스는, 단돈 1,000원을 송금하려 해도 상대방 계좌번호를 알아야 하고 공인인증서 로그인, 계좌 비밀번호, 보안카드 입력 등 복잡한 단계를 거쳐야 했던 온라인 송금 과정을 대폭 줄여 10초 안에 모바일 결제 송금이 이루어지는 서비스이다. 돈 빌리고갚기, 더치페이, 온라인구매, 은행계좌관리 등 편리한 금융 서비스도 가능하여 특히 젊은 고객층을 사로잡는 데 성공했다.

비바리퍼블리카로 등록된 창시자인 이승건(35세) 사장은 불과 3년 만에 2017년 10월까지 다운로드 수 1,100만 건, 누적 송금액 8조 원, 월 송금액 1조 원 돌파 등 경이로운 경영실적을 이루었다. 국민은행,

신한은행, 하나은행, 농협, 기업은행, 우체국, 산업은행 등 19개 주요 은행 그리고 삼성증권, 신한금융투자 등 7개의 증권사와 제휴를 맺었다. 또 다른 놀라운 점은 지금까지 토스의 국내 성과가 TV광고 등의 마케팅을 거의 사용하지 않은 상태에서 이뤄졌다는 것이다. 토스의 시작은 간편 송금이었지만 은행·증권사 등과 연계해 수익 모델을 다양화하고 있는 것이다. 그 결과 토스 앱을 통해 대출 중개, ATM(현금자동입출금기) 출금은 물론 테라펀딩(P2P) 투자, 비트코인 거래 등도 가능하다. 수익원은 이 같은 서비스에 대한 중개 수수료이다. 그리고 토스는 금융플랫폼으로서 모든 금융회사와 연계하는 것을 목표로 한다고 밝혔다.[20]

현재 토스는 외부로부터의 투자 유치도 탄탄하여 2017년 3월 페이팔, 베세머벤처스파트너스, 굿워터캐피탈, 알토스벤처스, 파테크벤처스 등으로 구성된 글로벌 투자 컨소시엄으로부터 550억 원 규모의 자금을 지원받았다.

토스의 성공요인을 살펴보면, 첫째, 20~30대 청년층을 주요 타깃으로 선정해 공략한 점이다. 특히 서비스 내역으로는 간편송금, 간접대출, P2P, 신용카드 사용내역 보기, 부동산소액투자, 비트코인 간편거래, 환전, 선물하기, 더치페이, 축의금 보내기 등이 망라되어 젊은층의 많은 선호를 얻었다.

둘째, 보안카드와 공인인증서 없이, 받는 사람 계좌번호나 전화번호, 금액, 암호 입력 등 3단계만 거치면 송금이 완료되는 간편결제의 기술개발이다.

셋째, 국내계좌가 있는 외국인도 가능하여 다양한 고객층 확보에 노력한 점이다.

넷째, 보안정보 국제표준인증인 정보보호경영시스템 ISO 27001 인증을 획득, 국내 금융 애플리케이션 25개를 대상으로 실시한 해킹 방어 수준 분석에서도 가장 우수한 평가를 받은 점이다.

다섯째, 우수한 인재를 위한 기업문화와 복지도 들 수 있다. 예컨 대, 실적에 따라 6개월씩 25% 성과급, 집 마련 1억 무이자대출 등 복 지 지원도 훌륭하다.

여섯째, 정부상의 지원 및 대외인지도 향상을 중요시한 점이다. 특 히 문재인 대통령의 첫 미국 방문길에 동행할 국내 52개 기업 대표 단에 참여하여 대내외적으로 기업 이미지 향상에도 노력했다.

마지막 일곱째로, 토스의 또 다른 큰 성공요인은 정부의 적극적인 규제완화정책의 결과물로 볼 수 있다는 점이다. 낡은 규제의 범주에 서 보면, 한국의 중소 핀테크 기업들은 혁신적인 핀테크 자체가 허용 불가능한 구도이다. 예컨대, 이승건 한국핀테크산업협회 회장의 소 개에 의하면,[21] 2014년에 등장한 토스는 공인인증서 로그인, 계좌 비 밀번호, 보안카드 등이 필요 없는 파격적인 송금서비스를 만들었다. 하지만 토스서비스는 곧 '불법 서비스'로 전락할 위기에 처했다. 한 국 내 금융 관련 법은 당국이 인·허가 하거나 명시한 규칙대로만 서 비스를 제공해야 하는 '포지티브' 방식을 채택하고 있는데, 토스가 제공하는 혁신적인 서비스는 한국 내 금융 관련법 어느 곳에도 근거 규정이 열거돼 있지 않았기 때문이다.

토스가 불법적인 서비스는 아니지만, 낡은 금융법이 토스와 같은 서비스를 단지 열거하지 않았다는 이유만으로 불법 서비스가 될 위 기였던 것이다. 이러한 상황에서 한국금융위원회는 토스 서비스의 혁신성이 금융소비자의 편익에 크게 기여하고 공인인증서 의무사용

폐지와 함께 해당 서비스가 현행 금융법률을 위반하지 않는다고 유권해석을 내려줌으로써 위기를 넘길 수 있었다고 한다. 사례에서 보다시피 금융정부당국의 규제완화가 결국 토스와 같은 중소 핀테크 기업의 사활을 좌우지 할 수 있다고 볼 수 있다.

현재 토스의 해외전략으로는 모바일 폰 이용자 비중이 75% 수준인 필리핀 등 동남아시아 국가를 주요 타깃으로 하고 있는데 해외 법인 설립을 위해 현지 은행과 조인트벤처(JV) 형태로 진출하는 등의 논의가 어느 정도 이루어지고 있는 상황이다. 제약요인으로는 설립기간이 짧고 서비스가 아직 국내에만 한정된 점, 대내외적인 홍보부족 및 오프라인 결제불가능점 등을 들 수가 있다.

5. 모바일 결제산업의 발전을 위한 제언

(1) 정부를 위한 제언1: 모바일 결제의 중요성에 대한 인식의 확산

2017년에 들어서 세계적으로 스마트폰의 보급 확대에 따른 소비자 니즈 증대와 기술의 발전과 더불어 B2구도로 변화하고 있고, 메신저 기반 결제서비스의 약진, 유럽을 비롯한 기타 시장의 관심 증대 등 현상과 더불어 모바일 결제를 바탕으로 지향하는 무현금 사회로 진화구축이 이미 선도국의 대세로 나타나고 있다.

이 중에서도 중국이 세계에서 가장 큰 모바일 결제시장으로 부상, 기술적인 약진부분이 괄목된다. 특히 2017년 중국의 지급결제시장의 핫 키워드는 무현금 사회이고, 핀테크 모바일 결제시장, QR · 바코드 확산, 컴퓨팅 시각 확산(생체인식결제), 블록체인기술 등 여러 면에서 글로벌 모바일 결제시장의 혁신을 주도하고 있다. 비록 한국도 '동전 없는 사회' 구축정책을 시행 중이기에 무현금 사회를 지향하는 맥락으로는 중국과 비슷한 점이 존재한다고 볼 수 있지만, 지급결제 시장에서 여전히 전통적인 신용카드 위주의 지급결제방식을 많이 고수하는 경향이 강하기에 중국과 미국에 비해 크게 뒤처져 있다. 이제는 핀테크 모바일 결제 방식으로 인식을 진지하게 공유 전환해야 될 시기이다. 따라서 글로벌적 무현금 사회 지향의 추이가 핀테크 모바일 지급결제수단이 대세인 것만큼 정부적인 차원에서 일부 정책 방향을 재검토할 필요성이 제기된다. 그리고 중국 모바일 지급결제방식의 보다 편리하고, 글로벌적으로도 경쟁력이 있는 QR·바코드 확산방식을 벤치마킹해볼 필요성도 제기된다.

(2) 정부를 위한 제언2: 금산분리제도 및 규제의 미스매치 개선

한 국가에서 신산업이 태동하고 발전하려면 두 가지 요건을 충족시켜야 한다. 첫째는 국가의 법과 제도가 해당산업을 허용해야 하고, 둘째로는 투자가 자유로워야 한다. 하지만, 한국의 현행 금산분리의 규제와 자산 규모를 기준의 경제력 집중을 특별히 억제하는 법 제도는 이와는 괴리가 있어 보인다.

한국 핀테크기업이 성장이 더딘 배경에는 규제상 산업자본이 은행을 소유할 수 없다는 금산분리를 규정한 은행법과 데이터 활용에 제약을 받고 있는 개인정보보호법에 발목이 잡힌 점을 들 수 있다. 여기서 특히 한국의 금산분리 규제의 카드사 외에 고객의 정보를 저장하는 것이 금지된 데서 비롯된 삼성페이를 비롯한 여러 모바일 결제수단이 빅데이터 확보가 어려운 점도 한국모바일 결제수단이 더욱 크게 발전할 수 있는 가능성의 발목을 잡는 대목이기도 하다.

이와 대조를 이루는 중국의 알리바바의 성공사례에서 보다시피 온라인 쇼핑과 금융거래에서의 고객데이터를 구축 및 확보 관리할 수 있는 글로벌적 생태환경 마련의 플랫폼 구축은 아주 중요하다. 4차산업혁명 시대에 미국과 중국 등 글로벌기업들이 이미 빅데이터 활용 역량에서 앞서 있는 만큼 그 격차를 좁히는 것이 향후 주요과제가 될 것이다.

현행법상 고객과 관련한 빅데이터는 본인의 동의 없이는 활용이 불가능하다. 글로벌 조사기관 '테크프로리서치'에 따르면,[22] 2016년 기준 글로벌 기업의 29%가 빅데이터를 활용하고 있지만 한국의 경우 5% 수준에 불과하다. 규제가 개인정보보호에 더 중점을 두면서 빅데이터를 활용할 수 있는 범위가 제약되고 있기 때문으로 분석됐다. 따라서 한국에서 글로벌 핀테크 플랫폼 사업자가 나타나기 위해서는 빅데이터가 활발히 이용될 수 있도록 제한을 풀어야 할 것이다. 특히 별도의 핀테크 기업 관련 새로운 법규를 출범하여 금산융합시대로 나가야 할 필요성을 강조하고 싶다.

(3) 정부를 위한 제언3: 중국 핀테크 산업을 벤치마킹하여 창업 지원

중국 핀테크 산업의 급속한 성장은 한국이 벤치마킹을 할 수 있는 상대로의 인식전환이 필요한 부분이고, 전략적 대응도 고려해야 할 시점인 것 같다. 중국의 정책 당국이 '선 완화 후 규제'의 정책을 많이 펼치는 점은 그만큼, 핀테크 기업체들의 생태환경 육성에 목적을 둔 것이다.

선발주자로서 시장의 변화에 따라 새로운 정책과 기술에 대한 규제도 많이 출범하기에 한국으로서는 후발주자로서 학습효과가 있고, 여러 부작용 등 문제점도 충분히 검토한다면, 한국은 중국의 경험을 참고하여 향후 실패의 길을 피하고, 더 유리한 방향으로 나갈 수 있을 것이다. 창업 육성의 방안으로 핀테크 지원센터 설치, 전자금융의 진입장벽의 완화, 전자지급수단의 이용한도 확대 등 다양한 방식이 채택 가능하다.

(4) 기업을 위한 제언1: 생태계 구축을 위한 관련 기업 간 네트워크 형성

앞서 보았듯 중국은 글로벌 시장에서 새로운 금융생태환경 구축과 고객 확보를 우선시하고 있는 상황이다. 단기적인 수익보다 향후의 글로벌 시장 네트워크를 더 중요시하는 것으로 나타났다. 이러한 변화가 한국에 시사하는 바는 여러 기업체들도 한류의 세계적인 인기를 충분히 활용하여 모바일 지급결제수단의 새로운 금융생태환경 구축 및 네트워크 환경의 조성에 대해 제안하고 싶다. 이는 정부적인 차원과 기업 차원에서 모두 힘을 모아 더욱 면밀한 검토와 시행이 이루어지도록 되도록 빨리 노력할 필요성이 제기된다.

(5) 기업을 위한 제언2: 보안기술 등 한국기업의 강점을 활용하여
  중국기업과의 협력방안 모색

중국시장과 한국시장의 모바일 결제시장에 대한 외국인투자유치의 개방 정도는 모두 별로 높은 편은 아니다. 이는 우선 자국 산업을 먼저 보호하고자 하는 취지가 강하기 때문이다. 하지만 양국 시장의 성장속도는 모두 매우 빠르다. 한국은 중국보다 3~4년 늦은 시작단계의 격차가 존재하고 있다.

하지만 삼성 휴대폰은 중국시장에 진출한 역사가 오히려 더 길다고 볼 수 있기에 중국시장에 대한 이해의 노하우가 크다. 삼성페이와 알리페이에 대한 비교에서 보다시피 삼성페이는 오프라인 결제보안과 인터넷(오프라인 결제) 부분에서 알리페이보다 강점이 있다. 따라서 모바일 지급결제 분야에서 중국에 대한 진출 전략으로 삼성페이를 비롯한 한국 모바일 결제 관련 기업체들이 QFII(적격외국인투자자) 방식으로 보안 등 일부 기술경쟁력이 한국이 상대적으로 높은 특정 분야에서 독립적 분업 전략으로 중국기업과의 협력방안을 모색하여 집중해볼 필요성이 제기된다.

(6) 기업을 위한 제언3 : 한류지역에 대한 대중소기업의 공동 진출 검토
중국 모바일 지급결제방식의 비교우위 분야인 결제기술, 서비스영역, 시스템 우월성, 잠재적 고객 발굴 등 여러 면에서 벤치마킹 모방 전략을 구사하여, 향후에 타 글로벌 시장 진출 시 적용 가능성을 보아야 할 것이다. 그리고 한국이 대중소기업이 가지고 있는 기술과 노하우로 모바일시장 규모가 확대되고 있는 동남아 시장 및 아프리카 시장 진출 가능성을 적극 검토해볼 필요성이 제기된다. 그리고 기술력이 특별히 우위인 분야는 일부 유럽 시장, 북미 시장도 진출 기회가 충분히 존재한다고 본다.

(김욱)

제10장

규모와 혁신의 관점에서 본
공유경제

1. 공유경제의 발전, 어떻게 바라볼 것인가?

우리는 미국과 중국에서 공유경제 기업들이 수 조 달러에 달하는 투자를 받았다는 이야기들을 뉴스로 접할 때, 워낙 시장이 큰 대국들의 이야기인지라 이는 규모의 경제가 작동한 예일 것이며, 인구가 적은 한국의 실정과는 다소 동떨어진 이야기일 것이라는 막연한 생각을 한다. 허나 최근에는 우리보다 인구가 한참 적은 싱가포르에서도 기업가치가 조(兆) 단위에 이르는 공유경제 기업이 탄생하기 시작했다는 소식이 들려온다. 이는 우리에게 공유경제가 글로벌 사업확장을 통해 국경이라는 단일 시장의 한계를 뛰어넘어도 규모경제를 달성할 수 있다는 가능성을 확인시켜 준다.

이웃 나라 중국에서는 몇 년 후면 공유경제가 GDP의 10% 이상을 차지한다 하고, 한국에서는 아직까지 불법인 자가용 우버 서비스를 중국뿐만 아니라 또 다른 이웃나라 일본에서도 합법화했다는 이야기를 듣는다. 이제 한국도 손 놓고 바라만 볼 수는 없는 상황이 다가오고 있다. 4차산업혁명 속에서 일어나는 전 세계 공유경제의 발전을 우리는 어떻게 이해해야 할까? 그리고 어떤 전략으로 국경을 넘어 밀려오는 변화의 물결에 대처해야 하는 것일까?

이번 장에서는 공유경제를 규모와 혁신의 두 가지 코드로 설명할 것이다. 소비자들로 이뤄진 네트워크가 가져다주는 플랫폼 규모의 경제와, 정보의 공유가 가져온 파괴적 혁신이 그것이다. 이어 공유경제 본질에 대한 이해를 바탕으로 한국과 중국의 현 상황을 비교분석하고 이를 통해 공유경제 시대 한국의 경쟁전략을 도출하고자 한다.

공유경제Sharing Economy란, 영어 표현대로 보자면 '나눔 경제'라는 뜻으로 자동차, 빈방, 옷, 책, 빈 시간 등 활용도가 떨어지는 물건이나 노동을 다른 사람들에게 제공하여 자원활용을 극대화하는 경제활동을 의미한다.[1] 소유자 입장에서는 재화의 효율을 높여 추가 이익이나 만족감을 얻을 수 있고, 구매자 입장에서는 싼 값에 필요한 만큼만 해당 재화를 이용할 수 있으므로 양쪽 모두 '한시적 교환'이라는 계약 성립에 만족할 수 있는 새로운 소비형태라 볼 수 있다.

공유경제가 등장한 배경은 인터넷 그리고 스마트폰의 보급과 직접적 관련이 있다. 과거에는 지인 간에만 가능했던 '나눔'의 효과를 스마트폰 앱을 통해 개인이 소유하고 있는 유휴 물건과 노동력, 여유 자금을 이를 필요로 하는 다른 개인과 실시간으로 매칭matching시킬 수 있게 된 것이다.

이름에 공유라는 표현이 들어가 혼동할 수 있으나, 공유경제는 소유권을 공유하자는 의미가 아니다. 오히려 이는 사적 소유권 활용의 강화 현상으로, 정보의 공유를 통해 개인이(또는 기업이) 소유하고 있는 자산의 활용을 극대화시켜 새로운 수익을 추구하는 현상으로 보아야 한다.

공유경제를 소유 중심의 경제체제에 대한 일종의 대안으로 파악하여, 위키피디아나 리눅스같이 공동으로 만들어 공동으로 무료 이용하는 집단지성Collective Intelligence이나 오픈소스open source 개념만을 진정한 공유경제로 보고, 우버나 에어비앤비 같은 시장적 온디맨드 비즈니스 모델은 공유경제가 아니라고 주장하는 이들도 있다. 이는 공유경제를 본질적으로 탈자본주의적 성격으로 규정하고, 자원의 남용을 방지하기 위한 구성원의 비금전적 동인으로 움직이는 경제적 교환이 아닌, 사회적 교환으로 보는 시각이다.

이러한 시각으로 이른바 공유경제 비즈니스 모델을 '표방하는' 기업들을 볼 때, 우버나 태스크래빗Taskrabbit은 노동자의 비정규 임시직화를 조장하는 악덕 기업이고, 에어비앤비는 무자격 임대업자의 탈세를 부추기는 불법조장 기업이며, 오포는 길거리에 넘쳐나는 자전거로 자원의 남용을 부르는 얼빠진 렌탈 업체일 뿐이다. 그러나 이러한 생각은 4차산업혁명의 이름으로 진행되고 있는 전 세계 플랫폼 경쟁의 본질을 보지 못하는 매우 단편적이거나 근시안적 관점이다.

공유경제를 자유주의적 관점에서 개인 소유권 활용 극대화를 통한 새로운 수익추구 현상으로 볼 것인지, 아니면 사회주의적 관점에서 개인 소유권을 대체하는 공동소유 현상으로 볼 것인지의 시각에 따라 정책적 기조는 국가별로 매우 달라질 수 있다. 허나 옳고 그름, 좋고 싫음을 떠나 공유경제가 기존 산업계에 커다란 변화의 물결을 가져오고 있다는 것은 피할 수 없는 현실이다.

2. 공유경제 비즈니스에 전 세계 투자자금이 집중되고 있다

협력적 소비Collaborative Consumption를 근간으로 하며, 자신이 소유하고 있는 기술과 자산을 다른 사람과 나눔으로써 새로운 가치를 창출하는 공유경제 비즈니스 영역의 대표기업으로는 미국의 우버, 에어비앤비, 중국의 디디추싱(滴滴出行), 오포 등이 있다. 이들은 모두 대규모 투자금을 유치함으로써 사업을 확장해 글로벌 기업으로 성장했다.

2009년 설립된 차량공유 서비스업체인 우버는 2016년 200억 달러의 매출을 달성함에 따라 전년 대비 224%의 성장률을 기록했다. 손익은 아직까지 마이너스로 2016년 기준 40억 달러의 손실을 기록 중이다. 대부분의 손실은 드라이버 확충을 위한 보조금 지출에 기인한다. 우버는 드라이버들을 '드라이버 파트너'라 부르며 각종 지원 사업과 교육정책들을 구사하고 있다. 우버는 현재 세계적으로 200만 명, 아시아지역에는 60만 명의 드라이버 파트너가 도로를 달리고 있다. 우버의 기업가치는 680억 달러로 한화 77조 원이 넘는 것으로 평가받고 있으며, 구글, 바이두, 도요타, 사우디펀드, 모건스탠리 등으로부터 지금까지 150억 달러의 투자를 유치했다.

2008년 설립된 숙박공유 서비스업체인 에어비앤비의 기업가치는 310억 달러에 달한다. 에어비앤비는 세콰이어캐피탈, 클라이너퍼킨스, 구글 등으로부터 45억 달러의 투자를 유치했다. 2016년 하반기

드디어 BEP 이상의 실적을 달성했고, 2017년 결산에는 28억 달러의 매출과 4.5억 달러의 EBITDA 마진을 예상하고 있다. 현재 에어비앤비는 190여 개 국가에 300만 개 이상의 숙소와 2억 명 이상의 고객을 확보하고 있다.

우버 서비스를 모델로 하여 2012년에 설립된 중국의 디디추싱은 현재 약 500억 달러, 한화 57조 원의 가치를 인정받는다. 바이두, 알리바바, 텐센트 외에도 애플, 소프트뱅크 등으로부터 150억 달러의 투자를 유치했다. 2016년에만 45억 달러의 투자유치를 성사시켰는데 이는 글로벌 역대 비상장기업 단일 라운드 최대 자금모집액이다. 디디추싱은 2016년 우버의 중국 법인인 '우버차이나'를 인수했는데 그동안 우버는 중국에서 지난 2년 동안 20억 달러의 천문학적인 손실을 감수하며 디디추싱과 엄청난 출혈 경쟁을 펼쳐왔었다. 디디추싱은 우버차이나 인수를 통해 시장점유율 93%를 확보하게 됐다. 현재 디디추싱은 중국 약 400개 이상의 도시에서 4억 명이 넘는 이용자를 확보하고 있다.

2015년 6월 첫 서비스를 시작하여 불과 2년여 만에 세계적인 공유자전거 기업으로 성장한 오포는 현재 650만 대의 자체 공유자전거를 보유하고 있으며, 일 사용회수는 2,500만 회이다. 미국, 영국, 싱가포르, 일본 등 전 세계 6개 국가와 150개 도시에 서비스를 제공하고 있다. 디디추싱, 중신그룹, 샤오미, 알리바바, 호니캐피탈 등으로부터 현재까지 12억 달러의 투자금을 유치했다. 2017년 2월에는 10억 달러의 기업가치로 투자자를 유치했으나, 불과 5개월이 지난 2017년 7월에 20억 달러의 기업가치로 추가 투자자를 유치하여 기업가치 성장의 신화적 사례로 언급되고 있다.

오포와 치열하게 공유자전거 1, 2위를 다투고 있는 모바이크mobike 에는 중국 최대 인터넷 기업인 텐센트가 주요투자자로 참여했다. 모바이크 역시 현재까지 한화 1조 원이 넘는 투자유치에 성공했다. 두 회사 모두 아직까지 큰 적자를 보고 있으나 글로벌 투자자들의 투자 행렬은 멈추지 않고 있다.

도대체 공유경제가 무엇이길래 생긴 지 얼마 되지도 않은 스타트업 기업인 우버가 자동차 한 대도 생산 또는 보유하지 않고 현대자동차 기업가치의 2배를 넘어서고, 에어비앤비는 호텔을 하나도 보유하지 않고 세계 최대의 호텔체인인 힐튼의 기업가치를 넘어선 것일까? 심지어 대부분의 공유경제 기업들은 우버를 포함하여 큰 적자를 내거나 간신히 BEP를 넘는 수준에 있는데도 전 세계의 투자자금들이 엄청난 프리미엄을 지급하고도 몰리고 있을까? 왜 중국에서는 우버와 디디추싱이 연간 조 단위의 출혈경쟁을 벌였고, 지금도 하루가 멀다 하고 자전거 공유를 넘어 농구공 공유, 핸드폰 보조배터리 공유, 우산 공유 등 내용도 희한한 수많은 공유경제 기업들이 쏟아져 나오고 있을까?

자연스럽게 드는 이러한 의문에 해답을 찾기 위해선 4차산업혁명 속에서 일어나고 있는 글로벌 플랫폼 경쟁의 본질을 규모와 혁신의 관점에서 바라볼 수 있어야 한다.

3. 네트워크 효과와 플랫폼 경쟁시대

'규모의 경제'의 초점이 공급(생산) 측면에서 수요(소비) 측면으로 이동하고 있다. 네트워크 효과network effect란 네트워크의 규모가 커질수록 네트워크의 가치가 기하급수적으로 증가하는 현상을 말한다.[2] 이는 소비측면에서의 규모의 경제이다. 원래 규모의 경제는 투입량의 증대보다 생산량이 더 크게 증대되는 현상을 의미하는데, 관점을 바꾸어 이를 소비측면에서 본다면 보유하고 있는 고객 네트워크의 크기가 커질수록 기업은 네트워크에 속한 소비자들에게 더욱 싼 가격에 경쟁력 있는 재화와 서비스를 제공할 수 있다는 의미이기도 하다. 이는 소비자 측면에서 자연스럽게 기존 소비자가 많이 선택한 재화와 서비스를 찾게 되는 이유가 된다. 다른 소비자의 소비행위나 구매행위가 개별 소비자의 효용에 영향을 미치는 이러한 소비자 상호 간의 의존성을 네트워크 효과 또는 '소비자 외부성membership externalities'[3]이라 한다.

한 기업의 고객 네트워크가 네트워크 효과에 의해 점점 더 크고 견고해지면 이를 플랫폼화하여 기존 고객의 네트워크에 관심을 가지는 또 다른 보완재 네트워크의 형성이 가능해진다. 예를 들어 우버를 통해 음식을 주문 받고 배달하고 싶어 하는 식당들, 에어비앤비를 통해 여행패키지를 판매하고 싶어하는 여행사들, 디디추싱을 통해 차량흐름의 빅데이터를 수집하고 싶어하는 애플 등 자율주행차 기술개발 회사들이 공유경제 기업을 중개 플랫폼으로서 사이에 두고 양측 시장two-sided markets을 형성하며 발전해나간다.[4] 애당초 플랫폼이 없었으면 이뤄지지 않았을 교역이니 중개 수수료를 지급하는 것쯤은 당연하게 받아들인다. 기존 고객 네트워크와 보완재 네트워크는 어느 한 쪽의 네트워크가 커질수록 다른 한 쪽의 네트워크도 같이 성장한다.

네트워크 효과가 작동하는 시장에서는 소비자가 한 네트워크를 선택하게 되면 다른 네트워크로 자유롭게 바꾸기가 어려워진다. 이른바 보완재로 인한 잠김효과lock-in effect가 발생한다. 아이폰 유저는 앱스토어를 통해 많은 애플리케이션들을 '이미' 다운로드받았다. 수많은 사진과 동영상은 애플이 제공하는 무료 클라우드 서비스를 통해 저장되어 있다. 삼성이 새롭게 출시한 고사양의 안드로이드 갤럭시 폰으로 갈아타고 싶은데 앱스토어에서 기 구매한 애플리케이션들과 클라우드에 저장해놓은 사진, 동영상 생각에 주저하게 된다. 결국 소비자는 새 핸드폰 구입에도 이러한 전환비용switching cost을 감당해야 할지 고려해야 한다.

이러한 이유로 네트워크 효과가 작동하는 시장에서는 기존의 시장과 다른 '수익체증increasing returns의 원칙'이 존재한다. 이는 선두기업은 계속 앞서고 후발기업은 계속 뒤처지는 기업들간의 빈익빈 부익부 현상이다. 한번 구축된 네트워크는 잠김효과로 인해 다른 기업과의 경쟁에서도 쉽게 붕괴되지 않는다. 반대로 규모가 작은 후발 네트워크의 경우 규모가 계속 축소되거나 시장에서 퇴출되고 만다. 승자가 모든 것을 차지하는 승자독식 시장winner-take-all market 구조가 나타나는 것이다.

플랫폼 사업자는 서로 다른 네트워크 간의 연결이 가져다주는 교차보조cross-subsidy를 통해 자신이 보유한 네트워크의 수익성을 제고하고,5 보완재와의 결합을 통해 소비자의 전환비용을 높이는 방식으로 잠김효과를 유도하여 자기 네트워크의 지속가능성sustainability을 강화시킨다. 결국 네트워크 효과가 지배하는 플랫폼 경쟁 시장에서는 기술적으로 우수한 제품이 꼭 시장을 지배한다는 보장이 없다. 비록 기술적으로 열등할지라도 여러 가지 이유로 경쟁 초반에 앞서게 되면 궁극적으로 시장을 지속적으로 석권할 수 있다.

자동차 공유경제 비즈니스의 경우 향후 자율주행차 기술과 접목하여 미래운송수단 자체를 바꾸려는 성장 모델을 가지고 있다. 수요와 공급을 조정하는 플랫폼 사업자를 표방함과 동시에 자율주행차 기술력을 접목하여 교통시스템 자체를 바꾸려 한다. 자동차 공유경제 기업은 이 과정에서 얻어지는 각종 빅데이터를 통해 새로운 생태계의 중심자로서 다양한 파생 서비스를 제공할 수 있을 것이다.

4. 새로운 파괴적 혁신으로서의 공유경제

4차산업혁명이란, 글로벌 플랫폼 경쟁 속에서 일어나는 기존 산업체계 질서의 붕괴와 재편을 의미한다.

이러한 붕괴와 재편의 주역들인 플랫폼사업자들은 글로벌 시장에서 자신들이 구축한 양측 시장의 네트워크 효과를 내재화하기 위해 산업 간의 경계를 넘어 각종 교차보조 수단을 끊임없이 확장시킨다. 이들은 개인에게 스마트폰을 통해 '시간과 공간에 구애받지 않는 Ubiquitous' 저비용의 교역 플랫폼을 제공했으며, 거래의 용이성 확보는 양방향 Interactivity으로 개인이 소비자도 되고 공급자도 되는 공유경제라는 새로운 비즈니스 모델 확산의 배경이 되었다.

기존 산업체계에는 아직도 수많은 단일 방향성이 존재한다. 방송, 에너지, 금융, 교육, 의료부문 등을 보면 정보는 생산자에서 소비자에게로 전달될 뿐 양방향이 아니었다. 허나 스마트폰이 보급되면서 정보는 더 이상 한 방향으로 흐르지 않는다. 세상이 평평flat해진 것이다. 양방향성의 확장은 기존 단일 방향으로 존재하는 모든 산업계에 파괴적으로 작용한다.

방송은 더 이상 방송국의 전유물이 아니다. 아프리카TV 같은 수많은 개인방송국과 유투브가 자신은 프로그램 제작을 한 편도 안 하면서도 방송국의 자리를 대체한다. 에너지 생산 또한 더 이상 한국전력공사의 전유물이 아니다. 스마트그리드Smart Grid의 출현으로 개인이 집 옥상에서 태양광 판넬을 통해 생산하는 전기를 전기자동차(EV)에 저장해두었다가 개인 간 양방향으로 사고 팔 수 있는 세상이 오고 있다. 금융에서도 관련 변화는 일어나고 있다. 공공거래장부라고도 부르는 블록체인기술은 온라인 가상 화폐인 비트코인의 탄생을 불렀는데, 기존 금융회사의 경우 중앙 집중형 서버에 거래 기록을 보관하는 반면, 블록체인은 거래에 참여하는 모든 사용자에게 양방향으로 거래내역을 보내주며 거래 때마다 이를 대조해 데이터 위조를 원천적으로 막는다. 정보의 전유가 아닌 양방향 공유가 가장 강력한 보안수단을 제공한 것이다.

불특정 다수 대중에게 자금을 모으는 크라우드 펀딩을 통한 P2PPeer-to-Peer 대출과 킥스타터Kick Starter 등 스타트업 제품 투자열풍도 기존 제도권 금융을 위협하는 공유경제 변화의 물결을 보여준다. 교육도 비싼 등록금에 교수가 단 방향으로 학생에게 지식을 제공하는 형태에서 지식을 공유하는 형태로 흐르고 있다. 온라인 공개 수업인 무크MOOC, Massive Open Online Course를 대표적인 사례로 꼽을 수 있을 것이다. 글로벌 가장 큰 무크 플랫폼 중 하나인 미국의 코세라Coursera의 경우 현재 제휴한 대학이 149곳에 제작한 강의만 2,000개가 넘는다. 세계 어느 누구나 저렴한 가격으로 세계 최고의 강사진에게 온라인 강의를 듣고 수료증 내지는 학위까지 받을 수 있다. 의료 또한 마찬가지이다. IBM 사의 인공지능(AI)인 왓슨이 여러 의료 빅데이터의 모집과 분석을 통해 질병진단의 정확도에서 유명 숙련의를 이겼다는 이야기는 결국 의사 개인의 누적된 경험을 통해 환자를 치료한다는 단 방향의 의료체계 또한 양방향의 정보 공유가 큰 변화를 가져올 것임을 예견한다.

공유경제 기업들은 기존 시장의 와해를 넘어 승자독식 시장에서 살아남기 위해 글로벌하게 끊임없는 외연확장을 시도한다. 나만의 네트워크를 선점하기 위해 지금 당장 아이템이 자전거이든 농구공이든 핸드폰 보조배터리이든 심지어 이 아이템이 궁극적으로 직접 돈이 안 된다 해도 상관없다. 고객에게 일정한 가치를 주고 내 네트워크 안으로 '연결'할 수만 있다면 결국 플랫폼으로 성장하여 또 다른 보완재 네트워크와의 결합을 형성하게 될 것이다. 돈은 보완재가 가져다주는 교차보조cross- subsidy를 통해 나중에 벌고 지금은 남들보다 빠르게 가치를 조합하여 연결하고 글로벌의 비슷한 경쟁자들과 싸워 살아남는다.

지식과 기술이 공유되고 보편화되는 세상에서 공유경제의 혁신은 기존 일정 산업 밸류체인 안에서 이뤄지는 혁신이 아니라 전혀 다른 방향에서 밸류체인 밖으로부터 튀어 들어와 빠른 속도로 기존 시장을 와해시켜 나가는 파괴적 혁신disruptive innovation이다. 결국 중요한 것은 앞선 기술이 아니라 누가 더 빨리 기존 산업계가 가지고 있었던 '상대적인' 고비용 구조의 불합리성을 타파할 수 있느냐는 점이다.

공유되는 정보를 바탕으로 성장하는 플랫폼 회사들은 전 세계의 전통적인 파이프라인 비즈니스 모델을 빠른 속도로 대체해나갈 것이다. 예를 들어 알리바바, 텐센트와 같은 인터넷 플랫폼 회사들은 현재 결제, 송금, 보험, 재테크 등 기존 금융권이 제공하던 서비스들을 보다 좋은 조건에 보다 편하게 제공하고 있다. 알리바바의 알리페이나 텐센트의 위챗은 기존의 중국 은행들이나 보험회사처럼 오프라인 지점들을 소유하고 있지 않다. 그러니 금융서비스 제공에 지점운영 관련한 임대료나 인건비가 들지도 않으며 이는 제로에 가까운 거래비용 수수료로 서비스 제공을 가능케 했다. 상대적인 저비용구조가 기존 금융시장에 파괴적 혁신으로 작용한 것이다.[6]

5. 중국의 공유경제 발전이 한국에 주는 시사점

많은 투자 자금이 모이고 있다고 해서 중국의 공유경제 비즈니스 발전에 대하여 장밋빛 전망만 존재하는 것은 아니다. 현재 중국의 공유경제는 개인이 소유한 유휴 자원과 그것을 필요로 하는 또 다른 개인을 연결해주는 공유경제 본연의 가치와는 달리, 기업 주도의 단순 단기 저가 임대형 비즈니스 모델이 만연하고 있어, 과도한 경쟁으로 인해 제대로 된 수익 모델을 제시하지 못하고 있다는 비판이 있다. 그리고 사회적으로는 한정된 자원의 활용도를 높여 다수에게 혜택이 돌아가는 선순환 구조 확보 방향이 아니라 동일한 분야에 다수 기업들이 시장 선점을 위해 마구잡이로 대규모 중복 투자를 감행, 사회 전체적 자원낭비와 공급과잉의 주범이 될 가능성이 높다는 비관적 전망 또한 존재한다.

과거 1990년대 말 미국에서 한창 닷컴.com 열풍이 뜨거웠을 때, 신기술 기업을 표방하는 스타트업 회사들에게 벤처 투자자들이 몰려들어 나스닥 주가지수가 80% 이상 치솟았던 적이 있었다. 이중 몇몇 기업들은 수익을 한 푼도 거두지 못하면서도 상장에 성공하여 큰 돈을 벌었고, 이를 보고 당시 학생들과 교수들은 다니던 학교를 그만두고 기업창업에 나서기도 했다. 거품Bubble은 2000년 3월부터 터지기 시작하여 수조 달러의 기업가치가 단 몇 달 만에 증발했다. 시장에서는 수많은 기업들이 이때를 기점으로 망해 사라졌다. 허나 이 와중에도 아마존과 이베이는 살아남았고 망해가던 애플 또한 복귀한 스티브잡스를 통해 화려하게 부활했다. 중국 또한 공유경제 분야에 확실한 거품이 존재하고 그 거품은 언젠가는 터지겠지만 그 과정을 통해 살아남은 소수의 기업은 막강한 경쟁력을 갖춘 글로벌 플랫폼 기업으로 성장할 것이다.

2010년에만 해도 세계 핸드폰 시장의 1위 기업인 핀란드의 노키아Nokia와 2위 기업인 캐나다의 블랙베리Blackberry가 아이폰 등장으로 인해 불과 2~3년 만에 그렇게도 허무하게 무너져 내릴 것이라고는 아무도 생각하지 못했다. 마찬가지로 노키아의 몰락 이후 2014년 상반기까지 중국 핸드폰 시장점유율 1위를 차지하던 삼성전자가 그렇게나 빨리 신생 회사인 샤오미Xiaomi, 오포, 비보vivo와 전통 네트워크 장비 회사인 화웨이에 순차적으로 밀려 지금은 중국 핸드폰 판매 시장점유율 5위권 바깥으로 밀려날 것이라고도 예상치 못했다.

모든 정보가 공유되는 사회에서 기업의 경쟁우위는 지속적일 수 없다. 자신이 속해 있는 산업영역에서의 경쟁환경 분석으로는 산업과 산업의 경계를 넘어 진격해오는 파괴적 혁신의 위협을 미리 알아

대비하기 힘들며, 위협이 미리 예측되어도 이미 비대해진 조직은 기존 관성에 의해 자기부정을 통한 변화를 성공시키기는 힘들다. 개별 기업의 지속적 경쟁우위 확보를 장담할 수 없는 상황 속에서 유일한 국가적 산업 대책은 끊임없이 새로운 기업이 창출되고 새로운 산업이 생겨나는 메커니즘을 확보하는 것이다.

북경 중관촌의 커피숍이나 심천 창업지원센터에 몰려든 중국의 젊은 인재들이 삼삼오오 짝을 짓고 사업 아이디어와 새로운 비즈니스 모델을 논의하여 하루가 멀다하고 쏟아져나오는 각종 공유경제 회사들, 이들 중에 진주를 발견하고 키우기 위해 눈을 켜고 돈 쏠 준비를 하는 만 개가 넘는 VC/PE(벤처투자/사모펀드) 회사들, 자신의 네트워크 외연확장과 글로벌 경쟁력 유지를 위해 서슴없이 큰 돈을 써가며 스타트업들을 사들이는 BATBaidu, Alibaba, Tencent 플랫폼 대기업들, 규제철폐와 기업육성에 앞장서는 중국 관료들, 이 들이 이뤄내는 선순환 구조의 생태계 속에서 수많은 기업들이 새롭게 태어나고 또 수많은 기업들이 경쟁에서 탈락하고 사라지겠지만 이 과정에서 디디추싱 같은 적지 않은 기업들이 우버와 경쟁해도 살아남는 글로벌 플랫폼 기업으로 성장하게 될 것이다.

공무원 시험 준비를 위해 사설학원 앞에 길게 줄 서 있는 대학생들, 창업자들에게 개인연대보증과 자산담보를 요청하는 VC/PE 회사들, VC/PE 회사들에게 창의적 기업가 발굴육성보다 위탁자산의 재무적 안전성 확보를 요구하는 기관투자자들, 자체개발에만 열중하고 M&A에 소극적인 대기업들, 이익단체들의 입김에 각종 규제법안들을 쏟아내는 국회, 기존 국내 산업보호에만 전전긍긍하는 소극적 관료들의 한국과는 묘한 대조를 이룬다.

2017년 4월 발간된 중국전자상거래연구센터의 「중국 공유경제 발전보고서」에 의하면 2016년 중국의 공유경제 시장 규모는 한화로 650조 원이다. 이는 전년 대비 76.4% 증가한 수치이다. 공유경제 플랫폼에 서비스를 제공하는 사람의 수는 6,000만 명이고 직접 공유경제 플랫폼에 종사하는 인력의 수도 585만 명에 이른다.

결국 규제가 아닌 자유, 보호가 아닌 경쟁, 폐쇄가 아닌 개방만이 4차산업혁명시대에 일어나는 기존 산업의 와해와 신규 산업 생성의 물결 속에서 한국이 글로벌 경쟁력을 확보하는 길일 것이다.

중국도 한국처럼 지레 겁을 먹고 우버의 서비스 제공을 손쉽게 불법화했다면 디디추싱, 오포 같은 글로벌 플랫폼 기업이 경쟁을 통해 탄생할 수 있었겠는가? 어찌 보면 한국의 정부관료들은 한국인의 경쟁력을 스스로 너무 평가절하하는 것은 아닐까 싶다. 현재까지 아쉽게도 한국은 일본 시장과 동남아 시장에서 선전하고 있는 네이버의 라인Line 정도 외에는 내세울 만한 글로벌 플랫폼 기업이 전무하다.

6. 공유경제 시대 한국의 경쟁전략

(1) 한중 산업, 기술, 정책 환경 비교

현재 한국의 공유경제 규모는 800억 원가량으로 전체 GDP의 0.05%에 불과하다. 이에 반해 중국은 공유경제 분야가 향후에도 연평균 40%의 고속성장이 예측되어, 2020년 공유경제 규모는 전체 GDP의 10% 이상을 차지할 것으로 전망되고 있다.

기술적 측면에서 한중 양국을 비교하여 볼 때, 공유경제 비즈니스의 기본 인프라가 되는 스마트폰 보급율, 4G 네트워크 안정성 등은 여전히 한국이 중국을 앞서고 있다. 그러나 클라우딩 컴퓨터, IoT, 빅데이터 등 기반 플랫폼기술들은 되려 중국이 한국을 앞서나가고 있는 형국이다. GPS연동지도, VR·AR기술 등 기타 제반 기술들은 양국 모두 세계적 수준이라 할 수 있다. 단, 기술적 수준의 측면은 아니나 QR 코드, RFID기술의 적용 및 보편화 정도, 모바일 결제플랫폼의 유연성 등은 중국보다 한국이 떨어진다. 전체적으로 볼 때, 현재 시점에서 공유경제 비즈니스 실현을 위한 한중 간 제반 기술 격차는 서로 크지 않고 대동소이하다 볼 수 있다. 즉, 한중 모두 특별한 기술 개발이 필요치 않고 기본 통신 인프라와 IT플랫폼, 기타 제반 기술을 활용하는 공유경제 비즈니스 모델 실현에 기술적 장애는 없는 상황이다.

정책적 시장의 개방 정도를 비교하면 양국의 차이가 두드러진다. 한국에서 우버 형태의 개인 차량공유 서비스는 '여객 자동차 운수사업법'에 저촉된다. 에어비앤비 형태의 숙박공유 서비스 또한 개인의 경우 숙박업 요건을 충족하지 못하므로 유휴 주거시설을 공유할 수 없다. 이에 반해 중국은 공유경제 기업에 대한 원천적 규제보다는 합법화를 통해 관리를 철저히 하는 방향을 선택했다. 공유경제 비즈니스 관련하여, 한국이 법률이나 정책에 허용되는 것들을 나열하고 이외의 것들은 모두 허용하지 않는 포지티브 규제 방식을 취하고 있다면, 중국은 법률이나 정책에서 금지한 행위가 아니면 모두 허용하는 네거티브 규제 방식을 취하고 있다 하겠다.

중국은 공유경제 관련하여 규제완화를 넘어 각종 장려책을 제시하고 있는데, 2017년 2월 28일에 발표한 중국 국가발전개혁위원회의 '공유경제발전지침'에 의하면 공유경제 관련 창업기업들의 비즈니스 모델을 '혁신의 포용, 건전성 감독, 보장의 강화' 원칙에 따라 적극적으로 허용, 장려한다고 발표했다. 그 실행방안으로 중국정부는 공유경제의 특징에 부합하는 정책 환경을 조성하고 정책의 포용성과 융통성을 더욱 강화시키며, 정부 차원의 '공유경제 전문가 자문위원회'를 조직하여 공유경제의 정부 부처 간 통합 협조 기능을 강화하고, 영역별 주관부문과 책임주체를 명확히 하여 적시에 평가하고 관리감독하는 체제를 구축하겠다고 밝혔다.

(2) 기업 전략 제언

가치 연결을 통한 혁신, 글로벌을 통한 규모화

한국 기존 기업의 공유경제 관련 중국시장 진출 가능성을 검토해보자면, 중국은 해당 분야 외국기업 규제가 없어 한국기업의 진출은 가능하나, 차별성을 가질 수 있는 한국 내 기존에 성공한 비즈니스 모델이나 기술적 우위가 없다. 공유경제 사업의 특성상 연결을 확대하는 공격적 마케팅 위주의 출혈경쟁을 감당해야 하나, 이는 한국기업의 속성에 맞지 않고 한국의 해당영역 자본집중도도 상대적으로 떨어진다.

단, 한국인의 중국 내 아이디어성 스타트업 창업은 시장 규모확대 가능성 및 중국인의 공유경제 서비스에 대한 사회적 관심도를 볼 때 충분히 도전해볼 가치가 있다 하겠다. 최근 중국으로의 유학생이 증가하면서 한중 젊은이들 간 네트워크 형성이 용이해진 점, 디자인 감각의 우위, 한류를 기반으로 한 한국인의 상대적 세련됨은 현지의 마케팅 자원을 가지고 있는 중국인 파트너와의 공동창업에 윈-윈 요소로 작용할 수 있을 것이다. 한국이 그나마 보유하고 있는 글로벌 플랫폼인 네이버의 라인 서비스가 네이버의 한국 사업 모델 일본시장 진출의 반복된 실패로 철수 위기에 놓인 네이버재팬의 단독 프로젝트로 시작되었다는 점은 시사점이 크다. 개발 초기부터 한국인 개발자와 일본인 개발자가 동시에 투입되었으며, 마케팅과 디자인은 모두 일본 현지에서 이뤄졌다. 라인은 서비스 출시 19개월 만에 사용자 1억 명을 돌파했다. 1억 명 사용자 돌파에 걸린 시간이 트위터(49개월), 페이스북(54개월)보다도 훨씬 짧았다. 현재까지도 라인은 일본, 태국, 대만에서 IM 시장 부동의 1위 자리를 지켜내고 있다.

흔히들 한국은 시장이 작아서 플랫폼 기업이 출현하기에 적합하지 않다고 하나, 인구가 600만도 안 되는 싱가포르에도 스타트업 창업의 붐과 함께 최근 성공한 글로벌 공유경제 플랫폼 기업이 생겨나고 있다. 싱가포르에서 성공한 스타트업의 특징은 지역적 특성을 면밀하게 파악하고 발 빠르게 실행에 옮겼다는 점과, 지역적 특성을 이용해 시장을 동남아로 확대했다는 점이다.

동남아 공유경제 시장의 대표적 성공사례로 싱가포르의 차량공유 서비스 기업인 그랩Grab을 들 수 있는데 역시 고객의 니즈에 맞춘 철저한 현지화가 그 성공 비결이다. 2012년 설립된 그랩은 싱가포르와 말레이시아, 인도네시아, 필리핀, 베트남, 태국, 미얀마 등 동남아시아 7개국에서 100만 명의 드라이버를 통해 4,500만 명의 고객에게 차량공유서비스를 제공하고 있다. 신용카드만을 결제수단으로 활용하고 있는 우버에 반해 그랩은 신용카드가 활성화되어 있지 않은 현지 상황에 맞게 현금으로 결제가 가능하며, 중대형 승용차, 택시뿐만 아니라 심지어 오토바이까지 동남아 교통 실정에 맞는 다양한 운송수단을 제공한다. 그랩은 2014년 소프트뱅크로부터 2억 5,000만 달러를 투자 받았는데 이는 당시 동남아시아 인터넷 회사 중 역사상 가장 큰 투자유치로 기록되었다. 소프트뱅크는 그랩에 추가투자를 통해 1조 원에 이르는 돈을 현재까지 투자했으며, 같은 일본 기업인 혼다와 도요타도 그랩의 주주로 들어와 있다고 알려져 있다. 향후 3년 후 그랩은 기업가치 10조 원 이상의 회사로 성장할 것이다.

그랩의 성공에는 물론 동남아 시장 접근 용이성이라는 싱가포르의 지정학적 우세가 있었으나, 그동안 한국의 시장이 작아서 플랫폼 기업이 출현 못했다기보다는 그만큼 한국기업들이 플랫폼 사업에 대한 이해와 의지, 글로벌적 시각이 부족했다는 점을 반성하게 한다. 우리의 전통 제조기업들이 많이 진출해 있는 베트남을 비롯한 동남아 시장은 높은 경제성장률에도 불구하고, 상대적으로 부족한 사회 인프라로 인해 공유경제 비즈니스의 무한한 성장 잠재력을 지니고 있다. 한국기업이 진출하기에 가장 적합한 지역일 수 있다.

적극적으로 모방하고, 현지화를 통해 차별화하라

공유경제 관련 한국기업의 경쟁전략은 우선 글로벌 및 중국시장의 성공사례를 한국 현지실정에 맞게 모방하는 전략이 선행되어야 할 것으로 판단된다. 중국의 디디추싱이 우버가 중국에 진출하기 전, 발빠른 모방을 통해 시장을 선점하여 결국 우버와의 경쟁에서 승리했듯이, 특히 글로벌 빅 플레이어들의 국내진출이 예상되는 분야는 모방전략을 선행하여 시장을 선점해둘 필요가 있다. 이후 한국을 방문하는 외국인 대상 인바운드 서비스를 제공하고, 외국을 방문하는 한국고객 대상으로 아웃바운드 서비스를 연계 제공하는 등의 수평적 분업을 유도하는 형태로 나가는 것이 유효한 전략일 것이다. 수평적 분업 전후하여 지분스왑 및 투자(또는 유치)를 통한 강한 형태의 협력 병행 또한 향후 투자회수를 위한 유리한 포석으로 작용할 수 있다. 디디추싱 이외에도 역시 우버를 벤치마킹하고 약점을 보완하여 차별화한 미국의 리프트Lyft, 싱가포르의 그랩, 인도의 올라택시Ola Cabs 등도 모두 거액의 밸류에이션으로 소프트뱅크, 텐센트 등의 글로벌 투자자 유치에 성공한 사례를 주목하여야 한다. 한국의 공유경제가 규제에 막혀 지금까지 성장을 못했으나, 역설적으로 글로벌 빅 플레이어들의 한국 진출 또한 막아 한국기업으로선 모방전략 실행을 위한 시간을 벌어준 측면도 적극 활용해야 할 요소이다.

공유경제 영역은 아이디어와 발 빠른 시장 대응에 많이 의지하므로 한국 중소벤처의 사업 기회는 매우 크다 하겠다. 제품의 공유측면에서 가전제품 공유, 출산·육아용품과 각종 명품의 공유, 서비스의 공유측면에서 육아 또는 가사도우미, 반려동물 돌보기 서비스 등도 훌륭한 사업 아이템이 될 수 있을 것이다.

한국의 경직된 포지티브 규제환경 속에서도 최근 공유경제 관련 적지 않은 스타트업들이 생겨나고 있으며, 빠른 성장세로 투자유치에 성공한 기업들이 나오고 있는 것은 매우 고무적인 일이다.

'맘시터' 서비스는 보육 인력을 찾는 부모와 베이비시터를 매칭해주는 플랫폼이다. 구직자의 단순한 프로필만 제공하는 여타 서비스와 차별화하여 상세한 신원 검증 내역과 이용 후기 등을 통해 신뢰할 수 있는 오픈 플랫폼을 지향한다. 2016년 9월 대학생을 대상으로 시작한 맘시터 서비스는 현재 일반인으로 확대되어 약 1만 7,000명의 시터회원과 약 9,000명의 부모회원 가입을 이끌어 내며 빠르게 성장하고 있다. 서비스 개시 1년 만에 최근 초기투자 창투사의 투자유치에 성공했다.

2016년 4월 시작한 카풀car pool 매칭 앱 '풀러스' 서비스는 출시 1년 반 만에 회원 75만 명을 확보했다. 이용 건수도 2017년 9월 기준 370만 건을 돌파했다. '여객 자동차 운수사업법'에 따르면 일반인이 자가용 승용차나 렌터카로 승객을 실어 나르는 것은 불법이나, 다만 출퇴근 시간에는 자동차를 함께 이용할 수 있다는 예외 조항이 그나마 있었기에 '풀러스'도 서비스를 시작할 수 있었다. 괄목할 만한 성장세 덕분에 풀러스는 2017년 10월 31일 시리즈A 투자를 통해 220억 원을 유치했다. 이는 국내 스타트업 기업 중 시리즈A 역대 최대 투자유치 규모이다.

글로벌 플랫폼 기업이 되기 위한 단계별 성장전략 제시
선행연구와 사례분석을 통해본 공유경제시대 한국기업의 '글로벌 플랫폼으로의 성장전략'은 다음과 같이 요약할 수 있다.

1단계 특정 서비스(또는 제품)와 고객 간 가치 연결을 통해 먼저 나만의 네트워크를 선점하라. 1단계의 목표는 서비스와 고객의 연결이라는 혁신을 통해 산업 내의 일정 규모화를 이루는 것이다. 아이디어 성 창업 외에도 해외의 성공 아이템을 분석하여 현지화를 통해 약점을 보완하는 방식으로 차별화하는 것 또한 혁신을 찾기 위한 좋은 전략이다. 해외에 기존 성공사례가 있다는 것은 투자자로부터 보다 쉬운 투자유치를 가능하게 만드는 요소로 작용할 것이다.

2단계 기 확보된 고객 네트워크를 바탕으로 기업 외부의 보완재들과 적극적 결합을 시도하라. 2단계의 목표는 기 확보된 고객 네트워크를 바탕으로 보완재들과의 적극적 결합을 통해 플랫폼 기업으로 성장하는 것이다. 기업 외부에서 생산된 가치들과의 결합혁신은 고객 네트워크를 더욱 크고 견고하게 지탱하여 줄 것이다. 또한 보완재 네트워크가 가져다주는 교차보조cross-subsidy는 플랫폼의 수익성을 향상시켜 줄 것이다.

3단계 끊임없는 글로벌 외연확장 과정을 통해 혁신과 규모의 선순환 구조를 확보하라. 3단계의 목표는 적극적 해외 진출과 M&A를 통한 플랫폼의 외연확장이다. 인근 국가나 인접 산업계가 가지고 있었던 상대적인 고비용 구조의 불합리성을 타파하는 방식으로 자신의 플랫폼을 국경을 넘어 산업과 산업 간의 규모화된 컨버전스 플랫폼으로 성장시켜 나간다. 이 단계에 이르렀을 때 우리나라 기업도 혁신과 규모의 선순환 구조 확보를 통해 지속적 성장이 가능한 글로벌 플랫폼 기업으로 도약할 수 있으며, 글로벌 투자자 영입을 통한 본격적 글로벌 플랫폼 머니게임money game에도 주인공으로 등장할 수 있게 될 것이다.

(3) 정부정책

한국이 세계에서도 손꼽히는 통신 인프라 환경과 IT기술 수준에도 불구하고 글로벌 플랫폼 경쟁에서 뒤처지게 된 것은 그 이유가 기술과 제도의 미스매치에 있음을 인정하고 정부는 하루빨리 관련 규제

환경의 정비에 나서야 한다. 중국의 정책운용을 벤치마킹하여 공유경제 기업에 대한 원천적 규제보다는 합법화를 통해 관리를 철저히 하는 방향을 선택하고, 포지티브 규제 일색의 관련법을 폐지 또는 수정하여 네거티브 규제 방식으로 전환해야 할 것이다. 물론 그 와중에 기존 운수업계와 숙박업계 등의 거센 반발에 직면하게 될 것이나, 한국이 4차산업혁명이라는 파괴적 혁신의 파고 속에서 뒤처지지 않으려면 개방을 통한 플랫폼기업 성장환경 조성에 더 이상 주저할 상황이 아니다.

공유경제 스타트업 육성정책으로서 기존 창투사를 통한 정책 펀드 조성 외에도 정부 주도의 바이아웃펀드buy-out fund 조성을 적극적으로 고려해볼 필요가 있다. M&A에 소극적인 대기업, 오랜 기다림과 높은 경쟁률을 뚫어야 하는 좁디좁은 코스닥 시장, 국내의 열악한 생태환경 속에서 대출회사로 변질한 국내 VC/PE들, 이러한 악순환의 고리를 끊기 전에는 젊은 인재들의 창업 분위기를 조성할 수 없다. 정부가 정책적으로 바이아웃펀드를 조성하여 우수한 스타트업 기업의 적극적 인수를 통해 젊은 창업자들의 이익실현을 앞당겨주고, 인수 후 바이아웃펀드가 전문적으로 해당기업의 성장 및 해외 진출, 매각을 추진하는 규모화된 플랫폼으로 작동하게 한다면, 이러한 새로운 정책이 한국형 선순환 생태계 조성의 시작점이 될 수 있을 것이다.

대기업의 스타트업에 대한 적극적 투자와 M&A를 유도할 당근제시가 필요하다. 정책적으로 스타트업에 투자하거나 M&A를 진행한 대기업에게 과세상의 혜택을 주거나 일정기간 보조금을 지급하는 방법으로 대기업이 자체개발보다 스타트업 생태계의 선순환 구조 참여에 관심을 가지게 해야 한다.

대기업 입장에서는 과거 M&A를 문어발식 확장으로 보는 대중의 편견이나 쓸 만한 스타트업들의 과도한 밸류에이션valuation을 문제 삼으나, 이 문제는 대기업 스스로 먼저 기업의 미래 비전 부재나 글로벌 확장에 대한 자신감 부족을 반성해야 할 것이다.

중국의 BATBaidu, Alibaba, Tecent 같은 인터넷 대기업들의 스타트업에 대한 적극적 투자와 M&A는 스스로의 경쟁력을 강화했을 뿐 아니라 그 선순환 효과가 중국의 스타트업 생태계 조성에도 크게 기여하고 있다. 한국의 대기업들도 스타트업에 대한 적극적 투자와 M&A가 기업의 미래 먹거리 확보뿐만 아니라 순차적으로 한국의 스타트업 생태계 조성에도 이바지할 수 있음을 인식해야 한다. 그리고 이를 통해 사회에 팽배해 있는 대기업에 대한 부정적 의식을 전환하는 계기로 삼을 필요가 있다. 정부 또한 한국에 더 많은 글로벌 대기업들을 조성한다는 목표를 가지고 중소기업, 중견기업, 대기업을 가리지 않는 친(親) 기업적 정책을 구사해야 한다.

결론적으로 4차산업혁명 공유경제시대 국가 차원의 정책 방향은 기업과 기업 간 원활한 결합이 가능한 환경을 조성하고, 산업과 산업 간 결합이 가능하도록 관련 제한, 보호규정의 삭제 및 정비를 해나가는 방향으로 나아가야 할 것이다.

(최준용)

제3부

정책과 결론

제11장

더 나은 사회를 창조하기 위한
한국의 고용 및 교육 정책

1. 한국의 일자리 문제 '노동시장 미스매치' 문제해결로 접근해야

한국의 일자리 문제는 실업률과 고용률로 대표되는 양적인 문제가 아니고, 그렇다고 소득과 고용안정성으로 대표되는 질적인 문제도 아니다. 한국경제의 불균형 성장 및 성장둔화에 따른 양극화 문제, 즉 구조적 문제로 보인다. 2017년 한국의 실업률은 3.8%로 일본 2.9%과 더불어 OECD 국가 중 낮은 수준이었으며, 고용률 역시 2017년 기준 66.5%로 OECD 평균(67.4%)에 근사한 수치로 결코 낮은 수준이 아니었다.[1] 2016년 발표된 '국내 일자리의 질적 평가보고서(현대경제연구원, 2016)'에 따르면 한국 일자리의 질적 수준은 소득수준뿐 아니라 고용안전성을 포함한 기준에 따른다 하더라도 지난

2006년 이래 꾸준히 개선되어온 것으로 평가되었다.[2] 다만, 해당 보고서에서는 일자리 양극화로 인한 소득격차 문제의 존재 및 확대 가능성을 제기했는데 이는 한국의 일자리 문제가 단순히 양적·질적 문제가 아닌 구조적 문제일 가능성을 시사했다.[3]

윤희숙(한국개발원, 2016)은 2000년대 초반 20%를 상회하던 기업의 진입률 및 퇴출률이 최근 10% 내외로 급격히 감소했음을 지적하며, 새로운 일자리가 저임금 저숙련 직종 위주로 창출되고 있음을 우려했다. 이는 노동시장 이중 구조론에 입각하여 살펴보았을 때, 한국경제의 성장률 둔화가 양질의 일자리 창출 부족으로 이어져 이것이 1차 노동시장에 진입하여 있는 노동자로 하여금 2차 노동시장에 종사하는 노동자들의 유입을 막고 있기 때문인 것으로 해석할 수 있다.

한편 인공지능으로 대표되는 4차산업혁명은 고용의 창출효과보다 대체효과가 더 클 것으로 예상되고 있으며(WEF, 2016; Frey and Osborne, 2015), 직종에 따라서는 일상적 지식노동 및 육체노동에 대한 수요를 대체하고 비일상적 지식노동에 대한 수요를 창출함으로써 결과적으로 경제를 소수의 고급지식 생산인력과 다수의 단순서비스인력으로 양분하고 경제의 빈익빈 부익부 문제를 더욱 가속화시킬 것으로 예상되고 있다.

이는 제조업 기반의 일상적 지식노동 및 육체노동의 비율이 높은 한국의 일자리 문제를 더욱 악화시킬 것으로 예상되는 한편, 4차산업혁명의 근간을 이루고 있는 ICT 기술의 발전은 원거리 작업을 가능하게 하고 업무효율을 증가시킴으로써 재택근무를 포함한 다양한 형태의 플렉스 잡Flex job의 생성을 견인하고 있다.

따라서 4차산업혁명시대 더 나은 사회로 진입하기 위한 한국의 노동시장정책은 미래 일자리 문제 해결을 위한 한국기업 및 산업의 구조개편 작업을 반드시 필요로 하며 이를 지원하기 위한 정부의 고용 정책 및 교육정책은 기술 변화에 대한 방향성 및 한국기업 및 산업의 수용가능성을 적절히 검토하여 이루어져야 한다. 이를 달성하기 위한 주요국 정책 사례를 소개하고자 하며 한국에의 적용가능성을 검토해보고자 한다.

2. 4차산업혁명과 주요 선진국의 고용정책 변화

2017년 9월 25일 문재인 정부 취임 5개월 만에 이번 정부 핵심 공약 중 하나인 대통령 직속 '4차산업혁명 위원회'가 출범했다. 같은 해 10월 11일 제1차 회의가 개최되었는데, 여기서 정부의 4차산업혁명 대비를 위한 기본 정책 및 추진방향 등이 발표되었다. 정부는 고용구조와 관련하여 4차산업혁명이 위험하거나 단순반복적인 업무를 대체할 것으로 예상하는 한편, 창의성이나 고도의 기술력이 요구되는 양질의 일자리는 증가할 것으로 예상했다(Frey and Osborne, 2017). 그리고 이에 대비하기 위해 인력수급전망을 고도화하겠다고 밝혔으며, ICT 신산업 분야의 직업훈련을 강화하겠다고 밝혔다. 한편, 정부는 공유경제, O2O서비스 등 플랫폼 기반 서비스의 발전이 노동시간, 장소, 고용주에 종속되지 않는 대중노동 확산으로 이어질 것으로 예상하고 이것이 노동자의 선택권 강화로 이어질 수 있을 것으로 기대했다.

하지만, 자칫 이와 같은 극도의 낙관적 전망과 예측은 미래 일자리

문제에 대한 중요성 및 심각성을 훼손시킬 수 있다는 차원에서 경계해야 할 필요가 있다. 새로운 산업에서의 일자리 창출은 우리나라가 새로운 산업에서의 경쟁력을 가져갈 수 있을 때 가능한 결과이며, 플랫폼 기반의 서비스 발전을 통한 노동자의 선택권 강화 또한 이를 보장받을 수 있는 제도적 뒷받침이 선행되어야만 가능한 결과이기 때문이다. 따라서 본문에서는 주요 선진국의 '고용정책'을 통해 현재 증가하고 있는 비정형적 일자리의 증가를 정부가 어떠한 방식으로 관리하고 있는지 살펴봄으로써 미래 일자리문제에 대응하기 위한 한국 고용정책에의 시사점을 제공하고자 한다.

(1) 독일: 시간제 일자리의 확대와 고용안전성 강화정책

독일의 고용률은 2004년 64.3% 최저점에서 시작하여 2008년 70.1%로 70%를 돌파했고, 2017년 현재 74.6%로 OECD 국가 중 5번째로 높은 수준이다(〈그림 11-1〉 참조). 실업률 또한 2017년 기준 4.1%로 OECD 평균(6.3%)보다 2%p 이상 낮은 수치를 기록하고 있는데, 현대경제연구원(2013)에서 발표한 「독일 고용률 73% 달성의 비결」이라는 보고서에 따르면 이와 같이 독일의 높은 고용률 및 낮은 실업률은 2004년 독일정부가 시행한 하르츠 개혁과 깊은 관련이 있다.

독일 슈뢰더 정부는 2003년 3월 '어젠다 2010'이라는 개혁안을 추진했는데, 특별히 고용시장 개선을 위해 하르츠 개혁 1-4단계를 도입했다. 하르츠 개혁은 '실업자 수 감축'이라는 명확한 정책 목표 하에 슈뢰더 정부에서 메르켈 정부에 이르기까지 지속적인 고용개혁을 추진했으며, 그 내용은 크게 다음과 같은 3가지 내용으로 요약될 수 있다.

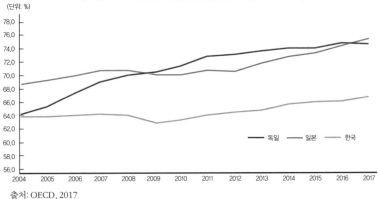

〈그림 11-1〉 독일의 고용률 및 실업률 변화(2004-2017)

출처: OECD, 2017

첫째, 독일 정부는 2004년부터 꾸준히 기간제, 단기간 근로, 파견
근로의 해고 제한 규모의 확대를 통해 시간제 일자리의 확대를 지원
해왔다. 시간제 일자리의 확대는 독일 노동시장의 고용을 유연화시
킴과 동시에 장기실업자 등 취업취약계층의 '징검다리 일자리' 역할
을 톡톡히 하며 독일의 총 고용 규모 확대라는 고용 선순환 구조를
형성하는 데 크게 도움을 주었다. 한편, 시간제 일자리 확대 정책과
더불어 월 소득 400유로 이하의 미니 잡mini job을 고용안전망 내로 편
입하는 사회적 안전망 확충 정책은 취약계층으로 하여금 노동시장
진입유인을 보다 강화하는 방향으로 작용함과 동시에 기존 노동자의
이직 및 전직을 원활히 지원하는 데 도움을 주었던 것으로 평가되고
있다.

둘째, 독일 정부는 임금인상보다는 고용보장을 우선시하는 노사
간 협력을 강조하는 정책을 실시했다. 즉 기업에 일방적으로 근로자
에 대한 고용안정을 강제하는 것이 아니라 노사가 합의를 통해 고용
안정 및 임금인상을 협의할 수 있는 방안을 제시했다. 고용개혁 이후

독일 노사 간에는 고용을 보장하는 일자리 협정이 민간과 공공부문 모두에서 확대되었으며, 실제 독일 기업들은 2008년 글로벌 금융위기로 인해 경기가 급락함에도 불구하고 해고 대신 비용절감과 근로시간 계정제 등을 활용한 노동시간단축에 노사가 합의함으로써 근로자의 고용안전성을 보장하는 대신 임금을 낮추는 단체협약을 진행한 바 있다.

마지막으로 셋째, 독일정부는 실업문제 해소를 위해 적극적 노동시장정책을 사용했다. 보다 구체적으로 정부는 기업으로 하여금 해고 고지 신고의무를 부과함으로써 근로자의 노동시장 이탈을 적극적으로 방지했으며, 직업 매칭, 직업 훈련 등의 공공 고용프로그램을 강화하여 실직자들의 재취업 및 재교육을 지원했다. 이 시기 독일 연방고용청은 '직업 에이전트'로서의 역할 변화를 추구했는데, 고용청 employment office의 이름을 잡 센터job center로 전환시키고 주 업무를 직업알선으로 전환하는 등 보다 적극적 형태의 직업 에이전트로서의 역할을 수행했다.

이와 같은 독일의 고용정책은 한국에 다음과 같은 시사점을 제공한다. 첫째, 경직적 노동시장구조를 가지고 있는 한국 기업 및 산업은 보다 다양한 형태의 일자리의 창출을 위해 노력해야 하며, 정부는 이들 일자리가 갖는 불안정성 해소를 위한 사회적 안전망 강화를 지원해야 한다. 또한 둘째, 일자리의 형태와 관계없이 근로자의 고용안전성 문제는 매우 중요한 이슈인데 이는 다른 한편으로 기업의 유연성 문제와도 직결되는 문제이기 때문에 정부에 의한 강제적 해결보다 해당 주체(기업과 근로자 대표) 간의 직접적 대화 및 타협에 의한 해결이 보다 바람직할 것이다. 마지막으로 셋째, 실업률이 낮고 대학

진학률이 높은 한국의 경우 독일에서 시행한 '적극적 노동시장'정책이 그다지 효과적이지 않을 수 있다. 따라서 실직자를 대상으로 하는 공공 고용프로그램을 대신하여 직장 내 교육훈련을 통한 근로자의 전직 및 이직을 제안한다.

실제로 인더스트리 4.0을 통해 스마트공장을 구현하고 있는 독일의 경우 단순반복생산 업무를 수행하는 공장 근로자에 대한 노동수요는 감소했지만, 전체 공정을 총괄하는 업무라든지 공정의 데이터베이스화를 통한 솔루션 개발 업무에 대한 노동수요는 증가하는 등 전체 기업의 노동수요는 증가했다. 따라서 기업의 디지털 전환Digital Transformation과 결합된 사내 교육훈련 강화는 근로자를 보다 생산적 업무 및 부서로 재배치함으로써 기업에게는 기업경쟁력 강화에 근로자에게는 개인의 능력 개발을 통한 보다 생산적 일자리로의 이동을 안정적으로 지원할 수 있다.

(2) 일본: 기업의 경영환경을 고려한 '파견근로자 법' 개정

일본은 2017년 현재 고용률 75%(OECD평균: 67.4%), 실업률 2.9%(OECD 평균: 6%)로 세계에서 가장 실업문제가 낮은 나라로 손꼽히고 있다. 따라서 한국과 산업구조가 유사하고 인구 고령화문제가 심각하다는 등 사회적 현안이 비슷한 일본의 고용정책은 한국의 고용정책 수립에 있어 상당히 중요한 시사점을 제공할 수 있다.

일단 일본의 고용정책 중에서 가장 눈에 띄는 변화는 자민당 정부시절인 2008년 말부터 시작된 '규제완화'에서 '규제강화'로의 정책 노선 변화다. 노선변경 이후 일본의 고용률은 2009년 70.2%에서 2017년 75%까지 증가했는데, 같은 기간 실업률도 큰 폭으로 하락했다(2009년 5.1%에서 2017년 2.9%로 감소). 은수미(2010)에 따르면 2009년 전까지 일본의 고용정책은 원래 경기회복을 위한 규제완화 정책이 기본을 이루었다. 하지만, 이러한 일본정부의 노력에도 불구하고 2008년 10월 미국발 금융위기로 인해 전 세계 동시다발적 경제위기가 촉발되자, 자민당 정부는 2008년 12월 24일 수상을 본부장으로 하는 '긴급고용 경제대책본부'를 내각부에 설치하고 2009년 예산을 포함 '3단계 경제위기 대책'을 수립 총 75조 엔의 사업비를 편성하는 등 일본경제를 띄우기 위한 방안을 제시했다. 이 대책에서 가장 눈길을 끌었던 부분은 단연 고용 관련 정책이었다. 일본정부는 이때부터 기존의 성장이나 규제완화 정책에서 '고용안정과 취업 연계 생활지원', 즉 규제강화 정책으로 노선을 변경했는데, 보다 구체적으로 사회보험과 생활보호 모두에서 배제되어 있는 비정규직과 영세 자영업자를 위한 제2의 사회안전망 신설이 추진되었으며, 이와 같은 정책 변화는 민자당에서 민주당으로 정권이 교체된 이후에도 꾸준히 지속되었다.

한편, 이때부터 일본 내에서는 파견근로자에 대한 파견법 개정논의가 본격화되었다. 기존의 파견 근로자법은 1985년 파견근로자에 의한 상용근로자 대체방지를 위해 파견근로자의 대상 업무를 엄격히 제한하는 포지티브 리스트 방식을 취하여왔으나, 1999년 개정작업을 통해 금지업무를 제외한 모든 업무에 대해 파견을 허용하는 네거티브 리스트 방식으로 전환, 2003년 개정에서는 제조업에 대한 파견까지도 허용함으로써 인력수급을 원활하게 하기 위한 방향으로 개정되어 왔다. 이는 2012년 파견근로에 대한 규제를 강화하는 방향으로 재개정되었으나 2015년 다시 파견기간 산정기준을 완화시킴으로서 규제완화하는 방향으로 다시 재정비되었다(한국경제연구원, 2015).

종합적으로, 일본의 고용정책은 일자리 창출과 고용안정이라는 과제를 동시에 달성하기 위해 비정규직 일자리에 대한 사회적 안전망을 강화하고, 파견 시장을 자유화하면서도 행정당국의 철저한 근로감독 및 제도적 지원을 통해 파견근로자의 환경개선을 도모하는 방향으로 진행되어 왔다. 이는 정부가 기술적 환경변화를 수용하면서도, 다시 말해 기술적 환경변화로 인한 기업의 구조적 변화를 지원하면서도 이로 인한 사회적 불안정성 및 양극화 문제는 기업이 아닌 정부가 제도적 뒷받침을 통해 해결해나가려는 시도로 해석할 수 있다.

반면, 한국의 고용정책의 경우 일자리 창출 및 고용안정성과 관련된 대부분의 책임이 기업에게 집중되어 있다. 정부의 대표적 일자리 정책인 비정규직에서 정규직으로의 일자리 전환, 최저임금제도의 도입, 노동시간 단축은 격차해소를 위해 기업에게 모든 책임과 의무를 전가시킴으로서 장기적으로 한국기업의 경쟁력을 하락시키고 미래 일자리문제를 악화시킬 수 있다. 따라서 일본의 고용개혁 사례는 한국 기업과 정부의 역할 구분에 대한 필요성을 제안한다. 기업에 대한 정부의 정책은 기업의 자율성과 유연성을 증가시키는 방향으로 수립되어야 하며 이로 인한 사회적 불안정성은 국가가 해소해나가는 방향으로 수립되어야 한다.

(3) 미국: 조달권을 이용한 중소기업의 최저임금제 시행보조

한국고용정보원(2014)에서 발행한 「해외 고용 리포트」에 따르면 2014년 2월 12일 미국의 오바마 대통령은 2015년 연방정부와 조달계약을 체결한 업체에 소속된 근로자의 최저임금을 7달러 25센트에서 10달러 10센트로 인상하는 행정명령을 발표했다. 이는 연방정부의 조달권을 활용하여 '일자리의 질'을 높이고자 하는 오바마 정부의 '고진로High Road' 조달 정책의 일환이다. 미국은 일찍이 인종차별을 극복하는 과정에서 연방정부의 조달권을 활용한 반차별 정책이 발달했다. 한편, 미국정부는 이에 한 단계 더 나아가 차별의 원인을 근본적으로 제거하여 경쟁의 조건을 같게 해주기 위한 '적극적 조치affirmative action'를 제도화했는데 관련 내용은 다음과 같다.

연방정부와 연간 1만 달러 이상의 조달 계약을 체결한 자는 인종, 피부색, 성별, 종교, 출신국가, 장애 등에 따라 채용이나 고용에서 차별할 수 없고, 차별요인이 근원적으로 발생하지 않도록 채용절차에 있어 고용기회의 평등이 보장될 수 있도록 보다 적극적 조치를 취해야 한다.

연방정부 조달에서 반 차별금지 및 적극적 조치의 이행여부에 대한 감시 감독은 미국 노동성의 연방 계약 준수국OFCCP, Office of Federal Contract Compliance Program에서 수행하고 있다. 위반의 정도에 따라 조달계약을 취소하거나 새로운 조달계약의 체결을 금지할 수 있으며 벌금부과 피해보상 등을 명할 수 있다. 실제 OFCCP는 뱅크오브아메리카Bank of America가 지난 20년간 1,100여 명의 흑인 근로자를 특정 작업시설에서 정당한 사유 없이 배제시켰다는 이유로 220만 달러 상당의 손해배상 명령을 부과했으며, 의료시설 제조업체인 메드트로닉Medtronic Interventional Vascular에게는 히스패닉 근로자에게 동종업무에 종사하는 백인 근로자에 비해 낮은 임금을 지급했다는 이유로 시정협약을 통해 29만 달러 상당의 손해배상을 부과했다. 이 외에도 미국은 연방정부가 갖는 조달권을 활용하여 취약계층의 고용을 촉진(장애인 고용기업 우선구매제도)하고, 기업 활동을 지원(취약계층 소기업 우선구매제도)하는 제도를 운영하고 있는데, 이와 같은 조달권을 사용한 미국정부의 최저임금지원사업은 한국의 고용정책에 다음과 같은 시사점을 갖는다.

격차해소라는 정책목표달성을 위한 최저임금제도의 시행은 첫째, 이미 최저임금보다 높은 수준의 임금을 지급하고 있는 대기업보다 최저임금 수준을 간신히 맞추고 있거나 그보다 낮은 수준의 임금을 지급하고 있는 중소기업의 일자리를 축소시키는 방향으로 작용할 수 있다. 뿐만 아니라, 이는 기업의 인건비 상승에 대한 부담을 촉발함으로서 결국 기업의 장기 경쟁력을 결정하는 설비, R&D투자에 대한 감소로 이어질 수 있는데 이에 대한 대비책 마련이 없는 상황에서 정부가 일괄적으로 모든 기업을 대상으로 최저임금제도를 시행하게 된다면 앞서 언급한 바와 같이 격차해소를 위한 제도가 결국 국가경쟁력 하락과 함께 더 큰 격차로 이어질 가능성이 높다. 따라서 격차해소를 위한 정부의 정책은 저소득계층의 소득 상승뿐 아니라 중소기업의 경쟁력 강화가 동시에 진행되어야 한다.

한편, 지난 7월 16일 최저임금 시행에 따른 중소기업 경쟁력 하락에 대비하여 제정된 '7.16 소상공인 영세중소기업 지원대책'은 일자리 안정자금을 신설하여 일정 규모 이하 사업주에게 과거 추세를 상회하는 인건비 인상분을 정부가 직접 지원하는 방식이다. 이는 기업이 정책을 받아들이게 하는 목적달성에는 적합할지 모르나 결과적으로 중소기업 경쟁력 강화를 지원할 수는 없기 때문에 최저임금제도 시행의 근본적 대안이 되기는 어려워 보인다.

반면, 미국의 정부 조달권을 이용한 최저임금제도의 시행은 정부가 중소기업이 생산한 제품에 대한 기초수요 및 시장을 안정적으로 창출해준다는 측면에서 중소기업의 기술개발에 대한 유인 및 내부역량 축적에 도움이 될 수 있다. 따라서 중소기업의 내부역량 강화에 대한 대책이 간구되어 있는 상태에서 부여되는 최저임금제도의 시행은 격차해소를 안정적으로 지원할 수 있을 뿐 아니라 이를 통한 국가 경쟁력 강화에도 도움이 될 수 있다. 그러므로 정부는 미국의 조달권을 사용한 최저임금제도 시행에 관한 선례를 참고하여, 최저임금제도 시행에 직접적으로 타격을 받을 것으로 예상되는 중소기업 경쟁력 강화 방안을 간구해야 할 것이다.

3. 4차산업혁명과 주요 선진국의 교육정책 변화

앞서 소개한 고용정책들은 주로 노동시장의 유연성을 증가시키고, 사회적 안전망을 확충함과 동시에 근로자의 재교육을 지원하여 원활한 이직과 전직을 지원하는, 기존 기업 및 산업의 경쟁력 강화를 통한 단기 일자리 창출방안이었다. 한편, 보다 장기적으로 미래 일자리 창출을 위한 정부의 신산업정책은 새로운 산업 및 기업의 생성을 지원하기 위한 인력양성정책, 즉 보다 장기적 관점에서 달성해야 하는 혁신적이고 도전적인 교육 내용들이 포함되어 있어야 하며 우리 사회가 나아가야 할 방향과 목표가 설정되어 있어야 한다.

지난 10월 11일 열린 '4차산업혁명 위원회' 제1차 회의에서도 이와 같은 4차산업혁명을 대비하기 위한 교육개혁의 중요성을 인지하고 미래 사회를 대비하기 위한 정부의 교육개혁안이 발표되었다. 정부는 미래사회를 준비하기 위해 학습자의 눈높이에 맞춘 최적화된 교육을 제공하여 창의성을 갖추고 잠재력을 마음껏 발휘하는 다양한 인재를 다수 배출하겠다고 밝혔으며, 보다 구체적으로 문제해결·사고력 중심교육을 강화하고, 수업방식을 다변화하는 등 창의융합교육의 저변을 확대하고, 초중등 소프트웨어 교육 강화를 통한 핵심 인재 양성을 지원하겠다고 밝혔다.

하지만 보다 구체적으로 정부가 제안한 문제해결 사고력 중심 교육 강화 및 창의융합적 교육저변 확대가 구체적으로 어떤 방식을 통해 어떻게 이루어질 수 있을지, 또한 초중등 소프트웨어 교육 강화가 어떻게 핵심인재 양성으로 이어질 수 있을지 본 회의내용에서는 자세하게 드러나 있지 않다. 따라서 기존산업의 경쟁력 강화와 더불어 중요한 새로운 산업 및 기업육성을 위해 필요한 정부의 창의융합적 인재양성을 위한 교육정책이 어떠한 방향으로 나아가야 할지 일찍이 이와 같은 기술적 환경변화를 인지하고 4차산업혁명시대 필요한 인력양성을 준비해온 주요 선진국들의 교육정책 변화를 살펴볼 필요가 있다.

(1) 초·중·고등교육: 소프트웨어 교육을 통한 창의·융합적 인재양성

2000년대 이후 주요 선진국들은 초중고등 교육과정에서 소프트웨어 교육의 중요성을 강조해왔다. 소프트웨어 교육 의무 국가는 점차 늘어가고 있으며, 교육시수는 확대되고, 교육연령은 갈수록 낮아지고 있다. 이는 4차산업혁명시대 인간이 로봇에 의해 대체되지 않고 함께 협력하며 살아가기 위해서 다른 그 어떠한 능력보다도 소프트웨

어 활용능력이 중요하기 때문인 것으로 해석된다.

미국은 2000년대 초부터 '컴퓨터과학'이라는 교육 과정이 개발되었으며, 이후 수차례 개정작업을 통해 드디어 2013년 컴퓨팅적 사고 computational thinking 개념을 강화하는 컴퓨터과학 표준안을 마련했다. 이는 현재 미국 소프트웨어 교육의 근간을 제공하고 있으며 미국은 현재 세계에서 가장 많은 소프트웨어 전문인력을 보유하고 있음에도 불구하고, 지속적으로 더 많은 소프트웨어 인력양성을 위한 국가적 차원에서의 소프트웨어 인력양성 계획을 발표하고 있다.[4]

영국은 특별히 2014년을 '코드의 해'로 지정하고, 이를 기점으로 코딩 및 프로그래밍 교육을 초·중·고 필수 교과 과정으로 지정하여 교육하고 있다. 이스라엘은 1994~1999년 고등학교 컴퓨터과학 교육 과정을 완성했으며, 2011년부터는 중학생 대상의 컴퓨터과학을 필수교육 과정으로 실행했다. 인도는 2000년대 초반부터 컴퓨터 과목을 교육해 9~12학년 아이들의 경우 이미 표준화된 수준에 도달했고, 저학년을 위한 컴퓨터과학 교육 과정 지침도 이미 2010년 마련되었다. 놀라운 사실은 아직 우리보다 기술이 덜 발달됐다고 생각하는 중국조차도 2000년대 초반부터 정보기술과목을 중·고등학교 교과 과정에 포함하여 체계적으로 소프트웨어 인력양성을 준비해왔다는 사실이며, 이러한 중국정부의 적극적 소프트웨어 인력양성 정책에 따라 현재 중국은 미국 다음으로 많은 소프트웨어 인력을 확보하고 있다.[5]

한국의 경우 아직 소프트웨어 교육이 초·중·고등학교 정규교과 과정에 적극적으로 도입되지는 않았다. 하지만 현 정부가 미래사회를 대비하기 위한 측면에서 소프트웨어 교육에 대한 중요성을 충분

〈표 11-1〉주요국의 소프트웨어 교육 사례

국가	학령	필수/선택	교과형태	내용
미국	중·고	선택	독립	• 1년에 3학점
중국	초·중	선택	통합	• 초등: 3-6학년 걸쳐 70시간 • 중등: 1-3학년 걸쳐 70시간
	고	필수/선택	독립	• 고등: 1학년 연간 8단위 • 1학년 1학기: 정보기술 기초학습 • 1학년 2학기: 5개 과정 중 하나 이수
일본	중	필수	통합	• 3년간 기술과 가정 총 175시간 중 • 1학년: 20시간, 2학년: 18시간. 3학년: 17시간
	고	필수	독립	• 고등학교 과정에서 총 70시간 진행 • '사회와 정보'. '정보의 과학' 선택 필수
독일	중, 고	선택	독립	• 프로그래밍, 컴퓨터 언어 등을 학습 • 수학적인 측면이 강함 • 학교의 주력과목에 따라 교육시수가 다름
영국	Key stage 1-4	필수	독립	• key stage 1: 주 21시간 중 50분 수업 권고 • key stage 2: 주 23.4시간 중 55분 수업 권고 • key stage 3: 주 24시간 중 60분 수업 권고 • key stage 4: 고등교육이나 직업현장에서 사용할 수 있는 정보기술 및 컴퓨터과학 교육
인도	초·중·고	필수	독립	• 초등 1-4학년: 주 1시간 • 초등 5-8학년: 주 2시간 • 중등 9-10학년: 주 5시간 • 고등 11-12학년: 140시간 → 180시간으로 확대
이스라엘	중	필수	통합	• 과학의 7개 단원 중 2개 단원
	고	선택/필수	독립	• 고등학교 문이과 구분(이과에서는 1단위 필수) • 컴퓨터과학 선택시 5단위(연간 450시간)필수 이수

출처:김홍래, 이승진, 2013

히 인지하고 있는 만큼 빠르면 1~2년 안에 소프트웨어 교육이 초·중·고등학교 정규교과 과정으로 자리매김할 것이다. 실제 2015년 과학기술정보통신부와 교육부가 발표한 자료에 따르면 초등학교는 2019년부터 1학기당 17시간 이상 소프트웨어 기초교육이 의무화 되며, 중학교는 2018년부터 1학기당 34시간 필수교과로 진행되는 것으로 계획되어 있다.

정리하여 말하면, 주요국 초중등 소프트웨어 교육은 첫째, 의무적이기보다는 선택적으로 진행되고 있으며, 둘째, 별도의 교과 과정으로 진행되기보다는 통합교과 과정으로 진행되고 있다(중·고등학교 교과 과정에 이르러서야 비로소 독립된 교과목으로 선택적으로 진행하고 있는 것이다). 하지만 소프트웨어 산업이 자국 산업 내에서 큰 비중을 차지하고 있는 인도나 이스라엘의 경우 초중등 과정에서 소프트웨어 교육을 필수화하는 경우가 존재하기도 하다. 따라서 초중등 소프트웨어 교육은 의무적이기보다는 선택적으로 독립적이기보다는 통합교과 과정으로 학습하는 것이 바람직하다.

하지만 이미 소프트웨어 인력 확보에 크게 뒤처져 있는 우리나라는6 공격적인 소프트웨어 인력양성정책을 구사해야 한다. 초·중등교육에서 의무적으로 통합교과 과정을 통해 학습하는 방안이 더 바람직할 것으로 보이는데, 통합교육의 형태로 소프트웨어 수업이 진행되려면 소프트웨어를 활용한 통합교과 과정의 구축과 함께 기존교사들의 소프트웨어 역량 강화를 위한 방안이 반드시 확보돼야 한다. 현재 교사들의 역량 강화 방안은 전체 초등교사의 30%, 중학교 정보과목 교사 및 정보 컴퓨터 자격증 보유교사에 한하여 실시되는 등 질적으로나 양적으로나 통합교육을 실시하기 위해서는 턱없이 부족하다.

따라서 한국의 소프트웨어 교육이 단순히 프로그래밍 스킬을 익히는 것을 뛰어넘어 본연의 정책목표인 창의융합적 인재양성을 지원할 수 있도록 기존 교과목을 담당하는 교사들의 소프트웨어 역량강화를 위한 정부의 교육지원이 반드시 필요하다.

(2) 대학교육: 다양한 온·오프라인 수업방식을 활용한 학습효과 극대화

필수가 아닌 선택에 의해 교육이 제공되는 대학교육의 경우 소프트웨어 교육 의무화를 강조하는 초중고등 교육과정과 달리 ICT기술 및 기기를 활용한 다양한 학습방법을 통해 학습자의 학습효과를 극대화시키는 온오프라인상의 노력들이 진행되고 있다. 이들은 철저히 수요기반, 즉 교육 수요자의 니즈에 맞게 온오프라인상의 경계를 허물며 보다 파격적인 형태로 나타나고 있다.

최근 개교한 미국의 미네르바 대학 사례는 4차산업혁명시대 대학교육이 나아가야 할 방향을 보여준다.[7] 미국 미네르바 대학에는 캠퍼스가 없다. 대신 미네르바 대학의 학생들은 전 세계 8개국 주요 도시에 설립된 기숙사에 체류함으로써 매 학기 다른 국가의 문화를 학습할 수 있다.[8]

이들은 물리적 공간 확보에 소요되는 자원을 축적하여 우수한 교육프로그램 제공에 집중함으로써 학생들의 문제해결능력을 돕고 있다. 미네르바 대학의 핵심은 토론을 장려하는 세미나형 교육인데, 15~20명의 학생이 하나의 수업을 수강하며 모든 수업은 온라인에서만 진행된다.

온라인 수업의 단점인 일방향 수업의 문제점을 효과적으로 해결하고자 미네르바 대학의 교수는 지식을 주입식으로 전달하지 않고 토론을 원활하게 진행하는 데 집중한다. 즉, 수업내용을 요약하고, 참여도가 적은 학생의 수업 참여를 유도하는 역할을 수행한다.9

미네르바 대학의 수업은 플립러닝flipped learning 방식으로 진행되는데, 학생은 수업에 들어가기 전에, 수업에서 필요한 내용을 책, 뉴스, 테드, 유튜브 동영상 등 다양한 관련 자료를 통해 숙지한다. 이를 바탕으로 본 수업에서는 교수가 아닌 학생 토론으로 수업이 진행된다. 학습내용의 핵심은 '사고방법론'이다. 학생들은 크게 1) 비판적 사고, 2) 창의적 생각, 3) 효과적 의사소통, 4) 효과적 상호작용, 크게 4가지 영역으로 분류된 핵심 역량을 습득하는 데 1년이라는 시간을 소요하며, 2학년 때부터는 전공 분야를 정하고 1년간 학습한 '사고방법론'을 2학년 때 선택한 전공 분야에서 활용하는 방법을 익히게 된다. 3학년 때에는 전공을 다른 분야와 융합하는 방법론을 배우게 되며, 4학년에는 1년 동안 현장에서 프로젝트 활동을 진행하며 그동안 머리로만 배운 '사고방법론'을 다시금 현장에서 실제 활용하는 연습을 한다.

이와 같이 다양한 형태로 진행되는 미네르바 대학의 토론식 수업과 자기 주도적 학습은 문제해결형 인재로 성장하도록 도우며, 타 분야와 자신의 전공을 융합하는 법도 터득하게 한다. 또한 다양한 국가에서의 프로젝트 수업은 현장감과 국제 감각을 함께 키워나가는 데 도움을 준다. 이러한 미네르바 대학의 교육 모델은 학생 수와 관계없이 교육의 콘텐트에 집중하는 유연한 교육방식을 제공함으로써 인구 감소에 따른 위기에 봉착한 한국 대학들에 다양한 가능성을 제공할 수 있는데 수도권에 집중된 교육 인프라로 인해 양질의 교육을 받기 어려운 지방 학생들에게 새로운 가능성을 열어준다.

(3) 평생교육: 창조적 학습사회 구축

끝으로 4차산업혁명시대 교육개혁에 있어 추가적으로 강조하고 싶은 부분은 평생교육이다. 기존의 교육은 대부분 초·중·고등학교 교육 혹은 선택적으로 진행되는 대학교육을 끝으로 근로자들이 생산현장에 투입되고 난 이후의 교육은 사실상 전무했다. 4차산업혁명시대에 개인이 끊임없이 변화하는 기술적 환경변화에 올바로 대응해나가기 위해서는 사실상 일회성으로 끝나는 교육이 아닌 그때그때 필요할 때마다 제공받을 수 있는 평생에 걸친 교육프로그램이 필요하다 (성경륭, 2016). 하지만 현행 근로제도하에서는 혹여 근로자들이 본인의 업무능력을 향상시키기 위해 필요한 기술에 대한 수요가 있다 하더라도 이를 달성하기 위한 교육시간의 확보 및 재원마련이 어렵기 때문에 교육에 대한 수요가 곧바로 실제 교육으로 연결되지 않고 있다. 따라서 기술 변화에 따른 근로자들의 학습 및 이직, 전직을 보다 원활히 지원할 수 있는 유연한 근로제도의 확립 및 교육에 대한 지원이 필요하다.

먼저, 실업률이 높은 독일의 경우 적극적 노동시장정책을 통해 근로자들의 재취업 및 재교육을 지원하고 있다. 독일 노동시장 정책의 핵심인 공공고용서비스(PES)는 구직자를 여러 집단으로 분류하고, 각각에 맞는 교육 및 취업을 진행하고 있다. 예를 들어, 취업이 준비된 고객, 상담이 필요한 고객, 집중적 서비스 고객으로 분류하여 집단에 적합한 상담을 제공하고 계획을 설계하도록 지원하고 있다. 또한 자영업을 활용하여 실업에서 취업으로의 지원을 촉진하고 있으며, 상담, 훈련, 네트워킹 등의 사후조치를 통해 자영업의 지속가능성을 강조하고 있다.

한편 실업률이 그다지 높지 않은 일본은, 정부가 기업을 간접 지원함으로써 직업훈련이 기업외부가 아닌 기업내부에서 보다 적극적으로 이루어질 수 있도록 돕고 있다. 정부는 비정규직의 경력상승 및 처우개선을 위하여 경력 상승 조성금을 확충하고 기업 내 비정규직의 정규직 전환을 지원하는 등 기업 내에서의 직무전환이 보다 원활해질 수 있도록 지원하고 있으며, 기업은 의욕과 능력이 있는 계약사원, 파견 노동자, 단시간 근로자, 아르바이트 등의 비정규직에 대해서도 필요한 인재육성투자를 실시함과 동시에 그들의 업적과 능력을 평가하여 그것을 처우에 적절히 반영하는 노력을 진행하고 있다. 또한 정부도 비정규직 노동자에 대한 직업능력 개발시책을 시행하고 있으며, 기업은 생산성 향상을 위한 설비투자나 연구개발을 적극적으로 함과 동시에 종업원의 고용형태에 따라 전문성이나 지식의 축적을 위해 필요한 교육훈련을 아낌없이 추진하고 있다.

한편 한국은 정규직 근로자와 비정규직 근로자의 경계가 명확하며, 양자 간 이동이 쉽지 않은 분절된 노동시장 구조를 가지고 있다. 또한 높은 임금과 고용안정성을 담보로 하는 정규직 근로자의 경우 교육 및 전직을 위한 교육을 진행할 시간적 금전적 여유가 허락되지 않는다. 따라서 한국이 4차산업혁명시대를 준비하기 위한 창조적 학습사회(Stiglitz, 2015)로 이행하기 위해서는 근로자의 학습시간 확보 및 교육비용에 대한 지원이 필요하다.

일본의 경우 노사가 적극적으로 협의하여 일 가정 양립을 위한 유연한 근로형태 실현을 구체화해나가고 있다. 독일 역시 시간제 일자리에 고용안정성을 더하면서 보다 유연한 형태로의 근로환경을 정착해나가고 있다. 아마도 가장 이상적인 모습은 기술 혁신에 따른 기업

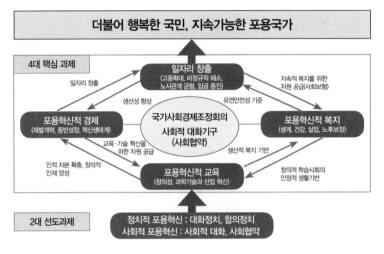

〈그림 11-2〉혁신적 포용국가 이행 모델: 사회경제적 전환의 과제

출처: 성경륭, 2016

의 생산성 향상이 노동시간 단축으로 이어져 이것이 근로자들이 학습에 필요한 시간적 금전적 여유를 획득하는 방향으로 소비되는 것이겠지만, 이것이 기업의 자발적 노력에 의해 여의치 않을 경우 정부는 근로자가 본인의 상황과 여건에 맞는 맞춤형 근로계약을 체결할 수 있도록 기업을 독려함으로써 최소한 근로자의 학습을 위한 시간을 제도적으로 보장받을 수 있어야 한다.[10]

근로자들이 본인의 상황과 여건에 맞는 근로시간 및 임금, 근로형태를 본인이 선택하고 조절할 수 있다면, 노동시장의 유연성은 한층 더 개선될 수 있다. 또한 본인의 필요와 선택에 따라 학습을 진행할 수 있는 시간적 여력을 확보할 수 있다면 더 나은 일자리로의 이동도 가능해진다. 따라서 맞춤형 근로계약은 근로자들의 학습시간 확보를 지원할 뿐 아니라 정규직 근로자의 노동시간 및 임금 수준을 조절가

능한 형태로 전환시켜 줌으로써 노동시장 이중구조 문제해결 및 여성과 취약계층의 노동시장 참여를 통한 고용률 개선 모두에 도움이 될 수 있다.

4. 성공적 산업구조개편을 지원하는 한국의 노동시장정책

4차산업혁명은 지식노동과 육체노동 관계없이 반복적 노동을 대체함으로써 가장 먼저 공장 자동화를 통한 제품생산인력의 감축 및 데이터에 기반한 맞춤형 생산에 따른 지식생산인력의 감축을 예고하고 있다(WEF, 2016). 중국기업의 빠른 추격도 한국기업의 글로벌 경쟁력을 급격히 떨어뜨림으로써 한국의 미래 일자리 문제를 앞당기는 방향으로 작용하고 있다. 이와 같은 대외적 요인들에 의해 제조업에 집중되어 있는 한국 대기업의 장기 경쟁력은 약화될 것으로 예상되고 있는 가운데,[11] 이에 대비하기 위한 한국기업들의 체질개선노력은 미래 일자리문제해결을 위해 반드시 필요하다.

한편, 새로운 일자리 창출의 관점에서 미래 유망 분야의 중소 벤처 창업을 통한 고부가가치 서비스 일자리 창출도 중요하지만, 기존 일자리의 유지 관점에서 제조업의 소프트화를 통한 기존 대기업 및 중소기업의 서비스 경쟁력 강화 또한 매우 중요하다. 그리고 이를 실현시켜 나가기 위해서는 장단기 투-트랙 접근방법이 필요한데, 단기적으로는 기존 일자리 유지를 위한 기존기업의 경쟁력 강화노력이 장기적으로는 새로운 일자리 창출을 위한 새로운 경제 생태계 마련이 지원되어야 한다. 하지만 기존의 4차산업혁명과 관련된 정부의 대응정책은 기존 산업의 경쟁력 강화를 위한 부분은 돌아보지 않은 채, 새로운 경제 생태계 마련을 위한 정책들로만 구성되어 있다. 이는 결과적으로 기존산업의 경쟁력 강화를 도울 수 없을 뿐더러, 이로 인한 새로운 경제 생태계 마련까지도 지연시킬 수 있다. 그러나 이미 앞서 지적했듯 4차산업혁명을 선도해나갈 글로벌 기업의 양성 및 창의융합적 인재양성은 단기적 차원에서 해소될 수 있는 문제가 아니다. 따라서 단기적으로는 한국경제의 성장동력을 저해하고 있는 기존 산업의 경쟁력 약화문제를 노동시장 미스매치 문제해결을 통해 보다 적극적으로 해결해나가야 하며, 이와 동시에 중장기적으로 새로운 산업생태계 조성을 위해 문제해결형 창의융합인재 양성을 지원해나가야 한다.

ICT에 기초하고 있는 4차산업혁명의 핵심은 '연결을 통한 새로운 가치창출'에 있다.[12] 하지만 한국의 기업 및 산업은 아직까지도 대량생산을 통한 원가절감방식, 즉 2차산업혁명에 최적화된 생산시스템을 가지고 있기 때문에 이를 달성하기에 매우 어려운 구조이다. 하지만 새로운 기술 패러다임의 전환은 언제나 그렇듯 후발주자에게 기회의 창으로 작용할 수 있다(Perez and Sote, 1988; Lee, 2013). 따라서 패러다임의 전환에 앞서 미리 절망하고 낙담하기보다 새로운 대응 전략 수립을 통해 이를 적극적으로 극복해나가려는 노력이 필요하다. 이 장에서는 한국이 4차산업혁명시대로 보다 성공적으로 전환하기 위한 주요 선진국의 고용정책 및 교육정책 사례를 통해 한국 노동시장정책에의 시사점을 도출했는데 그 내용은 다음과 같다.

첫째, 일자리 창출을 위한 정부의 지원정책은 기업이 아닌 개인의 역량강화를 지원해야 한다. 4차산업혁명시대에는 보다 다양한 형태의 기업 및 일자리가 생성될 것으로 예상되며, 일자리 창출의 주체가 기업에서 개인으로 전환될 가능성이 높다. 정부는 기존산업의 경쟁력 강화를 위해 디지털 전환을 지향하는 기업에 대한 사내교육을 강력하게 지원해야 할 것으로 보이며 새로운 산업육성을 위한 창의융합적 인재양성에 총력을 기울여야 한다. 둘째, 정부는 기업의 다양한 일자리 창출을 지원해야 하며, 다양한 일자리가 유발하는 사회적 비용(불안정성)은 노사간 합의 혹은 정부의 사회적 안전망 강화정책을 통해 기업에 전가되지 않도록 지원해야 한다. 지금까지 정부는 기업으로 하여금 일자리 창출뿐 아니라 고용안정성에 대한 부분까지도 강제했다. 하지만 이와 같은 규제는 기업의 글로벌 경쟁력하락으로 이어져 기업퇴출로 인한 더 큰 일자리문제를 가져올 가능성이 높다. 따라서 기업과 정부는 서로간의 역할을 구분하여 기업은 보다 효율적 경영에 정부는 사회적 안정성 확보에 집중해야 한다. 마지막으로 셋째, 격차해소를 위한 일자리정책은 중소기업의 경쟁력 향상을 위한 정책과 함께 이루어져야 한다. 2018년 모든 기업에 적용된 한국의 최저임금제도는 중소기업 경쟁력 하락에 따른 더 큰 실업문제를 유발하지 않도록 정부는 조달권을 활용해 최저임금제도를 도입한 미국 사례를 참고하여 수정 보완할 필요가 있다.

끝으로 4차산업혁명은 중국의 빠른 추격으로 인해 벼랑 끝 위기에 몰린 한국경제의 마지막 동아줄이 될 수 있다는 사실을 기억하며, IT강국인 한국이 ICT강국으로 하드웨어 강국인 한국이 소프트웨어 강국으로 새롭게 태어나기 위해 인적자원에 대한 개발 및 노동시장 차원에서의 대응 전략이 그 무엇보다 중요함을 강조하는 바이다. '빠름'에 강점을 가지고 있는 한국이 보다 '빠른' 연결을 통해 새로운 가치창출을 달성할 수 있도록 자원의 재분배 문제, 특히 산업간 인력의 이동이 꼭 필요하다. 부디 한국의 노동시장정책이 기존의 경직적 노동시장구조를 깨부수고 새로운 피가 새로운 산업으로 흘러들어갈 수 있도록 잘 수립되기를 희망한다.

(임지선)

제12장

미래성장동력 확보를 위한 신산업정책

1. 들어가며

(1) 한국경제위기의 본질과 바람직한 정책 방향

지금 한국경제는 성장엔진이 급격히 커져가고 있다. 1975~1995년 기간 중에는 성장률이 연평균 0.08%p씩 완만히 둔화되었으나 1995년 이후에는 외환위기 등을 거치면서 연평균 0.26%p씩 급격히 하락하고 있다. 이런 성장률 하락속도는 정부의 장기전망치보다 훨씬 빠른 것으로 2012년부터는 세계 전체 경제성장률을 하회하는 2%대의 실질성장률을 기록하고 있다. 다행스럽게도 세계경제가 회복되고 추경 편성 등 정책효과도 기대되고 있어 정부에서는 지난해에 이어 금년에도 연간 3.0%의 성장을 이룰 것으로 예측하고 있다.

그러나 이런 반짝경기가 장기저성장추세를 역전시키기는 쉽지 않을 전망이다. 2017년 7월 한국은행이 발표한 '경제전망보고서'에서 2016~2020년 잠재성장률을 연평균 2.8~2.9%로 추정한 것을 보면 알 수 있다. 2015년 12월에 2015~2018년 잠재성장률을 3.0~3.2%로 추산했던 한은이 2%대 잠재성장률을 발표한 건 이번이 처음이다.

저성장이 장기화되면서 민간부문의 자생력도 크게 약화되고 있다. 경제의 조로화 현상은 고용 없는 성장, 낙수효과의 감소 등과 같은 성장의 특징과 함께 양극화 심화에도 큰 영향을 주고 있는 실정이다.

저성장 고착화, 양극화의 심화, 저출산·고령화로 대표되는 한국경제위기의 근본원인은 무엇인가.[1] 저성장과 일자리 부족 아니면 양극화의 심화 그 자체인가. 아니다. 한국경제위기의 본질은 낮은 생산성으로 대표되는 기업경쟁력의 저하이다. 좀 더 구체적으로 보면 주력 기간산업과 서비스산업을 영위하는 기업들의 경쟁력 저하와 새로운 성장동력의 부재이다. 저성장과 일자리 부족은 그 결과적 현상에 불과하다. 양극화 심화현상은 저성장의 결과이자 지속성장의 장애요인이라 할 수 있다. 저출산·고령화는 주요 위기요인이나 장기적으로 해결해나가야 할 과제이다.

우리 경제의 불편한 진실을 직시함으로써 바람직한 정책 방향을 모색하여야 한다.

우선 김원규(산업연구원, 2017.4)[2]에 따르면, 한국경제의 노동생산성은 2014년 현재 OECD국가 중 노동생산성 상위 17개국 평균에 비해 거의 50% 낮은 수준이다. 우리나라 서비스업의 노동생산성은 제조업의 45% 수준(OECD 국가는 90%)에 불과하다. 2014년 현재 중소기업의 노동생산성은 대기업의 30.5%, 총 소요생산성은 63.6% 수준이다.

둘째, 산업통상자원부의 조사결과(2016.3)에 따르면, 중국(차량 및 부품), 일본(광물성 원료), 독일(항공기 및 우주선) 등은 새로운 수출품목이 속속 등장하는 데 비해, 한국은 10대 수출상품이 10년째 그대로이다. 신규산업과 스타트업을 배출할 수 있는 산업의 활력저하도 심각하여 2016년 현재 세계 100대 핀테크 기업 중 한국기업은 전무한 실정(미국 25개, 중국 8개)이며 2017년 6월 현재, 시장가치 10억 달러 이상인 유니콘기업도 3개에 불과하다(미국 105개, 중국 49개). 주요 신성장산업에서의 세계 100대기업의 수에 있어서도 〈표 12-1〉에서 보는 바와 같이 중국이 한국을 압도하고 있어 향후 이들 분야에서 중국과의 경쟁이 쉽지 않을 것이다.

셋째, 4차산업혁명에 대한 적응도 순위(노동유연성, 기술 수준, 교육

〈표 12-1〉 신성장산업별 100대기업내 국가별 기업 수(2015년 기준)

산업분류	100위권 내 주요 국가의 기업 수
시스템 소프트웨어	한국(7), 중국(17), 미국(28), 일본(11)
응용 소프트웨어	한국(2), 중국(20), 미국(47), 일본(3), 영국(5)
IT서비스	한국(1), 중국(7), 미국(45), 일본(6), 프랑스(7)
헬스케어 장비	한국(0), 중국(6), 미국(40), 일본(12), 이탈리아(6)
헬스케어 솔루션	한국(5), 중국(2), 미국(35), 일본(7), 프랑스(11)
바이오기술	한국(4), 중국(13), 미국(51), 일본(0), 프랑스(6)
제약	한국(0), 중국(20), 미국(10), 일본(11), 영국(10), 독일(8)
생명과학 기구 및 서비스	한국(2), 중국(7), 미국(32), 일본(5), 영국(13), 프랑스(7)

자료출처 : KERI Brief, 2016.12.6.(한국경제연구원, 이태규)

시스템, SOC, 법적보호 등을 기준으로 평가, UBS, 2016.1)는 체코, 말레이시아보다 낮은 25위에 불과하고, 산업연구원 조사에 따르면 제조업의 경우 선진국대비 약 4년의 격차가 있는 실정이다.

넷째, 그동안 정부의 갖은 노력에도 불구하고 향후 혁신의 주체가 되어야 할 독립형 중소·중견기업들이 발전할 수 있는 생태계 조성도 크게 미흡한 실정이다. 2015년 12월 한국무역협회 국제무역연구원이 발간한 '한·중·일 청년 창업보고서'에 따르면 한국청년중 6.1%가 "창업을 선호한다"고 응답해, 중국 청년 40.8%가 창업을 선호한다고 답변한 것과 큰 격차를 나타내고 있다.

다섯째, 현대경제연구원(2016.5.17.)에 따르면 불황이 장기화되면서 민간 부문의 자생력도 크게 약화되고 있다. 민간 부문의 경제성장 기여도가 2001~2008년 기간 중 평균 3.9%p이던 것이 2011~2015년 기간 중에는 2.5%p로, 2015년에는 1.7%p로 급격히 줄고 있다.

정책적 대응은 위기의 본질에 맞는 처방이 필요하다. 산업정책 측면에서는 기존 산업의 경쟁력 제고와 미래성장동력의 확보에 방점이 주어져야 한다. 부의 양극화 해소를 위해서는 세제·교육·노동·복지 분야에서의 근본적인 개혁이 시급하다. 이런 측면에서 보면 정부가 중점적으로 추진하고 있는 최저임금의 인상이나 근로시간 감축, 그리고 추경편성을 통한 일자리 대책은 그야말로 마중물 대책으로 근본적인 처방은 될 수 없다. 하루빨리 혁신주도형 성장을 위한 구체적인 신산업정책을 수립·시행해야 할 것이다.

민간부문의 자생력이 크게 부족해진 현실에서 민간주도냐 정부주도냐 하는 논쟁은 큰 실익이 없다. 산업 구조조정, 신성장동력의 확보, 중소기업의 혁신역량의 제고 등 주요 현안들은 하나같이 기업만의 노력으로는 해결하기가 어렵기 때문이다. 2008년 금융위기 이후 각국마다 기업가형 정부의 역할이 강조되고 민관협력을 통한 산업정책이 재조명되고 있는 배경이다.

(2) 지금 지구는 무한경쟁 중

"제자리에 있고 싶으면 죽어라 뛰어야 한다."『거울나라의 앨리스 Through the looking glass, Lewis Carrol』(1871)라는 동화에서 붉은 여왕이 앨리스에게 하는 말이다. 붉은 여왕의 나라에서는 어떤 물체가 움직일 때 주변세계도 그에 따라 함께 움직이기 때문에 주인공이 끊임없이 달려야 겨우 한발 한발 내딛을 수 있다는 것이다. 진화론적 차원에서 지구상 존재했던 생명체의 90%가 생존경쟁에서 멸종했다. 붉은 여왕의 가설Red Queen's hypothesis은 진화론뿐 아니라 경영학의 적자생존 경쟁론을 설명하는 데도 유용하다. 지금 글로벌 비즈니스 환경이 붉은 여왕의 나라와 유사하다는 것이다. 글로벌 경쟁에 참여하는 기업은 그저 열심히 노력하는 것이 중요한 것이 아니라 경쟁기업보다 한 걸음 더 빨리 혁신하고 변화에 적응하는 것이 중요한 시대가 된 것이다.

이러한 무한경쟁 구도하에서 주요선진국과 중국은 우리보다 한 발 앞서 나름의 방식으로 이미 열심히 뛰고 있다.

인더스트리 4.0의 원조국인 독일은 그동안 축적된 제조업의 노하우에 ICT기술을 접목하여 한국, 중국 등 추격국가의 강한 경쟁 압박을 극복하려고 노력하고 있다. 미국은 세계 최고 수준의 원천기술과 ICT기술을 바탕으로 새로운 사업 모델 창출에 앞장서고 있으며 셰일가스혁명으로 원가경쟁력이 회복됨에 따라 제조업의 귀환(리쇼어링)도 적극 추진 중이다. 일본은 자동차, 전자산업에 치중되어 있는 산업구조를 개편하고 다양한 중소기업의 해외 진출을 촉진하기 위해 로봇산업, 항공산업 등 선도 분야, 인프라 산업, 창조산업, 건강 관련 산업, 차세대 에너지 산업 등을 전략산업으로 집중 육성하고 있다. 중국은 정부주도로 거대한 내수 시장을 바탕으로 고부가가치 제조업을 육성하기 위해 총력을 기울이고 있다.

우리나라와 지리적으로 근접할 뿐 아니라 산업구조와 무역구조가 유사하여 글로벌 시장에서 경합도가 점차 커져가는 중국의 동향은 특히 눈여겨보아야 한다. 2015년 5월 중국 국무원은 '중국제조 2025'라는 새로운 제조업 진흥정책을 발표했으며, 이 중장기정책은 제조대국으로부터 제조강국으로의 전환을 향한 전략을 제시한 것으로 제조업 전반의 경쟁력 강화를 목적으로 한다.

중국은 향후 30년을 3단계로 구분하여 산업구조를 고도화시킬 계획이다. 우선 1단계(2016~2025) 10년간에는 제조업의 기초를 굳힌 후 한국과 같은 수준의 세계 제조업 2강국대열로 진입시키는 것을 목표로 한다. 2단계(2025~2035) 기간 중에는 중국 제조업 수준을 글로벌 제조강국의 중간 수준까지 높이고 중국이 우위를 가진 산업에서는 글로벌 시장을 견인할 수 있는 경쟁력을 보유할 계획이다. 마지막인 3단계(2035~2049)는 건국 100주년(2049년)을 맞이하는 무렵에 세계 제조업 제1강국으로 부상한다는 목표이다.

'중국제조 2025'는 구체적으로 9개의 중점전략과 10대 중점산업을 제시했는데 반도체, 정보통신, 소프트웨어, 로봇 등 중점산업 분야가 우리나라가 목표로 하고 있는 미래성장동력 분야와 많이 겹친다. 제품 시장화 단계로 본격 진입하면 한중 간 경쟁이 심화될 가능성이 크므로 초기부터 차별화, 고부가가치전략을 수립하여 중국과의 차별성을 강화하는 지혜가 요구된다 하겠다.

중국정부는 '중국제조 2025' 기반으로 신산업 육성을 위해 다양한 정책을 추진하고 있으며, 인터넷플러스 행동계획(공업신식부, 2015.3), 6대 신흥산업 중점프로젝트(국가발전개혁위원회, 2015.7), 13차 5개년 규획(전국인민대표회의, 2016.3) 등이 대표적인 것들이다.

각 국은 모두 자국의 경제적 환경과 발전단계 등에 맞추어 차별화된 정책을 적극 추진하고 있음을 알 수 있다. 그러나 몇 가지 공통점도 발견할 수 있다. 제조업의 업그레이드와 청사진 제시, 국가혁신시스템 차원의 접근 강조, 하위 시스템 간의 협력과 조화를 위한 정부의 전략적 역할 강화, 관련 정책 간의 정합성과 일관성 유지, 그리고 정부와 기업의 정보공유 등 협력 강화가 그것이다.

우리도 위기의 본질에 대한 정확한 진단을 기초로 우리 발전단계에 맞는 맞춤형 전략이 그 어느 때보다 절실하다.

2. 한국의 기회의 창

(1) 우리에게 기회의 창은 있는가

각 분야 전문가들이 그리고 있는 10년 후 우리 경제의 미래 모습은 어떠한가. 저출산·고령화 추세가 급격하게 진행되어 65세 이상 인구가 전체 인구의 20%를 초과하는 초고령사회가 되어 있을 것이다. 한중 간에는 기술 격차가 축소 또는 역전되어 대부분의 산업에서 중국 우위의 경쟁구조가 형성되어 있고 기술혁명의 티핑포인트Tipping point

가 나타나기 시작한 4차산업혁명의 흐름에서도 선진국과의 격차는 더욱 커져 있을 것이다.

이러한 '정해진 미래'를 맞이해야 하는 우리에게 '희망적인 미래'가 펼쳐질 가능성은 정녕 있는 것인가. 있다면 그 기회의 창은 어디에서 찾아야 하는가.

그 희망의 첫걸음은 '미래는 예측하는 것이 아니라 창조해나간다'라는 국민 모두의 인식 전환에 있다. 우리 모두는 어느 순간부터인가 경제에 대한 열정과 의지가 많이 약화되어 있다. 선진국 진입에 필수적인 사회적 자본도 많이 부족하다. 그러나 한국경제의 성장과정을

〈표 12-2〉 한국의 차별화된 강점

강점 분야	내 용
기술	• 세계 최고 수준의 정보통신망 및 데이터 활용량 • 세계시장을 좌우하는 반도체, 디스플레이, 배터리 등 부품경쟁력 • 글로벌 공급망을 활용한 기기 제조역량 • 시스템 구성에 활용될 수 있는 폭넓은 부품 및 기기 포트폴리오 • 상대적으로 부족한 자원을 결합해 경쟁력 있는 상품을 만드는 최적화 역량
인력	• 패러다임 전환기에 최적 경로를 선택하는 경영능력 • 목표와 인센티브가 확실하면 자원의 열세를 딛고 성취해내는 적극적이고 근면한 국민 • 전 세계에 진출한 한상(韓商) 및 유학생 네트워크
시장	• 글로벌 테스트베드 역할을 하는 안목 있는 소비자(얼리어답터) • 스마트폰, 가전, 자동차, 한류 콘텐트, 메신저 등 다양한 상품의 글로벌 고객 기반 • 한강의 기적을 만들어낸 국가 이미지

자료출처 : STEPI Insight(최병삼 외, 2017.6.30)

회고해볼 때 기술과 자원이 우세했던 적은 한 번도 없었다. 그럼에도 불구하고 1990년대 후반 한국은 아날로그에서 디지털로 IT산업 패러다임이 전환되는 시점에 선제적으로 잘 대응하여 글로벌 기업으로 도약한 성공 경험을 보유하고 있다. 우리 국민 모두가 앞으로 10년, 위기에 대한 인식을 공유하고 〈표 12-2〉에서 정리되어 있는 우리의 강점을 적극 활용할 수 있다면, 희망의 미래가 현실화될 수 있을 것이다.

(2) 그러면 구체적으로 기회의 창은 어디에서 찾아야 하는가

무엇보다 4차산업혁명으로 표현되는 새로운 기술 경제 패러다임의 출현이다. 퓨전기술혁명, IoT, 빅데이터, 클라우드 소싱 등 모든 변수가 대응 여하에 따라서는 추격기회를 제공한다. 물론 4차산업혁명이 새로운 산업혁명이 시작된 것인지, 우리에게 기회인지 위협인지 등을 둘러싼 논쟁이 있는 것도 사실이며 우리의 준비자세가 선진국에 뒤처져 있는 것도 사실이다. 그러나 새로운 전환점이 필요한 한국경제로서는 최근 진행되고 있는 기술·산업의 혁명적인 변화를 적극적으로 활용할 수만 있다면 위협보다는 기회가 될 수 있을 것이다.

4차산업협명은 '데이터기반의 현실·가상연계시스템'에 의해 구현되며 데이터 확보, 분석, 적용의 3단계로 가치를 창출하는 것을 그 특징으로 하고 있다. 데이터는 온라인 공간에서 발생하는 가상 데이터와 주행경로, 공장가동 등 개인과 기업이 생산하는 현실 데이터로 구분할 수 있는데 전자는 구글 등 글로벌 ICT 기업대비 열세이나 후자는 잘 확보하고 지속적으로 축적하면 우리의 강점으로 활용이 가능할 것이다. 전자부품, 통신망, 기기 등 이미 확보하고 있는 요소기술

경쟁력도 앞으로 다양한 분야에서 시스템 경쟁력을 갖추어나가는 데 큰 기회를 제공할 것이다.

이와 같이 글로벌 기업과의 분야별 격차에 초점을 맞추기보다는 우리의 강점을 극대화하는 방향으로 4차산업혁명 전략을 수립·시행해나간다면 새로운 발전의 계기가 충분히 될 수 있을 것이다. 이 점에서 데이터 분석 기술은 미국에 비해 크게 열세이나 로봇, 센서 등 기기·부품 역량을 기반으로 현실 데이터에서의 강점을 적극 활용하기로 한 일본의 전략은 우리에게도 유의미한 시사점을 제공하고 있다.

둘째, 중국, 인도 등의 소비 시장 확대와 도시화 등 시장수요의 변화이다. 지금 중국은 세계의 공장에서 세계의 시장으로 전환되고 있다. 이러한 뉴노멀(新常態)에 잘 대응하면 우리에게는 또 다른 기회가 될 수 있다. 대중국 주력수출상품인 중간재 부품의 고부가가치화도 중요하지만 최근 수요가 급증하고 있는 소비재와 안전, 환경 등에 관련된 제품 수출에도 배전의 노력을 기울여야 할 것이다.

단순하게 중국의 6.5% 성장에 올라타기만 하더라도 한국도 6.5% 성장이다. 수출의 지역 다변화도 추진해야겠지만 힘이 든다고 중국 시장을 피해가는 것은 올바른 전략이 될 수 없다. 2016년 11월 한국을 찾은 맥킨지앤컴퍼니의 도미니크 바튼 회장은 '평균의 함정'에 빠지지 말라고 조언했다. 그가 말하는 평균의 함정이란 현재 세계경제 침체기류에 매몰돼 한 해 6~8%씩 고속성장하고 있는 중국이나 인도, 베트남 등 신흥국을 간과하는 것을 일컫는다. 향후 15년간 아프리카, 인도네시아, 방글라데시 등에서 약 24억 명의 새로운 중산층이 생겨난다. 이러한 흐름을 잘 포착하고 선제적으로 진출한다면 우리에게 큰 기회가 될 것이다.

셋째, 정부의 제도개혁과 산업정책의 변화이다. 앞으로 우리가 직면하게 될 경제환경은 4차산업혁명, 세계화, 고령화사회, 대체에너지혁명 등 주요 변수가 복잡하게 얽히면서 진행될 것이다. 이러한 환경 하에서 현실의 경제시스템은 예상대로 순조롭게 이동하지 않을 뿐 아니라 과학기술의 발전에 따른 각 분야의 변화양상도 기존 경제·사회적 제도와 부조화되는 부문이 크게 늘어날 것이다. 새롭게 등장하는 기술이나 산업에 대한 기준을 마련하거나 기존 규제를 근본적으로 개혁하는 제도 변화, 그리고 미래성장동력을 창출하고자하는 정부의 정책들이 모두 기회가 될 수 있다.

넷째, 장기저성장 추세 그 자체이다. 경기 침체의 지속은 기업의 파산, 실직의 증대 등 경제적 파국을 초래하는 측면도 있으나 긍정적 기능도 가지고 있다. 한국은행의 「금융안정보고서」(2016.6)에 따르면, 우리나라의 한계기업 비중이 2010년 11.4%에서 2015년 14.7%로 증가했으며 이는 우리경제의 총요소생산성 증가율을 둔화시키는 요인으로 작용했다. 장기저성장추세하에서는 이러한 부실 한계기업은 버티기 어렵다. 자연스럽게 시장원리에 의해 구조 조정될 수밖에 없고 보유하고 있던 우수인력은 우량기업으로 이동하는 계기가 되고, 시중자본도 신성장산업으로 투자처를 옮기게 된다. 따라서 신성장 동력 분야의 우량기업들에게는 장기저성장추세가 전략적 성장기회가 될 수 있는 것이다.

3. 성장동력 확보를 위한 신산업정책

(1) 산업정책의 재설계

장기 저성장 시대에는 단기적 수요측면의 재정정책과 금융정책은 한계가 있을 수밖에 없고 공급혁신 측면의 산업정책이 중요해진다.

한국은 1960년대 이래 산업정책의 대표적인 성공사례로 평가되어 왔다. 1960년대 수출진흥정책, 1970년대 중화학공업 육성정책, 1980년대의 R&D 투자와 고급인력 양성정책 등은 국제사회에서 높은 평가를 받는 정책들이다. 그러나 소위 1987년 체제라는 민주적 발전국가 모델 이후 한국의 산업정책은 크게 후퇴하게 된다. 대통령 5년 단임제, 국회의원 소선구제로 대표되는 민주적 발전국가 모델은 국정운영 방식에 있어서도 그 당시 세계적으로 풍미하던 신자유주의 기조를 적극 수용하게 된다. 국가주도의 경제구조로는 한국경제의 미래가 없다는 인식이 확산되고 발전국가 모델의 꽃이라 할 수 있는 산업정책도 크게 후퇴하게 된 것이다.

그러나 지난 30여 년 동안 민주적 발전국가 모델을 대체할 신발전 모델의 설계나 추진 노력은 전혀 없었으며 2008년 글로벌 금융위기 이후 신자유주의 사조가 퇴색하자 민주적 발전국가 모델의 한계가 크게 부각되고 있는 실정이다. 현실적으로 다양한 산업정책이 시행되고는 있으나 산업정책에 대한 이해와 인식이 크게 부족하여 적지 않은 비효율 문제가 야기되고 있다. 정부가 해야 할 일과 하지 말아야 할 일을 구분하지 않는다거나, 정책타이밍의 실기 등으로 경쟁국과의 정책 경쟁에서 패퇴하는 결과를 초래하고 있다. 장기비전 부재, 졸속 입안, 사후평가 미흡 등으로 정책의 일관성이 저해되고 동일한 문제가 되풀이되고 있다.

이제 한국경제가 위기의 본질에 맞는 대응을 하고 주어진 기회의 창을 잘 활용하기 위해서는 기업가형 정부의 역할에 걸맞은 산업정책을 재설계해나가야 한다. 산업정책의 중요성이 강조된다고 해서 종전과 같은 정책기조는 더 이상 통하지 않음도 명심해야 한다. 앞으로의 산업정책은 정책 목표와 내용, 정책기조, 추진체계, 방법론 등에 있어서 기존 패턴을 완전히 바꾸어야 한다.[3]

첫째, 산업정책의 목표를 중장기적으로 국민의 삶의 질 제고로 전환해야 한다. 한국 삶의 질 학회와 통계청의 발표(2017.3.14)에 따르면, 2006~2015년 동안 1인당 실질 GDP는 28.6% 증가했으나 삶의 질 종합지수는 11.8%증가에 그쳐 GDP 증가율 대비 41.3% 수준이다. 이 결과는 GDP증가가 곧 바로 삶의 질 개선으로 이어지지 않는다는 캐나다 등 선진국의 결과와도 유사하다. 이러한 삶의 질 종합지수와 GDP증가율의 괴리현상은 경제정책목표를 경제성장중심에서 국민의 삶의 질 제고로 전환해야 하는 당위성을 제시한다 하겠다.

그러나 삶의 질에서 차지하는 성장의 중요성을 결코 간과해서는 안된다. 삶의 질 종합지수 작성은 이론적 관점, 가중치 선정, 기술적 처리방법에 따라 그 결과가 상이하고 경제성장과 삶의 질 개선의 괴리현상에 대한 원인규명도 필요할 뿐 아니라, 지금과 같은 2%대의 성장으로는 지속적인 삶의 질 향상도 불가능하기 때문이다.

둘째, 혁신주도적 정책기조를 지향해야 한다. 정책기조는 성장경로를 결정하고 성장경로에 따라 추세성장률이 결정된다. 미국의 경제학자 에드워드 프레스콧Edward Christian Prescott(월간산업경제, 2017.1)에 의하면, 한국은 그동안 미국성장경로 70% 수준의 균형성장경로를 따른바, 향후 균형성장경로자체를 상향 이동하기 위해서는 어떤 정책기조를 선택할지가 중요해졌다. 정책입안 시 어떤 인센티브, 보상구조를 설계하느냐에 따라 혁신의 정도와 불평등 수준에 심대한 영향을 미치기 때문이다. 추격국가들은 초기에는 빠른 추격을 위해 경쟁친화적 보상구조cutthroat reward structure를 채택하다가 소득과 기술 수준이 어느 수준에 도달하면 포용적 보상구조cuddly reward structure를 채택하기 마련이다.

한국도 삶의 질과 관련된 각종지표가 OECD국가의 평균 수준에 도달하기까지는 경쟁친화적 보상구조를 채택하다가 그 이후는 포용적 보상구조를 채택하는 것이 안정적일 수 있다. 구체적으로 어느 수준에서 어떤 정책기조를 선택할지 사회적 공론화 과정과 국민적 공감대 형성이 요구된다 하겠다.

셋째, 지금까지의 불균형적 접근방식을 마감하고 보다 균형적인 접근방식으로 나아가야 한다. 중소기업과 대기업, 수출과 내수, 제조업과 서비스업을 국내 시각에서 이분법적으로 구분하여 접근하는 방식을 지양하고 글로벌 시각에서 상호 간 선순환 구조를 창출한다는 차원에서 접근해야 한다. 일자리 창출이나 양극화 해소를 위해 경쟁력 있는 중소·중견기업을 적극 육성해야 하지만 우리 경제의 큰 자산이기도 한 대기업이 기업하기 좋은 환경을 조성하는 데도 신경을 써야 할 것이다. 내수를 살리는 것도 중요하지만 국내시장 규모를 감안할 때 수출의 중요성은 논란의 여지가 없다. 서비스업, 특히 고부가가치서비스업의 육성은 우리 경제가 나아가야 할 길이지만 제조업은 앞으로도 계속 중요할 뿐 아니라 제조업과 서비스업의 경계도 점차 희미해진다는 점도 유념해야 한다.

넷째, 국민 특히 중산층과 서민들의 삶의 질 향상이나 양질의 일자리 유지 확보라는 측면에서 일자리 중심의 정책을 강화해야 할 것이다. 이런 점에서 주요 정책이나 예산사업을 기획하거나 평가할 때 고용영향평가제도를 확대하려는 정부의 정책 방향은 바람직하다 하겠다. 양질의 일자리 창출이 가능한 미래성장동력 확보가 궁극적으로 중요한 이유도 여기에 있다.

끝으로 산업정책의 운영의 틀도 완전 바뀌어야 한다. 정부가 해야 할 일과 하지 말아야 할 일을 철저히 구분하되, 단순한 시장실패의 시정을 넘어 혁신의 관점에서 장기비전을 제시하고 민간부문을 자극 지원하는 기업가형 정부가 되어야 한다. 정부의 일방적 주도보다는 민간과의 협력관계를 더욱 중시해야 한다. 포퓰리즘적이고 다루기 손쉬운 정책보다는 어렵지만 본질적인 정책에 사회적인 에너지를 집중하도록 해야 할 것이다. 그러나 강한 정부를 지향한다고 큰 정부를 의미하는 것은 결코 아니다. 특정 분야의 정부 역할은 더 커지는 동시에 정부의 규모와 재정은 더 작아지거나 크게 증가하지 않는, 작지만 강한 정부가 4차산업혁명시대의 바람직한 정부의 모습이다.

여기에서는 미래성장동력을 확보하기 위한 신산업정책을 좀 더 구체적으로 살펴보기로 한다.

(2) 미래성장동력 확보와 정부의 역할

양질의 일자리를 창출하면서 지속적인 성장을 할 수 있는 방안은 무엇일까. 앞으로 크게 증대하게 될 복지재원을 확보하고 양극화 문제를 근본적으로 해소할 수 있는 방안은 무엇일까. 새롭게 형성되는 동북아 경제질서에서 중국의 블랙홀에 흡수되지 않으면서 4차산업혁명을 제대로 활용할 수 있는 묘안은 무엇일까.

고부가가치의 미래 먹거리 확보가 정답이다. 그러나 개방적이고 무한경쟁적인 국제경제 여건에서 여러모로 혁신역량이 부족한 우리가 새로운 성장동력을 창출한다는 것은 현실적으로 성공하기가 쉽지 않다. 그동안 수많은 국가에서 첨단유치산업을 육성하고자 많은 지원을 했으나 성공사례보다 실패사례가 많았던 것도 그런 이유이다. 2010년 「이코노미스트The Economist」에 따르면, 반도체산업을 육성하기 위해 많은 국가들이 집중적으로 지원했으나, 미국, 한국, 대만은 성공한 반면, 일본, 중국, 독일, 싱가포르, 말레이시아 등은 실패했다. 현재도 많은 국가에서 녹색청정기술에 투자하고 있으나 모두가 성공할 수는 없을 것이다.

미래성장동력정책은 왜 성공사례는 적고 실패사례가 훨씬 많은 걸까.

무엇보다 성장산업을 선정하는 과정에서 정책당국이 선정기준을 잘못 선택하기 때문이다. 자국 경제의 산업이나 기술 발전 단계를 고려하여 잠재적 비교우위에 있는 신산업이나 기술을 선정하지 않고 지나치게 첨단산업이나 기술을 선정하기 때문이다. 그리고 복잡하고 변화하는 환경하에서 미래성장동력 정책의 비용과 편익을 제대로 평가하기가 곤란하고 미래성장동력 확보에는 장기적으로 일관된 정책 수립과 집행이 요구된다는 점도 애로요인이다. 산업정책의 대표적 성공국가로 회자되는 한국도 역대 정부에서 신성장동력 확보를 위해 적지 않은 노력을 경주했으나 총체적으로는 실패라고 인정할 수밖에 없다.

미래성장동력 창출은 장기저성장 추세에 있는 한국경제의 최우선

정책과제가 되어야 한다. 가장 중요하지만 어려운 과제인 만큼 사회적 합의를 기초로 국가 어젠다로 추진되어야 한다. 국가 어젠다로 추진한다는 것은 모든 것이 불확실하고 사회목표가 상충될 때 우선순위 결정의 기준이 되어야 한다는 의미이다. 만약 기존 수도권 규제와 미래성장동력 확보라는 목표가치가 충돌될 때 우리 사회가 미래성장동력 확보를 선택해야 한다는 말이다. 물론 두 가지 상충되는 가치를 조화시킬 수 있는 방안을 찾아내는 것이 정책당국의 기능이다.

과거 신성장동력 정책으로부터 얻은 교훈을 바탕으로 신산업정책의 방향을 모색해나가려면 역대 정부의 기존 추진사업을 재평가하고 장기비전을 전면 재설계해야 한다. 잠재적 비교우위 여부, 기추진 결과, 경쟁 상대국의 전략 등을 충분히 고려하여 국가 아젠다로 집중 지원할 정부지원 대상 분야는 최소화하되, 기타 분야는 해당 부처 중심으로 추진하거나 시장 기능에 맡겨야 한다. 그리고 정부의 지원도 생태계 조성에 중점을 두어야 할 것이다.

4차산업혁명시대는 기술보다 제도혁신이 먼저

4차산업혁명시대는 제도적 기반을 먼저 다지는 나라가 승자가 된다. 기술은 경우에 따라서는 다른 나라에서 구입해올 수 있지만 제도는 수입이 어려울 뿐 아니라 한 사회에 착근하는 데 오랜 시간이 소요되기 때문이다. 그리고 제도혁신은 기술 지원보다 국가자원 투입비용 대비 효과가 수십 배 이상 탁월하다는 장점도 있다. 기술경쟁력은 세계 10위권인 데 비해 규제경쟁력은 90위권인 우리로서는 특히 제도혁신이 절실하다.

아산나눔재단과 구글캠퍼스 서울이 최근 발간한 「스타트업코리아」 보고서에 따르면, 최근 1년 동안 글로벌 100대 스타트업에 투자된 누적금액은 1,160억 달러에 달한다. 이 중 에어비앤비, 우버 등 13개 업체(누적투자액 기준 40.9%)는 한국에서 허용되지 않는 사업이다. 44개 업체(누적투자액 기준 30.4%)가 영위하는 신사업 모델은 한국에서는 조건부로 가능했다. 한국에서 규제를 받지 않고 할 수 있는 사업은 43개 업체(누적투자액 기준 28.7%)에 불과한 셈이다. 누적투자액 기준으로 70%에 이르는 글로벌혁신창업이 한국에서는 제대로 꽃피울 수 없거나 시작조차 할 수 없는 것이다. 이러한 환경을 개선하지 않고 4차산업혁명시대를 선도하겠다는 것은 어불성설이다.

역대 정부들도 신산업 분야의 규제혁신을 위해 나름대로 적지 않은 노력을 해왔다. 박근혜정부도 신산업투자위원회를 통해 원칙개선, 예외소명이라는 원칙하에 적지 않는 규제를 개선했으나 핵심 규제 분야는 제자리걸음이었다. 국제경쟁력 강화와 지역균형발전이라는 모순되는 정책목표의 대결구도라는 속성을 지닌 수도권규제처럼, 대다수의 핵심 규제는 각기 다른 사회목표나 정책이념이 충돌하는 접점이고, 여러 부처가 중첩되는 덩어리 규제들이기 때문이다.

특히 4차산업혁명과 관련해서는 〈표 12-3〉에서 보는 바와 같이 규제체계가 없던 신산업이거나 기존 기술과 신기술의 결합으로 기존 규제체계와 충돌하는 경우가 대부분이다.

핀테크나 블록체인처럼 기존에 없던 기술이나 서비스가 새롭게 개발되는 경우는 기술과 제도 간의 미스매치를 해소한다는 차원에서 이를 규율하는 제도가 조기 마련되어야 할 것이다. 무인차 미래규제 로드맵이나 이동형 로봇 가이드라인처럼 선제적으로 미래형 규제로드맵을 작성·제시함으로써 시장 창출이 지연되는 것을 예방할 수 있

〈표 12-3〉 미래성장동력 관련 주요 규제사례

구분	주요 내용	비 고
비트코인 (블록체인기술)	• 전자금융거래법상 비트코인은 지급수단으로 불인정 • 블록체인의 분산형 시스템을 전자금융거래법 등에 반영 필요 • 가상화폐거래소(빗썸)의 해킹으로 안전성 규제 필요성 대두	• 일본은 결제통화로 인정(자금결제법 개정, '17.4) • 일본정부가 가상화폐의 안전성 규제를 강화한 후 블록체인의 수요 폭발적 증가
상업용 드론	• 무게, 비행가능구역, 안전성 및 자격 검증, 허가 절차 등에 다양한 규제 존재 • 정보해킹, 테러·범죄 악용 가능성을 이유로 규제 프리존 특별법이 국회 계류 중	• 중국은 '민간무인기 관리문제에 관한 지도 의견' 발표(2009.국무원) • 사전적 규제 없이 사후에 민관합동으로 보완(DJI의 성공)
유전자가위 기술	• 한국(툴젠)은 3세대 유전자가위 원천기술 보유(4곳) • 생명윤리법 등 규제로 임상시험 사실상 불가, 선진국 연구결과를 따라가는 처지	• 중국, 일본, 미국, 영국 등은 유전자가위의 혁명적 변화에 대응하기 위해 기초 연구를 목적으로 한 배아 연구 허락
인터넷 전문 은행(핀테크)	• 현행 은행법에 산업자본은 은행지분을 최대 10%(의결권지분은 최대 4%)까지만 보유 제한 • 재벌의 은행사금고를 방지한다는 명분으로 은산 분리규제 완화를 위한 은행법 개정 지연	• 일본은 은산분리원칙(의결권주식 20% 이상을 소유한 자는 금융청의 인가)이 있지만 은행법상 인터넷 전문은행 규제는 없음 • 단, 주요주주인 기업에 대한 대출과 투자 등은 원천 금지

기 때문이다.

자율주행자나 드론처럼 기존 기술과 신기술의 결합으로 기존 규제체계와 충돌하는 경우, 신산업발전의 장애요인을 제거해나가되 기존 규제체계와의 조화로운 해결방안을 모색해나가야 할 것이다. 규제영향 평가제 강화, 규제 샌드박스, 지역별 규제 프리존 설치, 한시적 규제 유예 등 다양한 규제혁신기법을 사안에 따라 적극 활용하는 지혜가 필요하다. 사전 규제는 가급적 하지 말되, 사후적 규제가 불가피할 경우에는 시장친화적 규제를 도입해야 한다.

그러나 가장 중요한 것은 규제에 대한 관계자들의 생각을 바꾸는 데 있다. 본질적으로 획일적이고 경직적인 규제가 합리적이기는 매우 어렵다는 사실을 인식하는 한편 규제에 대한 환상을 버리고 시장질서에 대한 이해를 키워나가야 한다. 칭기즈칸은 단 36개 조항에 불과한 몽골법전, 대자사크로 대제국을 무리 없이 통치했다. 최소로 규정해놓고 최대로 지키는 원칙을 준수했기에 가능한 일이다. 인간사의 세세한 항목까지를 선의라는 명분 아래 규제해놓고도 지켜지는 것은 최소한에 그치는 우리법 현실을 곱씹게 하는 대목이다. 따라서 핵심규제를 개혁하기 위해서는 현인들의 모임체인 규제혁신기구의 설치가 필요하다. 개별 규제 하나하나가 실무 전문가의 지원을 받으면서 사회 전체 차원의 이해관계를 조율해야 하기 때문이다.

R&D 혁신시스템의 근본적 개편

미래성장동력 분야의 정부 R&D 투자는 지속적으로 증대되어야 한다. 윌리엄 H. 제니웨이(2013)에 의하면 미국·영국 등 많은 정부의 자본 형성에 대한 투자가 민간투자를 상회하고 있다. 기초·원천 기술에 대한 민간투자가 저조한 현실에서 정부의 지속적인 투자 증대 여부가 디지털 경제의 경쟁력을 좌우할 수밖에 없고, 이 점에서 정부의 R&D 투자를 지속적으로 늘리고 있는 중국이 주목을 받고 있다.

우리 정부의 미래성장동력 분야별 투자전략과 투자계획, 실제 해당 분야의 투자실태 및 파급효과 분석결과 간에는 다소 차이가 있다. 국회예산정책처에서 분석한 미래성장동력 정책평가(2016.12)에 따르면 융복합 소재 분야의 경우 정부재원의 파급효과가 큰 것으로 나타났으나 해당 분야의 예산은 감액편성되고 있는 것이 그 대표적 사례이다. 정부는 투자전략과 투자계획 간 연계를 강화하고 정부와 민간투자의 재원비중 추이를 적절히 투자전략에 반영할 필요가 있다.

기존 미래성장동력사업은 개별 R&D과제 지원에 치중되어 있다. 앞으로는 개별 R&D과제 차원의 지원을 참여기업 차원의 지원으로 변경해야 한다. 단순히 원천기술 확보에만 치중하는 것에서 한걸음 나아가 시제품 제작, 제조공정 혁신, 시장창출, 금융·인력 지원 등 기업성장에 필요한 지원을 패키지형태로 추진해야 한다. 정책수요기업의 단계별 애로사항을 맞춤형으로 지원함으로써 기술 창업 기업이 글로벌강소기업으로 성장해나갈 수 있을 것이다.

정부 주요 R&D과제의 기획과 선정도 각 단계마다 외국전문기관을 참여시켜 소비자의 니즈 변화와 선진기업의 R&D 동향 등을 글로벌 관점에서 반영해나가야 할 것이다. 그동안 우리나라는 R&D 과제의 기획-선정-집행-평가단계에서 집행관리 측면에 치중하는 관행을 탈피하지 못하고 있다. R&D 기획예산이 선진국은 10~20%를 차지하는 반면 한국은 5% 내외이다. 정부는 기획·선정·평가에 보다 많은 투자를 하고 집행과정에는 보다 많은 자율성을 부여하는 쪽으로 방향을 전환해야 한다.

이스라엘이 창업국가로 성공하는 데는 요즈마펀드와 같은 벤처캐피탈 산업의 공이 적지 않다. 글로벌 네트워크를 형성하여 기술 관련 정보를 제공하고 전략적 국제협력을 알선함으로써 창업기업의 사업화 과정에서 큰 역할을 하고 있다. 우리 정부도 기술 창업 기업이 사업화하는 과정에서 다양한 금융지원이 활성화될 수 있도록 생태계를 조성해나가야 할 것이다. 투자대상에 대한 정보 제공과 평가인력의 양성·공급 그리고 핀테크 등 관련 제도를 적극 개선함으로써 금융기관이 신용공급을 확대할 수 있는 여건을 조성해나가야 한다. 국제경쟁력이 있는 벤처캐피탈 산업의 육성도 더 이상 늦출 수 없는 과제이다.

시대를 선도하는 분야별 전문인력 양성

기계와 인간의 조화를 이상으로 간주하는 4차산업혁명시대에도 핵심은 인재이다. 선진각국이 최우수 고급인력을 확보하기 위해 인재전쟁을 벌이고 있는 이유이다. 지난 2001년 중국정부는 중국전역에 35개의 소프트웨어 대학을 추가 설립했다. 현재 입학정원이 25만 명에 이르는 이 대학들의 졸업생들이 2015년 이후 중국의 창업열풍을 주도하고 있다. 반면 한국의 과학기술인력정책은 많은 진전에도 불구하고 우려되는 바가 적지 않다. 한국과 미국의 대표적인 공과대학의 컴퓨터 전공자비율을 비교해보면, 미 스탠퍼드대학은 44%인 반면 서울대는 7%에 불과하다. 한국의 중고등학교에서의 정보교육 수강비율은 2000년도 85%이던 것이, 2006년에는 45%, 2012년 8%, 2014년도에는 5%로 격감했다. 이를 어떻게 받아들여야 하는가.

이는 우리 현실이 특정기술이나 산업에 필요한 전문인력을 양성하는 차원이 아니라 중장기적으로 창의적인 과학기술인재를 양성하기 위한 교육체계 전반의 개혁이 필요함을 시사한다. 과학고와 영재고 등 과학기술에 특화된 인재를 양성하기 위한 교육에서부터, 현실문제에 대한 고민을 바탕으로 과학기술을 연결하여 사고하고 문제해결을 넘어 창출하기 위한 교육체계로의 개편이 추진되어야 한다. 기존 교육체계를 혁신하여 융합·창의성 교육체계로 개혁해나가기 위해서는 자기주도적 팀프로젝트 교육으로 문제해결능력을 배양하고 즐거운 창의성교육을 확산할 수 있는 교육방법 개발과 전문교사 양성이 시급하다. 이 분야 교육예산을 대폭 확대해야 한다.

모든 국민이 지속적으로 역량개발을 해나갈 수 있도록 평생교육시스템을 구축해나가야 한다. MOOC 같은 온라인 교육시스템을 통해 주문형 평생교육체계를 활성화하는 것도 유용한 방편이 될 것이다. 이러한 창조적 학습사회를 조성해나가는 데 정부와 기업의 역할이 대폭 강화돼야 한다.[4]

단기적으로는 크게 부족한 AI 등 미래성장동력 분야의 전문가를 양성하는 것도 도외시할 수는 없다. 그렇다고 일부 전문가들이 주장하는 소프트웨어 인재 10만 양병설, 중국전문가 100만 양병설은 당장의 해답이 아닌 것 같다. 우리가 시급히 필요로 하는 인재는 단순히 코딩을 할 수 있는 사람Coder이 아닌 각 분야의 개념설계를 할 수 있는 아키텍처급의 핵심인재들이기 때문이다. 따라서 분야별·시기별 전문 인력수급전망에 기초한 체계적 인력수급계획을 수립하고 집중 투자해야 한다.

글로벌 기술 창업 기업의 집중 육성

한국경제의 당면한 문제인 고용 없는 성장, 내수침체, 중산층 감소와 빈곤층 증가, 가계부채 증가, 양극화와 이중구조 등을 해소하기 위해서는 오랫동안 한국경제를 견인해온 대기업 대신 중소·중견기업 중심의 경제체계로 전환되어야 한다.

국내 대기업이 경쟁력을 유지하고 있던 자동차, 전자, 조선, 석유화학 등 기존 주력산업은 대부분 글로벌 공급과잉상태에 있으며 중국의 기술력 제고와 미국과 일본 등의 가격경쟁력 회복으로 신 너트크랙커 현상에 처해 있는 실정이다.

반면 경계의 와해라는 현상을 특징으로 하는 4차산업혁명시대는 가치사슬의 해체와 재조합을 통해 새로운 비즈니스 모델이 계속 등장하고 있다. 진입장벽이 낮아지고 규모의 경제효과가 약화되면서 혁신적인 중소기업들에게는 기회의 창이 되고 있다.

이러한 상황에서 한국경제가 다시 경쟁력을 가지려면 대기업과 중소기업 간 상생의 생태계 조성, 중소·중견기업의 경쟁력 제고, 기회형 창업의 활성화가 시급한 정책과제이다. 특히 미래성장동력 분야에서 데이터기술과 정보화 인프라를 활용한 ICT와 제조업의 융복합화, 제조업의 서비스화를 창출하는 글로벌 기술 창업이 더욱 많이 나타나도록 해야 한다.

2015년 기준으로 히든챔피언은 독일 1,307개, 미국 366개, 일본 220개인 반면 한국은 23개에 불과하다. 만약 히든 챔피언급의 기업이 200개 정도만 만들어지면 우리나라 일자리문제의 절반은 해소될 수 있을 것이다.[5] 산업연구원의 연구(이영주 외, 2016.12)에 따르면, 글로벌 창업기업은 기업당 순 고용창출이 7명으로 창업기업당 평균 3.4명에 비해 일자리 창출에서 훨씬 높은 실적을 보이고 있다.

창업초기부터 글로벌 시장에 과감하게 진출하는 글로벌 기술 창업기업을 육성하기 위해서는 미래성장동력 분야에 참여하는 창업기업에 대해서는 단계별 애로사항을 패키지로 지원하는 전용지원체제 구축이 필요하다. 단순히 기술개발을 지원하는 것으로는 글로벌 니즈를 겨냥한 기술 창업 기업의 정책수요를 충족할 수 없기 때문이다. 해외수요의 적기 확보, 해외 니치마켓의 신속 선점, 해외파트너와의 전략적 제휴 등 글로벌 기술 창업 기업의 정책 수요를 충족시킬 수 있는 전용지원프로그램을 신설할 필요가 있는 것이다.

그리고 기술 창업 기업의 활성화를 위해 2013년 도입된 TIPSTech-incubator program for start up를 미래성장동력정책과 연계 실시할 필요가 있다. 민간주도 기술 창업 정책인 TIPS는 TIPS 운영사가 1억 원을 투자하면 정부가 9억 원(R&D 자금 5억 원, 사업화 지원 1억 원, 해외 진출 지원 1억 원, 엔젤매칭펀드 2억 원)을 지원하는 방식이다. 이 제도는 성공한 벤처 기업이나 엔젤투자가가 주도하여 기업을 선정하면 정부가 3년 동안 투자매칭과 R&D지원을 통하여 죽음의 계곡을 통과할 수 있는 확률을 높이고자 하는 것이다.

최근 성과를 내고 있는 TIPS사업을 미래성장동력정책과 연계시킴으로써 미래성장동력 분야의 기술창업을 활성화시킬 수 있을 것이다. 그리고 질적 도약이 필요한 창업선도대학도 TIPS사업의 운영사로 포함시킴으로써 대학의 교수들이 TIPS사업과 미래성장동력정책의 수혜자가 될 기회를 확대해야 한다.

수요 측면의 산업정책 강화

한국이 향후 미래성장동력 분야에 대한 주도권을 확보해나가려면 과거의 기술 공급 지향형 산업정책에서 유럽식의 혁신조달형, 즉 수요 지향적 산업정책으로 이행해야 한다.[6] 과거에는 이미 입증된 기술의 상용화를 위해 민관이 공동연구개발하는 형식이었지만, 앞으로는 시장 불확실성을 해결하기 위한 유럽형의 혁신조달정책을 활용해야 한다. 미국에 비해 벤처 생태계의 환경이 열악한 EU는 연구개발 지원 이외에도 EU 집행부가 개입해 기술 개발 업체들에게 사업화자금을 지원하고 시장형성 초기의 신제품과 서비스를 공공부문이 선제적으로 구입하는 상업화 전단계의 조달제도pre-commercial procurement와 공공혁신 조달제도product procurement of innovation를 적극 운영하고 있다.

R&D 과정 중 공공기관에서 미래특정시점에 필요한 제품과 서비스에 대한 요구사항·가격·수량 등을 사전에 공개함으로써 초기사업화 리스크를 완화해주는 PCP의 경우, 많은 자본력이 필요한 응용기술 개발을 위해 대기업, 대학, 정부출연연구소 등 모두에게 참여가 허용되는 컨소시엄 형식으로 R&D 서비스를 책임지도록 한다. 그리고 이 결과를 사업화하는 PPI단계에서는 직접적 결과물에 한해 중소기업에게 우선 실시권을 부여하는 방식이 주로 이용되고 있다.

한국의 정부조달시장 규모는 2016년 기준으로 119조 원으로 그중 71.4%(85조 원)를 창업·중소기업이 차지하고 있다. 그동안 공공조달 정책은 철저하게 중소기업을 지원하기 위한 목적으로 활용되어왔는데, 초기에는 무조건적인 보호중심이었지만 최근에는 중소기업의 기술혁신역량 강화와 병행시키려는 노력을 보이고 있다. 앞으로 미래 성장동력 분야의 혁신과 수요창출을 담보하기 위해서는 공공혁신 조

달제도를 보다 강화해나갈 필요가 있다. 신제품 또는 새로운 서비스에 대한 조기인증과 표준화에 대한 각종 제도를 사전에 정립하고 관련 기초 자료의 데이터베이스를 구축하여 공공정보를 보다 용이하게 사용할 수 있는 인프라도 구축할 필요가 있다.

2012년 현재 국가별 수출중소기업의 비중을 보면, 독일 11.3%, 네덜란드 10.0%, 미국 4.0%인 반면 한국은 2.6%에 그치고 있다. 기술창업 기업을 한국형 히든 챔피언으로 육성시켜나가기 위해서는 온라인과 오프라인 유통망을 통한 신제품과 서비스의 수출지원 활동도 강화시켜나가야 할 것이다.

향후 5년간 집중 투자

장기 저성장시대는 슘페터의 혁신정책과 케인즈의 재정확대정책을 연계 실시할 필요가 있다. 경기침체가 지속될 때 혁신역량을 제고하기 위한 재정확대정책은 경제의 기초체력을 회복시켜 원래의 균형성장경로로 복귀시킬 수 있기 때문이다.

OECD 자료(2015)에 의하면 GDP 대비 국가채무비율이 일본 233.8%, 미국 110.1%, OECD 평균 112.7%인 반면 한국은 38.2%로 상당히 양호한 편이다. 〈2015~2019년 국가재정운용계획〉 대비 실제 재정건전성지표도 우수한 편이라 재정확대정책을 실시할 수 있는 몇 개국 중 하나로 손꼽히고 있다. OECD는 이탈리아, 벨기에, 이스라엘 등과 함께 한국을 재정확대정책을 실시할 경우 가장 수혜가 클 것으로도 예측하고 있다.

따라서 향후 5년 동안 장기재정건전성을 해치지 않는 범위에서 한시적으로 50조 원 규모의 별도 예산을 확보하여 미래성장동력 확보에 집중 투자할 것을 적극 검토해야 한다. 2017년도 미래성장동력 분야 예산은 1조 3,000억 원 규모이다. 이런 규모의 예산으로는 중국 등과의 경쟁에서 역부족이라 하지 않을 수 없다. 실제 최근 5년간 4회에 걸쳐 50조 원 규모의 추가경정예산을 편성하여 저성장과 일자리대책에 투자한 바 있으나 그 효과 면에서는 제한적이다. 매년 반복되는 추경편성대신 본 예산으로 편성하여 우리 경제의 기초 체력을 회복시키는 데 집중 투자하는 것이 일관성이나 효과성 측면에서 훨씬 나을 것이다.

투자대상은 우리경제의 구조적 문제를 근본적으로 해결하는 데 국한되어야 할 것이다. 미래성장동력을 창출하는 데 필수적인 기초·원천기술 분야의 R&D와 사업화 지원, 각 분야의 창의적 인재양성과 평생교육체계 구축, 개방형 생태계 조성에 집중 투자해야 할 것이다. 그리고 고객니즈 파악을 위한 데이터 분석, 제품 판매 후 원격관리 및 서비스 제공 시스템 구축 등 4차산업혁명시대에 필요한 새로운 기술 스택과 같은 기술 인프라 투자를 적극 지원해야 한다. 미래성장동력 분야의 기술창업 기업을 집중 육성하여 좋은 일자리를 많이 창출하는 것은 시대적 소명과도 부합한다 하겠다.

산업정책 운영의 틀을 전면 개편

미래성장동력을 확보하기 위한 신산업정책을 제대로 추진하려면 산업정책의 운영체계도 전면적으로 개편되어야 한다.

우선 중장기적으로 일관성을 확보할 수 있어야 한다. 2000년 이후 역대정부의 미래성장동력 정책이 성공하기 어려웠던 이유가 국가차원의 장기적 정책으로 일관되게 추진되지 못하고 정권 차원의 정책 수립과 추진이 반복되었기 때문이다. 5년마다 재정·세제 및 규제 개선 등 각종 지원이 집중되는 대상 분야가 새롭게 개편됨에 따라 지원 효과가 축적되기 어려웠고 새 정부는 과거 정부의 정책평가를 위한 각종 지원제도와 재정사업의 추적이 어려웠다. 정치철학이나 이념과는 관련이 적은 미래성장동력정책의 경우 정책의 일관성이 담보되어야 하며, 이런 측면에서 장기비전을 연속적으로 제시하고 있는 중국의 경우나 정책의 실행체계를 법적으로 확립하고 있는 일본의 경우를 참고할 필요가 있다.

둘째, 관련 정책 간의 연계 또는 정합성이 유지되어야 한다.

성장동력 확보를 위한 장기비전과 재원배분 등 투자계획과의 연계가 강화되어야 할 것이다. 정책발표에만 치중하고 예산편성단계에서는 반영되지 않는 경우가 없어야 한다. 미래성장동력 확보 방안이 R&D·공공조달·수출·금융·세제 등 각종 기능별 지원사업이나 기술 창업 기업지원 등 중소기업정책, 그리고 4차산업혁명 대응과 지역균형발전정책 등과 상호 연계되어 추진되어야 시너지 효과가 날 것이다.

셋째, 정부의 일방적 주도보다는 민관의 자율적 협력체계가 가동되어야 한다. 잠재적 비교우위 분야를 찾기 위해 민관이 정보를 공유하거나 참여기업의 애로사항을 수시 파악하고 지원하기 위해서는 정부와 기업의 협력이 강화되어야 할 것이다. 자율적 협력체계Embedded Autonomy[7]에 참여하는 대상도 직접 참여하는 기업 이외 가능하면 많은 이해관계자를 참가시키는 것이 좋을 것이다.

끝으로 정책의 일관성과 효과성을 높이기 위해서는 전담추진체계가 필요하다. 역대정부의 신성장동력사업의 성패도 전담조직 유무에 의해 크게 영향을 받았다는 사실을 명심할 필요가 있다. 이스라엘의 수석과학관실에는 분야별 과학자 150여 명이 산업의 미래를 예측하고 정책 방향을 제시하고 있다. 우리도 전담조직을 설치하여 장기근무가 보장된 관련 전문가들이 지속적으로 사업을 점검·조정·평가하고 참여기업의 애로사항을 해결해주어야 한다. 별도예산을 편성·조정하고 관련 정책과의 정합성을 유지하면서 글로벌 관점에서의 정책 여건을 수시로 점검하고 정책 추진 방향을 잡아가는 것도 그들의 역할이다.

5년 단임의 정권 차원이 아닌 국가 차원의 정책 일관성을 확보하기 위해 정책 추진 체계를 법제화하는 것도 검토할 필요가 있다. 아베노믹스의 실천을 위한 법적 기반으로 '산업경쟁력강화법'을 제정하고 동법에 근거하여 실행체계를 법제화함으로써 산업정책의 일관성을 보장하고 있는 일본의 경우를 참고해볼 만하다.

4. 희망적 미래를 향해 국민대장정에 나서야 할 때

우리 경제가 위기를 극복하고 선진국으로 진입하기 위해 남은 시간은 앞으로 10년 남짓이다. 앞으로 10년 이내 우리나라는 65세 이상이 20%를 차지하는 초고령사회로 진입하고, 4차산업혁명의 1단계 결과가 가시화되는 기술혁명의 티핑포인트가 나타날 것이며, 그사이 중국이 제조업 대국에서 제조업 강국으로 부상할 것이다. 우리가 사회 전면적 혁신을 통해 높은 균형성장경로로 이동하는 데에도 10년 정도의 준비기간이 필요하다.

4차산업혁명시대에 선제적으로 대응하고 동북아 신경제질서 개편에 우리의 위상을 확립해나가기 위해서는 앞으로 10년을 잘 활용하여야 한다. 포퓰리즘적인 정책의 유혹을 차단하고 가장 어렵지만 꼭 해야만 하는 국내산업의 혁신역량 제고와 생태계 조성에 매진해야만 한다.

『회색 코뿔소』의 저자 미쉘 부커는 다가올 가능성이 매우 높고 빤히 보이는 위험(회색 코뿔소)에 대해서 사람들이 간과하는 이유는 다가올 위기를 막을 수 없다는 무력감과 단기적 이득을 취하느라 본질적인 장기적인 문제는 다른 사람이 떠안길 바라는 심리 때문이라고 지적한 바 있다. 우리 모두에게 한국경제의 정해진 미래가 다가오는 것이 보인다. 미리 준비하면 충분히 피할 수 있다. 이제 각 분야의 리더들은 한국경제의 '회색 코뿔소'를 맞이할 준비를 하여야 한다. 끝없이 떨어지고 있는 기업의 활력을 제고하고 국민 개개인의 경제하려는 의지를 회생시키는데 국가적 리더십이 절실한 시점이다.

시간은 결코 우리 편이 아니다. 지금 한국은 모든 경제주체가 희망적인 미래를 향해 국민대장정에 나서야 할 때다.

(김호원)

제13장

⋮

요약과 결론:
소득주도와 혁신성장을 넘어서
인간중심 경제로

1. 한중의 산업별 기술 수준과 시장구조별
전략방안

이 책에서 우리는 중국산업의 급격한 경쟁력 상승이라는 배경하에서 어떻게 하면 4차산업혁명으로 대변되는 신기술혁명을 기회로 삼아 한국의 산업과 기업이(특히 중소 벤처) 지속적 성장을 추구할 수 있을 것인가를 찾고자 했다. 그리고 신재생에너지 산업, 바이오 산업, 스마트농업, 게임 산업, 스마트시티 산업, 헬스케어 산업, 공유경제 및 온라인 결제 산업들을 집중 분석했다.

　분석의 기본 틀은 우선 한국과 중국 간의 기술의 상대적 우위나 격차를 확인하고, 다음으로는 양국 시장의 개방 정도와 성장속도에 대한 검토를 기반으로 한국기업이 중국기업의 급부상에 대해서 경쟁

제13장 요약과 결론: 소득주도와 혁신성장을 넘어서 인간중심 경제로　**409**

할 것인가, 협력할 것인가, 제휴할 것인가 등 다양한 대응방식을 4차 산업혁명이 만드는 다양한 가능성에서 찾고자 했다. 좀 더 구체적으로 중국에 대비한 한국의 기술력이 강한 경우, 비슷한 경우, 약한 경우 세 가지를 설정할 수 있고, 양국의 시장개방도 면에서 보면, 양국 모두 개방된 경우, 양국 모두 규제된 경우, 한국은 개방, 중국은 규제, 그 반대로 한국은 규제, 중국은 개방되어 있는 경우로 나눠볼 수 있다. 이상의 경우의 수를 조합하면, 〈표 13-1〉과 같이 열두 가지로 나누어 생각해볼 수 있다. 가령 모바일 결제나 모바일 유통산업은 중국의 기술력이 오히려 높은 반면, 한국시장으로 진입하는 데 각종 규제가 존재하는 유형에 속한다. 게임 산업은 한국과 중국의 기술 경쟁력이 비슷한 반면, 중국시장은 규제가 아직도 존재하는 편이다.

이런 예와 같이 〈표 13-1〉은 우리 연구 대상 산업을 열두 가지 유형으로 분류하고, 그에 따른 경쟁전략 및 비즈니스 모델을 단순화의 위험을 무릅쓰고 적어본 것이다.

적절한 경쟁전략 및 비즈니스 모델을 도출하는 기본 원칙은 다음과 같다. 첫째, 한국의 기술력이 상대적으로 높다면 중국시장을 목표로 하는 것이 당연하겠으나, 중국시장의 규제가 높다면 현지 투자형보다는 수출형이 안전하겠고, 중국시장이 개방되어 있을 경우에는 수출과 현지 진출 두 가지가 다 가능하다. 현지 진출의 경우, 단독으로 진출할지, 분업이나 제휴를 할지는 구체적인 조건에 대한 좀 더 면밀한 검토가 필요하다.

반면, 한국의 기술력이 높기는 하나 한국시장의 규제가 높다면 한국시장에서의 규제 및 미스매치를 해소하려는 노력과 대정부 건의가 필요하다. 기술력 면에서 오히려 한국이 열세이고 중국이 높은 모바

〈표 13-1〉한·중 양국 기술력 및 시장 개방도에 따른 경쟁전략 유형

		중국 대비 한국 기술력		
		강	비슷	약
한국, 중국의 시장개방 정도	한·중 모두 개방	다양한 진출, 비즈니스 모델 가능 예) 일부(ESS) 에너지 스마트팜(중소기업), 일부 바이오		
	한국 개방, 중국 규제		선점전략, 산업정책 중요 중국 진출 신중 예) 게임, 일부 바이오	
	한국 규제, 중국 개방	한국 미스매치 해소 추진, 대중 수출/투자 예) 스마트농업(대기업), 스마트 헬스, 스마트시티(2단계)		한국시장 방어 및 중국 모델 모방하여 한국/제3국 진출 예) 모바일결제 및 유통, 공유경제
	한·중 모두 규제		규제완화 추진/향후 대비 예) 스마트시티(1단계)	

일 결제나 모바일 유통의 경우에는 중국시장이 개방되어 있다고 하더라도 비즈니스 기회는 높지 않을 것이며, 오히려 중국 비즈니스 모델을 모방하여 한국시장이나 제3국 시장을 노려야 할 것이다.

이상의 분석틀을 기반으로 하여 긴밀한 산업별 연구의 몇 가지 주요 발견은 다음과 같다.

첫째, 바이오기술 산업, 스마트농업, 헬스케어, 스마트시티 및 일부 신재생에너지(ESS 분야) 등에서는 한국이 중국보다 기술경쟁력이 앞선 편이고, 동시에 중국시장의 개방도 및 외국인 기업에 대한 수용도가 높아서 한국이 다양한 진입 모드와 제휴, 또는 경쟁 방식으로 틈새를 활용한 비즈니스 모델이 가능하다. 스마트시티 시장의 경우, 토지 조성 및 백본 인프라 단계에서는 중국시장이 개방되어 있지 않고 규제가 심하여 과거의 실패 사례가 보여주듯이 한국기업에게 기회가 없지만, 주거나 상업지역 등 분야별 개발단계에서는 중국기업과의 각종 분업이나 수평적 협업전략이 가능할 것이고, 중국 이외의 중동 같은 시장에서는 한국기업의 독자적 경쟁전략이 가능해 보인다.

스마트농업 분야의 경우, 한국과 중국 모두 기술 진보 속도가 더딘 인공지능, 로봇을 활용한 스마트농업 분야에서는 누가 경쟁력 있는 기술을 갖춘 제품을 개발하는가가 관건이므로 독립적 경쟁전략이 가능할 것이다. 반면, 한국이 우위에 있는 IoT 센서 제어 및 모니터링을 활용한 스마트 농기계, 자재 등은 한국이 중국에 수출하고 반대로 중국은 경쟁 우위가 있는 드론형 농기계를 한국에 수출하는 상호 분업형 무역 패턴이 가능하다. 그리고 중국이 투자를 장려하고 있는 농업 분야의 생산 및 농업 관련 서비스업의 경우에는 지분 참여 방식에 의한 협업이 가능할 것이다.

둘째, 반대로 전자상거래, 모바일 결제, 공유경제 등에서는 중국의 기술과 산업 발달이 한국보다 빠른 것으로 파악되었으나, 한국시장의 개방도가 낮거나 규제가 많아서 이러한 산업 분야에서 중국기업들의 적극적인 한국시장 공략은 당분간은 쉽지 않아 보인다. 따라서 이런 분야에서는 한국시장에서의 규제의 해소 속도와 내용에 따라서 한국기업이 오히려 중국의 비즈니스 모델을 모방하여 국내시장에서 기회를 선점하여 경쟁력을 키우면 추후에 중국기업과의 경쟁에 대비할 수 있다는 시나리오도 가능해 보인다. 이러한 중국의 비즈니스 모델을 모방한 전략은 꼭 한국뿐만 아니라, 동남아·중동·아프리카 등 모바일 보급률이 급속히 높아지나 규제는 적은 제3국 시장에 진출도 가능케 할 것이다.

셋째, 한국과 중국의 기술력이 비슷한 산업 분야는 당연히 한국과 중국 간의 경쟁이 치열한 분야라 할 수 있고, 현재 그리고 향후의 각국 기업의 전략과 정부의 산업정책에 따라 경쟁력의 변화가 나타날 수 있는 분야이다. 가령 게임 산업은 한국이 초기에 PC 온라인 게임에서는 압도적인 경쟁력을 가졌던 분야이나 중국에 추격당했고, 최근의 모바일 게임에서는 오히려 중국이 다소 앞서는 양상을 보이고 있다. 그래서 한국 게임의 경쟁력을 회복시키는 전략과 규제완화가 필요하고 향후 차세대 경쟁 시장인 VR·AR에 기반을 둔 게임에 대한 선점 전략이 요구된다. 일부 신재생에너지 산업이나 일부 바이오 산업도 한국과 중국의 기술력이 비슷하고 치열한 경쟁이 진행되는 분야이다. 또한 슈밥의 4차산업혁명산업 예시 기술에 들어가지 않은 산업 분야들이기도 하다. 이런 산업은 그동안 한국기업들이 꾸준한 투자로 경쟁력을 쌓아오던 분야이다. 따라서 이 분야 기술들이 이른바 4차산업혁명 5대 기술에 속하지 않더라도, 정부 산업정책상 지속적인 지원을 유지하여 경쟁력을 더 끌어올릴 필요가 있다.

넷째, 이상 아홉 개의 분야에서 어떤 분야는 한국이 중국보다 기술

우위가 있는 반면, 어떤 분야는 그 반대인 등 다양하지만, 여기에서 관심을 가졌던 중소 벤처 기업의 기회성 면에서는 모든 분야가 어느 정도 틈새를 활용한 중소기업형 비즈니스 모델이 가능하다고 본다는 점이 공통적 발견사항이다. 기본적으로 이는 4차산업혁명이 가진 의미 자체가 많은 새로운 비즈니스 모델의 기회를 준다는 큰 전제와도 일치하는 발견이고, 이 점이 중국기업의 급격한 부상을 고려해도 여전히 유효하다는 점이 재미있다. 가령 바이오 산업의 경우, 오픈 이노베이션 추세가 급속히 확대됨에 따라서 공동연구, CRO, CMO 모델 등 다양한 비즈니스 모델이 중소 벤처 기업에게 열리고 있다. 스마트 헬스의 경우에도 틈새 지향적인 각종 앱 개발, 웨어러블·모바일 기기 등의 방면에서 중소벤처의 사업기회는 높아 보인다. 스마트 농업의 경우에도 최근 성공을 거두고 있는 '만나CEA' 기업 사례처럼 디지털기술을 활용한 새로운 방식의 틈새형 농작물의 생산 및 유통 면에서 다양한 기회가 존재하고 있다. 온라인 결제시장의 경우에도 'TOSS' 사례처럼 일반적 분야의 결제가 아니라 환전, 선물하기, 더치페이, 축의금 보내기 등 틈새 분야의 결제시장을 공략하는 다양한 중소 벤처 창업이 가능하다.

다섯째, 이와 같이 한국과 중국의 분야별 이질성에도 불구하고 한국 중소기업에게 다양한 기회가 존재하긴 하나, 그 기회가 실제로 비즈니스 모델로 구현되기에는 많은 미스매치, 즉 각종 법령과 규제가 이를 저해하고 있는 측면이 있다. 가령, 신재생에너지 산업의 경우, 에너지 데이터가 공개되어 있지 않아서 중소 벤처 기업이 활용할 수가 없고, 각종 분산형 신재생에너지 발전설비 설치에 대한 규제가 심하다. 바이오 산업의 경우에는 줄기세포 및 유전자 조작 기술에 대한 규제가 다른 나라에 비해서 과도하게 높다. 온라인 결제 시장에서는 근본적으로 한국의 금산분리 규제 및 개인정보보호법이 장애로 작용하고 있다. 게임 산업의 규제로는 셧다운제, 확률형 아이템 규제 등이 대표적이고, 향후 유망 분야인 VR게임의 경우, 소방법·시설물 관리 등 기존 게임 산업보다 더 많은 규제요소가 출연할 가능성이 존재한다. 스마트 헬스 산업의 경우에는 원격진료, 건강관리 서비스법, 의료기기법 등에서 보여지는 포지티브 규제 시스템이 장애요인이다. 공유경제에 대해서는 차량 공유나 숙박 공유에 관한 규제 등 각종 포지티브 규제 시스템이 역시 문제이다. 그리고 전자상거래 등 여러 분야에 관련된 요소로서 한국의 빅데이터 관련 인프라의 부재 및 개인정보 활용에 대한 균형적인 시스템 부재가 관련 업체들의 기술개발과 비즈니스 시작을 부담스럽게 하고 있다.

2. 9대 산업 분야별 요약

(1) 한국 게임 산업

한국 게임 산업은 1990년대 말 온라인 게임이라는 새로운 장르를 개척하면서 부상했지만, 지금은 중국 게임 기업들이 자국 시장은 물론이고 글로벌 시장에서 약진을 거듭하면서 커다란 도전에 직면해 있다.

우선 시장개방 측면에서 중국은 여전히 온라인과 모바일 게임의 유통 라이센스를 자국 기업에게만 발급하거나, 수입산 게임은 판호 발급을 통해 통제함으로써 자국 기업에 유리한 환경을 유지하고 있다. 게다가 최근 중국정부는 '미성년자 인터넷 보호 조례' 심의안을 준비하고 있어 게임 산업에서 중국의 규제는 한층 강화될 가능성이 높다. 이러한 중국의 규제강화 추세는 현지 시장에 진출한 한국 게임에도 부정적인 영향을 줄 수 있어 향후 VR게임과 같이 규제가 상대적으로 덜한 분야를 적극 개척하는 일종의 회피전략이나 시장 다변화전략이 필요하다.

기술력 측면에서는 한국과 중국은 차이가 거의 없다. 기존에는 한국이 개발, 중국은 유통이라는 협력구도가 성립했다면, 최근에는 오히려 중국이 개발한 게임을 한국이 유통하고 있다. 중국 넷이즈가 개발한 '쿵푸팬더3'를 카카오가 수입해 유통하면서 구글 앱마켓 1위(2016.10)를 기록했고, 웹젠은 중국 킹넷의 '뮤 오리진'을 수입해서 2위를 차지했다. 이 밖에도 많은 중국계 게임이 국내시장에서 상위권에 올라 있다.

한편 국내 중소기업의 기회측면에서, 한국은 온라인 게임과 모바일 게임에서의 대리 유통도 가능하지만, VR과 같은 새로운 게임에 적극적으로 대응하면 중국 현지 진출 가능성이 높다. 이 분야는 중국정부의 규제가 아직 작동하지 않기 때문에 초기 시장 선점에도 유리할 뿐 아니라 세계적으로 경쟁력이 있는 국내 하드웨어 제조사들이 포진하고 있다. VR 콘텐츠 개발은 게임 기업들이 선도하고, 하드웨어 제조사는 최적의 VR하드웨어를 개발하는 가운데 정부도 이들 간의 협업이 가능하도록 협업조건의 R&D 지원이나 규제 제거와 같은 각종 인센티브를 제공한다면 중국에 잠시 뒤처졌던 게임 산업의 경쟁력을 회복하는 데 훌륭한 기회가 될 수 있다. 게다가 VR은 응용범위도 넓다.

마지막으로 전략 측면에서 기존 아이템 개발형 게임육성 전략은 플랫폼 기반의 생태계 전략으로 전환해야 한다. 온라인 게임에서 중국은 유통을 장악했고, 모바일 게임에서는 자국의 앱마켓을 장악하면서 추격에 성공했다. 아직 지배적 플랫폼 사업자가 등장하지 않은 VR게임에서 한국도 기존 개별 게임 아이템 개발을 넘어서 플랫폼과 생태계 차원의 전략 구사를 위해 노력하는 것이 필요하다.

(2) 스마트 헬스케어 산업

스마트 헬스케어 산업은 고령화와 만성질환의 증가, 예방중심의 의료 서비스, 유전자 분석 비용의 획기적 감소, IoT, 빅데이터, AI기술의 발달과 같은 4차산업혁명의 영향으로 등장했다. 이 산업이 주목받는 이유는 2020년 2,255억 달러의 시장 규모로 성장이 전망될 뿐 아니라 국가의료비 절감, 1인 맞춤형 의료 서비스를 통한 건강수명 시대 실현이 가능하기 때문이다.

그러나 스마트 헬스케어에 대한 한국과 중국의 태도는 사뭇 달라 보인다. 아직 기술역량은 한국이 중국보다 앞서 있으나 중국정부의 공격적 지원과 제도의 유연성으로 중국시장의 기술 수용 속도가 더 높을 것으로 예상된다. '고령화'로 인해 양국 모두 시장의 성장잠재력이 높지만, 중국정부의 적극적 시장개방으로 중국시장의 성장속도가 더 빨라질 전망이다.

한국은 원격의료 관련법, 건강관리 서비스법, 의료기기법 등 제도의 경직성으로 스마트 헬스케어 산업의 성장이 저해되고 있을 뿐 아니라 창업자금 부족과 전문성의 부재로 좋은 창업환경을 제공하지 못하고 있는 실정이다. 반면 중국은 알리바바, 텐센트, 바이두 등이 엑셀러레이터로서의 역할을 충실히 하면서 구글, IBM, 야후보다도 훨씬 많은 수의 스타트업을 양성해내고 있다.

한국이 스마트 헬스케어 산업에 미온적 태도를 계속 유지한다면 공격적으로 성장을 추구하는 중국기업에게 주도권을 잃는 것은 명약관화해 보인다. 더 늦기 전에 정부와 기업이 모두 나서서 성장을 위한 돌파구를 마련해야 할 것이다.

우선, 정부는 국민건강의 안전과 산업의 성장이라는 두 마리 토끼를 잡을 수 있는 법·제도 마련이 시급하다. 스마트 헬스케어와 같은 신생산업은 적극적으로 네거티브 규제를 도입할 필요가 있다. 소프트웨어기술과 서비스기술의 경쟁력을 높이는 교육 및 인력양성에 투자하는 한편, 중소기업의 기술력 제고를 위한 R&D 투자 확대와 전문 엑셀러레이터의 육성도 요구된다. 마지막으로 중국 및 해외에 진출하는 국내기업을 적극적으로 지원할 필요가 있다. 국내 이해관계자 간의 상충으로 국내시장의 불확실성이 지속될 것으로 예견된다면 중국 및 해외시장 우선 진출은 국내기업의 경쟁력을 지속시키면서 국내시장 환경을 조성하는 데 시간을 벌 수 있는 좋은 수단이 될 것이기 때문이다.

기업 역시 자생적 노력이 요구된다. 스마트 헬스케어 산업은 초기이고 기술이 빠르게 변하기 때문에 규제기관이 선제적으로 명확한 가이드라인을 제시하기가 힘들다. 기업은 발생 가능한 문제점을 규제기관과 능동적으로 소통하여 국민건강과 기업성장 모두를 추구하는 규제가 만들어지도록 해야 한다. 그리고 좀 더 개방적인 중국 및 해외시장으로 눈을 돌려야 한다. 특히 중국은 외국 의료기관 및 관련 기업의 투자유치에 적극적이기 때문에 신뢰할 만한 중국 파트너를 선택해서 중국시장으로 진출할 필요가 있다.

스마트 헬스케어의 일부 제품 및 서비스는 상대적으로 적은 자본이 소요되어 중소기업이 쉽게 뛰어들지만, 소비자에 대한 지속적 효용 제공, 편리한 유저 인터페이스에 대한 R&D 부족으로 쉽게 실패하는 경향이 있다. 이런 점을 감안하여 철저한 고객 니즈 분석에 기반한 R&D 노력을 증대해야 할 것이다. 그리고 이 산업은 네트워크 효과가 매우 높기 때문에 최초의 이용자 기반 확보가 중요하다. 중소기업들은 틈새 시장을 대상으로 가능한 많은 이용자 기반을 확보한 후 다른 시장으로 확대하는 전략을 취하는 것이 좋을 것이다. 마지막으로, 이 산업의 지배력은 누가 더 강력한 플랫폼을 제공하느냐에 달려 있기 때문에 다양한 형태의 기업들과 제휴 및 M&A를 통한 종합 플랫폼을 구성할 필요가 있다.

(3) 스마트농업

최근 4차산업혁명의 물결로 선진국을 중심으로 농업에서도 스마트농업이라는 새로운 혁명을 맞이하고 있다. 이는 농업에 사물인터넷, 빅데이터, 인공지능 등 ICT기술을 접목시킴으로써 생산-유통-소비 등 농업의 전 가치사슬에 걸쳐 생산성과 품질이 향상되고 고부가가치가 창출되는 농업이다. 스마트농업은 늘어나는 인구와 기후변화로 인한 단위면적당 생산성 대폭 향상의 필요성, ICT기술의 발전 등을 바탕으로 부상하게 되었다. 더욱이 중국과 한국의 경우 농촌 노동력이 부족하고 농촌인구의 고령화마저 진행되고 있는 상황이라 스마트농업은 더욱 절실해지고 있다.

미국, 유럽, 일본 등 농업 선진국들은 2000년대 중후반부터 ICT

융복합을 통해 지속 가능한 농업발전 전략을 추진해왔으며, 현재 빅데이터와 인공지능을 이용한 첨단 분석기술이나 로봇기술과 같은 핵심기술이 발전 중에 있다. 이에 반해 중국과 한국은 뒤늦게 스마트농업에 눈길을 돌렸으며 현재 주로 모니터링 및 제어 기능에 치중하는 상황이다. 최고 기술 수준 보유국인 미국의 스마트농업 수준을 100으로 놓고 볼 때 한국은 75% 수준으로 약 5년의 격차가 있으며, 중국은 60% 수준으로 기술 격차는 약 7년인 것으로 분석되고 있다.

중국의 스마트농업은 시작단계에 불과하지만 중국정부의 정책 의지는 매우 강하다. 2015년부터 관련 정책을 속속 내놓으며 스마트 센싱 및 제어 시스템의 보급 확대, 지능형 장비의 연구 제작, 농촌의 정보화 수준 향상, 빅데이터 수집 및 분석 시스템 구축 등 다방면에서 스마트농업을 추진하기 위해 노력 중이다. 특히 스마트농업의 발전은 전문인재 육성이 중요하다는 인식하에 도시에 있는 학교를 졸업한 대학생, 과학기술자, 기업인들을 중심으로 '신농업인' 육성에 힘쓰고 있다. 중국의 스마트농업은 연간 22%의 성장속도를 보여 글로벌(13.3%) 및 한국(14.5%)의 시장 성장 속도를 상회하고 있는 추세이다.

한국은 2013년부터 '농식품 ICT 융복합 확산 대책'을 마련하여 스마트농업을 본격적으로 추진하고 있으며, 한국형 스마트팜 모델을 개발하여 향후 수출산업으로까지 이어지도록 성장시키겠다는 계획이다. 스마트팜 도입 농가의 생산성이 향상되고 일부 성공적인 벤처 기업이 출현하는 등의 가시적인 성과가 나타나기도 했지만 한국의 스마트농업은 여전히 적지 않은 문제점을 안고 있다. 스마트팜 관련 기기의 국산화와 표준화가 미흡한 실정이며 시설현대화 수준 또한 미흡하여 융복합 확산이 장애를 받고 있다. 스마트팜 운용 및 지원 기술역량을 갖춘 전문인력이 부족하며, 농업인과 지자체의 관심도 저조한 편이다. 기업과 농민 간 상생 모델이 부재하며, 무엇보다 정부의 폭넓은 규제가 걸림돌로 작용하고 있다.

한국이 스마트농업을 통해 침체된 한국 농촌과 농업에 새로운 활력을 불어넣기 위해서는 다방면의 노력이 필요해 보인다. 우선 정부 차원에서의 규제완화 추진이 시급하다. 현재의 포지티브 방식을 네거티브 방식으로 전환하고, 여러 부처와 법령을 동시에 종합적으로 정비하는 방식의 새로운 접근이 필요하다. 스마트팜 구성 기기의 표준화, 빅데이터 수집 및 관리 시스템 구축, 전문인력 양성, 농가 실습 교육 강화 등도 중요시해야 할 부분이다. 기업의 입장에서는 갈수록 다양화, 개성화되어가는 소비자들의 수요에 맞춰 개별수요 맞춤형 전략으로 스마트농업을 추진해야 할 것이다. 기업과 농민 간 상생을 통한 첨단농업으로의 발전을 위해서는 중소기업이 농업생산에 참여한다 할지라도 크라우드 펀딩 방식으로 농민들을 참여시킴이 바람직하다. 한편 최근 도시자본과 외국자본의 농촌지역 2차, 3차 산업 투자를 허용하는 등 농업 분야 개방을 확대하고 있는 중국의 농업 시장에 대한 진출도 적극 검토해볼 수 있다.

(4) 에너지 산업

4차산업혁명은 에너지 및 전력 수요의 급증을 동반한다. 따라서 신재생에너지 발전설비의 증설과 함께 기존 전력설비의 효율성 향상, 에너지저장장치(ESS)의 발전이 더욱 절실해진다. 에너지와 ICT기술을 접목한 새로운 비즈니스인 일명 에너지 신산업이 다양하게 등장하는 한편, 에너지 패러다임이 공급자 위주에서 수요자 중심으로 변모하면서 전통적인 전력산업도 빅데이터를 기반으로 한 맞춤형 서비스가 필요하다. 국제에너지기구(IEA)는 에너지혁명시대를 맞아 신재생에너지, 전기자동차, 에너지저장장치, 스마트 그리드 등 에너지 산업 분야에 2030년까지 약 12조 3,000억 달러 규모의 투자가 발생할 것으로 전망한다.

특히 세계적으로 각광받고 있는 신재생에너지시장의 경우 중국이 태양광과 풍력을 중심으로 보급과 투자를 주도해왔다. 중국 에너지 산업 성장에는 저탄소 발전 확대 기조에 따른 정부의 강력한 드라이브가 결정적인 역할을 해왔다. 중국정부는 2005년 '재생에너지법' 제정을 계기로 본격적으로 신재생에너지 산업을 육성하기 시작했으며, 2015년부터는 '중국제조2025'와 '인터넷 플러스' 전략과 에너지산업을 결부함으로써 에너지 4.0시대에도 여전히 힘을 발휘할 것으로 전망된다.

에너지 4.0시대의 도래와 중국의 부상은 우리 에너지업계에 새로운 기회의 창이 될 수 있다. 그러므로 정부는 신재생에너지 발전과 관련한 인센티브를 확대하고 에너지데이터 개방과 플랫폼 구축을 통해 에너지 빅데이터를 활용한 각종 에너지 신산업이 등장할 수 있도록 환경을 조성해야 한다. 또한 스타트업 성장을 위해 전폭적이고 신속한 지원이 이루어져야 하고 에너지 신산업과 관련한 신기술 공동연구 등을 통해 중국과의 새로운 협력방향을 모색해가야 한다. 우리 중소기업은 기존의 신재생에너지 산업 가치사슬의 참여뿐만 아니라 우수한 기술력과 참신한 아이디어를 활용해 에너지 신산업의 새로운 기회를 선점해야 한다. 해외시장 개척에 있어서는 대기업과의 협업을 강화하고 스마트 그리드나 신재생에너지 융복합 등 중국이 관심 있는 분야에 대해서는 현지 기업과의 지분 공유를 통한 중장기적인 파트너십을 구축하는 것이 리스크를 최소화하는 데 효과적이다.

(5) 바이오 제약산업

바이오 의약품은 사람이나 다른 생물체에서 유래된 것을 원료 또는 재료로 하여 제조한 의약품을 말하며 생물학적 제제, 유전자 재조합 의약품, 세포치료제를 포함한다. 바이오 의약품을 대량으로 생산하는 산업을 바이오 제약 산업이라 한다. 바이오 제약 산업은 과학기술 기반, 연구집약적 산업으로 질 좋은 일자리가 많이 창출한다.

바이오 의약품은 합성의약품보다 분자구조가 복잡해서 복잡한 배양과 정제 과정을 거쳐야만 대량생산이 가능하다. 이 때문에 바이오 의약품의 복제의약품은 바이오 시밀러라 해서 합성의약품 복제약을 말하는 제네릭과 구별되고, 진입장벽이 낮춰졌다는 면에서 새로운 기회의 창 산업이다. 즉, 바이오 의약품은 표적 장기에 직접 작용하며 생체물질이기 때문에 부작용이 덜하며 임상 통과가 쉬워 개발비용도 합성의약품보다 적게 든다는 면에서 상대적으로 신규 진입자에게 덜 불리하다. 상대적으로 저렴하다는 이유로 바이오 의약품에 대한 수요가 급속하게 증가하고 있다.

실제로 바이오 의약품 분야에서 많은 '기회의 창'이 열리고 있다. 먼저 세계 매출이 연간 10억 달러를 넘고, 복용 환자가 1,000만을 넘는 휴미라, 레미케이드, 엔브렐, 리툭산 등 블록버스터급 바이오 신약 특허가 2020년까지 대거 만료될 예정이다. 유전자 재조합 의약품 분야 혁신의 기회가 되고 있다. 줄기세포와 유전자가위의 발견으로 세포치료제 분야에서의 혁신도 예고되고 있다. 만능유도줄기세포 Induced Ploripotent Stem Cell, iPS가 발견되어 기반 치료가 개발되고 있으며 연구용 인간조직을 무한대로 배양할 수 있게 되었다. 3세대 유전자 가위 기술인 크리스퍼가 발명되어 인간은 거의 모든 생물의 유전자를 고칠 수 있는 기술을 얻게 되었다. 이러한 기회의 창을 활용하기 위해 각국 혁신주체들이 발빠르게 움직이고 있다. 대표적으로 중국의 경우를 보면 중국정부의 지원하에 상하이 라스, 중국바이오제약 등 바이오 제약 기업이 혁신을 가속화하고 있다. 이들 기업이 생산하는 주요 바이오 의약품은 아직 1세대 바이오 의약품에 제한되어 있지만 혁신역량 축적을 가속화하고 있다. 또한 우시앱테크와 같은 임상전문기업도 성장하고 있다. 한편 중국의 바이오 의약품 관련 제도와 규제환경이 아직 정비되지 않았기 때문에 더욱 자유롭게 혁신을 추진하고 있는 액체생검 등의 유전체 검사나 줄기세포치료와 면역세포치료를 포함하는 세포치료 분야 혁신주체들도 있다. 광둥성 선전에 본부를 둔 유전체 분석 기업인 화따지인이 대표적이다.

한국도 삼성바이오에피스, 셀트리온 같은 바이오 제약 기업들의 성과에 힘입어 2016년 바이오 의약품 수출이 1조 6,719억 달러에 달하고 있으며 메디톡스와 같은 유전자 재조합 의약품 생산 기업, 신라젠, 제넥신 등 신약 연구개발 중심 벤처 기업이 빠르게 성장하며 혁신을 지속하고 있다. 기존의 제약기업들도 바이오 제약 분야에 많은 투자를 하고 있다. 바이오 제약 산업은 오픈이노베이션이 확대되는 추세로 M&A, 라이센싱, 공동연구가 증가하는 추세로 중소규모 혁신형 벤처 기업들도 역량에 따라 큰 성과를 낼 수 있는 환경이다.

한국에서 바이오 제약 산업의 기회의 창을 활용하고 혁신주체들의 혁신을 지원하기 위해 다음과 같은 미래 전략에 집중할 필요가 있다. 먼저 생명윤리 관련 법안을 재논의해서 연구개발을 막는 규제를 시정할 필요가 있다. 규제가 기술 발전을 따라가지 못하고 있다. 둘째, 바이오 제약 산업진흥정책을 조율할 전문부서의 역할을 강화할 필요가 있다. 산업발전을 위한 정책결정권이 모아져 전문적인 지식을 갖춘 학계 중심으로 이뤄져야 한다. 미국, 일본과 인도의 정책을 벤치마킹할 필요가 있다. 셋째, 바이오 의약품 제조 전문기업(CMO) 모델을 지원하는 동시에 중소 규모 벤처 창업 활성화를 통해 산업 혁신역량을 한 단계 높여야 한다. 한국에서 창업자가 너무 많은 리스크를 지는 상황을 타개해야 한다. 마지막으로 바이오 제약 산업 전문인력 양성과 혁신 클러스터 지원 활성화와 같은 인프라 구축을 서둘러야 한다.

(6) 스마트시티 산업

스마트시티는 최근 4차산업혁명이라는 이슈와 스마트폰, 스마트카 등의 기술적 발전 추세를 배경으로 탄생한 개념으로, 기술적으로는 거대한 센서 네트워크와 양방향성 기반의 효율성을 그 특징으로 한다. 전 세계적으로 스마트시티를 건설하겠다는 여러 계획이 발표되고 있고, 현 정부에서도 미래성장동력으로 4차산업혁명 기반의 스마트시티를 제시하고 있다. 마켓 리서치 기관에서는 스마트시티의 시장 규모가 2020년에 약 1조 2,000억 달러로 증가할 것을 예상하고 있다. 스마트시티의 건설계획과 시장 규모로 보면 중국정부가 가장 적극적이고, 제13차 5개년 계획 기간(2016~2020)에 1조 위안(182조 원)에 달하는 스마트시티 투자계획을 가지고 있다.

과거 지능형 ICT에 기반한 U-city 건설의 경험이 있는 한국은 중동과 아프리카의 스마트시티 시장에서 상당한 우위가 있고 토털 솔루션적 접근방식이 가능하다. 하지만, 중국시장에서는 좀 더 세부적인 접근이 요구된다. 중국시장에서는 좀 더 특화하여, 가령, 스마트시티에 대한 솔루션 판매 및 운영, 관리의 수주에 대한 접근방식, 구체적으로 스마트홈, 에너지 솔루션(특히 에스코 사업과 관련한), IT서비스, B2B솔루션 기술을 기반으로 한 틈새 및 세부 시장으로 접근하는 방법이 더 적절하고, 또한 자본을 가진 디벨로퍼와 협력하는 것이 필요해 보인다. 국내에서는 매년 10조의 사업비가 투입되어 국정과제로 추진 중인 도시재생 뉴딜정책을 기존 도시 기반의 소규모 스마트시티로 추진함으로써 스마트시티 개발의 선례를 만들 필요가 있다. 국내외적 스마트시티 건설에 성공하기 위해서는 민간 사업자의 참여와 투자 유치를 위한 관련 정부 제도 및 규제의 세부 조정과 해외 프로젝트의 초기 정부지원 및 관련 기업 간의 협업이 있어야 한다.

스마트시티는 단순 도시개발이 아니라 그 안에 다수의 프로젝트가 존재하는 거대한 프로젝트이며, 정부와 기업이 연계해 오랜 기간에 걸쳐서 장기적으로 진행된다. 초기 단계에 진입하지 않으면 후발주자로 기회를 잡기는 매우 어렵다. 해외 스마트시티 프로젝트에서 성공하기 위해서는 초기 교두보 확보와 적극적 진출이 요구된다.

(7) 온라인 유통산업

유통은 상적 유통과 물적 유통으로 나뉜다. 상적 유통이란 소유권을 이전하는 것을 말하고, 물적 유통은 상품을 이동하는 것을 말한다. 유통은 산업 분류상 도매업, 소매업, 상품중개업으로 구분된다. 도소매업자는 자기 책임하에 생산자에게 상품을 구매한 후 이를 제3자에게 파는 '판매'행위를 하는 것이고, 이를 온라인상에서 판매하면 전자상거래가 되는 것이다. 반면, 상품중개업은 상품의 생산자와 소비자를 단순히 연결시켜주는 서비스를 제공하고 일정의 수수료를 받는다. 오프라인의 '중개'처럼 온라인이나 인터넷에서 행해지는 이런 중개 서비스를 B2C나 C2C 방식으로 제공하는 경우 '플랫폼'사업자라고 한다. 위의 두 가지 방식, 즉 전자상거래와 플랫폼 서비스를 온라인 비즈니스라고 부른다. 단, 미국의 아마존, 중국의 징동, 한국의 쿠팡 같은 전자상거래 기업들은 플랫폼 서비스도 같이 하는 경우가 종종 있지만, 미국의 이베이나 중국의 알리바바 등 플랫폼 기업은 중개 서비스만 하지 직접적 판매행위는 하지 않는다.

4차산업혁명은 첫째, 쇼핑, 구매, 결제라는 상적 유통과정에서 온·오프라인의 차이를 없애고, 결제방법의 편의성을 높이고 있다. 둘째, 빅데이터나 인공지능을 통해 소비자를 분석하거나 미국의 블랙프라이데이처럼 고객이 급증하는 경우에는 필요한 인원의 충원과 배치를 미리 준비하고, 매출을 예측하여 재고를 줄이는 등 기업경영 전반에 걸쳐 특수한 상황에 미리 대비한다. 그리고 마지막으로 드론이나 무인배송 차량을 통해 물적 유통의 모습도 바꾸고 있다.

중국에서는 백화점을 포함한 대부분의 오프라인 유통기업들의 매출액이 감소했다. 반면 온라인 소매 총매출액은 2015년에 전년 대비 47%가 성장했다. 중국의 경우, 알리바바는 중개만 하는 최대의 플랫폼 기업인 반면, 징동은 직접 판매도 하는 대표적 전자상거래 기업이다. 알리바바는 무료 C2C 전략에 따른 네트워크 효과를 통해 급성장한 반면, 좀 더 충성심 높은 고객의 신뢰를 얻고자 하는 징동은 직영

배송 시스템과 고객관리가 그 핵심 역량이다.

한국 온라인 비즈니스 시장에서는 현대, 롯데, CJ 등 대기업의 온라인 종합몰과 G마켓이나 옥션과 같은 '오픈마켓'이라고 부르는 기존 C2C 플랫폼들의 사이를 비집고 신종 전자상거래 기업들이 등장했다. 즉, 쿠팡, 위메프, 티몬 등 소셜커머스 기업들과 스타일난다, 핫핑, 미아비스빈 등과 같은 온라인 전문몰 기업들이다. 소셜커머스는 할인쿠폰 공동구매형 온라인 비즈니스에서 종합 전자상거래 기업으로 성장한 기업들을 말한다. 단, 쿠팡은 로켓배송이라는 직영배송 시스템을 통해 소비자의 신뢰를 얻고 직접 판매도 하지만, 한편으로는 중개자로서 플랫폼 서비스를 제공하면서 한국 온라인시장의 강자로 부상했다. 그러나, 비단 한국시장만의 현상은 아니지만, 종합 전자상거래 기업들은 적자를 면치 못하고 있다. 반면에, 일부 온라인 전문몰들은 글로벌 시장에서 좋은 성과를 올리고 있다. 가령, '스타일난다' 기업은 2015년 매출 1,089년, 영업이익 235억 원의 성적을 거두었다. 이런 기업들은 위탁제조 방식으로 생산한 고유의 디자인과 스타일을 갖춘 의류상품을 모바일 유통을 통해 판매하면서, 자신만의 기술력과 서비스, 고객관리로 성공을 거두었다.

즉, 오프라인 매장 비용을 절감하면서 일종의 OBM을 하는 이런 온라인 전문몰 형태의 비즈니스 모델이 한국 중소벤처에게는 유망한 모드로 보인다. 반면에, 종합 전자상거래나 플랫폼은 신생기업에게 쉽지 않아 보인다. 단, 규모경제를 위해 국내시장뿐 아니라 중국 등 해외시장 공략이 필수이며, 해외고객들이 직접 상품을 구매할(직구) 수 있도록 서비스 제도를 갖추는 것도 필수적이다. 스타일난다 같은 경우는 알리바바에 입점해 있고, 또 2017년 11월부터 본사 홈페이지에서 구매하는 중국고객들에게 바로 EMS로 발송하고 이에 대한 관세를 대신 부담하고 있다.

단, 중국의 대형 플랫폼 기업과 한국 중소기업들 간에도 후자가 약자로서 당하는 '갑질'이 발생할 여지가 있고, 이에 대한 정부 지원이 필요하다. 가령, 2015년 부산시와 특허청은 중국 수출 중소기업 지식재산권 소송보험 지원사업을 통해 소송비용을 지원한 경우가 있다. 중소기업의 중국 진출에 대한 원스톱 정보제공이 필요하다.

(8) 모바일 지급결제 산업

모바일 결제는 소비자가 스마트폰 등 모바일단말을 통해 디지털화된 정보를 송신해 구입한 상품이나 서비스의 대가를 지불하는 것을 말한다. 4차산업을 필두로 하는 핀테크기술이 급속하게 발전하면서 글로벌 모바일 결제 시장을 장악하는 국가가 세계 유통과 금융, 온라인 시장을 주도하는 환경이 조성될 전망이다. 2017년에 들어서 모바일 결제 시장은 중국과 미국을 중심으로 B2구도가 형성되고 있고, 보수적이던 유럽 등 전통사회도 모바일 결제 시장에 눈을 돌리고 있는 등 전세계적으로 '무현금사회'로의 진입이 계속 빨라지고 있다.

특히 중국은 급격한 스마트폰의 보급 확대와 QR코드를 통한 모바일 간편결제의 확산 보급으로 신용사회 진입이라는 중간단계를 뛰어넘고 곧 바로 무현금사회를 향해 힘차게 도약하고 있다. 현재 중국이 글로벌 시장의 새로운 '금융생태환경' 구축과 기술 혁신을 주도하고 있다. 한국은 이 분야에서 후발국으로서 중·미 양국에 크게 뒤처져 있는 현실이 아쉬운 대목이다.

한국이 모바일 지급결제 분야에서 상대적으로 부진한 사유는 아직 모바일 결제의 중요성에 대한 인식의 결여, 금산분리와 관련한 각종 금융규제의 잔존, 신용카드결제 위주의 보수적인 관행, 온라인 거래를 위한 '생태환경'의 미비 등을 들 수 있다. 한중 양국의 대표 기업인 알리페이와 삼성페이의 경쟁력을 비교해보면, 보안 분야 등 일부 특정 영역을 제외하면 삼성페이가 결제기술, 서비스영역, 시스템 우월성, 고객잠재력 발굴 등 여러 면에서 크게 뒤처져 있는 것으로 나타났다. 그러나 새롭게 나타난 고무적인 현상은 바로 토스를 비롯한 한국 중소 핀테크 기업체들의 발전 잠재력과 괄목적인 성장이다. 이러한 배경에는 금융당국으로부터 기술력과 혁신성을 인정받아 일부 규제가 완화된 결과물이라는 데 그 의의가 크다.

앞으로 정부는 신용카드보다 모바일 결제가 대세라는 인식을 공유하고 핀테크 기업에 대한 빅데이터 사용 허가 등의 규제완화를 적극 강구해야 할 것이다. 그리고 중국의 핀테크 발전 모델을 벤치마킹해 관련 중소기업의 창업을 적극 지원해야 할 것이다.

기업 차원에서는 '한류'를 중심으로 하는 새로운 글로벌 네트워크 환경을 조성해나가면서 기술적 우위를 확보하고 있는 보안기술 등 특정 분야에서 중국기업과의 협력방안도 모색해나가야 할 것이다. 한류지역에 대한 대기업과 중소기업의 공동진출도 적극 추진해나갈 필요가 있다.

(9) 공유경제

공유경제란, 소유자 입장에서는 재화의 효율을 높여 추가 이익이나 만족감을 얻을 수 있고, 구매자 입장에서는 싼값에 필요한 만큼만 해당 재화를 이용할 수 있으므로 양쪽 모두 '한시적 교환'이라는 계약 성립에 만족할 수 있는 새로운 소비형태라 볼 수 있다. 이는 일종의 소유권 활용을 강화하는 현상으로, 정보의 공유를 통해 개인이나 기업이 소유하고 있는 자산의 활용을 극대화시켜 새로운 수익을 추구하는 현상이다. 모든 정보가 공유되는 사회에서 기업의 경쟁우위는 지속적일 수 없다. 개별 기업의 지속적 경쟁우위 확보를 장담할 수 없는 상황에서 유일한 국가적 산업대책은 끊임없이 새로운 기업이 창출되고 새로운 산업이 생겨나는 메커니즘을 확보하는 것이다. 결국 규제가 아닌 자유, 보호가 아닌 경쟁, 폐쇄가 아닌 개방만이 4차산업혁명시대에 일어나는 기존 산업의 와해와 신규 산업 생성의 물결속에서 한국이 글로벌 경쟁력을 확보하는 길일 것이다.

공유경제와 관련하여 한국기업은 우선 글로벌 및 중국 시장의 성공사례를 한국 현지 실정에 맞게 모방하는 전략을 도입해야 할 것으로 판단된다. 싱가포르의 차량공유 서비스 기업인 그랩의 철저한 현지화를 통한 성공사례는 한국기업에게도 좋은 벤치마킹 대상이 될 수 있다. 특히 글로벌 빅 플레이어들의 국내 진출이 예상되는 분야는 모방전략을 사용하여 시장을 선점해둘 필요가 있다. 한국의 공유경제가 규제에 막혀 지금까지 성장을 못했으나, 역설적으로 글로벌 빅 플레이어들의 한국 진출 또한 막아 한국기업에게 모방전략을 실행할 수 있는 시간을 벌어준 측면도 적극 활용해야 할 요소이다.

공유경제 영역은 아이디어와 발 빠른 시장 대응에 많이 의지하므로 한국 중소벤처의 사업 기회는 매우 크다 하겠다. 1인가구나 맞벌이가구를 위한 가전제품 공유, 출산·육아용품과 각종 명품의 공유, 30~40대 맞벌이 부부를 위한 육아 또는 가사 도우미, 반려동물 돌보기 서비스 등도 훌륭한 사업 아이템이 될 수 있을 것이다.

정부는 하루빨리 관련 규제환경의 정비에 나서야 한다. 중국의 정책 운용을 벤치마킹하여 공유경제 기업에 대한 원천적 규제보다는 합법화를 통해 관리를 철저히 하는 방향을 선택하고, 포지티브 규제 일색의 관련법을 네거티브 규제방식으로 전환하여야 할 것이다. 정부가 정책적으로 바이아웃펀드를 조성하여 우수한 스타트업 기업의 적극적 인수를 통해 젊은 창업자들의 이익 실현을 앞당겨주고, 인수 후 바이아웃펀드가 전문적으로 해당 기업의 성장과 해외 진출, 매각을 추진하는 규모화된 게이트웨이 플랫폼으로 작동하게 한다면, 이러한 새로운 정책이 한국형 선순환 생태계 조성의 시작점이 될 수 있을 것이다. 동시에 스타트업에 대한 대기업의 적극적 투자와 M&A를 유도할 당근 제시가 필요하다. 정책적으로 스타트업에 투자하거나 M&A를 진행한 대기업에게 과세상의 혜택을 주거나 일정 기간 보조금을 지급하는 방법으로 대기업이 자체개발보다 스타트업 생태계의 선순환 구조 참여에 관심을 갖게 해야 한다.

3. 고용, 교육 및 산업 정책

2017년 11월 현재 한국경제의 전반적인 경제지표는 호조세를 보이고 있다. 2017년 10월 기준, 수출은 12개월 연속 증가세를 유지하고 있고, 9월 산업생산·소비판매·설비투자의 경우 전달보다 각각 0.9%, 3.1%, 5.5% 늘어나면서 2016년 6월 이후 15개월 만에 처음으로 동반 증가하였다. 올해(2018)도 3% 성장은 무난할 것 같다.

그러나 정작 경제의 근간이 되는 구조적인 지표들은 나빠지거나 오히려 역대 최악의 수준을 보이고 있다. 제조업 평균 가동율은 2013년 1월 79%에서 4년여 만인 지난해 9월 71.8%로 곤두박질치고, 노동생산성은 OECD 회원국 중 바닥 수준이며, 총요소생산성 증가율은 0%대로 추락했다. 서비스산업의 경쟁력은 한 걸음도 나아가지 못하는 실정에서 제조업·대기업 중심 산업 쏠림현상은 심화되고 있다. 한국경제가 겉으로는 성장하지만 속으로는 골병을 앓고 있는 것이다.

국내외 경제환경도 결코 우리에게 유리하지 않다. 우선 4차산업혁명에 대응하는 자세도 부족하고 선진국과의 격차는 더욱 커질 가능성이 많다. 중국경제의 부상은 더 이상 기회가 아닌 위협이 될 조짐이다. 산업전문가들은 한중 간 기술 격차가 급격히 축소되면서 5년 이내 반도체를 제외한 대부분의 산업에서 중국 우위의 경쟁구조가 형성될 것으로 우려하고 있다. 국내적으로도 민간부문의 자생력이 크게 약화되는 가운데 경제주체인 근로자와 기업이 경제 하려는 의지, 자신감, 열정이 사라지고 있다. 정부정책에 대한 신뢰도 많이 약화되어 있다.

우리에게 남은 시간도 많지 않다. 지난해 11월 KDI 규제연구센터가 경제전문가 489명을 대상으로 "한국경제의 상황이 '서서히 뜨거워지는 냄비 속 개구리'와 같다는 주장에 공감하느냐"고 질문한 결과 88.1%가 "그렇다"고 답했다. "냄비 속을 탈출할 시간이 얼마나 남았다고 생각하느냐"는 질문에는 63.3%가 1~3년, 27.1%가 4~5년이라고 답했고, "이미 시간이 만료됐다"는 답변도 5.6%였다.

그러나 우리가 여기에서 주저앉을 수는 없다. 우리보다 한 발 앞서 나름의 방식으로 열심히 뛰고 있는 주요 선진국과 거대한 중국을 쳐

다보고만 있을 수는 없다. 한국경제의 성장과정을 회고해볼 때 어려움이 없었던 적은 한 번도 없지 않았는가. 더 늦기 전에 모든 경제주체가 협력하여 새로운 돌파구를 마련해야 한다.

어렵지만 정말 어렵지만, 우리 경제가 가지고 있는 장점을 기반으로 4차산업혁명으로 표현되는 새로운 기술 경제 패러다임의 출현과 중국·인도 등의 수요기반 확대라는 우리에게 주어진 마지막 기회를 움켜쥐어야 한다.

우리 경제 위기의 본질은 낮은 생산성으로 대표되는 기업경쟁력의 저하이다. 좀 더 구체적으로 보면 주력 기간산업과 서비스산업의 경쟁력 저하, 미래성장동력의 부재, 그리고 중소기업의 혁신역량 부족이다. 저성장과 일자리 부족은 그 결과적 현상에 불과하다. 양극화 현상은 저성장의 결과이자 성장의 장애요인이라 할 수 있다.

위기의 본질에 맞는 정책적 대응이 필요하다. 부의 양극화 해소와 일자리 창출을 위한 가장 시급한 과제는 노동, 교육 분야에서의 근본적인 개혁이다. 산업정책적 측면에서는 기존 산업의 경쟁력 제고와 미래성장동력의 확보에 방점이 주어져야 한다.

한국 노동시장의 양대 문제는 노동구조의 양극화 심화와 인력 수요와 공급의 미스매치라고 할 수 있다. 정부에서도 일자리 문제를 최대 중점 과제로 삼고, 비정규직의 정규직화, 최저임금의 단계적 인상, 공공일자리의 확충, 유연성 관련 양대 지침의 폐지 등을 적극 추진하고 있다. 향후 추가 또는 보완되어야 할 노동정책으로 다음과 같은 것이 검토되어야 한다.

첫째, 경직적 노동시장 구조를 가지고 있는 한국 기업과 산업은 좀 더 다양한 형태의 일자리를 창출해야 하며 정부는 이들 일자리가 갖는 불안정성을 해소하기 위한 사회적 안전망 강화를 지원해야 한다.

둘째, 취약계층의 고용안정성을 강화하는 것은 바람직한 방향이나 고용시스템의 유연성과의 조화를 감안하지 않으면 실제 고용시장에서 본의 아니게 왜곡이 일어날 수 있으며 지속가능성도 보장되지 않음을 염두에 두어야 한다. 그리고 단기적 성과를 위해 정부가 강제적으로 추진하기보다는 어느 정도 시간이 소요되더라도 노사 간 직접 대화를 통한 타결이 바람직할 것이다.

셋째, 일자리의 창출·유지, 수급의 미스매치, 고용안정성에 대해 기업과 정부의 역할이 적절히 구분되어야 한다. 기업은 일자리 창출·유지를 위해 새로운 수요에 대한 교육과 전직·이직을 지원하기 위한 직장 내 교육훈련을 강화하고, 정부는 직접 일자리 창출보다는 수급의 미스매치를 해결하기 위한 에이전트 역할의 강화, 청년 미취업자에 대한 공공훈련 프로그램 운영, 평생교육 체계의 구축, 사회안전망 구축에 집중해야 할 것이다.

넷째, 양극화 해소를 위해 추진되고 있는 최저임금제도의 시행은 실제 현장에서 저소득층의 소득 상승뿐 아니라 중소기업의 경쟁력 강화가 전제되어야 한다. 많은 문제점이 있는 일자리안정자금을 직접 사업주에게 지원하는 것은 최대한 조기 일몰하고 정부조달권 활용이나 세금우대, 사회보험료 감면 등과 같은 간접적 지원 방안을 강구하는 편이 나을 것이다.

끝으로 양질의 일자리 창출·보존을 위해서는 상시적인 기업과 산업의 구조조정, 새로운 먹거리 창출을 위한 산업정책과 창의적인 융합인재를 적기에 지속적으로 공급하는 인력양성 정책이 함께 이루어져야 함도 명심해야 할 것이다.

창의적 융합인재 양성을 위한 교육정책은 좀 더 장기적인 관점에서 근본적인 교육개혁이 일관성 있게 추진되어야 할 것이다.

초·중·고등교육은 단순한 프로그래밍 기술을 익히는 것을 뛰어넘어, 본연의 정책목표인 문제해결능력·사고력·협동력을 배양할 수 있는 통합교육 과정으로서의 소프트웨어 교육을 의무화해야 한다. 이를 위해 우선되어야 할 것은 교사들의 소프트웨어 역량 강화이다.

대학교육은 온·오프라인상의 다양한 창의적 수업방식을 활용하여 학습효과를 극대화해나가야 하며 최근 개교한 미국의 미네르바대학의 토론식 수업과 자기주도적 학습은 대학교육이 나아가야 할 방향에 많은 시사점을 던지고 있다.

끝으로 4차산업혁명시대 개인이 끊임없이 변화하는 기술적 환경 변화에 제대로 대응하기 위해서는 평생에 걸친 교육프로그램이 필요하다. 조지프 스티글리츠가 말하는 "창조적 학습사회"를 구축하기 위한 정부와 기업의 적극적인 관심과 투자가 절실한 시점이다.

양질의 일자리를 창출하면서 지속적인 성장을 할 수 있는 방안은 무엇일까. 새롭게 형성되는 동북아 경제질서에서 중국의 블랙홀에 흡수되지 않으면서 4차산업혁명을 제대로 활용할 수 있는 묘안은 무엇일까. 고부가가치 미래 먹거리 확보가 정답이다. 미래성장동력 창출은 장기 저성장 추세에 있는 한국경제의 최우선 정책과제가 되어야 한다. 가장 중요하지만 어려운 과제인 만큼 사회적 합의를 기초로 국가 어젠다로 추진되어야 한다. 과거 정부의 신성장동력 정책으로부터 얻은 교훈을 바탕으로 신산업정책의 방향이 재설계되어야 한다.

첫째, 주요 분야별·기술별 맞춤형 전략이 수립·시행되어야 한다.

본 연구에서 다루고 있는 산업만 하더라도 경쟁국 대비 기술 우위 여부, 시장의 개방 정도, 규제환경 등이 모두 제각각이다. 따라서 정부정책이나 기업전략을 수립할 경우 해당 분야의 현재 여건과 향후 발전방향, 경쟁상대의 전략 등을 종합적으로 감안해야 할 것이다.

둘째, 정부의 일방적 주도보다는 민관의 자율적 협력체계Embedded autonomy 구축이 필요하다. 지나치게 첨단기술 위주로 선정하기보다는 잠재적으로 비교우위에 있는 분야를 찾기 위해 정보를 상호 공유하는 것과 같은 민관의 공동 노력이 필요하다.

셋째, 기술 혁신에 앞서 제도적 기반을 먼저 다져야 한다. 본 연구에서 다루고 있는 각 산업들도 예외없이 규제개혁의 필요성이 강조되고 있다. 특히 4차산업혁명과 관련된 산업은 규제체계가 없던 신산업이거나 기존 기술과 신기술의 결합으로 기존 규제체계와 충돌하는 경우가 대부분이다. 사전규제는 가급적 지양하되, 사후규제가 불가피할 경우에도 시장친화적 규제를 도입해야 한다.

넷째, 장기 비전과 단기적 실행계획 간의 정합성이 유지되어야 한다. 기존 개별 연구과제 수준의 지원을 참여기업 수준의 지원으로 변경해 시제품 제작, 제조공정 혁신, 시장 진출, 금융·인력 지원 등 해당 기업의 성장에 필요한 애로사항을 패키지 형태로 지원하여 글로벌 기술 창업 기업으로 커나갈 수 있도록 해야 한다. R&D 혁신 시스템을 근본적으로 개편하고, 인공지능 등 분야별 전문인력을 집중 양성해야 한다.

다섯째, 향후 5년 동안 한시적으로 미래성장동력 분야의 중소·중견기업을 위한 재정확대 정책을 적극 검토해야 한다. 5년간 50조 원 규모의 별도 예산을 본 예산으로 편성하여 미래 먹거리 창출과 양질의 일자리 확보에 집중 투자하는 것이 필요하다.

끝으로 중국정부의 정책과 주요 중국기업의 동향을 늘 예의 주시해야 한다. 산업·무역구조가 유사한 중국의 산업동향은 우리의 전략 수립에 있어 변수가 아닌 상수가 된 지 오래다. 매 순간 변화하고 있는 국내외 정책 환경, 특히 중국경제에 대한 정확한 정보 수집과 정책에의 반영은 정책 당국자의 숙명이자 의무이다.

지금 우리를 둘러싼 국내외 여건은 엄중하다. 시간도 결코 우리 편이 아니다. 모든 경제주체가 다시 한번 희망적인 미래를 창조하기 위한 국민대장정에 나서야 할 시점이다.

4. 소득과 혁신주도를 넘어서 인간중심 경제로

(1) 소득주도 성장 담론

2017년 봄, 선거로 집권한 문재인 정부는 이전 정부와 다른 몇 가지 정책적 시도를 하고 있다. 그중 하나가 소득주도성장론이다. 그 핵심 내용은 기존에는 임금소득을 단순히 기업의 비용으로 보아서 임금소득의 증가는 투자의 감소를 가져온다고 했으나, 소득주도성장론에서는 임금소득의 증가가 소비의 증가를 낳고, 이것이 투자의 증가로 이어져 경제가 성장할 수 있다는 또 다른 경로에 착안하고 있다. 전반적으로 여러 선진국과 한국에서 불평등의 심화와 일자리 부족 등으로 국내소비의 침체가 경제문제의 주요한 양상임을 고려할 때 이러한 발상은 이해가 가는 측면이 있다. 특히 단기적으로 어느 정도 경기부양 효과가 있을 것으로 보인다.

그러나 한국경제가 내포한 중장기적으로 좀 더 심각한 문제는 잠재 성장률의 저하 추세에 따른 공급 측의 붕괴이다. 최근 한국은행의 추계에 따르면 한국의 잠재 성장률은 5년마다 1%p씩 하락하는 추세를 보이고 있다. 즉, 2001년에서 2005년 사이에는 5%였고 2006년에서 2010년에는 3.7%, 2011년에서 2015년에는 3.1%였다. 그리고 가장 최근인 2016년에서 2020년에서는 2.8%로써 처음으로 3% 밑으로 내려앉았다.[1] 더 중요한 것은 잠재 성장률 하락의 요인이 인구 감소에 따른 노동 감소나 투자 감소에 따른 자본 감소에도 있지만, 더욱 우려되는 점은 기술 혁신의 부분을 대표하는 총요소생산성이 큰 폭으로 하락했다는 점이다. 실제로 우리나라 경제성장에서 총요소생산성 증가가 기여하는 부분은 1.7%에서 0.8%로 반토막이 났다. 이대로 가면 10년 후에는 1%대로 하락할 가능성이 보인다.

즉, 이렇게 빤히 보이는 잠재 성장률의 하락에 대해서 우리가 적극적으로 대처하지 않으면, 단기적으로 수요 측을 부양한다 해도 경제가 중장기적으로 살아나기는 어려울 것이다. 이런 면에서 한국경제의 잠재 성장률의 하락은 미셸 부커가 얘기하는 회색 코뿔소라고 할 수 있다. 여기서 회색 코뿔소란, 다가올 가능성이 높고 빤히 보이는 위험에도 불구하고 사람들이 적극적으로 대처하지 않고 다른 사람에게 떠넘기는 위험요소를 칭한다. 즉, 그동안 한국경제의 리스크로 거론되어온 금융위기가 가능성은 낮지만 발생하면 파괴적 효과가 큰 블랙스완이었다면, 이제는 각종 통화스와프(SWAP)와 외환보유고 누적으로 블랙스완의 리스크는 줄어든 반면, 이제는 발생 가능성이 높은 회색 코뿔소에 대비해야 하는 시점이 왔다.

실제로 전통적인 재정금융 정책과 같은 수요 측 부양정책이 단기적으로는 효과가 있으나, 결국 인플레이션을 낳아서 장기적으로는 효과가 감소되는 구축효과로부터 자유롭지 않은데, 임금주도 성장정책도 결국 수요 측 부양정책의 일종이기 때문에 같은 한계를 지닌다. 이런 수요 측 부양정책의 한계는 최근 상황에서 돈을 풀어도 돈이 돌지 않는 현상과도 관련이 있다. 즉, 요구불예금 잔액 대비 지급액으로 정의되는 요구불예금 월 회전율이 2011년 1월에 36배에 이르던 것이 최근에는 반토막이 나서 18배에 머무르는 것은 이런 수요 측 부양정책의 효과가 작을 수밖에 없다는 것을 시사한다.[2]

그래서 현 정부가 추가로 중점을 두어야 할 정책은 혁신주도 성장이다. 그런데 현 정부의 현재 정책은 임금소득 주도 성장에 치우쳐 있고, 혁신성장정책은 예산 배정도 적고 많이 부족해 보인다. 즉, 한국경제를 이끄는 소득과 혁신이라는 두 개의 마차 바퀴가 고르지 않아서 덜컹거리면서 오래 굴러가기 어려운 상황이다.[3]

(2) 혁신주도 성장정책

정부도 이를 인지하고 있는 것 같다. 그래서 2017년 11월 초에 나온 혁신창업 생태계 조성 방안 등 여러 혁신주도 성장정책들이 계속 나오고 있는 것은 바람직하다. 최근에 나온 이 생태계 조성 방안에 따르면, 10년 만에 스톡옵션에 대한 비과세를 부활하고, 엔젤투자 소득공제를 확대하고, 크라우드 펀딩에 대해서 포지티브 규제방식을 택해 장려하고, 대기업에 피인수되는 중소 벤처 기업을 대기업 계열사로 편입하는 데 유예기간을 3년에서 7년으로 늘리고 있다. 이런 정책은 매우 바람직한 것으로써 그동안 필자가 한국경제 혁신정책의 핵심으로서 대기업과 중소 벤처 간의 선순환을 창출하기 위해서 꼭 필요하다고 주장해온 것들이다. 작년 이맘때 제기한 필자의 정책방안 중 이번에 빠진 것이 있다면 벤처 기업들이 코스닥 상장 시에 한 주당 10배의 의결권을 갖는 차등 의결권 주식의 발행을 허용함으로써 경영권 안정화를 도모하는 것 등이다. 그 외에도 벤처 기업 지정 요건이나 코스닥 상장 요건의 완화도 빠져 있다.

또한 기본적으로 이러한 정책들은 2000년대 초반에 한국의 벤처 붐을 조성했던 정책들을 다시 복원한다는 효과가 있다. 이민화 교수가 분석했듯이, 당시 한국의 벤처 붐은 세계적인 것이었으나 2002년 이후 정부 주도의 이른바 벤처 건전화 정책이 발표되면서 침체로 돌아섰다.[4] 대표적인 것들이 스톡옵션에 대한 면세 취소, 벤처 지정 요건 강화 등이다. 즉, 이는 벤처 생태계를 죽이는 효과를 가졌던 것으로 판단된다. 우선 스톡옵션 제도의 보수화는 창업을 어렵게 만들었고, 벤처 인증의 보수화는 기업의 성장을 어렵게 만들었고, M&A를 활성화했던 기술거래소의 통폐합은 중간 EXIT를 어렵게 만들었고, 최종적으로 기업 성장 요건의 강화는 상장을 통한 투자금 회수와 제2의 도약을 어렵게 만들었다.

이제는 정책을 다시 바꾸어서 과거의 벤처 붐과 비슷한 환경을 조성할 필요가 있다. 이런 정책들이 있어야 대기업의 우수한 인재들이 스톡옵션 등의 자극을 받아서 뛰쳐나와 창업을 하게 된다. 그러한 창업기업 중에서 유망한 기업들이 다시 대기업에 인수되어 성공적으로 EXIT됨으로써 대기업과 중소 벤처 간의 원활한 선순환 구조를 창출하는 것이 한국경제의 가장 핵심적인 관건 사항이다. 이것이 해결된다면 중소 벤처의 가능성을 본 젊은이들이 일하기를 꺼리지 않게 되어서 결과적으로 대기업과 중소기업 간 노동시장의 이중구조를 해결할 수 있는 단초가 될 것이다.

다만 이런 혁신성장정책에서 명심해야 할 점이 있다면, 이 생태계를 조성하는 데는 많은 예산을 투입하여 지원하는 것보다는 혁신 신생기업들이 자유롭게 창업과 성장을 할 수 있게 각종 규제를 사전에 제거해주어야 한다는 것이다. 대신 정부의 지원자금은 지금 한계상황에 처해 있지만 재생 가능성이 있는 기존 중소 제조업에게 가야 한다. 현재 한국의 중소기업 중에는 곧 문을 닫을 지경인 한계기업들이 많은데, 이러한 기업들이 계속 문을 닫는다면 한쪽에서 정부가 공공부문 일자리를 아무리 많이 창출해도 비슷한 수의 일자리가 날아가는 결과를 낳을 것이다.

국회 산업통상위원회의 자료에 따르면, 우리나라의 한계기업 수는 3126개로 국내 외부 감사기업의 14.2%에 달한다. 이 중에 85% 이상이 중소기업이다.[5] 여기서 한계기업이란 영업이익을 이자비용으로 나눈 지표인 이자보상배율이 3년 이상 1 미만인 기업을 말한다. 우리나라에 종업원 20인 이상을 고용하는 중소 제조업이 3만여 개에 달하는데, 이들 중 절반이 문을 닫는다면 대충 추산해도 50만 명 이상의 일자리가 날아가는 것이다. 그런데 이들 기업 중 상당수는 자연스럽게 구조조정이 되어야 하겠지만 많은 기업들은 공장설비를 자동화하고 스마트공장화하면 비용절감 효과와 신제품 개발력 향상으로 재기할 수 있는 기업들이다. 1장에서 사례로 든 '위드어스' 같은 기업들이 현재 한국에는 많으며, 정부 예산과 지원은 이런 유형의 기업들에게 가야 한다. 소득주도 성장의 효과가 불확실하다고 비판하면 혹자는 그러면 무엇이 확실하냐고 반문하는데, 바로 이런 한계기업들에 대한 공장 자동화 지원은 없어질 일자리를 지킨다는 면에서 그 효과가 확실한 정책들이다.

요컨대, 소득주도 성장의 효과가 단기적이거나 불확실하다면, 다른 쪽 바퀴인 효과가 좀 더 확실하면서도 중장기적으로 오래가는 혁신성장정책을 동시에 실시해야 한다. 그리고 그 핵심 방향은 한편으로는 규제를 완화하고 신규 진입을 활성화시켜 신기술 기업들이 많이 등장하게 하고 대기업과 중소 벤처 기업 간 선순환 구조를 창출하는 것이다. 다른 한편으로는 정부의 예산과 지원으로 한계상황에 도달한 기존 중소 벤처 기업들을 자동화와 스마트화하여 경쟁력을 회복시켜주는 것이다. 전자는 돈이 안 드는 제도의 개선이고 후자는 돈이 필요한 지원정책이다. 이 두 가지가 혁신주도 성장의 핵심 정책방안이다.

(3) 남은 10년과 인간중심 경제

중장기적으로 볼 때, 한국에게는 10년이라는 시간이 남은 것 같다.[6] 첫째로, 한국이 65세 인구 비중이 20%인 초고령화 사회가 되는 시가가 2026년이라고 추산된다. 둘째로, 슈밥 회장이 이야기하는 4차산업혁명의 각종 티핑 포인트가 현실화되는 것도 10년 이내로 보인다. 셋째로, 중국이 현재 제조 대국에서 제조 강국으로 자리 잡는 것도 10년 이내로 보인다. 이에 대비해서 한국은 단기적인 수요 부양정책(소득주도 성장 포함)이 아니라 무너지고 있는 한국의 공급 측을 되살리는 혁신정책을 실시해야 한다. 그리고 그 구체적 목표는 잠재 성장률을 다시 3% 이상으로 올리는 것이다. 1990년대에 일본이 잃어버린 20년을 맞이한 이유는 경기침체의 원인인 디지털혁명에 대한 대응을 하지 않고 기업의 구조조정을 등한시한 반면, 이자율 인하라든가 경기부양책에 매달렸기 때문이다. 한국이 과거 일본과 같은 정책 실패를 되풀이하지 않기 바란다. 현재 정부가 취한 최저임금 인상 정책이나 공공부문 일자리정책 등은 수요 측 부양 효과가 있는 기존의 부양정책의 일종이라고 볼 수 있는 측면이 있다.

그러나 역설적으로 최저임금정책이 노동비용을 절감하려는 노력을 가져와서 자동화라든가 스마트화를 오히려 촉진시키는 어떻게 보면 긍정적 측면도 있다. 다시 말해 기존의 근로자들은 당장 임금이 올라서 좋겠지만, 신규 일자리 창출을 줄이는 효과와 함께 자동화를 촉진하는 효과도 있는 것이다. 그런데 이런 자동화는 당장에는 일자리를 줄이겠지만, 어차피 자동화될 일자리라면 그 시기를 앞당기고 그 인력이 좀 더 생산적이고 고부가가치가 있는 업종으로 옮겨간다면 오히려 중장기적으로 긍정적인 셈이다. 그래서 단순 한계노동 부문이 결국은 자동화와 4차산업혁명에 의해서 대체되어야 한다면, 최근의 최저임금 인상 정책이 오히려 그런 추세를 앞당기는 효과가 있는 것이다. 다만, 그렇게 대체된 인력이 고부가가치 업종으로 옮겨가기 위해서는 정부의 정책이 필요하다. 한편으로는 노동시장의 유연성이 필요하고, 다른 한편으로는 인력의 재훈련·재교육 등 지원이 이루어져야 한다. 그리고 이 노동자들을 고용할 중소기업들이 스마트공장으로 재탄생하여 양질의 근무환경에서 높은 부가가치를 만들어낼 수 있다면, 잠재 성장율은 다시 높아질 수 있다.

여기서 잠재 성장율을 높이자고 하는 것은 다시 옛날의 고성장을 지향하는 것도, 그것이 가능하다고 보는 것도 아니다. 다만 최소 3% 이상의 성장을 이루어야 한다는 것이고, 3% 정도의 성장에도 불구하고, 실업율이 낮고 복지비용을 지불해낼 수 있는 고부가가치, 높은 일인당 소득의 경제를 만들어내는 것이 목표이다. 그리고 4차산업혁명은 이것을 가능케 하는 물질적 조건을 제공해준다.

다시 말해 제1장에서 제시했듯이, 4차산업혁명의 자동화 및 스마트공장 패러다임은 고령화와 인구성장 정체라는 도전에 직면하고 있는 한국경제에서 노동력 부족 문제를 해결하는 동시에 중소기업을 스마트화하여 고부가가치를 이끌어내는 변화를 가져올 수 있다. 그를 통해 경쟁력 저하를 해결하고, 중소기업을 고급화함으로써 대기업과 중소기업 간의 이중구조를 해결해간다는 방향 설정이 가능하다.

이 논리를 연장하면 인구성장이 정체되더라도 저성장에 빠지지 않을 수 있는 경로가 있다는 얘기이다. 적절한 경제활동 인구 규모, 대기업과 중소기업의 적절한 균형, 적절한 부가가치, 일자리가 공존하는 한국 경제와 사회의 새로운 균형이 가능하다. 과거의 균형이 고인구성장·고경제성장·많은 일자리 창출이었다면, 이제는 낮은 인구성장·낮은 경제성장률·고부가가치 일자리라는 새로운 균형이 이론적으로 가능해지고, 이러한 선순환형 균형만 달성된다면 굳이 고성장률에 집착할 필요가 없다. 다시 말해 인구가 줄어들어도 노동의 고급화와 산업의 고부가가치화로 선진국 모델인 저성장형 균형 유지가 가능해진다. 그리고 한국형 스마트특성화를 통해 지역별 전략산업을 육성해나간다면, 도농 간의 공간적 균형도 가능해질 것이고, 종국에는 세 가지 측면의 균형, 즉 인구균형·공간균형·대기업과 중소기업 간 균형이라는 새로운 균형 상태로의 정착이 가능하다.

이러한 새로운 균형 속에서 경제의 비전은 소득주도도 아니고 혁신주도도 아닌, 이 둘을 넘어서는 차원 높은 '사람중심의 경제'라고 할 수 있겠다. 2018년 1월 다보스 포럼에 앞서서 그것을 위한 콘텐트를 만들어내고 준비하기 위해 2017년 11월 중순 두바이에서 열린 세계경제포럼 글로벌미래위원회에서는 바로 2030년의 비전을 기술이 아닌 '인간중심'의 사회라고 제시했다.[7] 4차산업혁명의 신기술은 인간을 대체하는 것이 아니라 인간의 지적·물적 능력을 보완해서, 즉 인간을 증진human enhancement시켜서, 고도화된 인간들이 좀 더 포용적인 시스템에서 살 수 있도록 한다는 것이다. 예를 들면, AI가 인간의 지적 능력을 높이고 로보틱스는 인간의 물리적 능력을 높여서, 로봇이 인간을 대체하는 것이 아니라 인간이 로봇화하여 막강한 능력을 갖는 것이다. 즉, 힘들고 위험한 일은 로봇이 하고, 인간들은 좀 더 안전하고 편하고 즐거우면서도 창조적 일을 하는 사회를 만들자는 것이다.

인간들은 개선된 유전자, 즉 더 튼튼하고 건강한 육체, 수명 연장, 높은 지적 능력과 자율성을 갖게 되어서, 좀 더 평등하고 정의로운 사회가 가능해진다는 것이다. 이러한 인간 능력의 증진 과정을 거쳐 모든 인간의 능력이 향상된다면, 궁극적으로 여성과 남성의 격차, 노인과 청년의 격차, IQ가 높은 사람과 낮은 사람의 격차도 줄일 수 있으므로 좀 더 포용적인 사회가 가능할 것이라고 추론할 수 있다.

최근에 IMF는 2017년 세계경제가 호전되고 한국경제도 여건이 좀 나아졌으므로 현 시점이 구조조정의 적기라고 했다. 한편, 새 정부도 사람중심이라는 표현을 쓰기 시작했다는 점에서 위에서 설명한 비전과 일치되는 방향을 지향하고 있는 것으로 보인다. 앞에서 언급한 우리에게 남은 10년의 시작은 바로 현 시점이라는 인식하에 이 비전을 실현할 정책들을 구체화하고 집행해나가야 한다. 유리한 점은 현 정부는 일반 국민의 강력한 지지를 받고 있다는 점이고, 1990년대 일본과 달리 재정도 흑자이다. 이러한 정치적 지지와 재정자원을 근거로 하여, 단기적으로는 입맛에 쓰지만 장기적으로 효과가 나오는 처방과 정책들을 과감히 추진해야 할 것이다.

그러지 않으면 한국도 과거 일본처럼 될 수 있다. 일본이 1990년대 후반 이후 잃어버린 20년을 맞은 한 원인은, 당시 일본의 근본적 문제인 제1차 디지털혁명에 대한 산업부문의 대응 지체 및 투자 부족, 좀비기업 등을 치유할 구조조정을 하지 않고 이자율 인하와 돈 찍어내기로 수요 측 부양정책을 펼친 것이다.[8] 한국은 일본의 전철을 밟지 말고 앞으로 10년간 이 책에서 제시한 소득주도와 혁신주도를 포괄하면서도 이를 넘어서는 인간중심 경제 지향형 정책을 실시해야 한다.

이런 정책들이 차근차근 진행될 경우, 제1장에서 언급한 4차산업혁명이 가져올 4가지 미래 시나리오 중 가장 바람직한 '파괴적 혁신 Disrupted Scenario' 시나리오로 갈 수 있을 것이다.[9] 그렇지 않고 기술의 진보와 도입을 가로막는 규제와 장애들이 유지되거나 기득권을 유지하는 포퓰리즘과 보호주의정책이 추진된다면 바람직하지 않은 시나리오인 경로이탈devolved scenario이나 파편화Damaged Scenario 시나리오로 갈 가능성이 있다.

(이근·김호원)

주석

제1장 중국과 4차산업혁명

1 여기 지멘스 공장에 대한 정보는 2017년 3월에 있은 현지 방문 시 제공받은 설명과 자료에 의존한 것임.

2 이 회사에 대한 정보는 2017년 봄에 있는 현장 방문에서 듣고 제공받은 것을 기반으로 정리.

제2장 한국 게임 산업의 미래 전략

1 한국콘텐츠진흥원(2016) 대한민국 게임백서.

2 This is Game(2014.6.26.), 한 달 이상 생존하는 게임은 5%(검색일: 2017년 9월 3일).

3 Newzoo(2016.4.21.), The Global Games Market 2016.

4 Newsis(2016.6.13.), 세계 10위 中 음악 시장, 디지털 음원업 성장 주도.

5 Statista, Film and Movie Industry – Statistics & Facts(검색일: 2017년 9월 3일).

6 중국에서 온라인 게임을 서비스하고자 할 때 상세한 내용은 KIPA(2004.5) "중국 온라인 게임 퍼블리싱 산업의 가치사슬 분석 연구보고서(Value Chain Analysis on Chinese Online Game Publishing Industry)", p.94 참조.

7 인터넷출판서비스 관련 규정 제10조, "중외 합자경영, 중외 합작경영, 외자경영에 해당하는 기업은 인터넷 출판서비스에 종사할 수 없다."

8 인터넷서비스의 허가 제도는 외국기업에게는 일종의 진입장벽이 됐다. 온라인 게임의 경우, 해외 게임개발사들이 유통을 직접 못하고 중국 현지 유통사

를 통해서만 가능했으며, 검색포탈도 마찬가지로 NHN은 하이홍그룹(海鴻集團)과 합자기업을 설립했고, Yahoo는 Yahoo홍콩과 Yahoo 차이나를 통해서 서비스했으며, Google은 중국 간지망(赶集网)의 ICP 허가증을 사용해서 서비스를 했다.

9   매경이코노미(2017.3.8.), 中 사드보복에 게임株 무너지나.

10 KIPA(2003.10). 국내 디지털콘텐트 업체의 중국진출연구: 온라인 게임 라이선스 계약을 중심으로". p.80 참조.

11 KISDI(2006.10.16), 정보통신정책 : 중국 온라인 게임시장 동향, KISDI, pp33, iResearch(2006), China Online Game Research Report, 2006, iPesearch Consulting Group, pp. 3~7.

12 디지털타임즈(2011.02.10), 중국 게임업계 '탈한국' 선언(검색일: 2017년 9월3일)

13 조선닷컴(2008.10.10), 온라인 게임 중국 폭풍 밀려온다(검색일: 2017년 9월 3일).

14 한경게임(2017.03.07.), 중국시장, 텐센트-넷이즈 장수 명품게임 전략 GO!(검색일: 2017년 9월 3일)

15 SW정책연구소(2017.8.31), 중국 디지털 게임의 부상과 한국의 대응 전략.

16 게임포커스(2015.10.19.), VR, 게임의 미래가 될까?(검색일: 2017년 9월3일)

17 한림ICT정책저널(2016 가을호), 가상현실(VR)의 현황과 시사점, p.44.

18 KISTEP(2017.2), 2016 기술영향평가 보고서 : 가상 · 증강현실 기술.

19 플래텀 차이나리포트(2016.8), 중국 VR 파헤치기

20 한국콘텐츠진흥원(2016), 대한민국 게임백서.

21 ZDNet(2016.05.25.), 국내 게임사, 콘솔 게임으로 글로벌 공략 나선다

제3장 스마트 헬스케어 산업

1   United Nations, Department of Economic and Social Affairs, Population Division(2015). *World Population Ageing 2015* (ST/ESA/SER.A/390).

2   이지현, 김주용(2015) 『헬스케어(의료기기) 산업분석』 보고서, 키움증권.

3   조인호, 김도향.(2013) "스마트 헬스케어 시장의 성장과 기회", KT경제경영

연구소.

4 최윤섭(2014), 『헬스케어 이노베이션』, p30.

5 Eric Topol의 트위터, https://twitter.com/EricTopol/status/42316069
   7392869376/photo/1(2017년 6월 2일 Access).

6 MHA Degree.org, 웹페이지 "Will Google Glass Revolutionize
   the Medical Industry," http://mhadegree.org/will-google-glass-
   revolutionize-the-medical-industry/(2017년 6월 2일 Access).

7 최윤섭(2014), 『헬스케어 이노베이션』, p. 159.

8 최윤섭 블로그, "애플의 디지털 헬스케어 생태계 심층 분석", http://www.
   yoonsupchoi.com/2015/06/03/apple_healthcare_ecology/(2017년 6월
   5일 Access).

9 경희대학교 산학협력단(2014) "헬스케어 신시장 창출을 위한 정책연구"를
   참조하여 수정 작성.

10 1달러당 1,120원으로 환산한 금액.

11 좋은 정보사(2017) 『스마트 헬스케어 시장동향과 응용사례 분석 및 참여업
    체』 p.62.

12 베이비붐 세대란 출생률이 높은 시기에 태어난 세대를 표현하는 말로 한국의
    베이비붐 세대는 1955년에서 1963년 사이에 태어난 사람을 의미함.

13 최윤희, 황원식(2016), "스마트 헬스케어 산업의 사회경제적 효과와 정책적
    시사점," Issue Paper 2016-408, 산업연구원.

14 최윤섭 블로그, "디지털의료는 어떻게 구현되는가?(14) 원격진료" http://
    www.yoonsupchoi.com/2017/02/23/digital-medicine-14/(2017년 6월
    7일 Access).

15 ZDNet Korea 웹페이지 "의료+ICT융합 원격의료, 10년째 헛걸음",(2016. 9
    월 9일자 기사), http://www.zdnet.co.kr/news/news_view.asp?artice_
    id=20160909172801(2017년 6월 7일 Access).

16 Healthcare Innovation Forum of Korea 웹페이지, http://hif.
    co.kr/5348?cat=40(2017년 6월 13일 Access).

17 식품의약품안전처(2013), 『모바일 의료용 앱 안전관리 지침』.

18 산업통상자원부(2015), 『스마트 헬스케어 산업군 분석 및 통계조사』.

19 식품의약품안전처(2015), 『의료기기와 개인용 건강관리(웰니스)제품 판단기준』.

20 중소기업청, 중소기업기술정보진흥원, ㈜윕스, NICE평가정보(주)(2016) "중소·중견기업 기술로드맵 2017-2019, 헬스케어"

21 Rock Health 웹페이지, "Digital health funding: 2015 year in review," https://rockhealth.com/reports/digital-health-funding-2015-year-in-review/(2017년 6월 13일 Access).

22 이승민(2015), "헬스케어 산업의 창업동향과 활성화 방안", 한국보건산업진흥원.

23 19번 각주 상동.

24 한국벤처캐피탈협회 웹페이지 "Venture Market Brief" http://www.kvca.or.kr/Program/board/listbody.html?a_gb=board&a_cd=15&a_item=0&sm=4_1&page=2&po_no=1245(2017년 6월 14일 Access).

25 EY 웹페이지 "EY Global venture capital trends 2015" http://www.ey.com/Publication/vwLUAssets/ey-global-venture-capital-trends-2015/%24FILE/ey-global-venture-capital-trends-2015.pdf(2017년 6월 14일 Access).

26 19번 각주 상동.

27 대외경제정책연구원, "중국 65세 이상 노인인구 비중 10% 돌파", 2016년 7월 11일자, 뉴스브리핑, http://csf.kiep.go.kr/news/M001000000/view.do?articleId=18935(2017년 6월 19일 Access).

28 이코노믹리뷰 웹사이트 "중국 디지털헬스케어 급성장 이유는?" 2017년 1월 30일자, http://www.econovill.com/news/articleView.html?idxno=307941(2017년 6월 19일 Access).

29 BCG. perspective 웹사이트 "China's digital health-care revolution", https://www.bcgperspectives.com/content/articles/biopharmaceuticals-medical-devices-technology-chinas-digital-health-care-revolution/?chapter=3(2017년 6월 20일 Access)

30 한국보건산업진흥원(2015), "2015 한국의료 중국 진출 가이드"

31 국가법령정보센터 웹페이지, http://law.go.kr.

32 국가위생계획생육위원회(2014년 8월 29일자). http://www.nhfpc.gov.cn/
yzygj/s3593g/201408/f7cbfe331e78410fb43d9b4c61c4e4bd.shtml(2017
년 6월 15일 Access).

33 각주 28과 상동.

34 이찬우(2017), "KERI Insight: 중국 원격의료 도입과 정책 시사점", 한국경
제연구원.

35 이찬우(2017)를 바탕으로 재작성.

36 전종규 외 3인(2016), "중국 4차산업혁명 보고서(2): 중국 스타트업
boom, Innovated in China", 삼성증권, http://nums.samsungpop.com/
report/2016081607460693K_01_02.pdf(2017년 6월 20일 Access).

37 한국일보 "「글로벌 Biz 리더」앤 워치츠키 23앤드미 공동 창업자 겸 최고
경영자(CEO)" 2017년 4월 7일자 기사, http://www.hankookilbo.com/
v/185f6c38794a4ecfa1dec48d5449ef8d(2017년 6월 21일 Access); 최윤
섭 웹사이트 "FDA, 마침내 23앤드미의 유전자 테스트를 승인: 그의미와 전
망", http://www.yoonsupchoi.com/2015/02/21/fda_approved_dtc_test_
of_23andme/(2017년 6월 21일 Access)을 바탕으로 재작성.

38 최윤섭(2014), 『헬스케어 이노베이션』, p257~288을 참조하여 재작성.

39 최윤섭 블로그 "애플, iOS8에 헬스킷탑재를 통해, 의료 생태계를 구축한
다!(1)" http://www.yoonsupchoi.com/2014/06/08/ios8_healthkit_1/
(2017년 6월 22일 Access)을 바탕으로 재작성.

40 서울마케팅리서치(2013), 『213년 국내 의료기관 해외 진출 인식도 및 현황
조사 보고서』

41 e경제뉴스 웹페이지, "스타트업 위한 투자활성화로 창업붐 살린다",
2017년 4월 6일자 기사, http://m.e-conomy.co.kr/news/articleView.
html?idxno=20224(2017년 7월 6일 Access).

42 조선일보 웹페이지, "대학 중퇴 미국서 창업 매출 100억 '눔' 정세주 대표
가 '수백억 부자의 길' 포기한 이유", 2017년 3월 3일자 기사, http://news.
chosun.com/misaeng/site/data/html_dir/2017/03/02/2017030200951.
html?outlink=facebook(2017년 7월 5일 Access).

43 이창수, 송우일 옮김(2012), 에릭 리스 지음 『린스타트업』, 인사이트.

제4장 중국의 스마트농업혁명과 한국의 기회

1 FAO(2009), "How to feed the world in 2050."

2 지난 2015년 밀라노에서 열린 '2015 밀라노 엑스포'에서는 농산물 유통의 미래가 제시되었는데, 소비자들은 슈퍼마켓에서 매대 위쪽이나 옆에 있는 대형 전광판과 판독기를 통해 집어든 제품의 열량이나 영양소와 같은 정보뿐 아니라 생산과정에서 소비된 탄소의 양, 살충제나 제초제의 사용량, 심지어 공정무역과 같은 윤리적 경영정보까지 쉽게 확인할 수 있다. 녹색기술센터(2015), 「스마트농업 이끄는 녹색기술」, 웹진 Vol. 09, 2015년 10월.

3 유통기한에 따르면 아직 충분히 먹을 수 있는 식품까지도 폐기되는 경우가 많은데, 라벨에 손만 대면 해당 식품의 신선도를 알 수 있게 개발된 스마트 라벨은 유통기한으로 적혀 있는 인쇄 날짜보다 훨씬 정확한 정보를 소비자들에게 제공함으로써 과도한 음식물 폐기물에 대한 해결책이 될 수 있다. 이 라벨은 여러 층으로 이루어진 구조로 시트 위에 고체 상태로 이루어진 젤라틴 층이 있고 그 젤라틴이 부패해서 액체 상태가 되어버리면 아래쪽에 있는 요철을 손으로 만져 느낄 수 있게 되는 구조이다. 비피기술거래(2017), 『국내외 스마트농업 산업 동향 분석 보고서』, 비티타임즈, 2017년 6월.

4 에코타운(2017.05.17), 「스마트농업, 먼저 온 미래 -(부제) 4차산업혁명 시대 미래 농업의 조건」.

5 녹색기술센터(2015), 「스마트농업 이끄는 녹색기술」, 웹진 Vol. 09, 2015년 10월.

6 Food Dive(2017.09.18), "GMA: SmartLabel usage is on track and growing."

7 REAL FOODS(2017.10.16), 「'식품 안전성' 관심 높아지자 '스마트라벨' 이용↑」.

8 Food Dive(2017.09.18), "GMA: SmartLabel usage is on track and growing."

9 REAL FOODS(2017.10.16), 「'식품 안전성' 관심 높아지자 '스마트라벨' 이용↑」.

10 삼정KPMG 경제연구원(2016), 「스마트팜이 이끌 미래 농업」, Issue Monitor 제62호, 2016년 10월.

11 녹색기술센터(2015), 「스마트농업 이끄는 녹색기술」, 웹진 Vol. 09, 2015년 10월.

12 国家発展和改革委員会(2016), 「中華人民共和国国民経済和社会発展第十三个五年規划綱要」.

13 国務院(2016), 「全国農業現代化規划(2016—2020年)」.

14 国務院(2017), 「新一代人工智能発展規划」.

15 和訊网(2017.06.14), 「"新農民"将成為農業発展的主力軍」.

16 위의 자료.

17 KOTRA(2016), 「중국 스마트농업을 주목하라」.

18 위의 자료.

19 위의 자료.

20 中国机械网(2017.01.06), 「農業植保无人机欠口大, 未来10年提升空間巨大」.

21 全球无人机网(2016.06.20), 「我国"十三五"末農業植保无人机将達到10万架」.

22 농림축산식품부(2013), 「농식품 ICT 융복합 확산 대책」.

23 농림축산식품부(2015), 「ICT 융복합 스마트팜 확산 대책」.

24 농림축산식품부(2015.10.14), 「농식품부, '스마트팜' 확산 속도를 높인다!!!」.

25 국정기획자문위원회(2017), 「문재인정부 국정운영 5개년 계획」.

26 농림축산식품부(2015), 「ICT 융복합 스마트팜 확산 대책」.

27 위의 자료.

28 위의 자료.

29 위의 자료.

30 미디어파인(2017.08.23), 「농업용 드론산업과 규제개혁 [류충렬 칼럼]」.

31 스마트팜코리아(http://www.smartfarmkorea.net).

32 위의 자료.

33 위의 자료.

34 에코타운(2016.07.20), 「LG의 농업 투자, 어떻게 볼 것인가?」.

35 위의 자료.

36 미디어파인(2017.08.23), 「농업용 드론산업과 규제개혁 [류충렬 칼럼]」.

37 농림축산식품부(2017), 「2017년도 기존규제 정비계획」.

38 아시아경제(2017.09.07), 「文정부 규제개혁 시동…'포괄적 네거티브' 방식 전환」.

39 미디어파인(2017.07.30), 「융·복합 시대의 규제개혁, 추진방식의 변화가 필요하다 [류충렬 칼럼]」.

40 농림축산식품부(2015.10.14), 「농식품부, '스마트팜' 확산 속도를 높인다!!!」.

41 위의 자료.

42 工業和信息化部, 「大数据産業発展規划(2016-2020年)」.

43 농림축산식품부(2015), ICT 융복합 스마트팜 확산 대책」.

제5장 에너지 산업: 에너지 4.0시대 대응 전략

1 조선비즈(2017. 6. 30). 태양전지값 1978년 78달러, 현재 21센트… 태양광 시장 올해 78GW 규모로 팽창.(검색일: 2017. 7. 10)

2 잉여의 전기를 활용하여 아래쪽의 물을 높은 곳으로 끌어올려 보관했다가 전기가 필요한 경우 수력발전을 통하여 다시 전기를 생성시키는 저장 방식임.

3 배터리(전지)는 전지의 에너지를 모두 사용하면 버리는 1차 전지(disposal)와 충전해서 반복적으로 사용할 수 있는 2차 전지(rechargeable)로 구분된다(출처: 한전경제경영연구원. 2016. ESS(에너지저장장치). KEMRI 전력경제 REVIEW. 2016년 제12호. p.3)

4 환원(Reduction)/산화(Oxidation) 흐름을 이용해 전기를 저장하고 사용하는 장치로 펌프를 이용해 전해액을 전달하는 과정 때문에 흐름(flow)전지라고도 불림. 대용량, 경제성, 장기간 설비수명, 가동시간 등이 장점이다(출처: 한전경제경영연구원. 2016. 에너지저장장치(ESS) 유망기술과 계통활용 전망. KEMRI 전력경제 REVIEW. 2016년 제17호. p.5).

5 한국에너지공단. 에너지 신산업(검색일: 2017. 9. 20).

6 산업통상자원부, 한국에너지공단(2016). 2016 신·재생에너지백서. p.15.

7 산업통상자원부, 한국에너지공단(2016). 2016 신·재생에너지백서. p.446.

8 Bloomberg New Energy Finance(2017). New Energy Outlook 2017. (Executive summary) p. 2.

9 KOTRA(2016). 4차산업혁명 시대를 준비하는 중국의 ICT 융합 전력과 시사

점. Global Strategy Report 16-014. p.38.

10 기술적 잠재량은 현재의 기술 수준(에너지 효율계수, 가동율, 에너지 손실요 인 등을 고려)으로 산출될 수 있는 에너지 생산량을 의미한다(예: 태양광 효 율 16.00%, 태양열 효율 37.45%).

11 주요 전력지표. 전력통계정보시스템. epsis.kpx.or.kr/epsisnew/ selectEkesKepGrid.do?menuId=010401(검색일: 2017. 9. 20)에서 발표한 2015년 발전설비 총계와 총발전량을 토대로 저자가 계산.

12 산업통상자원부. 2017. 한국형 4차산업혁명 대응 전략.(2017. 7. 세미나 발표 자료). pp.11-12.

13 국정기획자문위원회. 2017. 문재인정부 국정운영 5개년 계획. p.67.

14 산업통상자원부. 2017. 2030년까지 전력생산비율의 신재생 20% 달성방안 논의. 보도참고자료(6월 28일).

15 투데이에너지(2017. 5. 10). [5월 특집] [4차산업혁명] 신재생에너지.

16 전기신문(2017. 1. 20). 데이터가 돈이 되는 시대, 전력빅데이터를 주목하라.

17 한국전력(2017). 한전, 에너지 분야 스타트업 육성사업 본격 추진. 보도자 료.(2017. 6. 7).

18 박유진, 송병호(2014). ICT가 열어가는 스마트 에너지의 기회와 과제. 디지 에코 보고서. p.3

19 한국과학기술기획평가원(2015). 2014년 기술수준평가. p.611.

20 산업통상자원부(2014). 제4차 신 · 재생에너지 기본계획.

21 신재생에너지 융복합이란 태양광과 에너지저장장치(ESS) 혹은 태양광과 풍 력 등과 같이 2개 이상의 신재생에너지원을 동시에 사용하여 신재생에너지 를 보다 효율적으로 사용하는 것을 일컫는다.

22 박용덕 외. 2015. 신기후체제에 따른 중국의 신재생에너지정책 및 산업동향 과 한·중 협력 방안. 대외경제정책연구원, 에너지경제연구원. pp.198-199.

23 박용덕·정성삼·최영선(2016). 지속가능 성장을 위한 중국의 에너지효율 정 책과 한 · 중 협력방안. 대외경제정책연구원.

제6장 한국 바이오 제약산업의 미래 전략

1 산업통상자원부, 한국바이오협회 「2015년 기준 국내 바이오 산업실태조사

보고서」 (서울, 산업통상자원부, 한국바이오협회, 2017) 11p

2 1세대 바이오의약품인 단백질의약품(인슐린, 백신 등), 항체의약품보다 2세대 바이오의약품인 표적·맞춤형 치료를 위한 세포치료제, 유전자치료제 등의 분자구조가 더욱 복잡하다.

3 생산설비 규모나 생산지가 바뀌면 다른 공정기술로 간주하며 동등성을 인정받을 수 없다. 이러한 이유로 합성의약품의 복제약은 제네릭(Generic) 의약품이라 말하며 바이오 시밀러(Bio-Similar)와 구분된다.

4 전 세계 평균 고령인구 비율은 8%이다.

5 김석관(2004) '제약산업의 기술혁신 패턴과 발전전략'은 제약산업의 과학기술기반특징과 연구개발중심의 혁신패턴에 대해 잘 설명하고 있으며 최근 바이오 제약산업의 특징은 김석관(2014) '글로벌 혁신네트워크와 한국의 제약산업'에 설명되어 있다. https://www.slideshare.net/kskwan12/ss-56509911

6 법안의 내용은 오리지날 의약품과 비슷한 분자구조를 가져서 비슷한 효능을 얻을 수 있는 바이오 시밀러 의약품의 경우는 분자구조, 효능, 투약방법 및 용량 등 여러 조건에 대해서 의약품 동등성 시험을 거쳐 이를 인정받을 경우 긴 임상시험을 다시 거치지 않아도 시판을 허가받을 수 있다는 것이다.

7 세포치료제는 면역세포 치료제(항암세포 치료제)와 줄기세포 치료제로 크게 나눌 수 있다.

8 세계금융위기를 극복하기 위한 4조 위안의 경기부양책의 일환으로 이뤄졌으며 2009년 의약보건체제개혁위한단기실시방안(医薬衛生体制改革近期重点実施方案: 2009-2011)이 발표되었다.

9 2011년 중국 의약 제조업의 매출 증가율은 42.8%를 기록한 것으로 집계되고 있다(이승호, 『중국 뉴노멀 시대 의약바이오 산업에 주목』 「NH 투자증권 보고서」, 2016년 6월 15일호: pp.7-19).

10 혈액 제제 분야는 미국에서 1940년부터 발전해온 바이오 의약품 시장에 속하며 분자량이 크게 복잡하지 않은 1세대 바이오 의약품에 속한다.

11 백신은 1세대 바이오 의약품에 속하고 단일클론 항체는 2세대 바이오 의약품에 속한다.

12 유통단계를 줄여 영수증(発表) 계산을 두 단계만 거치도록 하는 것을 말한

다.

13 산동성 경찰은 2014년부터 수사를 시작해서 2016년 3월 5.7억 위안 상당 25 종의 아동용, 성인용 불법백신이 인터넷 판매채널에 의해 베이징(北京) 등 24개 지역에 판매되고 있음을 적발했다(李丹丹, 2016年4月14日).

14 차병원 줄기세포 연구소는 노인성 황반변성 질환 임상을 미국에서 진행해야 했다.(원호섭 기자, 바이오 금맥 유전자 시장 한국만 낙오시키는 규제, 매일 경제 2017년 9월 11일)

15 원호섭 기자, 日中 줄기세포로 파킨슨병 임상, 점점 뒤처지는 韓, 매일경제 2017년 8월 31일

16 한경헬스, 김근희, 조미경, 신약개발 지원한다더니 예산배정액 절반도 집행 못해 http://health.hankyung.com/article/2017041120501

17 바이오스펙테이터, 천승현, 이름 바꾼 제약바이오협회 "산업 육성 컨트롤타워 설치" 요구http://www.biospectator.com/view/news_view.php?varAtcId=2909.

18 Chaturvedi, 2007 Indian Innovation Systems and Emergence of Biopharmaceutical Sector: Issues and Prospects

19 김석관, 2015 한국 바이오 벤처 창업 현황과 한계, 바이오 벤처 창업 활성화 바이오플러스포럼 https://www.slideshare.net/kskwan12/20151204-55725965?next_slideshow=1.

20 시사저널, 차여경, 2012년 3월 15일, 벤처투자 늘려 신약개발 속도내는 제약사들

21 전경련, 2016년 6월 바이오 제약산업 경쟁력 강화방안: 글로절 기업 유치를 위한 3대 분야 건의

22 (Chaturvedi, 2007; Chen, 2012)

제7장 스마트시티의 전망과 한국의 기회

1 IRS Global(2017)," 4차산업혁명의 플랫폼인 스마트시티 관련 비즈니스 현황과 향후 전망"

2 Focus Area(2017) "Smart cities market :Transportation, Utilities, Buildings, Citizen service and Region-Global Forecast to 2022"

3   박철현(2017), "중국 개혁기 사회관리체제 구축과 스마트시티 건설"

4   IRS Global(2017), "4차산업혁명의 플랫폼인 스마트시티 관련 비즈니스 현황과 향후 전망"

5   인천광역시 보고서(2015), "2017 주요업무계획"

6   이티뉴스(2007.08.08) "IT유토피아 u시티를 현실로-대전 퓨처렉스-"

7   KT(2012), "해외 스마트시티 사업 가이드라인(내부자료)"

8   대신증권 리서치센터(2017) "대신증권 보고서"

제8장 중국, 4차산업혁명 그리고 한국의 온라인 유통산업

1   변명식, 임실근, 유통관리론. 12쪽 두남출판사 2011

2   유통산업발전규칙 제7조 2항

3   한국에서는 전자상거래 등에서의 소비자보호에 관한 법률(약칭: 전자상거래법) 제12조에 통신판매업자의 신고의무를 규정하고, 제20조를 통해 통신판매중개자의 의무와 책임을 규정한다. 즉 이 법은 판매자와 플랫폼을 모두 전자상거래라는 용어로 통일하고 있다. 이는 영어의 용어와 차이점이다. 그러나 중재에서는 상거래가 일어나지 않기 때문에 전자상거래라는 용어로 중개를 모두 포함하는 것은 용어상의 오류로 보인다.

4   구글(https://www.google.com/search?q=e+commerce+vs+online+commerce&oq=e+commerce+vs+online+commerce&gs_l=psy-ab.3...18969.20328.0.20537.8.7.0.0.0.0.0.0..0.0....0...1.1.64.psy-ab.8.0.0....0.O6t1d8TZPgc)(검색일 2017년 6월 10일)

5   판매자는 중개를 하지만 중개자는 판매를 하지 않는다. 중개자가 구매를 하기 위해서는 상품 소유권 획득부터 배송과정까지를 모두 책임져야 하고 이는 현실적으로 어렵다.

6   B2C 기업은 거래 당사자가 기업이라는 의미다. 즉 판매자나 제3자 B2C, 제3자 B2B 세 가지가 모두 해당한다.

7   기업과 브랜드의 이름은 다르다. 예를 들어 아마존은 사이트의 이름이고 기업명은 아마존 닷컴이다. 이 표에서는 쉽게 인지할 수 있도록 일반적으로 사용되는 기업명이나 사이트 또는 브랜드 이름을 사용한다. 하지만 이 구분은 특히 경제적 성과면에서는 중요한 구분이다. 하나의 기업은 전략상 여러 개

의 사이트나 브랜드를 사용하기도 한다.

8 판매 거래 금액의 일부가 중개기업의 매출이기 때문에 일반적으로 전자상거래 기업에 비해 플랫폼의 매출은 낮을 수밖에 없다. 따라서 중개 기업은 경제적 성과를 나타내기 위해 총거래금액(GMV, Gross Merchandise Volume) 즉 플랫폼을 통해서 이루어지는 거래가 확정된 총금액을 공개하기도 한다.

9 2016 글로벌 유통망현황 및 진출방안. KOTRA

10 KISTEP InI 14호_ 빅데이터 분석의 국내외 활용 현황과 시사점_최재경.pdf

11 위키백과

12 김숙경. KIET 산업경제 산업포커스, 인공지능과 유통산업의 미래. 2017. 1. 31

13 가상현실(https://namu.wiki/w/%EA%B0%80%EC%83%81%ED%98%84%EC%8B%A4)

14 90년대 이후 출생한 중국의 신세대

15 https://arsviator.blogspot.com/2015/02/beacon.html(검색일 2017년 11월 19일)

16 NAVER 지식백과-비콘(http://terms.naver.com/entry.nhn?docId=2165361&cid=42107&categoryId=42107)(검색일 2017년 6월 10일)

17 신호 장치의 새로운 진화, 비콘과 아이비콘의 이해(http://www.isquery.com/wiki/lib/exe/fetch.php?media=beacon_.pdf)(검색일 2017년 6월 10일)

18 드론(Drone) 기본알기! (http://www.zamong.co.kr/archives/5554?print=print)(검색일 2017년 6월 10일)

19 구글, 자율주행+배송 특허…무인배송 트럭 예고 (http://www.ipnomics.co.kr/?p=40422)(검색일 2017년 6월 10일)

20 알리바바의 차이니아오는 알리바바가 투자한 기업이다. 차이니아오는 알리바바의 입점기업들의 물류를 대행해주는 기업이다. 업무 영역에서 알리바바의 사업 모델에 물류 대행서비스를 제공할 뿐이다. 이는 결제를 대행해주는 알리페이도 동일하다. 플랫폼은 거래당사자가 아니기 때문에 결제를 받을 권리도 없고, 물건의 소유권도 없기 때문에 배송 자체가 불가능하다.

21 2016 글로벌 유통망현황 및 진출방안. KOTRA

22 https://www.slideshare.net/platum_kr/ss-75370639(검색일 2017년 7월 21일)

23 중국의 혁신 1.0은 산업시대를, 혁신 2.0은 정보화시대, 지식기반 사회의 혁신을 의미한다.

24 https://zh.wikipedia.org/wiki/%E7%94%B5%E5%AD%90%E5%95%86 %E5%8A%A1(검색일 2017년 7월 21일)

25 알리바바는 회계연도 기준을 매년 3월 1일로 잡는다. 따라서 2015년 매출은 2015년 3월 1일부터 2016년 2월 29일까지를 말한다.

26 알리바바 annual report 2016

27 경제추격연구소. 2017 한국경제 대전망 제2장 2. '이제 짝퉁은 잊어라'중국 유통시장의 변화. 2016 21세기북스

28 징동닷컴 앞에선, 알리바바도 힘들 걸요(http://news.joins.com/ article/18766449)(검색일 2017년 6월 17일)

29 빠르게 변하는 중국의 유통 혁명, 중국 신유통 현황(http://platum.kr/ archives/85863)(검색일 2017년 6월 17일)

30 한국상회(http://www.korcham-china.net/html/newsflash/newsletter_ list.asp?flag=READ&Seq=11191)(검색일 2017년 6월 17일)

31 2016년 연간 온라인쇼핑 동향, 통계청.

32 이 글은 중소 온라인 비즈니스 기업들의 전략을 연구하기 위한 목적을 가지고 있기 때문에 이 부부은 자세히 다루지 않는다.

33 [전쟁터 된 오픈마켓] G마켓·옥션 vs 11번가…온라인 소비시장 지배 (http://view.asiae.co.kr/news/view.htm?idxno=2016090615435241 295)(검색일 2017년 7월 14일)

34 소셜커머스 '출신' 위메프 "우리도 오픈마켓" 외친 속사정은(http://news. mk.co.kr/newsRead.php?no=136631&year=2017)(검색일 2017년 6월 17일)

35 1.5t 택배차량 증차규제 12년 만에 풀린다…수급조절제 폐지(http:// www.yonhapnews.co.kr/bulletin/2016/08/30/0200000000A KR20160830098800003.HTML)(검색일 2017년 6월 17일)

36 https://namu.wiki/w/%EC%9C%84%EB%A9%94%ED%94%84(검색일

2017년 6월 17일)

37 주춤한 쿠팡 로켓…위메프 · 티몬 '대반격'(http://www.zdnet.co.kr/news/ news_view.asp?artice_id=20170607145830)(검색일 2017년 6월 24일)

38 아마존은 웹서비스 및 플랫폼 서비스, 징동과 쿠팡은 플랫폼 서비스를 의미한다.

39 쿠팡 〉 티몬 · 위메프 ?… 매출의 숨겨진 진실(http://biz.newdaily.co.kr/ news/article.html?no=10130331)(검색일 2017년 7월 14일)

40 http://news.joins.com/article/9614717(검색일 2017년 10월 6일).

41 대기업 제치고 'K-패션' 이끄는 쇼핑몰 브랜드들(http://news.mk.co.kr/ newsRead.php?year=2016&no=502446)(검색일 2017년 10월 6일)

42 http://www.koreafashion.org/newsletter2/file/special_ report_20160520.pdf(검색일 2017년 10월 6일).

43 'K패션', 차이나 공습 시작②…중국 온라인 쇼핑 접수에 나선 'K패션(http:// www.fashionseoul.com/106126)(검색일 2017년 10월 6일).

44 [역직구 성공마케팅〉여성의류 전문몰 '핫핑'(http://www.etnews. com/20170810000090)(검색일 2017년 10월 6일)

45 [해외로 뻗어가는 스타일 한류] 〈15〉강병석 미아마스빈 대표(http://www. sedaily.com/NewsView/1L2WQ1WO8C/)(검색일 2017년 10월 6일)

46 카페24의 '디지털 실크로드' 세계로 뻗다(http://www.zdnet.co.kr/news/ news_view.asp?artice_id=20170913030209&type=det&re=)(검색일 2017 년 10월 6일)

47 무역업계가 가장 주목하는 4차산업혁명 기술(http://www.kidd.co.kr/ news/196499)(검색일 2017년 10월 6일)

48 핀테크 산업 핵심 모바일 결제… 유통 · IT업계 특허 선점 경쟁(http:// www.dt.co.kr/contents.html?article_no=2017040402109976731009)(검 색일 2017년 6월 24일).

49 [2017 유통채널] 무섭게 크는 온라인시장…2018년엔 100조 원(http:// cm.asiae.co.kr/view.htm?no=2016112507034231641#ba)(검색일 2017년 6월 24일)

50 매년 11월 11일을 중국의 싱글들의 날로 정하고 온라인 비즈니스 기업들이

대규모 할인을 시행하는 날.

51 http://www.p5w.net/stock/news/zonghe/201711/t20171112_2018678.htm(검색일 2017년 11월 10일)

52 http://www.alibabagroup.com/cn/news/press(검색일 2017년 11월 10일)

53 http://www.kaitao.cn/article/20171031182907.htm(검색일 2017년 11월 10일).

54 중앙일보, 알리바바·징동닷컴, 160조 솔로데이 특수 놓고 날선 '신경전'(http://news.joins.com/article/19004833)(검색일 2017년 11월 10일)

55 중국 온라인 시장의 양대산맥...'타오바오 VS 티몰'(http://www.thebk.co.kr/news/articleView.html?idxno=178041)(검색일 2017년 10월 14일)

56 징동입점시 품목별 수수료 살펴보기(http://winnerslab.kr/archives/18355)(검색일 2017년 10월 14일).

57 편집숍이란 특정 아이템에 관한 모든 브랜드를 갖춘 매장을 구성하거나, 머리끝에서 발끝까지 모든 패션 아이템 구색을 갖춰 놓은 경우를 말한다. 한 장소에서 한 아이템에 대한 다양한 제품을 볼 수 있거나 토탈 코디네이션이 가능한 장점이 있다. 멀티숍, 셀렉트숍, 컨셉트스토어 등으로도 불린다. 소비자들은 쇼핑이 편리하고, 기업은 단일 브랜드에 마케팅 비용을 투자기보다 편집숍을 운영함으로써 위험 부담을 줄이고 안정적인 유통채널을 확보할 수 있기 때문에 백화점에서도 편집숍을 구성해 수익을 높이는 경우가 생겨나고 있다.(http://politicstory.tistory.com/1211)(검색일 2017년 11월 20일)

58 "진짜 문제는 사드가 아니다"(http://news.joins.com/article/21972670)(검색일 2017년 7월 14일)

59 직구란 직접구매를 줄여사용하는 것으로 일반적으로 해외직접구매를 의미한다. 즉(해외)직구란 온라인을 통해 해외에서 직접 구매하는 것을 말하고, 통계청에서는 '국경간(Cross-Board) 전자적으로(electronically) 주문되어 물리적으로(physically) 배송된 재화(상품)의 거래'라고 규정한다. 역직구란 직구의 반대로 해외의 구매자가 온라인을 통해 한국내의 상품을 직접 구매하는 것을 말한다.

60 중국, 해외직구 세금 올린다…B2C 수출 '직격탄'(http://www.

yonhapnews.co.kr/bulletin/2016/03/04/0200000000A
KR20160304189400003.HTML)(검색일 2017년 6월 17일)

61 쑥쑥 크는 '역직구' 시장…새 수출 루트 연다.(http://www.sedaily.com/
NewsView/1L57VPY5ED)(검색일 2017년 6월 17일)

62 G마켓 중국 온라인 공략(http://www.shanghaibang.com/shanghai/
news.php?code=&mode=view&num=41184&page=2&wr=sjs)(검색일
2017년 6월 17일)

63 https://www.superookie.com/contents/58a29dc78b129f76064d6a12
(검색일 2017년 6월 17일)

64 네이버 스토어팜은 쇼핑몰? 오픈마켓?(http://wizu.co.kr/tip/tip_view.
php?code=010300&no=1372)(검색일 2017년 10월 6일)

65 宋源鎮, 基于合法性視角的特許経営模式研究：衣恋案例[J〉, 蘭州学刊,
2013.

66 이랜드 "중국 늪에서 허우적"…계열사들 신용등급 줄줄이 강등(http://
biz.chosun.com/site/data/html_dir/2016/01/09/2016010901108.
html?Dep0=twitter)(검색일 2017년 10월 6일)

67 한국 의류 대기업, 온라인서 중국내 패션 한류 재점화(http://www.
newspim.com/news/view/20150922000406)(검색일 2017년 10월 6일)

제9장 모바일 지급결제시장의 전망과 한국의 경쟁력

1 중앙시사매거진, "해외 간편결제 기업은 지금 지구촌 강자 노리는 美·中의
대접전", http://jmagazine.joins.com/economist/view/317502,(2017년 8
월 19일 Access)

2 홍범석(2014.12)

3 新籃网, "世界典型国家智能机普及率統計：中国完胜日本" http://n.cztv.
com/news/12046625.html(2017년 8월 19일 Access)

4 신아일보, 전 세계 인구 절반이 스마트폰 쓴다… 韓 보급률 85% ,http://
www.shinailbo.co.kr/news/articleView.html?idxno=556772,(2017년 8
월 24일 Access)

5 SDTM vol.26(10), http://smartdevicetrend.info/221073716577,(2017년

8월 19일 Access)

6　조선일보, "신용카드도 잘 안 쓰던 독일인, 모바일 결제에 눈뜬다", 2017년 8월 14일.

7　36氪研究院, 핀테크산업연구보고서(2016)

8　猎网平台, 중국의 사이버거래 관련 사기신고플랫폼 https://110.360.cn/

9　출처: 2015년 3월 5일, 중국 국무원 리커창총리 발표, '2015年国務院政府工作報告', https://baike.baidu.com/item/2015%E5%B9%B4%E5%9B%BD%E5%8A%A1%E9%99%A2%E6%94%BF%E5%BA%9C%E5%B7%A5%E4%BD%9C%E6%8A%A5%E5%91%8A/16844136?fr=Aladdin,(2017년 8월 21일 Access).

10　출처: 新财富Plus, "26万亿規模民营金融格局大解剖", http://news.10jqka.com.cn/20170711/c599163017.shtml,(2017년 8월 21일 Access).

11　출처: 未央网, "干货整理：267家第三方支付牌照机构清 单,"http://www.jiemian.com/article/1205999.html(2017년 8월 20일 Access).

12　출처: 国際金融報, "央行整肃第三方支付机构：一年减15家行業漸剩寡頭", http://news.p2peye.com/article-495648-1.html,(2017년 8월 21일 Access).

13　高盛：中国第三方支付市場容量領先全球, http://gd.qq.com/a/20170811/023348.htm, 澎湃新聞2017-08-11

14　매일경제, "진격의 알리페이…내년에 일본 상륙", http://news.mk.co.kr/newsRead.php?year=2017&no=548899, 2017년 8월 16일

15　출처: 비즈니스워치, "페이(Pay) 양보없다"…유통사 간편결제 주도권 경쟁, 2017년 7월 11일

16　출처: 헤럴드경제, "간편결제 '빅2' 벽에 막힌 유통페이", 2017년 8월 2일

17　박성혁 컴퍼이 D, "은행과 카드사 입지 축소, 네이버 카카오 영향력 커진다."http://techm.kr/bbs/board.php?bo_table=article&wr_id=4092, 2017년 8월 16일

18　한국경제, "동전 없는 사회, 현금도 사라질까", 2017년 5월 27일

19　"중국 모바일금융과 핀테크산업의 동향 및 한중협력방안", 한국금융ICT융합학회, 2017년 8월

20 아주경제, 이승건 비바리퍼블리카 대표 "1100만 명이 8조 원 '토스' 곧 해외 시장도 노크", 2017년 10월 23일

21 디지털타임, "간편송금도 처음엔 불법"…규제 걷어야 핀테크 산다.", http://www.dt.co.kr/contents.html?article_no=2017071902100858800001&ref=naver 2017년, 7월 19일.

22 출처: 비즈니스포스트, http://www.businesspost.co.kr/news/articleView.html?idxno=56870

제10장 규모와 혁신의 관점에서 본 공유경제

1 공유경제라는 표현을 가장 먼저 사용한 하버드 법대 교수인 로렌스 레식은 공유경제를 '한번 생산된 제품을 여럿이 공유해 쓰는 협력적 소비를 근간으로 한 경제방식'이라 정의했다(Lessig, 2008).

2 3COM의 설립자 메칼프는 "특정 네트워크 노드(node) 수가 증가하면 네트워크의 가치는 노드 수의 제곱에 비례하여 증가한다"고 주장했다(Metcalfe's Law). 여기서 노드는 링크(link)로 서로 연결된 상태의 노드를 의미한다.

3 외부성이란 '어떤 경제 주체의 소비나 생산 행위가 대가의 지불없이 다른 소비자의 후생 또는 기업의 생산성에 시장기능을 통하지 않고 직접적으로 영향을 미치는 경우'를 지칭한다.

4 전통적인 경제 시스템에서 도매상 또는 소매상으로 대표되는 중개자는 가치 사슬(value-chain) 한 단계 이전에서 생산된 재화나 서비스를 구매하여 다시 다음 단계 구매자에게 재판매하는 방식으로 경제적 이익을 창출한다. 이에 반해 정보시스템과 커뮤니케이션 시스템에 기초한 새로운 형태의 중개자는 서로 다른 소비자 집단, 즉 양측 시장(two-sided markets)을 연결하는 중개 플랫폼(platform)을 제공하는 방식으로 관련 경제 시스템에서 자기 역할을 찾는다(Caillaud and Jullien, 2003).

5 우리가 무심코 사실상 '공짜'에 가까운 가격, 비용으로 이용하고 있는 각종 인터넷 상의 서비스들은 사실 누군가(또는 모르는 사이에 자기 자신이)가 낸 (광고비 등) 대가, 비용으로 유지되고 있다.

6 세계적인 컨설팅회사 엑센츄어(Accenture)의 연구원인 래리 다운즈와 폴 누네즈는 저서 빅뱅파괴(Big Bang Disruption, 2014)에서 "정보통신의 발

전이 가격과 성능 양 측면에서 지속적인 기하급수적 개선을 이뤄 시장 경제에 일련의 전환적 변화를 가져와 국경을 초월하고 산업계 영역을 초월하여 초토화적 산업개편이 전방위적으로 일어나고 있다"고 지적했다.

제11장 더 나은 사회를 창조하기 위한 한국의 고용 및 교육 정책

1   하지만, 한국의 실업률은 지난 2013년 3.18%를 저점으로 2014년 3.54%, 2015년 3.64%, 2016년 3.71%로 점차 증가하는 추세이며(OECD평균: 2013년 7.82%-〉 2016년 6.32%로 하락하는 추세), 고용률은 2013년 64.4%, 2014년 65.35%, 2015년 65.75%, 2016년 66.1%로 증가하는 추세이기는 하나 OECD 평균 또한 증가하는 추세에 있으므로(2013년 65.3% → 70%) 상대적으로 일자리 문제가 악화되고 있는 것으로 보여진다.

2   이는 한국의 일자리 유형을 소득 수준과 고용안정성을 기준으로 총 4가지 유형으로 분류했을 때, 소득 수준과 고용안정성이 높은 "좋은" 일자리의 비중은 증가해온 반면, 소득 수준과 고용안정성이 낮은 "안 좋은" 일자리의 비중은 줄어들어왔기 때문이다(2006년 이래 좋은 일자리의 비중은 27%→34.9%로 증가해온 반면, 안 좋은 일자리의 비중은 29.8%→27.5%로 감소해왔다).

3   이는 소득 수준 및 고용안정성에 있어 성별격차 및 연령별 격차가 여성, 청년층과 같은 사회적 취약계층을 대상으로 존재하고 있을 뿐 아니라 성별격차의 경우 오히려 확대되고 있는 것으로 나타났기 때문이다.

4   미국의 오바마 대통령은 전 국민을 대상으로 하는 영상 메세지를 통해 "코딩은 당신의 미래 일 뿐 아니라 조국의 미래이기도 합니다." 라는 국가적 차원에서의 소프트웨어 인력양성에 대한 중요성을 언급했다. 덧붙여, 오바마 대통령은 소프트웨어 인력양성은 격차해소 및 글로벌 경쟁력 확보를 위해서도 매우 중요하다고 밝혔고, 소프트웨어 교육은 더 이상 특정인을 대상으로 한 것이 아니며 국민 모두가 배워야 하는 보편적인 교육이 되어야 한다고 주장했다. 결과적으로 미국은 향후 2020년까지 대학 졸업생의 약 40만 명이 컴퓨터과학 학위를 취득할 것으로 예상되고 있는데, 이 역시 실제 산업계에서 필요한 프로그래머 인력 수준인 140만 명에 크게 못 미칠 것으로 예상되고 있다(한국과학기술기획평가원, 2015)

5 중국의 경우 중학교는 2000년부터 정보기술과목을 선택적으로 70시간 이수
   해왔으며, 고등학교는 2003년부터 의무적으로 72시간 이수해왔다. 한편, 초
   등학교의 경우 3학년부터 4년간 선택적으로 70시간 이수를 진행해왔다(한국
   과학기술기획평가원, 2015).

6 현대경제연구원(2017)에 따르면 한국은 소프트웨어 인력양성에 있어 상대
   적으로 매우 뒤처져 있는 상황인 것으로 나타났다. 2015년 기준 한국의 IT산
   업 인재 규모는 약 88.7만 명으로 일본과 독일에 비해 각각 78.2%, 74.1%수
   준이었으며, 2014년 기준 한국의 과학기술 관련 학사 이상 졸업자 규모는 약
   12.3만 명으로 미국 46.7만 명, 일본 15.2만 명, 독일 18.2만 명에 비해 턱없
   이 부족한 수준이었다. 이러한 소프트웨어 인력양성의 취약함은 비단 양적인
   부분뿐 아니라 질적인 부분에 있어서도 나타나고 있는데, 2016년 기준 세계
   각국의 IT부문 인재들의 기술 수준을 비교해본 결과 한국은 고도지식 및 기
   능이상 수준을 보유한 인재 비중이 30.9%로, 일본(36%), 미국(71.2%), 중국
   (47.6%)에 비해 크게 뒤떨어지는 것으로 나타났다.

7 조선에듀(2017). "세계가 주목하는 캠퍼스없는 대학 온라인으로 토론수업,
   현장형 과제로 실전다져", 1월 16일

8 미네르바 스쿨은 2학년때부터 학기마다 전 세계로 기숙사를 옮겨간다. 미국,
   영국, 독일, 아르헨티나, 인도, 대만, 오는 9월 개관 예정인 서울까지 총 7개국
   이 미네르바스쿨 기숙사가 있는데, 학생들은 이를 통해 각국의 사회문화를
   경험하고 국제적인 감각을 키울 수 있다(조선에듀, 2017.1.16).

9 학생은 수업에 참여하기 위해 학교가 자체개발한 컴퓨터 프로그램 '능동적
   학습의 장'을 켠다. 프로그램에 접속하면 교수 학생의 화상이 모니터에 나타
   나고 수업을 시작할 땐 항상 사전평가를 한다. 학생이 수업준비를 잘했는지
   확인하는 과정이다. 그다음날에는 그날 공부할 내용을 주제로 토론하는 증
   본 수업이 이루어진다. 대화 참여도가 낮은 학생은 교수가 알아볼 수 있게 빨
   간색으로 표시되며, 수업막바지에는 자기 스스로 피드백을 발표하는 시간을
   갖는다(조선에듀, 2017.1.16).

10 Lord Robert Skidelsky 교수는 ILO에서 진행한 The Future of Jobs we
   want에서 노동시간이 줄어들어야 하는 이유를 다음과 같은 세 가지 관점에
   서 설명했다. 첫째, 일은 개인과 사회를 연결시켜주기 때문에 우리가 생각하

는 것보다 훨씬 더 가치 있는 일이다. 둘째, 일을 더함으로써 오는 고통이 일을 더함으로써 오는 즐거움보다 크기 때문이다. 그리고 마지막으로 셋째, 현대 근로자들은 고용주와의 바게닝 파워에 밀려 본인이 원하는 시간만큼 일할 수 있는 권리를 박탈당한 채 고용주가 원하는 대로 일하고 있다고 말했다. 본문에서 맞춤형 근로시간을 제안한 이유는 세 번째 이유 근로자의 박탈된 권리를 되찾을 필요성이 있기 때문이다.

11 세계경제포럼의 회장인 클라우스 슈밥 교수는 인공지능이 만드는 4차산업혁명시대 대형제조업의 붕괴는 필연이라고 주장했다. 그는 반복적 업무의 자동화가 진행되는 4차산업혁명시대 로봇과 센서가 놀라울 정도로 정교해지고 3D프린팅 기술 등도 더욱 진화할 것이기 때문에 대규모 생산을 전제로 한 자본집약적 공장운영과 같은 현 패러다임은 앞으로의 시대와 맞지 않는다고 주장했다.(중앙일보, 2016.5.2)

12 2017년 6월 글로벌산업 혁신 컨퍼런스에서는 로컬 모터스의 CTO 댄 폭스와 보쉬코리아의 프랑크 쉐퍼스 대표가 나와 4차산업혁명시대 각 기업의 대응 전략을 소개했다. 보쉬 코리아의 프랑크 쉐퍼스 대표는 기존 기업은 글로벌 밸류 체인(GVC)을 수직 연결시킴으로써 생산 효율성을 증진시키는 한편, 연결을 통해 확보된 데이터를 통해 새로운 비즈니스 모델을 발굴하고 플랫폼 기업으로서의 성장가능성을 모색해야 한다고 밝혔다. 이에 반해, 로컬 모터스의 CTO 댄 폭스는 새로운 산업에 진입하고자 하는 신생 벤처 기업의 경우 자본력이 약하기 때문에 처음부터 플랫폼 기업으로 활약하기는 어렵기 때문에 최대한 기존에 정립되어 있는 다양한 플랫폼들을 활용하되 보다 다양한 소비자들과 생산자들을 연결시켜 새로운 제품개발에 대한 아이디어를 최대한 빠르게 획득하고 생산할 필요가 있다고 밝혔다.

제2장 미래성장동력 확보를 위한 신산업정책

1 이근, 박규호 외(2017), 2018한국경제대전망, pp325~335(김호원) 참조.

2 김원규, 한국경제의 생산성 분석과 정책시사점, 산업연구원, 2017.4.

3 김호원, 신산업정책의 필요성과 과제, 경제논집 제55권 제2호, 서울대학교 경제연구소, 2016.12.

4 조지프 스티클리츠 & 브루스 그린 왈드 지음, 김민주 옮김, 창조적 학습사회,

한국경제신문, 2016.6.

5   한정화, 대한민국을 살리는 중소기업의 힘, 메디치, 2017.4.

6   이근, 경제추격론의 재창조, 도서출판 모래, 2014.12.

7   Peter Evans, *Embedded Autonomy*, princeton university press, 1995.

제13장 요약과 결론: 소득수도와 혁신성장을 넘어서 인간중심 경제로

1   한국은행(2017), 조사통계월보, 제71권 제8호, pp24.

2   김동원(2017) 참조.

3   이근, 박규호(2017). 「2018 한국경제 대전망」, 21세기북스.

4   이민화, 최선. 2015. "1차벤처붐의 성과에 대한 역사적 고찰과 평가" 중소기업연구, 제37권(4), pp147-179.

5   자료. "최근 6년간 경쟁력 잃은 '한계기업' 급증... 10곳 중 7곳이 中企", 파이낸셜뉴스, 2017.10.5.,http://news.naver.com/main/read.nhn?mode=LSD&mid=sec&oid=014&aid=0003884561&sid1=001.

6   김호원(2017) 참조.

7   필자가 참가한 미래위원회의 위원들에게 제시된 이 비전의 초안에 따르면 그 비전은 구체적으로 'A human-centered future of production enabled by the global dissemination of technology and innovation, which is enviromentally and socially sustainable and involves meaningful participation in the economy by all individuals through the creation of new and good quality employment opportunities' 이다(World Economic Forum, 2017a.).

8   이근, 박규호 외(2017), 한국경제 대전망 2018. 맨 앞 특집장(일본과 한국) 참조.

9   제1장 및 World Economic Forum(2017b) 참조.

참고문헌

제1장 중국과 4차산업혁명

이근, 『경제추격론의 재창조』, 오래, 2014.

Choudary, Sangeet, 2015, The Platform Scale.

Lee, Keun, Schumpeterian Analysis of Economic Catch-up: Knowledge, Path-creation, and the Middle-income Trap. Cambridge Univ. Press, 2013.

Lee, Keun, and Franco Malerba, "Catch-up cycles and Changes in Industry Leadership: Windows of opportunity and the Responses by actors in sectoral systems," Research Policy, 2016.

Lee, K., C. Lim and W. Song, Emerging Digital Technology as a Window of Opportunity and Technological Leapfrogging, International Jour.of Technology Management, 29(1-2): 40-63, 2005.

Lundvall, Bengt-Åke, National systems of innovation: Toward a theory of innovation and interactive learning, London: Frances Pinter, 1992.

Perez, C., Soete, L., Catching-up in technology: entry barriers and windows of opportunity, in: Dosi, G., Freeman, C., Nelson, R., Silverberg, G., Soete, L.(Eds.), Technical Change and Economic Theory. Pinter Publishers, London, pp. 458-479, 1988.

Schwab, Klaus, The Forth Industrial Revolution. Geneva, World Econ Forum, 2016.

World Economic Forum, Technology and Innovation for the Future of

Production, 2017a.

World Economic Forum, Shaping the Future of Production: Four
Contrasting Perspectives from 2030, 2017b.

제2장 한국 게임 산업의 미래 전략

「대한민국 게임백서」, 한국콘텐츠진흥원, 2011~2017.

「2009년 중국 온라인 게임 저작권 침해 현황 보고」, 한국콘텐츠진흥원, 2009.

「2002년 대한민국게임백서」, 한국게임 산업개발원, 2002.

「중국게임 산업 현황 및 시사점」, 한국무역협회 상해지부 조사보고서16-4,
2016.3.

「디지털콘텐트산업백서」, KIPA, 2004~2005.

「2006년 해외디지털콘텐트 시장조사 : 게임편」, KIPA, 2007.

「중국온라인 게임 퍼블리싱산업의 가치사슬 분석 연구보고서」, KIPA, 2004.5.

「국내 디지털콘텐트 업체의 중국진출연구」, KIPA, 2003.10., pp80.

「정보통신정책 : 중국 온라인 게임시장 동향」, KISDI, 2006.10.16.,

「기술영향평가 보고서 : 가상·증강현실 기술」, KISTEP, 2017.2.

「가상현실(VR)의 현황과 시사점」, 한림ICT정책저널, 2016 가을호.

「가상현실 시장을 둘러싼 글로벌 기업의 플랫폼」, SW정책연구소, 2016.11.18.

「중국 디지털 게임의 부상과 한국의 대응 전략」, SW정책연구소, 2017.8.31.

China Online Game Research Report, iResearch, 2006.

「연도별 중국 디지털 게임의 매출 비중」, iResearch, 2017.1.10.

Statista, Film and Movie Industry

The Global Games Market 2016, Newzoo, 2016.4.21.

「전 세계 상위 100대 게임 기업 매출현황」, Newzoo, 2017.6.

「글로벌 게임 기업의 연도별 매출액 변화(2011~2016)」, Newzoo, 2017.6.

「중국 주요 게임 기업의 해외 IP 현황」, App Annie, 2016.6.

「중국의 모바일 게임 순위」, App Annie, 2017.6.

제3장 스마트 헬스케어 산업

「헬스케어 신시장 창출을 위한 정책연구」, 경희대학교 산학협력단, 2014.

「스마트 헬스케어산업군 분석 및 통계조사」, 산업통상자원부, 2015.

「213년 국내 의료기관 해외 진출 인식도 및 현황조사 보고서」, 서울마케팅리서치, 2013.

「모바일 의료용 앱 안전관리 지침」, 식품의약품안전처, 2013.

「의료기기와 개인용 건강관리(웰니스)제품 판단기준」, 식품의약품안전처, 2015.

이승민, 「헬스케어산업의 창업동향과 활성화 방안」, 한국보건산업진흥원, 이승민, 2015.

이지현, 김주용, 「헬스케어(의료기기) 산업분석 보고서」, 키움증권, 2015.

에릭 리스 지음, 이창수, 송우일 옮김, 『린스타트업』, 인사이트, 2012.

이찬우, 「KERI Insight: 중국 원격의료 도입과 정책 시사점」, 한국경제연구원, 2017.

전종규 외 3인, 「중국 4차산업혁명 보고서(2): 중국 스타트업 boom, Innovated in China」, 삼성증권, 2016.

조인호, 김도향, 「스마트 헬스케어 시장의 성장과 기회」, KT경제경영연구소, 2013.

『스마트 헬스케어 시장동향과 응용사례 분석 및 관련업체 현황』, 좋은 정보사, 2017.

「중소 · 중견기업 기술로드맵 2017~2019, 헬스케어」, 중소기업청, 중소기업기술정보진흥원, ㈜윕스, NICE평가정보(주), 2016.

최윤섭, 『헬스케어 이노베이션』, 클라우드나인, 2014.

최윤희, 황원식, 「스마트 헬스케어산업의 사회경제적 효과와 정책적 시사점」, Issue Paper 2016-408, 산업연구원, 2016.

「2015 한국의료 중국 진출 가이드」, 한국보건산업진흥원, 2015.

국가법령정보센터 웹페이지, http://law.go.kr

국가위생계획생육위원회(2014년 8월 29일자) http://www.nhfpc.gov.cn/yzygj/s3593g/201408/f7cbfe331e78410fb43d9b4c61c4e4bd.shtml(2017년 6월 15일 Access).

「중국 65세 이상 노인인구 비중 10% 돌파」, 대외경제정책연구원, 2016년 7월 11일자, 뉴스브리핑, http://csf.kiep.go.kr/news/M001000000/view.do?articleId=18935

최윤섭, 「애플의 디지털 헬스케어 생태계 심층 분석」, 블로그 http://www.yoonsupchoi.com

최윤섭, 「디지털의료는 어떻게 구현되는가?(14) 원격진료」, 블로그 http://www.yoonsupchoi.com

최윤섭, 「애플, iOS8에 헬스킷탑재를 통해, 의료 생태계를 구축한다!(1)」, 블로그 http://www.yoonsupchoi.com

최윤섭 블로그 「FDA, 마침내 23앤드미의 유전자 테스트를 승인: 그 의미와 전망」, 블로그 http://www.yoonsupchoi.com

"Venture Market Brief" http://www.kvca.or.kr/Program/board/listbody.html?a_gb=board&a_cd=15&a_item=0&sm=4_1&page=2&po_no=1245

"China's digital health-care revolution", https://www.bcgperspectives.com/content/articles/biopharmaceuticals-medical-devices-technology-chinas-digital-health-care-revolution/?chapter=3

Eric Topol의 트위터, https://twitter.com/EricTopol/status/423160697392869376/photo/1

"EY Global venture capital trends 2015" http://www.ey.com/Publication/vwLUAssets/ey-global-venture-capital-trends-2015/%24FILE/ey-global-venture-capital-trends-2015.pdf

http://hif.co.kr/5348?cat=40

"Will Google Glass Revolutionize the Medical Industry," http://mhadegree.org/will-google-glass-revolutionize-the-medical-industry/

"Digital health funding: 2015 year in review," https://rockhealth.com/reports/digital-health-funding-2015-year-in-review

United Nations, Department of Economic and Social Affairs, Population Division, World Population Ageing 2015(ST/ESA/SER.A/390), 2015.

제4장 중국의 스마트농업혁명과 한국의 기회

김연중 · 국승용 · 김용렬 · 이명기 · 김종선 · 김윤형 · 민경택 · 지인배 · 심재헌, 「스마트농업의 현황과 발전 방향」, 정책연구보고, 한국농촌경제연구원, 2013, p176.

농사펀드, https://farmingfund.co.kr

「스마트농업 이끄는 녹색기술」, 웹진 Vol. 09, 녹색기술센터, 2015.10.

「농식품 ICT 융복합 확산 대책」, 농림축산식품부, 2013.

「ICT 융복합 스마트팜 확산 대책」, 농림축산식품부, 2015.

「농식품부, '스마트팜' 확산 속도를 높인다!!!」, 농림축산식품부, 2015.10.14.

「고부가가치 미래성장 농식품산업 육성」, 농림축산식품부, 2017.

「2017년도 기존규제 정비계획」, 농림축산식품부, 2017.

「'식품 안전성' 관심 높아지자 '스마트라벨' 이용」, REAL FOODS, 2017.10.16.

「국내외 스마트농업 산업 동향 분석 보고서」, 비티타임즈, 비피기술거래, 2017.

「스마트팜이 이끌 미래 농업」, Issue Monitor 제62호, 삼정KPMG경제연구원, 2016.10.

스마트팜코리아, http://www.smartfarmkorea.net/main.do.

에코타운, 「스마트농업, 먼저 온 미래 -(부제) 4차산업혁명 시대 미래 농업의 조건」, http://ecotown.tistory.com, 2017.5.17.

에코타운, 「LG의 농업 투자, 어떻게 볼 것인가?」, http://ecotown.tistory.com, 2016.7.20.

「2016 스마트팜 전문가 설문조사」, 한국농촌경제연구원, 2016.

"AgTech Investing Report: Year in review 2016," AgFUNDER, 2017.

"How to feed the world in 2050", FAO, 2009.

"GMA: SmartLabel usage is on track and growing", Food Dive, 2017.9.18.

「中華人民共和国国民経済和社会発展第十三个五年規划綱要」, 国家発展和改革委員会, 2016.

国家発展和改革委員会 · 商務部(2017.06.28.), 「外商投資産業指導目录(2017年修訂)》」.

「全国農業現代化規划(2016—2020年)」, 国務院, 2016.

「新一代人工智能発展規划」, 国務院, 2017.

「中国電子商務報告2016」, 商務部, 2017.

「2017年農業植保无人机保有量已超4890架 居全球首位 」, 搜狐网, 2017.8.22.

「我国植保无人机保有量已達2324架」, 人民网, 2016.4.1.

「我国"十三五"末農業植保无人机将達到10万架」, 全球无人机网, 2016.6.2.

「農業植保无人机欠口大, 未来10年提升空間巨大」, 中国机械网, 2017.1.6.

「我国智慧農業的発展情况与前景分析」, TESTMART, 2017.3.22.

「"新農民"将成為農業発展的主力軍」, 和訊网, 2017.6.14.

CNNIC(China Internet Network Information Center), http://www.cnnic. net.cn.

제5장 에너지 산업: 에너지 4.0시대 대응 전략

「문재인정부 국정운영 5개년 계획」, 국정기획자문위원회, 2017.

「신기후체제에 따른 중국의 신재생에너지정책 및 산업동향과 한·중 협력 방안」, 대외경제정책연구원, 에너지경제연구원, 박용덕 외, 2015.

박용덕, 정성삼, 최영선,「지속가능 성장을 위한 중국의 에너지효율 정책과 한·중 협력방안」, 대외경제정책연구원, 2016.

박유진, 송병호,「ICT가 열어가는 스마트 에너지의 기회와 과제」.『디지에코 보고 서』, 2014.

「제4차 신·재생에너지 기본계획」, 산업통상자원부, 2014.

「한국형 4차산업혁명 대응 전략」, 제4차산업혁명 및 산업별 글로벌 시장 변화와 진출전략 세미나 발표자료, 산업통상자원부, 2017.

「2030년까지 전력생산비율의 신재생 20% 달성방안 논의」, 산업통상자원부, 2017.

『2016 신·재생에너지백서』, 산업통상자원부, 한국에너지공단, 2016.

주요전력지표. 전력통계정보시스템. epsis.kpx.or.kr/epsisnew/selectEkesKep Grid.do?menuId=010401

한국에너지공단. 에너지 신산업. http://www.energynewbiz.or.kr/energy/ intro/intro.

「2015년 신재생에너지 보급통계(2016년판)」, 한국에너지공단. 2016.

「한전, 에너지 분야 스타트업 육성사업 본격 추진」, 한국전력. 2017.

『2014년 기술수준평가』, 과학기술기획평가원, 2015.

「ESS(에너지저장장치)」, 『KEMRI 전력경제 REVIEW』, 2016년 제12호, 한전경제경영연구원, 2016.

「에너지저장장치(ESS) 유망기술과 계통활용 전망」, 『KEMRI 전력경제 REVIEW』, 2016년 제17호, 한전경제경영연구원, 2016.

『2014 외국인투자가이드』, KOTRA, 2014.

「4차산업혁명 시대를 준비하는 중국의 ICT 융합 전력과 시사점」, 『Global Strategy Report』, 16-014, KOTRA, 2016.

New Energy Outlook 2017.(Executive summary), Bloomberg New Energy Finance, 2017.

Renewables 2017 Global Status Report, REN21, 2017.

제6장 한국 바이오 제약산업의 미래 전략

『2015년 기준 국내 바이오 산업실태조사 보고서』, 산업통상자원부, 한국바이오협회, 2017.

은종학, 「중국의 탈추격적 산업발전에 대한 탐색」『국제 · 지역연구』 2012년 21권 4호, pp. 27-60

이근 외, 『국가의 추격 추월 추락』, 서울대학교 출판문화원, 2013.

이승호, 『제약 바이오 산업의 이해』, 삼성증권 투자보고서, 2017.

이승호, 「중국 뉴노멀 시대 의약바이오 산업에 주목」『NH 투자증권 보고서』, 2016년 6월 15일호

이웅, 송영철, 『한인도 제약산업 비교분석을 통한 협력과 경쟁전략』, KIEP 전략심층연구 12-01, 대외경제정책연구원, 2012.

이재우, 성동원, 「세계 의약품 산업 및 국내산업 경쟁력 현황: 바이오의약품 중심」『한국 수출입은행 해외경제연구소 중점 보고서』, 한국수출입은행, 2017.8.

이웅, 송영철, 『한인도 제약산업 비교분석을 통한 협력과 경쟁전략』, KIEP 전략심층연구 12-01, 대외경제정책연구원, 2012.

인도 과학기술부 산하 바이오 기술부 홈페이지 http://www.dbtindia.nic.in/

전국경제인연합, 『바이오제약산업경쟁력 강화 방안: 글로벌 기업 유치를 위한 3

대 분야 건의』, 전국경제인연합, 2016.

치우강, 쉬리엔, 순샤오페이, 「중국제약산업의 경쟁현황」『삼성경제연구소 이슈 리포트』2011년 11-8호

한국바이오의약품협회, http://www.kobia.kr/

白玉, 王海学, 謝松梅, 高晨燕, 王慶利, 尹紅章, 羅建輝, 「生物類似薬薬学研究 的挑戦」『中国薬学雑志』, 2015年 50卷 2期

陳永法, 伍琳, 「欧盟生物類似薬注冊監管政策実施効果及啓示」『中国新薬雑 志』2016年 25卷 1期

陳永法, 王翠玲, 伍琳, 「美国生物類似薬研発与上市制度及我的啓示」『中国 医薬工業雑志』2016年 47卷 10期

潘紅玉, 呂文棟, 賀正楚, 陳文俊, 周建軍, 「専利視角的我国生物医薬産業的技 術創新」『科学決策』2017年 4月号

国家統計局, 国家発展和改革委員会, 『中国高技術産業統計年鑑』(北京: 各年 号)

国家食品薬品監督管理総局, 『生物類似薬研発発与評価技術指導原則(試 行)』2015年3月 http://www.sfda.gov.cn/WS01/CL0087/115103.html

華蘭生物工程 http://www.hualanbio.com/enterhualan/history/

華海医薬 http://en.huahaipharm.com/content.asp?info_kind=001002

華大基因 http://www.genomics.cn/en/index

候昱微, 「我国歴年薬品降価効果及原因分析」文学国, 房志武, 『中国医薬衛生 体制改革報告2015-2016』(北京, 社会科学文献出版社, 2016)

賈平, 「中国倣制薬産業格局極大調整」『財新網』2017年 3月 9日 http:// opinion.caixin.com/2017-03-09/101064086.html

江蘇恒瑞医薬 http://www.hrs.com.cn/english/

李炎炎, 高山行, 「中国生物医薬産業発展現況分析」『中国科技論壇』2016年 12期

李玲玲, 都麗萍, 張鈺宣, 梅丹, 「倣制薬与原研薬間可互換性探討」『中国薬学 雑志』, 2015年 50卷 2期

李丹丹, 「山東疫苗案357名渉案人員被処分」『新京報』2016年 4月 14日 http://js.qq.com/a/20160414/024624_all.htm

領導決策新息,「福建三明医改獲中央深改組肯定」,『領導決策新息』, 2016年3
月号

上海莱士 http://www.raas-corp.com/page.aspx?node=12&f=cn

徐春娥, 田暁娟, 劉鶴, 仲斌, 馮歆, 佟利家,「对[生物類似薬研究与評価技術指
導原則)的初歩解析和思考」『首都食品与医薬』2015年12月下半刊

呉綿強,「福建三明医改"三医聯動"為為何能成功」『時代周報』2016年8月30日
http://finance.sina.com.cn/roll/2016-08-30/doc-ifxvixeq0682515.
sht

中国国務院,『国務院辦公庁関于促進医薬産業健康発展的指導意見』http://
www.gov.cn/zhengce/content/2016-03/11/content_5052267.htm

Bartholomew, Susan. "National System of BIoTechnology Innovation: Comp-
lex interdependence in the Global System". Journal of International
Business Studies, Vol. 28, Issue 2.(Summer, 1997)

Chaturvedi, Sachin "Indian Innovation Systems and Emergence of
Biopharmaceutical Sector: Issues and Prospects" New Delhi, Research
and Information System for Developing Countries (September, 2007)

Chesbrough, Henry W. "The Logic of Open Innovation: Managing Intellectual
Property" California Management Review Vol. 45, Issue 3(April, 2003)

Chen, Shih-Hsin, Knowledge Transfer and th Biopharmaceutical Innovation
System in Taiwan, in: Ed. by Siyanbola, Williw et al., Innovation
Systems and Capabilities in Developing Regions: Concepts, Issue and
Cases,(UK: Gower, 2012)

Guennif S. and S. Ramani "Catching up in pharmaceuticals: a comparative
study of India and Brazil", UNU-MERIT Working Papers 19 (October,
2010)

Lundvall, B.Å., "Introduction", in: Lundvall, B.Å.(ed.), National Systems of
Innovation: Towards a Theory of Innovation and Interactive Learning.
(London: Pinter, 1992).

Malerba, F. "Sectoral Systems of Innovation: Basic Concepts". Sectoral System
of Innovation,(UK: Cambridge University Press, 2004).

Nelson, R. and Rosenberg, N.(1993). "Technical Innovation and National Systems". In: Nelson r.(ed), National Systems of Innovation. A Comparative Analysis.(Oxford: Oxford University Press, 1993).

Perez, C. and L. Soete "Catching up in Technology: entry barriers and win-dows of opportunity", In G.Dosi et al. eds. Technical Change and Economic Theory.(London: Francis Pinter, 1988).

Sanofi http://en.sanofi.com

제7장 스마트시티의 전망과 한국의 기회

박철현,「중국 개혁기 사회관리체제 구축과 스마트시티 건설」, 2017.

「2017 주요업무계획」, 인천광역시 보고서, 2015.

「대신증권 보고서」, 대신증권 리서치센터, 2017.

「4차산업혁명의 플랫폼인 스마트시티 관련 비즈니스 현황과 향후 전망」, IRS Global, 2017.

"Smart cities market: Transportation, Utilities, Buildings, Citizen service and Region-Global Forecast to 2022", Focus Area, 2017.

제8장 중국, 4차산업혁명 그리고 한국 온라인 유통산업

이근,『경제추격론의 재창조』, 오래, 2014.

이근, 박태영 외,『산업의 추격,추월,추락』, 21세기북스, 2014.

이근 외,『기업 간 추격의 경제학』, 21세기북스, 2008.

日本流通産業研究所 편저, 명지출판사 편집부편역,『流通産業의 情報通信革命』, 명지출판사, 1989.

강영문,『e-유통경영』, 우용출판사, 2010.

설봉식,『유통학코드』, 중앙대학교 출판부, 2015.

김승식,『제3차 유통혁명』, 교우사, 2012.

김상현,『유통관리』, 경문사, 2001.

옥선종,『유통경제』, 창현출판사, 1995.

한상린,『B2B마케팅』, 21세기북스, 2011.

안광호, 한상린,『유통원론』, 학현사, 2006.

오세조, 박진용, 김상덕, 『유통관리』, 박영사, 2009.

임영균, 안광호, 김상용, 『유통관리』, 학현사, 2015.

변명식, 임실근, 『유통관리론』, 두남, 2011.

변명식, 『유통과 프랜차이즈』, 학문사, 2006.

국제미래학회, 『대한민국미래보고서』, 교보문고, 2016.

이근 외 경제추격연구소, 「제2장 2. '이제 짝퉁은 잊어라' 중국 유통시장의 변화」, 『2017 한국경제 대전망』, 21세기북스, 2016.

알리바바 annual report 2016

JD. com annual report 2016

아마존 annual report 2016

이베이 annual report 2016

쿠팡 감사보고서 2016

KISTEP InI 14호_ 빅데이터 분석의 국내외 활용 현황과 시사점_최재경.pdf

김숙경, 「인공지능과 유통산업의 미래」, KIET 산업경제 산업포커스, 2017.1.31.

2016년 연간 온라인쇼핑 동향, 통계청

무역업계의 4차산업혁명 대응현황조사, 무역협회

"大数据, 互聯網経済新内核", 上海申銀満国証券研究所, 2015.7.27.

「4차산업혁명 시대를 준비하는 중국의 ICT 융합전략과 시사점」, KOTRA, 2016.

宋源鎮, 基于合法性視角的特許経営模式研究 : 衣恋案例[J], 蘭州学刊, 2013.

https://arsviator.blogspot.com/2015/02/beacon.html

http://cocomo.tistory.com/420

「2016 글로벌 유통망현황 및 진출방안」, KOTRA

한국상회(http://www.korcham-china.net/html/newsflash/newsletter_list. asp?flag=READ&Seq=11191)(中国韓国商会 (http://www.korcham-china.net/html/newsflash/newsletter_list. asp?flag=READ&Seq=8491)(연세대학교 중국연구원 (http:// yonseisinology.org/archives/1619?ckattempt=1)

징동입점시 품목별 수수료 살펴보기(http://winnerslab.kr/archives/18355)

https://www.slideshare.net/platum_kr/ss-75370639

https://zh.wikipedia.org/wiki/%E7%94%B5%E5%AD%90%E5%95%86%E5%8A%A1

http://www.investopedia.com/terms/o/onlinetooffline-commerce.asp

http://www.koreafashion.org/newsletter2/file/special_report_20160520.pdf

https://www.superookie.com/contents/58a29dc78b129f76064d6a12

http://12bme.tistory.com/162

http://www.p5w.net/stock/news/zonghe/201711/t20171112_2018678.htm

http://www.alibabagroup.com/cn/news/press

http://www.kaitao.cn/article/20171031182907.htm

https://www.superookie.com/contents/58a29dc78b129f76064d6a12

http://politicstory.tistory.com/1211

제9장 모바일 지급결제시장의 전망과 한국의 경쟁력

홍법석, 「2020년 글로벌 모바일시장 전망과 시사점」, KT경제경영연구소, 2014.12.10.

홍기훈(홍익대학교), 유종민(홍익대학교), 박경훈(미시제도연구실), Crowding out in a Dual Currency Regime? Digital versus Fiat Currency [BOK 경제연구 제2017-13호], 2017.4.23.

홍도현, 김병일, 「가상통화에 대한 과세문제」, 조세연구, 15(1), 113-143, 2015.

이경미, 고은희, 주소현, 「한국·미국·독일의 비트코인 활용 현황과 공유가치창출에의 함의 탐색」, Financial Planning Review, 9(3), 85-111, 2016.

김도형, 「국내외 지급결제시장의 블록체인 도입사례 및 시사점」, 여신금융연구소, 해외여신금융동향, 2017-3.

김철홍, 「간편결제 소비자 인식과 이용행태」, Issue&Trend, 2017.5.18.

Iresearch, "中国第三方移动支付行業研究報告", 2017.3.

新籃网, "世界典型国家智能机普及率統計 : 中国完胜日本"http://n.cztv.com/news/12046625.html

SDTM vol.26(10), http://smartdevicetrend.info/221073716577

猎网平台, 중국의 사이버거래 관련 사기신고 플랫폼 https://110.360.cn/

高盛,中国第三方支付市場容量領先全球, http://gd.qq.com/a/20170811/023348.htm, 澎湃新聞2017-08-11

新財富Plus,"26万亿規模民営金融格局大解剖", http://news.10jqka.com.cn/20170711/c599163017.shtml

未央网,"干貨整理：267家第三方支付牌照机构単,"http://www.jiemian.com/article/1205999.html

国際金融報 ,"央行整肅第三方支付机构：一年减15家行業漸剩寡頭", http://news.p2peye.com/article-495648-1.html

중국 국무원 리커창총리 발표,「2015年国務院政府工作報告」, 2015.3.5.

제10장 규모와 혁신의 관점에서 본 공유경제

Alstyne, Marshall W. et al., "Platform Revolution", Baror International Inc., 2016.

Armstrong, Mark and Wright, Julian(2004), Two-Sided Markets with multihoming and exclusive dealing, Mimeo, University College London.

Botsman, Rachel, "What's Mine is Yours", New York: Harper Business, 2010.

Caillaud and Jullien, "Chicken & Egg: competition among intermediation service providers", Rand Journal of Economics, 2003.

Downes, Larry and Nunes, Paul, "Big Bang Disruption: Strategy in the Age of Devastating Innovation", Portfolio Hardcover, 2014.

Lessig, Lawrence, "Remix: Making Art and Commerce Thrive in the Hybrid Economy", The Penguin Press, 2008.

Rifkin, Jeremy, "The Zero Marginal Cost Society: The Internet of things, the Collaborative Commons, and the Eclipse of Capitalism", Palgrave Macmillan Trade, 2014.

Shapiro, C., and Varian, H., "Information Rules: A Strategic Guide to the Network Economy", Harvard Business School Press, 1998.

2016年度中国"共享経済"発展報告, 中国電子商務研究中心, 2017.

Dan Fox, "공유경제의 창조적 파괴자: 자동차 스타트업의 혁신적 제품생산", 글로벌 산업 혁신 컨퍼런스 2017.

Frey, C. B. and M. A. Osborne, "The future of employment: how susceptible are jobs to computerisation?" Technological Forecasting and Social Change 114: 254-280, 2017.

Martin, J., 「OECD국가의 고용활성화조치와 적극적 노동시장정책」, 더 좋은 일자리창출을 위한 국제학술대회, 2017.

2004-2016 Employment rate, OECD, 2017.

Perez, C., and L. Soete, "Catching-up in Technology: Entry Barriers and Windows of Opportunity", in G.Dosi, C. Freeman, R. Nelson, G.Silverberg and L. Soete, eds., Technical Change and Economic Theory, London: Pinter Publisher, 1988.

Schaefers F., "We shape Industry 4.0", 글로벌 산업 혁신 컨퍼런스 2017, 2017.

Skidelsky, L. R., "The future of jobs we want", The future of work we want: Global Dialogue, Geneva, Switzerland, 2017.

Stiglitz, J. E. and Greenwald B. C., "Creating a learning society. A New Approach to Growth, Development, and Social progress", Columbia university press, New York, 2014.

World Economic Forum, The future of jobs: Employment, skills and workforce strategy for the fourth industrial revolution, World Economic Forum, Geneva, Switzerland, , 2016.

김홍래, 이승진, 「외국의 정보교육과정 현황분석」, KERIS 이슈리포트, 2013.

성경륭, 「혁신적 포용국가의 건설과 한국형 사회적 시장경제 모델의 정립」, 한국사회복지정책학회 2017 춘계학술대회 발표논문집, 2017, pp.315-336.

윤희숙, 「일자리문제의 현황과 대응」, FROM100, 2017.

은수미, 「일본의 고용전략변화: 비정규직과 제2안전망」, 일본비평 4호, 2010, pp. 48-79.

「주요국 초등고 SW교육현황 및 시사점」, 한국과학기술기획평가원, 2015.

「최근 일본 파견법 개정내용과 시사점」, KERI Insight 15-42, 한국경제연구원, 2015, pp. 1-27

「일자리의 질을 높이는 High Road 조달정책」, 해외고용리포트, 한국고용정보원, 2014, pp. 18-23.

「독일 고용률 73% 달성의 비결」, 경제주평 통권 548호, 현대경제연구원., 2013, pp.1-15.

「한국 Talent War 준비되었나? 4차산업혁명시대의 인재 육성 방향」, 현대경제연구원, 2017, pp.1-11.

제12장 미래성장동력 확보를 위한 신산업정책

김호원, 신산업정책의 필요성과 과제, 경제논집 제55권 제2호, 서울대학교 경제연구소, 2016.12.

이근 외 경제추격연구소 지음, 『2018 한국경제 대전망』, 21세기북스, 2017.11.

이근, 박태영 외 지음, 『산업의 추격, 추월, 추락』, 21세기북스, 2014.11.

관계부처 합동, 새정부 경제정책 방향, 2017.7.25.

김원규, 『한국경제의 생산성 분석과 정책시사점』, 산업연구원, 2017.4.

한정화, 『대한민국을 살리는 중소기업의 힘』, 메디치, 2017.4.

이영주 외, 『글로벌 창업실태 및 전략적 육성방안』, 산업연구원, 2016.12.

성경륭 외 지음, 『포용국가』, 21세기북스, 2017.7.

국정기획 자문위원회, 「문재인 정부 국정운영 5개년 계획」, 2017.7.

매일경제 경제부, 『문재인노믹스』, 매일경제신문사, 2017.5.

변양균, 『경제철학의 전환』, 바다출판사, 2017.6.

Mariana Mazzucato, 김광래 감역, 『기업가형 국가』, 매일경제신문사, 2015.8.

Joseph E. Stiglitz, 김민주 옮김, 『창조적 학습사회』, 한국경제신문, 2016.7.

Anatole Kaletsky, 이선주 옮김, 『자본주의 4.0』, 컬처앤스토리, 2011.8.

Dani Rodrik, Normalizing Industrial policy, Working paper No.3, The World Bank, 2008.

Evans, Peter B, Embedded Autonomy : states and Industrial transformation, Princeton, NJ, Princeton University Press, 1995.

Stiglitz, J, J, Lin, and C. Monga : The industrial Policy Revolution Ⅰ, Palgrave

Macmillon UK, 2013.

Dominique Foray, Smart specialization, Regions and cities, 2014.1.

제13장 요약과 결론: 소득주도와 혁신성장을 넘어서 인간중심 경제로

김동원, 「한국경제 생태계 분석」, 2017년도 한국경제학회 정책세미나, 「생태계 관점에서 본 한국경제의 해법」에서 발표한 내용임, 2017.10.24.

김호원, 「제4장 5절 중국 추격과 4차산업혁명을 고려한 신산업정책」, 『2018 한국 경제 대전망』, 21세기북스

이근, 박규호 외, 『2018 한국경제 대전망』, 21세기북스, 2017.

이민화, 최선, 「1차벤처붐의 성과에 대한 역사적 고찰과 평가」 중소기업연구, 제 37권(4), 2015.

「조사통계월보」, 제71권 제8호, 한국은행, 2017, pp24.

World Economic Forum, Vision and Flight Plan for the Future of Production. Draft of the Document distributed to the Member of the Global Future Councils. Dubai conference of the World Economic Forum, 2017a.

World Economic Forum, Shaping the Future of Production: Four Contrasting Perspetives from 2030, 2017b.

KI신서 7373

미래산업 전략 보고서

1판 1쇄 발행 2018년 4월 5일
1판 2쇄 발행 2018년 5월 24일

지은이 이근, 김호원
　　　　김부용, 김욱, 김준연, 노성호, 노수연, 박태영, 송원진, 오철, 임지선, 최준용
펴낸이 김영곤 **펴낸곳** (주)북이십일 21세기북스
정보개발본부장 정지은 **정보개발1팀장** 이남경 **책임편집** 김은찬
출판영업팀 최상호 한충희 **출판마케팅팀** 김홍선 배상현 최성환 신혜진 김선영 나은경 이정인
홍보기획팀 이혜연 최수아 김미임 박혜림 문소라 전효은 염진아 김선아
표지디자인 이든디자인
제휴팀 류승은 **제작팀** 이영민

출판등록 2000년 5월 6일 제406-2003-061호
주소 (우 10881) 경기도 파주시 회동길 201 (문발동)
대표전화 031-955-2100 **팩스** 031-955-2151 **이메일** book21@book21.co.kr

(주)북이십일 경계를 허무는 콘텐츠 리더

21세기북스 채널에서 도서 정보와 다양한 영상자료, 이벤트를 만나세요!
페이스북 facebook.com/21cbooks　　블로그 b.book21.com
인스타그램 instagram.com/21cbooks　　홈페이지 www.book21.com
서울대 가지 않아도 들을 수 있는 명강의! 〈서가명강〉
네이버 오디오클립, 팟빵, 팟캐스트에서 '서가명강'을 검색해보세요!

ⓒ 이근, 김호원, 김부용, 김욱, 김준연, 노성호, 노수연, 박태영, 송원진, 오철, 임지선, 최준용, 2018

ISBN 978-89-509-7420-6 03320